21世纪高职高专系列规划教材

电子商务概论

主　编　魏杰羽　栾晓梅

副主编　朱里奇

西南师范大学出版社

内容提要

本教材系统地阐述了电子商务的基本原理和实际应用，内容包括电子商务概述、电子商务的商业模式、网络营销、电子商务安全、电子支付、订单履行和电子商务物流、电子商务战略与实施、电子商务法律。

本书理论与实际相结合，内容深入浅出，通俗易懂，重难点突出，并配有导入案例、资料链接及思考与练习，适合经济类、管理类高职高专学生作为教材使用，同时也可以作为企业管理人员电子商务入门的辅助工具。

图书在版编目（CIP）数据

电子商务概论/魏杰羽主编．—重庆：西南师范大学出版社，2008.6（2017.8重印）

（21世纪高职高专系列规划教材）

ISBN 978-7-5621-4129-7

Ⅰ.电… Ⅱ.6魏… Ⅲ.电子商务—高等学校：技术学校—教材 Ⅳ.F713.36

中国版本图书馆CIP数据核字（2008）第079530号

21世纪高职高专系列规划教材

电子商务概论

主　　编：魏杰羽　栾晓梅

副 主 编：朱里奇

策　　划：周安平　卢　旭

责任编辑：张浩宇

封面设计：辉煌时代

出版发行：西南师范大学出版社

地址：重庆市北碚区天生路2号

邮编：400715　市场营销部电话：023—68868624

网址：http：//www.xscbs.com

经　　销：全国新华书店

印　　刷：重庆市正前方彩色印刷有限公司

开　　本：787mm×1092mm　1/16

印　　张：16.5

字　　数：329千

版　　次：2009年2月　第2版

印　　次：2017年8月　第4次印刷

书　　号：ISBN 978-7-5621-4129-7

定　　价：26.00元

编 写 说 明

作为高等教育的重要组成部分，高等职业教育是以培养具有一定理论知识和较强实践能力，面向生产、面向服务和管理第一线职业岗位的实用型、技能型专门人才为目的的职业技术教育，是职业技术教育的高等阶段。目前，高等职业教育教学改革已经从专业建设、课程建设延伸到了教材建设层面。根据国家教育部关于要求发展高等职业技术教育，培养职业技术人才的大纲要求，我们组织编写了这套《21 世纪高职高专系列规划教材》。本系列教材坚持以就业为导向，以能力为本位，以服务学生职业生涯发展为目标的指导思想，以与专业建设、课程建设、人才培养模式同步配套作为编写原则。

从专业建设角度，相对于普通高等教育的“学科性专业”，高等职业教育属于“技术性专业”。技术性专业的知识往往由与高新技术工作相关联的那些学科中的有关知识所构成，这种知识必须具有职业技术岗位的有效性、综合性和发展性。本套教材不但追求学科上的完整性、系统性和逻辑性，而且突出知识的实用性、综合性，把职业岗位所需要的知识和实践能力的培养融会于教材之中。

从课程建设角度，现有的高等职业教育教材从教育内容上需要改变“重理论轻实践”、“重原理轻案例”，教学方法上则需要改变“重传授轻参与”、“重课堂轻现场”，考核评价上则需改变“重知识的记忆轻能力的掌握”、“重终结性的考试轻形成性考核”的倾向。针对这些情况，本套教材力求在整体教材内容体系以及具体教学方法指导、练习与思考等栏目中融入足够的实训内容，加强实践性教学环节，注重案例教学，注重能力的培养，使职业能力的培养贯穿于教学的全过程。同时，使公共基础类教材突出职业化，强调通用能力、关键能力的培养，以推动学生综合素质的提高。

从人才培养模式角度，高等职业教育人才的培养模式的主要形式是产学结合、工学交替。因此，本教材为了满足有学就有练、学完就能练、边学边练的实际要求，纳入新技术引用、生产案例介绍等来满足师生教学需要。同时，为了适应学生将来因为岗位或职业的变动而需要不断学习的情况，教材的编写注重采用新知识、新工艺、新方法、新标准，同时注重对学生创造能力和自我学习能力的培养，力争实现学生毕业与就业上岗的零距离。

为了更好地落实指导思想和编写原则，本套教材的编写者既有一定的教学经验、懂得教学规律，又有较强的实践技能。同时，我们还聘请生产一线的技术专家来审稿，保证教材的实用性、先进性、技术性。总之，该套教材是所有参与编写者辛勤劳作和不懈努力的成果，希望本套教材能为职业教育的提高和发展做出贡献。

这就是我们编写这套教材的初衷。

编写说明

前　言

随着计算机技术、通信技术以及网络技术的飞速发展，当今世界已经进入信息时代。以国际互联网 Internet 技术为基础的网络新经济对人类社会的方方面面都产生了深刻的影响，全面改变了人们的生活方式、工作方式和商务模式。

中国电子商务从 1997 年的萌芽阶段，到现在已经经历了 10 多年的发展历程。在此期间，电子商务企业曾经创造了股市神话，也曾带来网络泡沫，使人们对电子商务产生了许多疑问。从 2004 年开始，随着《中华人民共和国电子签名法》、国务院办公厅《关于加快电子商务发展的若干意见》和《2006～2020 年信息化发展战略》等政策法规的相继出台，中国的电子商务开始进入了快速、稳定的发展阶段，电子商务在社会经济活动中的地位得到了充分的肯定。

本教材在编写的过程中坚持了“电子商务中电子是手段与工具，商务是根本与核心”的理念，从电子商务管理的角度来编写，在观念认识、体系结构、内容选择上，力求使学生在学习了本门课程之后，对电子商务专业的基本框架及相关知识和技能有一个较为全面的掌握，为后续专业课程的学习打下坚实的基础。

本书以电子商务的运作流程为逻辑线索，内容包括电子商务概述、电子商务的商业模式、网络营销、电子商务安全、电子支付、订单履行和电子商务物流、电子商务战略与实施和电子商务法律，共八章。编写体例结构是：学习目标、导入案例、主体内容、资料链接、本章小结、思考与练习。全书层次清楚，概念准确，通俗易懂，既有基本知识、基本原理，又密切联系电子商务发展的实际，配有大量的相关案例。同时，本书充分考虑到高职高专院校的特点，强调实验与实训环节，在内容的设置上尽可能地采用较为形象的描述方式，便于学生在实训中有所借鉴。

本书由武汉软件工程职业技术学院魏杰羽老师和武汉职业技术学院栾晓梅老师主编。其中第一章、第二章、第六章由魏杰羽老师编写，第三章、第四章由栾晓梅老师编写，第五章、第七章、第八章由朱里奇老师（武汉职业技术学院）编写。全书的结构设计、统稿等工作由魏杰羽和栾晓梅负责完成。

本教材在编写过程中得到了武汉软件工程职业技术学院、武汉职业技术学院等单位的大力支持，在此表示感谢。同时我们也参考了不少国内外出版的图书杂志和网站资料，在此也向这些资料的作者表示衷心的感谢。由于时间仓促，加之编者水平所限，书中难免出现不妥和疏漏之处，恳请广大读者批评指正。

编　者
2008 年 1 月

目　　录

第一章　电子商务概述

［学习目标］

通过本章的学习，了解电子商务的定义及分类，理解电子商务与传统商务相比所具有的优势，掌握电子商务对各领域的影响。

［导入案例］

在线裁缝——每一件都是为您量身订做

Lands' End 公司是一家提供高质量产品、休闲服装和礼品的公司，它在美国开设了16 家实体商店，在英国开设了 3 家实体商店。它的网站 Landsend. com 在网上销售它的所有产品。女性顾客可以在网站上建立和存储自己的三维模型，该模型会根据身体特征建议相配的衣服及尺码。借助“牛津速查”（Oxford Express）系统，顾客可以在几秒钟内搜索数百种面料、款式、衣领、袖口和尺码，找出最适合自己的衣服。在网站上，顾客还可以建立个性化的购物账号。另外，顾客可以在线跟踪自己的订单状态，并利用因特网索取商品目录。同时 Lands' End Live 系统允许在线顾客在一个“真人”店员的帮助下购物。在美国，订购的产品可以在两天内收到。

——Efrain Turban《电子商务——管理新视角》

第一节　电子商务的基本概念

一、电子商务的概念

随着信息技术的进步和互联网在全球的迅猛应用及普及，电子商务已经成为当今社会经济发展中最强劲的潮流之一。前几年电子商务还是很新潮、离我们普通消费者很遥远的事物，而现在正飞速地走进我们的日常生活。那么，什么是电子商务？电子商务包括哪些类型？

电子商务活动开始于 20 世纪 70 年代的美国，当时出现了电子资金传输（Electronic Fund Transter，简称 EFT），不过这类活动仅限于大公司、金融机构以及一些大胆的小企业。电子数据传输（EDI）随后出现，它从初期的金融交易延伸到其他交易领域，参与公司也从金融机构扩展到制造商、零售商、服务商等。此时，从证券交易到旅行预约系统，许多其他应用也纷纷涌现。

随着 20 世纪 90 年代时期因特网的商业化和大量用户开始使用万维网（WWW），人们提出了“电子商务”的概念，并且其应用领域迅速扩展。这种扩展的原因之一是新型网络、协议、软件和标准的开发，还有一个原因是竞争的加剧。

由于电子商务是一个全新的、不断发展的新事物，因此至今为止，还没有一个为各界所共同认可的、全面的、具有权威性的电子商务的定义。不同的机构或专家从不同的角度对电子商务进行了描述。

欧洲议会认为：电子商务是指通过电子方式而进行的商务活动。它的技术是通过电子方式处理和传递数据，包括文本、声音和图像。它的商务涉及许多活动，不仅包括货物电子贸易和服务、在线数据传递、电子资金划拨、电子证券交易、货运单证、商业拍卖、合作设计和工程、在线资料、公共产品获得等有形商品的商务活动，而且包括无形商品（服务）的商务活动，如信息服务、金融服务、法律服务、健身服务、教育服务等。

国际商会 1997 年 11 月对电子商务的定义是：电子商务是指对整个贸易活动实现电子化。电子商务从外延定义为：交易各方以电子交易方式而不是通过当面交换或直接面谈方式进行的任何形式的商业交易。它的技术是一种多技术的集合体，包括交换数据（如电子数据交换、电子邮件）、获得数据（共享数据库、电子公告牌）以及自动捕获数据（条形码）等。

加拿大电子商务协会对电子商务的定义是：电子商务是通过数字通信进行商品和服务的买卖以及资金的转账，它还包括公司间和公司内利用电子邮件（E-mail）、电子数据交换 EDI（Electronic Data Interchange）、文件传输、传真、电视会议、远程计算机联网所能实现的全部功能（例如：市场营销、金融结算、销售以及商务谈判等方面）。

美国政府在其《全球电子商务纲要》中，对电子商务下的定义是：电子商务是通过 Internet 进行的各项商务活动，包括广告、交易、支付、服务等活动，全球电子商务将会涉及各个国家。

IBM 公司认为：电子商务是在 Internet 等网络的广阔联系与传统信息技术系统的丰富资源相互结合的背景下应运而生的一种相互关联的动态商务活动。它的概念包括内联网（Intranet）、外联网（Extranet）、电子商务（E-commerce）三个部分。它所强调的是在网络环境下的商业化应用，而不仅仅是硬件和软件的结合，也不仅仅是通常意义下的强调交易的狭义上的电子商务，而是把买方、卖方、厂商及其合作伙伴在互联网（Internet）、内联网（Intranet）和外联网（Extranet）中结合起来的应用。它同时强调这三部分是有层次的——只有先建立良好的 Intranet，建立好比较完善的标准和各种信息基础设施，才能顺利扩展到 Extranet，最后扩展到 E-commerce。

英特尔公司认为：电子商务是在基于网络连接的不同计算机之间建立的商业运作体系，是利用 Internet/Intranet 网络来使商务运作电子化。电子商务等于电子化市场与电子化交易加电子化服务的总和。

通用电气（GE）公司认为：电子商务是通过电子方式进行的商业交易，分为企业间的电子商务和企业与消费者之间的电子商务。

卡拉科塔和温斯顿则从不同角度对电子商务下了定义：从通信的观点看，电子商务是借助电话、计算机网络或任何其他电子媒介进行信息、产品或服务传递以及支付的过程；从业务流程的观点看，电子商务是将技术应用于企业交易过程和工作流程以实现自动化的过程；从服务的观点看，电子商务是传达公司、消费者和管理层的需求，从而降低服务费用，提高产品质量和服务速度的工具；从在线的观点看，电子商务提供了通过因特网购买和销售产品、信息的能力，并提供了其他在线服务的可能；从合作的观点看，电子商务是在组织间和组织内部进行合作的框架；从社区的观点看，电子商务为社区成员提供了一个学习、交易和合作的集会场所。

可以说，电子商务是指通过简单、快捷、低成本的电子通信方式，买卖双方不谋面而进行的各种商务活动。当企业将它的主要业务建立在计算机与通信网络基础上，通过内联网、外联网和互联网与企业的职员、客户、供应商以及合作伙伴直接相连时，其中发生的各种活动就是电子商务。

二、电子商务的业务流程

与传统商务活动一样，电子商务的业务流程实际上也包含交易前、交易中和交易后三个阶段，只是每个阶段商务运作的方式有很大的不同。

（一）交易前

买卖双方都要在网上收集和发布信息。具体来说，卖方一方面要利用网络发布、展示、宣传和推广自己的产品和服务，树立企业的网上形象；另一方面又要通过网络进行市场调研，收集和分析关于市场和客户的大量信息，以便寻找和发掘合适的头方，并能根据潜在顾客的需要确定生产和营销计划，提供能满足顾客需要的商品和服务。同样，买方一方面要在网上寻找自己满意的商品和商家，其信息搜寻的内容包括：某商品存在吗，由哪些商家出售，哪个商家值得信任等等；另一方面也要在网上发布自己的需求信息。所以，交易前，买卖双方实际上都在网上寻找合适的交易对象和交易机会。

（二）交易中

买卖双方就交易细节在网上谈判。即买方向卖方提出自己对商品的种类、数量、价格、定制项目、交货时间、交货方式等要求；卖方对买方的要求进行回复；而且双方磋商的结果会形成电子合同。按照商业的正规程序，通常买卖双方还需签署电子合同。目前，美国等发达国家都纷纷制定颁布《数字签名法案》，保证数字签名具有与传统签名同等的法律效力。双方办理交易手续后，买方如果选择进行网上支付，就必须与网上银行打交道。网上银行收到并确认买方付款后，通知卖方。

由于电子商务是通过网络进行商务活动，通常参与各方是互不见面的，因此，不论是电子合同的签订和传递，还是网上支付，对电子商务参与各方身份的确认以及确保通信的安全都是非常重要的事情。因此，必须建立中立的、权威的、公正的CA认证中心，它所承担的角色类似于“网上公安局”。它负责给个人、商务团体及企业等签发“网上身份证”——数字证书，用来确认电子商务活动中参与各方的身份；同时通过在信息传输过程中采取加密传输的方法，可以保证网上信息交换和交易的安全。

（三）交易后

达成交易后的主要内容就是如何履行订单。在确定客户会付款的情况下，如果是信息类的产品如电子书籍、音像制品、咨询报告、软件程序等，卖方可以直接通过网络实现商品配送；但如果是实物产品，则卖方须通过一系列的活动（检查存货情况、采购和仓储、安排生产、安排装运、对装运的货物进行保险、联系客户等）实现商品配送，直到买方收到货物为止。

与传统商务一样，电子商务同样也有商品退货、客户服务和售后服务。在美国，客户购买的商品有30%被退回。而且，如果交易的任一方发生违约现象，受损方也可向违约方索赔。

第二节 传统商务与电子商务

商务活动就是至少有两方参与的有价物品或服务的协商交换过程，它包括买卖双方为完成交易所进行的各种业务活动，即产品（服务）的销售、营销、贸易和交易等活动的各种业务流程。人类社会在过去几千年的商贸实践中，总是及时地将新的工具和技术应用于商务活动。传统商务起源于史前，当我们的祖先开始对日常活动进行分工时，商务活动就开始了。而电子商务则是信息技术、网络技术等在商务活动中的应用，作为一种新的沟通方式和交易方式，它是人类不断追求效率的结果，它势必有着传统商务所不可比及的优势。

一、传统商务及其劣势

在传统的商务活动中，买卖双方的业务活动包括：

表1-1 传统商务活动中买卖双方的业务活动

买方活动	卖方活动
确定自身需求	进行市场调研，分析顾客需求
选择满足此需求的产品或服务	设计制造满足此需求的产品或服务
选择供应商	进行促销活动
进行商务谈判	进行商务谈判
成交签约并支付货款	成交签约
	接收货款并交付产品
要求售后服务	提供售后服务

买卖双方整个商务过程一般会涉及大量的不同类型的业务流程、不同的部门或不同类型的企业。在传统的商务环境下，商务谈判、广告宣传、部门之间的业务协同、资金转账、发出订单、寄送发票和运输商品、报关报税、售后服务等业务流程都要耗费大量的人、财、物和时间资源。因此，传统商务具有成本高、易出错、处理速度慢等缺点，从而极大地制约了商务活动的效率和规模。

二、电子商务的优势

电子商务在世界范围内蓬勃发展，其主要原因就在于基于计算机网络的电子商务具有非常明显的优势——利用电子商务技术可以更加低廉的成本高效地完成商务活动的业务流程，可以增加销售额并降低成本，从而提高企业的经济效益。

具体而言电子商务的优势表现在以下几个方面。

（一）快捷高效，发展空间大

互联网使得信息通信更加快捷高效，并大大提高了业务的处理效率，这就使得商业交易的周期极大缩短，从而使资金周转更快，为交易双方创造更多的利润。商务人员除了使用电子邮件、主页以外，还越来越多地使用互联网即时通信工具软件（如 MSN、QQ 等），进行实时的文字通信、语音通信、文件传输、视频会议等。信息技术的变革产生出越来越多的新工具用于电子商务活动，人们对每一种工具几乎都能挖掘出其商业价值（见表 1-2），并给企业带来经济效益，因而其发展空间非常大。

表 1-2 常用互联网工具

互联网工具	中文名称	主要功能	应用
E-mail	电子邮件	发送、接收信息	文件传送、邮件营销、客户意见反馈等
FTP	文件传输	上传或下载文件	用户信息反馈、企业信息发布
Usenet	新闻组	专题讨论	网络广告、信息发布等
WAIS	数据库查询	快速信息查询	数据库查询服务等
BBS	电子公告板	发布信息	专题讨论、发布信息、技术支持等
Telnet	远程登录	使用远程主机资源	文件传送、资源共享等

（二）营运成本低

电子商务使得买卖双方的交易成本大幅度降低，这是电子商务吸引中小企业的一个重要原因。具体表现在：

（1）距离越远，用互联网进行信息传递的成本相对于传统的信件、电话、传真的成本就越低；缩短时间及减少重复的数据录入也降低了信息成本。

（2）买卖双方通过网络进行商务活动，无需中介机构的参与，从而减少了交易环节，也降低了交易成本。

（3）通过互联网进行产品介绍、宣传，节省了传统方式下做广告、发送印刷品等大量费用。

（4）电子商务实行“无纸贸易”，可减少 90% 的文件处理费用。

（5）互联网有利于买卖双方及时沟通供需信息，使低库存生产和销售成为可能，从而使库存成本大大降低。如汽车制造行业，世界上的汽车制造商都是非常复杂的企业，一般都有数千名原料供应商和大量顾客。它们的传统销售渠道是汽车代理商，这些代理商订购汽车并将其销售给消费者。当顾客需要某种有特殊功能的部件或颜色时，必须等待，直到这种特定的车从生产线上制造出来才行。制造商进行市场调查，估计拥有哪种功能部件的车将卖得最好，然后再生产这些他们想要销售的车。采用这种“按存货制造”模式的汽车制造商，其“存货”占用的资金数量是巨大的（汽车在流出的物流环节——运输途中及代理商的车库中，被视为存货）。通用汽车公司估计在整个销售渠道中有价值 400 亿美元的零件和待售汽车。其他汽车制造商的情况与此类似。

福特、通用汽车以及全球许多汽车制造商已经宣布要实施各自的“按单制造”计划，采取类似戴尔公司制造计算机的方式，从而将存货数量减半，同时给顾客提供他们想要的产品。

作为这种在汽车市场中按单生产批量化定制趋势的一个例子，美洲虎汽车的买家可以在线定制他们的梦幻车。在网站上他们可以设定汽车的配置和组件，在线观看汽车，设定价格，并将它送到最近的代理商处。借助网站上的虚拟汽车，顾客可以实时浏览1250种以上的外形组合，360°旋转图像，并能看到价格随附件增减而自动更新。在将汽车停入虚拟车库后，顾客可以作出购买决定并选择在某一家代理商处取车。这样就缩短了送货时间并增加了顾客的满意度。

(6) 企业在销售商品和处理订单时，使用电子商务可以降低询价、提供报价和确定存货等活动的处理成本。例如美国思科公司（Cisco）总营业额90%的销售与订单签订是通过计算机网络完成的。在网上销售不需要客户服务代表，公司每月可以少处理50万个电话，每年可以节约8.25亿美元的开支，在10年中，公司节约了几十亿美元的成本开支。

（三）市场可以遍及世界上互联网所到达的各个角落

卖方通过互联网可以方便地在世界各地寻找市场机会，增加商品的销售；买方也有了更多的选择，可以找到更多的供应商和贸易伙伴。从这一点来看，电子商务可以使企业能够更加经济地经营地理上极为分散、规模狭小的目标市场。

（四）功能更齐全，服务更周到

电子商务可以全面支持不同类型的用户实现不同层次的商务目标，如发布电子商情、在线洽谈、建立虚拟商场等。网上发布的各类商业信息内容丰富，信息的检索查询极其简捷。另外，企业通过电子商务还可以根据不同顾客的个性化需求，提供有针对性的服务，提高顾客的满意度。例如本章的导入案例，顾客可以在Landsend.com上设立自己的身材模型，并通过查找工具软件寻找最适合自己的面料、款式和尺码。

（五）24小时营业增加更多的商机

传统的商业模式摆脱不了营业时间、地区时差及地域距离的局限。电子商务可以提供全天在线服务，使企业获得更多的商业机会。

（六）使用更灵活，交易更方便

基于互联网的电子商务可以不受特殊数据交换协议的限制，这就使得任何商业文件或单证都可以直接通过填写与现实的纸面单证格式相一致的屏幕单证来完成，从而不需要再进行翻译，任何人都能看懂并直接使用。

（七）全面增强企业的竞争力

电子商务扩大了企业的竞争领域，降低了商务活动的成本和费用，提高了工作效率，从而使各种类型和规模的企业变得更有竞争力。

当然，电子商务在一定的领域和一定的时期内还不能完全取代传统的商务活动。标准化的并为消费者所熟知的商品或服务，特别适合采用电子商务的业务流程来处理。如果个人推销技巧在交易中非常重要，或商品的状况只有通过亲自接触才能确定，那么这种商品就比较适合采用传统商务的业务流程。有些传统业务也许永远也不能使用电子商务。例如，易腐烂的食品和珠宝古董等贵重商品不可能远距离地进行检验。

三、电子商务的功能及特征

（一）电子商务的功能

电子商务可提供网上交易和管理的全过程的服务。也就是说，它具有对企业和商品的广告宣传、交易的咨询洽谈、客户的网上定购和网上支付、售前售后服务、物流服务、客户的意见征询和对交易过程的管理等各项具体功能。

1. 广告宣传

电子商务使企业可以通过自己的 Web 服务器、主页和电子邮件做广告宣传，在网上宣传企业形象和发布各种商品服务信息。用户可以使用网络浏览器迅速找到自己所需的商品信息。网络广告与其他广告形式相比，具有成本低廉、提供给顾客的信息量最为丰富等特点。

2. 咨询洽谈

电子商务可在网上提供多种方便的咨询和洽谈手段，它超越了人们面对面交流的限制，使企业可借助非实时通信工具（E-mail、BBS 等）和实时通信工具（MSN、腾讯 QQ、Skype 等）来了解市场和商品信息，相互咨询沟通，洽谈交易事务。同时也可以利用网络会议工具进行更为方便的信息沟通。

3. 网上订购

电子商务通过电子邮件或表单的交互传递来实现网上订购。为方便顾客顺利完成订购过程，企业网站通常都会在商品介绍的页面上提供十分友好的订购提示信息和订购交互表格，当顾客填写完订购单后，系统会回复确认信息来保证订购信息已经收到。

4. 网上支付

电子商务要成为一个完整的过程，网上支付是不可缺少的重要环节。客户和商家之间可以采用银行卡、电子现金、电子钱包或电子支票等工具来进行网上安全支付。在网上直接采用电子手段进行支付可以加速交易过程，节省交易费用。

5. 物流服务

电子商务的物流配送系统将客户已经购买的商品尽快地传递到客户的手中。对于如食品、书籍等有形的商品，电子商务系统可以在网络中对在本地和异地的仓库进行物流的调配并通过快递业务完成商品的传送；对于电子图书、MP3 音乐等适合在网上传递的无形的信息商品，就可以直接从电子仓库中将商品通过网络直接传递到用户端。

6. 意见征询

企业的电子商务系统可以通过网页上的意见反馈表及时地收集客户对商品和销售服务的反馈意见。客户的反馈意见可以促使企业改进产品和服务，提高企业的售后服务水平，发现新的市场机会。

7. 交易管理

企业的交易管理涉及人、财、物，以及企业与企业、企业与消费者、企业与政府、企业内部各部门等各方面的协调与管理。因此，交易管理实际上是涉及商务活动全过程的管理。

电子商务的上述功能为企业的网上商务活动提供了一个良好的交易服务和管理的环境，使电子商务得以顺利进行。

（二）电子商务的特征

1. 商业性

电子商务最本质的特征在于商业性，即提供买卖交易的服务手段和机会。电子商务的其他功能都是围绕着这一基本功能展开的。

2. 高效性

电子商务为买卖双方进行交易提供了一种高效率的服务方式。它的高效率体现在很多方面，例如：在传统商务方式中使用信件、电话和传真传递信息；各个环节都必须有人的参与并且耗费时间；有时会因延误时间而失去商业机会。电子商务使用计算机网络系统使商业数据能够在网上瞬间完成传递与处理，从而克服了传统商务方式费用高、易出错、处理速度慢等缺点，并极大地缩短了交易时间，提高了商务活动的效率。企业电子商务系统还可以记录客户每次访问、购买情况以及对产品的偏爱，通过统计分析来寻求潜在的市场机会，以提高营销效率。

3. 服务性

电子商务交易的商品大多数仍然是传统的商品，但由于客户不再受地域的限制，选择商品的余地增大，因此服务质量在某种意义上成为商务活动成功的关键。电子商务作为一种新的交易方式，必须有更完善的服务作为支撑。计算机网络提升了企业的服务能力，企业可以通过网络为客户提供更完善的服务，客户也能以一种比过去更简捷的方式获得企业的服务。交易的虚拟化也使得网上商店无需营业员，无需实体店铺，使企业可以节省大量的费用开支，而且可以提供全天候的服务，从而提高了顾客的满意度，使得方便的服务成为电子商务的一个明显特性。

4. 安全性

电子商务不高是制约电子商务发展的要害。缺乏安全的电子商务无法吸引顾客，也将限制企业运用计算机网络传递各种商业信息。信息系统中的欺诈、窃听、病毒和黑客的非法入侵都在威胁着电子商务的安全，必须加以解决。目前，电子商务的安全性主要通过技术手段和安全电子交易协议标准来保证。安全技术包括加密机制、签名机制、分布式安全管理、存取控制、防火墙、安全服务器、防病毒保护等。符合国际标准的安全电子交易协议主要有安全套接层协议（SSL）和安全电子交易协议（SET）。这些安全技术和安全交易协议的采用为企业和客户创建了一个安全可靠的电子商务环境。

5. 协调性

协调企业内部、企业与供应商以及客户之间的关系，是电子商务的重要特征。电子商务通过计算机网络将供应商、制造商和客户连接起来，形成对客户需求的快速响应，这样既能迅速满足客户的个性化需求，又能降低商品的数量和资金积压。这是电子商务的优势。

6. 集成性

电子商务的集成性在于事务处理的整体性和统一性，它能规范事务处理的工作流程，将人工操作和电子信息处理集成为一个不可分割的整体。这样不仅能提高人力和物力的利用率，而且也提高了系统运行的严密性。这当中涉及了大量技术的运用，技术集成是事务集成的基础。

7. 可扩展性

随着客户群的增大和企业业务的扩展，必须对原先设计的电子商务方案进行扩展。电子商务能否扩展，关系到企业运用电子商务的规模能否扩大。随着技术日新月异地不断进步，电子商务的可扩展性将不再成为瓶颈。

第三节 电子商务对各领域的影响

电子商务的出现和发展，对社会经济的各行各业都产生了巨大的冲击。它不仅改变了传统商业活动中的一些经营模式和经营思想，而且改变了政府机构的管理方式，改变了金融机构，的运作模式，更改变了人们的思维方式和行为方式。它使得不论是个人、企业，还是政府机构、金融机构，都在思考如何适应全新的网络环境和电子商务环境，并采取相应的调整措施。

一、电子商务对企业的影响

电子商务对企业的影响可能是最直接、最全面的，因为它将影响到企业各项业务的组织和开展。正因如此，IBM 才认为电子商务就是指通过使用因特网技术对企业主要业务所做的改变。

具体来说，电子商务对企业的影响主要表现在以下几方面。

（一）降低成本

企业实施电子商务的一个最明显的好处就是降低企业的各种运营成本，包括采购成本、库存成本、管理成本、交易成本和销售成本等。对企业来说，成本的降低就意味着收益的增加。

1. 降低采购成本

降低采购成本首先表现为企业利用因特网可以实现联合采购。即企业利用因特网可以将企业在各地的分支机构的各个部门需要采购的信息汇集到总部，经总部整合处理后，统一向供应商批量订购，以求从供应商处获得最大限度的折扣优惠。一般来说，统一订货可以为企业节省非常可观的采购成本。

其次，企业利用因特网可以实现竞价采购。企业通过在因特网上发布求购信息可以让全球的供应商报价与竞价，从而选择综合成本最低的供应商。

2. 降低库存成本

因特网使买卖双方能即时沟通供需信息，并能将企业的生产系统、库存系统和采购系统连接在一起，这样企业就可以实现实时订购，即时生产，即时销售，大大降低存货费用，甚至还能使零库存成为可能，使得库存成本降为零。

例如，美国的 Dell 公司将其零部件库存时间压缩到一周以内，而其他电脑公司则多达一个月甚至三个月。对计算机硬件产品这种一天一价而且不断降价的行业来说，积压库存意味着企业产品的零部件价格总是比现在的价格高。这也是 Dell 公司为什么能以比同行低 15％的价格进行优惠销售的重要原因所在。

3. 降低管理成本

企业利用内部网（Intranet）可实现“无纸办公”，能提高内部信息传递的效率，节省时间，并可以通过因特网把其公司总部、代理商，以及分布在其他国家的子公司、分公司联系在一起，及时地对各地市场情况作出反应，从而大大降低了企业的管理成本。

另外，由于网络企业无需租用办公场所，无需在世界各地精心选择店铺、培训员工，因而节省了大量的人力和日常运转费用。

4. 降低交易成本

买卖双方的距离越远，网络上进行信息传递的成本相对于信件、电话、传真的成本而言就越低。据统计，电子商务实行“无纸贸易”，可减少90%的文件处理费用。此外，交易时间的缩短和减少重复的数据录入也降低了信息成本。而且，买卖双方通过网络直接进行商务活动，无需中介者参与，减少了交易的有关环节。

5. 降低销售成本

通过因特网，企业可以大大减少销售人员的数量。例如，美国的Dell公司最初是通过电话和邮寄进行直销，后来通过因特网进行直销，带来的效益是非常明显的。用户在Dell公司的网站上可以自如选择和下订单，Dell无需雇佣大量的电话服务员来接听用户的电话订单，而且避免了电话订单中许多无法明确的因素，大大提高效率的同时降低大量销售费用。

因特网作为第四类媒体，具有传统媒体无法具有的交互性和多媒体性，可以实现实时传送声音、图像和文字信息，同时可以直接为信息发布方和接收方架设沟通桥梁。如网上广告比同样效果的电视、报纸广告低廉，网上还有大量免费广告方式，而且可以将广告直接转换为交易，吸引消费者通过广告直接产生购买行为。

此外，大量售后服务可以在网上自动完成。一般的企业网站都有“FAQ”栏，解答顾客常见问题，降低了售后服务的费用。

（二）有效的客户服务

有效的客户服务首先表现为企业与消费者的直接沟通。网络为企业提供了一种低成本的交流方式使之与消费者直接沟通，无需通过中间人，企业可以直接、实时地了解消费者需求，消费者也能与企业直接交流，这为企业开展量身订做、一对一营销提供了可能。其次表现为企业通过在网上设立客户服务中心，可以更方便地解决客户的各种问题，为客户提供售后服务。

（三）更大的市场机会

电子商务打破了时间和空间的界限，任何一个企业都可成为一个真正的跨国企业。利用电子商务方式，企业可以构筑覆盖全球的商业营销体系，实施全球性经营战略，加强全球范围内行业间合作，从而增强全球性竞争能力。特别是小企业或小行业，通过采用电子商务的经营方式，可以了解世界范围市场需求，促进其与遍布全球的公司间合作，从而形成一种更大更有效的经济规模，使自己更具有竞争力。

二、电子商务对消费者的影响

（一）更多的产品选择

由于时间和精力的限制，消费者不可能在较短的时间内逛多个商场。而在网上购物时，网上商城之间只有一个鼠标的距离，因此，消费者可以从容地在多个网上商城中对商品的价格、质量等方面“货比三家”，从而买到最称心的商品。

（二）更高效的购买过程

消费者在网上购物，不仅可以节省大量的信息搜寻时间和成本，而且可以节省交通时间和交通费用，还能用电子货币的方式在线支付，无须排队交款，从而使整个购物过程高效便捷。这种消费方式是非常符合现代人快节奏、高效率的生活模式的。

（三）更低的价格

由于企业采用电子商务的方式开展经营活动可以降低一系列成本，而成本的降低会给消费者带来价格的优惠，因此，网上出售的商品，其价格应该低于传统商店出售的商品价格，拒绝提供折扣优惠是网络营销的一大错误。基于这种认识，Amazon 网站上有 40 万种以上的商品，包括书、CD、DVD 等，其价格均低于市价。消费者在 Amazon 网站购书，平均可以节省 3～5 折的钱。事实上，可以以较低的价格购买到优质的产品，是目前大多数消费者网上购物的动因。

（四）个性化的满足

在工业社会里，商品的生产和提供都是标准化和批量化的，消费者想要购买到根据自己的要求量身定做的商品是很困难的。而现在，越来越多的电子商务网站能够为消费者提供产品和服务的定制，这使得消费者个性化消费的需求得到了满足。

由此可见，电子商务使消费者的消费意识和消费模式都将发生质的变化。

三、电子商务对政府的影响

（一）网上采购

政府可以在网上建立一个政府电子市场，各个政府部门在这个电子市场中公布自己需要的物品，然后由得到认可的供应商来竞价，从而使政府能从网上采购到优质优价的物品。

（二）政府管理的电子化

政府管理的电子化是推行电子商务应用的核心。例如，电子商务方式在国际贸易管理上的应用就促进了国际贸易的管理创新。

1. 出口商品配额实行电子招标

电子招标，可以使外经贸管理机关在较短的时间内完成对企业投标资格的确定，并可以及时检查、跟踪、反馈和调整招标商品使用配额的情况。我国出口商品配额已通过中国国际电子商务网实行电子招标，第一次纺织品被动配额招标就为企业节省费用 5000 万元，两年内紧俏类别的纺织品配额将全部实行网上招标。

2. 实现进出口许可证管理的电子化

电子商务可以帮助外经贸管理机关实行对企业进出口权的审批、进出口许可证的网上申领和发放以及许可证核查等电子化的许可证管理。而且，海关凭许可证验收，银行凭许可证结汇，这样可大大减少不必要的单证和中间环节，提高效率，节省费用。

3. 实现海关通关业务流程的电子化

与电子商务快速发展相对应的是国际贸易中的物流速度不断加快，从而导致通关商品数量与日俱增。在这种形势下，海关必须提高通关速度，改变通关业务的基本运作模式已是大势所趋，于是电子口岸也就应运而生了。我们知道，口岸进出口管理涉及企业订合同、收付汇、进出口以及报关、销售、出口退税等全过程，关系到政府多个行政管理部门和执法部门。

因此，电子口岸就是借助国家电信公网把各部门分别掌管的进出口业务信息流、资金流、货物流电子底账数据集中存放到电子口岸公共数据中心，实现信息共享和数据交换。具体来说，电子口岸执法系统包括以下项目：进口报关单联网核查系统、出口收汇核销单联网核查系统、进出口报关、加工贸易登记手册备案，以及核销申报、出口退税申报、减免税申请、进口环节增值税核查等应用项目。利用这套电子口岸管理系统，国家行政主管部门就能够跨部门、跨行业进行联网数据核查，并能加快通关速度和海关的执法水平。

美国政府从 1992 年起全国采用电子商务方式办理海关业务，不采用电子商务方式报关者，其海关手续将被推迟处理。

中国对外经济贸易合作部是我国对外经济贸易领域的归口管理机构，担负外经贸工作的宏观调控、行业管理、协调服务和监督检查等职责。为了适应全球信息化发展的潮流，使我国对外经济贸易业务的运作逐步适应电子商务的发展要求，中国对外经济贸易合作部建成了中国国际电子商务网。该网是外经贸领域推广电子商务应用的基础设施，也使全国各级外经贸管理机关和进出口企业实现对外经济贸易全过程的电子化管理。具体来说，中国国际电子商务网在全国建立了 32 个城市网络节点，实现了与外经贸部派驻的 17 个省市特派员办事处、部直属企事业单位、各省市外经贸委（厅、局）的外经贸管理机构的 Intranet 联网；该网与国务院有关机构、海关总署、中国银行、美国、欧盟、英国、澳大利亚以及联合国全球贸易网络中心等相关国际贸易机构实施了数据专线互联，形成了商务运作过程中贸易伙伴之间外延往来的 Extranet；同时，该网与外经贸部派驻世界各地的国外常驻机构实现了国际贸易业务的网络化管理，从而为中国对外经济贸易领域进入国际贸易市场，开拓了一个面向全球的电子商务网络环境。

目前，我国外经贸领域，已经实现了对企业进出口权的审批，进出口许可证的申领、核查以及进出口货物原产地证的发放、统计等的电子化管理。

四、电子商务对金融业的影响

电子商务的发展给各行各业都带来了巨大的冲击，其中对金融业的冲击最大。它不仅使传统金融业的经营思想和经营方式发生了根本性的改变，而且还促使了如网上银行、网上证券交易、网上保险等全新的网络金融服务的出现。

（一）网上银行

电子商务的发展要求商家和消费者的开户银行能以客户为中心，提供“AAA”（Anytime Anywhere Anyhow）全天候金融服务。这种全新的运作模式对传统银行业务产生的冲击表现为：

一是网上银行突破了传统银行服务的时间和空间的限制，可以 24 小时全天候服务。这就使得长久以来一直被当做银行标志的富丽堂皇的高楼大厦将不再是银行信誉的象征和实力的保障。那种在世界各地铺摊设点发展国际金融业务和开拓国际市场的观念将被淘汰，银行分支机构的作用相对被削弱。

二是全功能服务。网上银行可以使客户通过一个账户，就能得到从信用卡、保险、外汇、基金、证券到汽车和房屋贷款等在内的“金融超市式”服务。客户不出门就可以获得如此多的方便、快捷、标准化的金融服务，在过去是无法想象的。

三是个性化服务。例如，网上银行可以让客户自己查询个人的账户余额、交易明细额、应缴本息等私人信息，并且网上银行可以通过电子邮件或网上传真对客户存款到期、放款缴息等信息发布通知。又如在信贷领域，网上银行可以利用搜索引擎为客户提供适合其个人需要的贷款等等。

一般来说，网上银行面向客户提供以下种类的服务：

1. 信息服务类

信息服务类主要用于为客户提供与银行相关的信息，帮助客户更好地了解和使用银行业务，内容包括：银行基本信息发布、银行业务和服务项目的介绍、银行网点、自动柜员机（ATM）网点和特约商户的分布情况等。

2. 查询类

查询类主要用于对银行交易和业务数据的查询，也可以包括相关信息的查询。内容包括：个人综合账户余额查询、个人综合账户交易历史查询、企业综合账户余额查询、企业综合账户交易历史查询、支票情况查询、企业受信额度查询、企业往来信用证查询、客户贷款账户资料查询、汇兑状态查询、利率查询等。

3. 交易类

除人员直接参与的现金交易之外的任何交易均可通过网上银行进行，服务对象是网上银行业务的银行签约用户。内容包括：网上转账（即实现网上银行签约账户之间的转账）、网间转账（即客户可将网上银行账户的款项转入综合业务网络其他账户）、代收和代付费业务（比如从活期或信用卡账户代扣代缴日常水费、电费、煤气费、电话费和公用事业付费等）、个人小额抵押贷款、个人外汇买卖、企业外汇买卖、兑换等。

4. 扩展业务类

包括企业银行服务、中间业务如证券交易、网上购物和网上支付、移动电子交易、个性化金融服务等。

（二）网上证券交易

传统证券经纪业务由于受到营业部地理位置、投资咨询手段、物质条件和人力资源的限制，只有根据客户的资金量、交易量的大小而提供不同层次的服务。随着因特网技术的发展和电子商务浪潮的兴起，网上证券交易正发挥着越来越大的作用。

网上证券交易是指投资者利用因特网提供的信息资源，获取证券的即时报价，分析市场行情，并通过因特网委托下单，实现实时交易。网上交易及其相关业务主要包括：查询上市公司历史资料、查询证券公司提供的咨询信息、查询证券交易所公告、进行资金划转、网上实时委托下单、电子邮件委托下单、电子邮件对账单、公告板、电子讨论、双向交流等。目前，投资者可以使用电脑、手机等信息终端进行网上证券交易。

首先，与传统的证券交易方式相比，网上证券交易打破了地域界限，投资者可以跨越时空进行交易。而对于证券商来说，只要拥有良好的资信和品牌，其顾客就不再受地域的局限。

其次，网上证券交易还能满足投资者对信息的需求。因为证券商的网站上既有一般的股评，满足散户投资者的信息需求，也有一些很有深度的行业研究报告和上市公司研究报告，满足大中户投资者的信息需求。

第三，网上证券交易的成本低于传统证券交易的成本。因为网上证券交易包含了证券活动的方方面面，如信息传递、交易、清算、交割等，使投资者足不出户就可以办理所需事项，节省了投资者往返交易厅的时间，减少了各种费用支出。就证券商而言，可以减少营业部的投资和成本，如对房租、电脑、装修和人员的有形投入。

（三）网上保险

电子商务的发展也导致了保险业的革命性变化，网上保险的出现使保险的经营方式、服务手段、服务界限、服务功能发生了显著变化。网上保险是指保险企业通过因特网开展的电子商务活动，主要包括通过因特网买卖保险产品和提供服务。网上保险最主要的目的就是改变人们的保险习惯，变原来的被动接受保险为主动寻求保险。

首先，与传统的保险企业经营方式相比，网上保险实现了全天候 24 小时营业，缩短了保险公司与客户的距离，真正实现了保险无时不在、无处不在的保障功能，促使了保险市场进一步向国际化、全球化方向发展。

其次，通过因特网，保险公司免去了代理人、经纪人等中介而直接与保户进行业务往来，大大缩短了投保、承保、保费支付和保险金支付等过程，降低了保险公司的经营成本。

再次，投保人可以从网上获得大容量、高密度、多样化的专业信息，减少投保的盲目性、局限性和随意性，实现投保的理性化。同时，投保人将告别信息残缺、选择单一及被动无奈的传统保险服务，无需消极接受保险中介的生硬推销，转向在多家公司及多种保险产品中实现多元化的比较和选择。而且网上投保能更好地保护投保人的隐私。

可以预见，网上保险以其高效率、低成本、个性化交易等突出优势，将逐步代替传统的代理人营销方式，成为新的保险销售方式。

五、电子商务对社会经济的影响

互联网时代的电子商务对社会经济的影响具体表现在以下几个方面。

（一）促进世界贸易和经济的发展

世界贸易日益成为知识经济重要的组成部分。世界经济正处于一个长期转变的过程，由局限封闭的国内经济转变为由全球所有竞争对手都参与的全球一体化经济。电子商务可以使企业构筑覆盖全球的商业营销体系，实施全球性经营战略，加强全球范围内的经贸合作，推动贸易量的大幅度增加，促进世界经济的发展。

在现行的国际贸易环境下，业务过程的复杂性使得成本和效率成为企业关注的焦点问题。比如一个中等规模的贸易口岸每年要处理 15 万宗进出口业务，每宗业务所用单证平均为 15 种，而整个进出口活动的信息流和效率将受到贸易主管部门、生产部门、运输、海关、商检、银行、税务、外汇管理、保险和贸促会等多个职能机构的影响。这种程序上的低效率运转造成巨大的浪费，已成为世界贸易的一大障碍。据 UNCTAD 调查分析，世界贸易成本（仅直接成本和文书成本）就占到国际贸易总值的 10%左右。如将间接成本进行定量化，像由于贸易程序复杂烦琐导致运输延迟、因单证差错造成迟付以及由此引出的其他损失而造成的间接成本将更为可观。电子商务提高了业务程序的效率，降低了成本，改善了世界贸易的环境，从而促进了世界经济的发展。

（二）促进知识经济的发展

电子商务是现代科学技术（知识）在商务等领域的应用，属于知识经济的范畴。知识经济的特征在于知识成为经济增长的关键。电子商务不仅可大量减少人员的流动，节省时间，提高效益，降低商务劳动成本，而且由于电子信息有不受时空限制的特点，可以方便地将商品信息及时传遍全世界，从而大大减少因信息不灵造成的商品积压，以达到提高商品的产销率、促进经济发展的目的。此外，电子商务本身还具有与经济增长相联系的通货紧缩的作用。美国由于知识经济带来的高增长速度、高就业率和低通货膨胀率，确实得益于它在信息技术和互联网方面的优势。驱动美国知识经济持续增长的主要动力之一，是信息技术的快速发展，以及它所导致的生产与服务成本的下降和产品经济向服务经济的转型。

（三）促使新兴行业的产生

电子商务导致经济贸易的大规模增长意味着更为激烈的竞争，而竞争使得创新成为成功的关键因素。因此全球化加速了行业和职业的重组，导致一些行业和工作的消失，促使另一些行业的崛起。在电子商务环境下，传统的商务模式发生了根本性的改变，许多业务过程由原来的集中管理变为分散管理，社会分工逐步变细，因而会产生许多新兴行业来配合电子商务的顺利运转。如网络服务供应商（ISP，Internet Service Provider）、网络内容供应商（ICP，Internet Content Provider）、网上商店、网络银行等。此外，网上购物使得送货上门成为一项极为重要的服务业务，导致快递公司、物流公司等专门从事配送货物业务企业的出现。

[资料链接]

（一）海尔“一流三网”的成功之道

通过BBP交易平台，每月接到6000多销售订单，定制产品品种逾7000个，采购的物料品种达15万种，新物流体系降低呆滞物资73.8%，库存占压资金减少67%。

日前，SAP公司为海尔集团搭建的国际物流中心正式启用，成为国内首家达到世界领先水平的物流中心。SAP主要帮助海尔完善其物流体系，即利用SAP物流管理系统搭建一个面对供应商的BBP采购平台。它能降低采购成本，优化分供方，为海尔创造新的利润源泉。如今，海尔特色物流管理的“一流三网”充分体现了现代物流的特征：“一流”是以订单信息流为中心；“三网”分别是全球供应链资源网络、全球用户资源网络和计算机信息网络。“三网”同步运动，为订单信息流的增值提供支持。

在要么触网、要么死亡的互联网时代，海尔作为国内外一家著名的电器公司，迈出了非常重要的一步。海尔公司2000年3月开始与SAP公司合作，首先进行企业自身的ERP改造，随后便着手搭建BBP采购平台。从平台的交易量来讲，海尔集团可以说是中国最大的一家电子商务公司。

海尔集团首席执行官张瑞敏先生在评价该物流中心时说：“在网络经济时代，一个现代企业，如果没有现代物流，就意味着没有物可流。对海尔来讲，物流不仅可以使我们实现三个零的目标，即零库存、零距离和零营运资本，更给了我们能够在市场竞争取胜的核心竞争力。”通过 SAP 成功实施的 ERP 和 BBP 项目，海尔物流“一流三网”的同步模式可以实现以下目标：

(1) 为订单而采购，消灭库存。

在海尔，仓库不再是储存物资的水库，而是一条流动的河，河中流动的是按单采购来的生产必需的物资，也就是按订单来进行采购、制造等活动，这样，就从根本上消除了呆滞物资，消灭了库存。海尔集团每个月平均接到 6000 多个销售订单，这些订单的定制产品品种达 7000 多个，需要采购的物料品种达 15 万余种。新的物流体系将呆滞物资降低了 73.8%，仓库面积减少了 50%，库存资金减少了 67%。

(2) 双赢，赢得全球供应链网络。

海尔通过整合内部资源、优化外部资源使供应商由原来的 2336 家优化至 978 家，国际化供应商的比例却上升了 20%，建立了强大的全球供应链网络，有力地保障了海尔产品的质量和交货期。不仅如此，更有一批国际化大公司已经以其高科技和新技术参与到海尔产品的前端设计中，目前可以参与产品开发的供应商比例已高达 32.5%。

(3) 实现三个 JIT (Just In Time)，即 JIT 采购、JIT 配送和 JIT 分拨物流的同步流程。

目前通过海尔的 BBP 采购平台，所有的供应商均在网上接受订单，并通过网上查询计划与库存，及时补货，实现 JIT 采购；货物入库后，物流部门可根据次日的生产计划利用 ERP 信息系统进行配料，同时根据看板管理 4 小时送料到工位，实现 JIT 配送；生产部门按照 B2B、B2C 订单的需求完成订单以后，满足用户个性化需求的定制产品通过海尔全球配送网络送达用户手中。目前海尔在中心城市实现 8 小时配送到位，区域内 24 小时配送到位，全国 4 天以内配送到位。

(4) 计算机网络连接，更新经济速度。

在企业外部，海尔 CRM (客户关系管理) 和 BBP 电子商务平台的应用架起了与全球用户资源网、全球供应链资源网沟通的桥梁，实现了与用户的零距离。目前，海尔 100% 的采购订单由网上下达，使采购周期由原来的平均 10 天降低到 3 天；网上支付已达到总支付额的 20%。在企业内部，计算机自动控制的各种先进物流设备不但降低了人工成本、提高了劳动效率，还直接提升了物流过程的精细化水平，达到质量零缺陷的目的。计算机管理系统搭建了海尔集团内部的信息高速公路，能将电子商务平台上获得的信息迅速转化为企业内部的信息，以信息代替库存，达到零营运资本的目的。

海尔在物流方面所做的探讨与成功，尤其是采用国际先进的协同电子商务系统进一步提升了海尔在新经济时代的核心竞争力，提高了海尔的国际竞争力，给国内其他企业带来了新的启示。

——中华税网 www.chinesetax.com.cn

(二) 信息化让猪“飞”起来

传统畜牧业除了夯实基础实力外，也少不了电子商务这把新鲜的刷子。“根据电脑数据分析，6 号选配 378 效果最好。”黎世业指着电脑屏幕对记者说。听到这样的话，可能很多人以为这是在“玫瑰有约”之类的婚姻介绍所，而真实情况是广西桂宁种猪有限公司的技术人员在为母猪选配偶，以孕育出优质的种猪。

在一般人眼里，养猪只是喂喂饲料扫扫猪栏而已，高级一点的也就是按照《科学养猪》之类的书本操作，像黎世业这样养猪在国内还比较先进。而经历了广西桂宁种猪有限公司十年发展的黎世业，深知公司管理信息化的好处。“只要我在电脑里输入一头猪的编号，就能立刻知道它所有的信息，客户随时随地登录我公司的网站都能知道种猪的全面信息。”这样的高效率让他的种猪“飞”向全国各地的客户，10 年间公司种猪年产量由 1 万头“飞”到 10 万头，信息化管理功不可没。

1. 敢于尝鲜

广西桂宁种猪有限公司的前身是广西粮油食品屯里猪场，1996 年大学毕业没多久的黎世业就上任做了副厂长。“那个时候公司还是国有企业，我也不是一把手，所以很多决策都没有办法实施。”在广西农业大学主修畜牧业的黎世业一开始就没有按照传统的法子养猪，很多理念不是很容易被领导接受。

2000 年，广西粮油食品屯里猪场股份制改造，改名为广西桂宁种猪有限公司，黎世业做了厂长。“我不把猪当猪看，而是把猪当做事业来做。”在大学接受了四年专业学习的黎世业如是说。到了 2003 年，黎世业确实让人看到了他的“事业”，公司规模扩大了 5 倍，从开始的年产量 1 万头发展到年产量 5 万头，猪场也由 2 个变成 7 个。公司发展的同时，黎世业也渐渐感觉到管理的吃力。首先是资料烦琐，数据处理很难，之前公司管理 1000 头母猪的时候，所有的资料数据都是人工手抄，要找哪一头母猪的资料尚且要半天，在 3000 头母猪中具体找一头非要折腾死人不可，花一整天的时间可能还找不出来。对每头猪的情况不明了也就不能做针对性的养殖，“最重要的就是怎么淘汰母猪，因为猪是多胎动物，有的一头母猪一胎产一二十头小猪，有的只产四五头，投入成本一样但是产出结果却相差很大。”黎世业回忆起当初靠人工统计数据就头痛；第二就是随着分厂的增多，内部的信息交流很麻烦，分厂分布在不同的地方，要实地去调查或者是打电话效率都很低，但是如果不调查，作为总经理的黎世业又不能实时地掌握公司业务的进展状况；第三是随着公司规模的增大，销售渠道也必须跟着拓宽，不然就会遇到企业发展的“天花板”。生猪繁殖快、生长周期短，养猪规模在较短的时期内就能够快速膨胀和萎缩，当市场形势紧俏、养猪效益较好时，大家就会蜂拥而上；形势严峻效益下滑时，又会一哄而散，造成生猪存栏量急剧下降。在上上下下的市场波动中供应商承受损失最大，而且越大的供应商因为船大难掉头承受的损失也越大。所以稳定的买方市场对于广西桂宁非常重要。

于是，“必须找一个合适的管理模式”的想法在黎世业心里生了根，但是放眼周围的同行，情况都差不多，根本没有模仿的对象。正在黎世业苦恼时方法却自己找上了门。广西一家软件公司专门给养猪行业制作了软件“超级管家”，这家软件公司一家一家上门推销自己的产品，可是因为养殖业懂电脑的人才非常稀少，再加上老板都是一些从来就没有接触过电脑的人，所以推广不是很顺利，大多数人安于传统的人工统计资料。因为黎世业受过科班教育，理念相对超前，早先两年就注重 IT 人才的引进，所以，当他看到技术人员演示“超级管家”时立即就拍板使用。

2. 尝到甜头坚定了决心

自从用了超级管家后，工作人员只要输入一头猪的编号，这头猪所有的历史资料全出来了。“跟人一样，所有的资料都存入档案，警察只要输入我们的名字就能看到我们的历史。”黎世业开玩笑说。以前管理资料的员工数量精简了，而且效率大大提高，最关键的是一个环节效率的提高也带动了其他环节效率的提高。比如防疫人员以前要到猪栏去检查每一头猪，查完后即使发现了病情，为了仔细治疗还要看这头猪的病史档案，找资料非常烦琐；但是信息化管理后，在电脑前打开公司软件，根据软件里记录的各种身体状况的数据就能推测出哪头猪需要检查，防疫人员的担子也轻了很多。同时，分厂之间的信息也可以互相沟通，只要登录到公司内部软件超级管家，一个分厂就可以看到其他所有的分厂信息，这样就方便了管理层作决策，管理也更加透明化，符合股份制公司的精神。

作为种猪公司，对广西桂宁来说更为重要的还是种猪的繁殖。超级管家虽然初步解决了管理问题，但是繁殖的问题还没有解决。2002 年，黎世业去美国人工授精站参观的时候，美国人的技术令他大为赞叹。“美国人给母猪人工授精之前就知道能产多少小猪，因为他们预先在电脑里已对母猪的各种数据进行统计分析得出了答案。”时刻关注同行先进动态的黎世业想，如果自己的公司能够用上这样的软件，成本就会下降很多。可是当黎世业问起软件价格时念头就打消了，“美国人的报价太高，而且还没有中文版，买回来员工也不好操作。”

回国以后，黎世业就时刻关注软件这一块儿，终于在第二年，黎世业发现北京一家软件公司开发了种猪育种管理软件 GPS，黎世业与技术员工经过仔细分析，认为这种软件既可以解决管理问题也能解决育种问题。第一，员工清楚了怎样优胜劣汰母猪。每个母猪都有自己的编号，母猪在繁殖的每个阶段的情况都录入了 GPS，输入每头母猪的号码就可以快速找出它的所有资料；而且每个月软件自动生成报表，告诉员工哪头猪要淘汰了，哪头猪要护理了，留下来的都是高质量的母猪。第二，可以先在虚拟的环境里为母猪选配公猪，哪一组最优就选用哪一组，这样一来繁殖出的种猪很少感染病，形体也好，自然而然竞争力就上去了。所以，通常一头母猪能够产 16～20 头种猪，而别的养猪场不能控制种猪的产量，很多情况下每头母猪年产量要少 3～5 头种猪。同样的成本投入，但是产出却多出竞争对手 18%～20%，所以广西桂宁种猪质量上优于竞争对手，而且价格还有下降的空间，就算是在市场价偏低的 2003～2004 年，广西桂宁种猪有限公司的销售业绩不降反升。

3. 把“猪”卖到全国

“酒香也怕巷子深，我们的种猪如果只在广西转圈子也是做不大的。”常常出国考察的黎世业明白信息推广的作用。“我已经跑了美洲、欧洲、澳洲，发现发达国家的畜牧业信息化程度很高，网站建设、网上广告、网上采购、网上销售不是什么新鲜事，不像我们还只是闭门生产，磨破双脚上门推销。”

黎世业见识了国外网上信息推广的好处，2002 年就开始在中国种猪网、中国猪网上做广告，“其实当时的广告只是一个简单的网页而已，连数据都不会更新，所以，当公司有新的种猪出售的时候，还要先通知中国种猪网、中国猪网进行更新。”就是这么一个简单的网页给黎世业带来了外地的客户，福建的、江西的、贵州的客户都找上了门。时机一成熟，2005 年，黎世业就建立起了公司自己的网站。受国外理念影响的黎世业很早就关注企业网站建设，所以公司网站的信息做得很细致全面，包括企业介绍、企业荣誉、企业新闻、售后与服务、种猪展示、专家指导交流合作、国外引种等等，甚至都没有漏掉公司在广西的地理位置图。细致全面的网站信息让客户一看就清楚广西桂宁种猪有限公司的实力。只要网上搜索广西桂宁种猪就能链接到黎世业公司的网站而不是种猪信息网，远在海南、香港甚至北京的客户都知道广西桂宁种猪，“通过网络知道我们来公司考察的，90%的都会购买。一次一个客户，一下就签下 1500 头种猪，一两百万的生意。”

宽阔的多渠道销售可以规避市场动荡带来的风险，当大家蜂拥而上致使猪肉市场价格走低的时候，广西桂宁有更大的选择空间，“俗话说东边不亮西边亮，这边的价格低我就卖到那边去。”黎世业轻松地说，“今年就更不用说了，年底的种猪已经全部预订出去了。预计今年能销售 10 万头，轻松达到 1 亿元的销售业绩。”

——中国养猪信息网 www.zhuxinxi.com

本 章 小 结

本章的主要内容有：电子商务的基本概念、传统商务与电子商务的区别、电子商务的功能及特征、电子商务对各领域的影响等。

[思考与练习]

1. 请给电子商务下定义。
2. 列举电子商务给企业、消费者和社会带来的收益。
3. 为什么说电子商务是企业发生根本转化的“催化剂”?
4. 电子商务是如何帮助企业实现产品和服务定制的?
5. 寻找一些移动商务应用的例子，并讨论其独特之处。
6. 将电子商务和根据纸张商品目录及电视广告下邮件订单的方式进行比较。
7. 进入“当当网”，寻找并列出一份电子商务书籍的清单，并找到对其中一本书的评论。总结你能从“当当网”得到的服务，并描述你能得到的所有好处。
8. 尝试在线拍卖或买卖物品。并写出报告介绍你的经历。

第二章　电子商务的商业模式

［学习目标］

通过本章的学习，掌握B2C电子商务的模式，B2C电子商务的流程；掌握B2B电子商务的模式，了解B2B电子商务的流程；掌握C2C电子商务模式，了解C2C电子商务流程；此外还要了解电子政务以及电子政务的分类等。

第一节　B2C电子商务

［导入案例］

马云：试水新模式——颠覆传统

阿里巴巴CEO马云似乎总是喜欢颠覆传统。2006年5月10日，记者获悉，在成功运作B2B（企业对企业）和C2C（个人对个人）之后，阿里巴巴宣布进军B2C（企业对个人）业务，至此阿里巴巴集团已具备电子商务的所有形态。

而此次阿里巴巴进军B2C并非是传统意义的B2C，而是个人网上购物平台淘宝网，将B2C与C2C融合。

5月10日，阿里巴巴公司宣布，下属子公司淘宝网将全面联合海尔、阿迪达斯、联想、摩托罗拉、诺基亚、长城电脑等大量品牌启动在线销售。同时，阿里巴巴集团宣布，不会收取中间费用，将全部利润让给消费者和生产企业。消息一出，这种全新的“亚马逊十戴尔”的模式让各界震动。据悉，蓄势已久的阿里巴巴，此前拨款10亿给淘宝筹备“变局”。同时，阿里巴巴表示，国内最大的网上支付工具——支付宝（其下属子公司）也将全力支持，无偿配合消费者与企业间的零费用购物。

据悉，阿里巴巴新的B2C模式将实现消费者“零流通利润”从企业买货的购物模式，再造产业流程。专家预测，今后消费者每花100元购物就有可能省下至少10%的“流通成本”。

据了解，传统B2C模式需投入巨资建立仓储、配送中心，中间成本极大，利润则仅可维持在5%左右。马云并不大看好传统B2C，他认为，“即使美国有那么好的配送和物流基础，但是亚马逊只有5%的利润。在中国，B2C市场已经很成熟，但你看卓越、当当还是活得很辛苦，这说明这个模式有问题。”

据悉，将B2C与C2C融合，马云早有预谋。早在几年前，马云就预言，“各种电子商务形态在未来都将融合，结合在一个大平台上运行。连通B2B和C2C平台之后，一种全新的B2C模式将会产生。”

分析人士指出，传统B2C模式的核心仍然是基于传统商务流程，而阿里巴巴的模式让电子商务模式直接介入了企业流程，帮助他们在各个环节上省钱和赚钱。“如果利润空间也不大，很难说服企业进一步深入应用电子商务。”孙彤宇认为，基于此种构想出台的新B2C模式，势必会受到诸多厂商的追捧。

摩根士丹利全球副总裁季卫东认为：“在互联网的商业模式中，以产业为中心是最高的经营模式，阿里巴巴在B2B、C2C、搜索及支付领域都有涉足，是以产业为中心的经营模式。”

据悉，从2005年开始，按照马云的设想，阿里巴巴就开始尝试将阿里巴巴的买家和卖家引到淘宝网，鼓励淘宝网的卖家去阿里巴巴进货，并把产品批发给下面的消费者，打通了B2B和C2C的界限。

易观国际人士评价称，淘宝新B2C模式，从其表现来看实质是完全融合了B和C的B2B2C形式，而这也是整个电子商务的走向。整个供应链是一个从创造增值到价值变现的过程，阿里巴巴若能将从生产、分销到终端零售的资源进行全面整合，其必将大大增强服务能力，并获得高增值服务机会。

记者获悉，家电行业的格兰仕、摩托车领域的隆鑫都已经在阿里巴巴上进行采购和销售，海尔也已经在阿里巴巴采购并入驻淘宝。

——浙商网 www.zjsr.com

一、B2C电子商务模式的形式

B2C电子商务模式，是企业通过网络针对个体消费者实现价值创造的商业模式，是目前电子商务发展最为成熟的商业模式之一。

一般来说，B2C电子商务模式有门户网站、电子零售商、内容提供商、交易经纪人和社区服务商等形式。

（一）门户网站

门户网站是在一个网站上向用户提供强大的Web搜索工具，并将信息内容集成为一体的服务者。

网络发展的初期，网站数量比较少，特别是人们对网上信息的搜寻能力较低、搜寻成本较高的时候，门户网站为人们了解更多的网络信息提供了方便。而今天，网络经济不断发展，尤其是信息搜索技术不断提高，门户网站这种商业模式成了网络的重要终点网站。在保持了强大的网络搜索功能以外，门户网站还向人们提供了一系列高度集成的信息内容与服务，如新闻、电子邮件、即时信息、购物、软件下载、视频、聊天、博客等。从广义来理解，门户网站是搜索的起点，向用户提供易用的个性化界面，帮助用户找到相关的信息。目前在中国，新浪网、搜狐网、网易已成为门户网站成功的范例。

门户网站在发展中，逐步形成了水平型门户网站和垂直型门户网站两种类型。水平型门户网站将市场空间定位于互联网上的所有用户，如Yahoo、美国在线、MSN以及中国的新浪网、搜狐网、网易均称为水平型门户网站。垂直型门户网站的市场空间定位于某个特定的主题和特定的细分市场，如iboats.com为美国划船消费市场的门户网站，该市场吸引了包括想租船或者自己拥有船的用户约1600万美国人。在中国，也有很多专业的垂直型门户网站，如中国同学录（www.5460.net）（如图2-1）。中国同学录创办于1998年5月4日，是全球第一家以同学用户为基础的中文专业综合类网站。目前，中国同学录拥有 2500 万注册用户，日均登录用户近 60 万人次，累计注册学校 105 万所，注册班级 550 万个。中国同学录自推出以来，发展迅速，网站凭借强大的技术实力和较好的内容服务深得广大网友的支持和拥戴。如今的中国同学录信息内容丰富，内部数据管理规范，数据库技术先进，有强大的市场优势。“5460”取中文“我思念你”的谐音。创办以来，中国同学录怀旧的栏目特色及“为走出校园的同学校友提供服务”的独到的用户群定位理念深入人心。中国同学录在 9 年时间里，已成为我国完全靠自身建设发展起来的规模最大、影响力最大、全国领先的网上同学录。

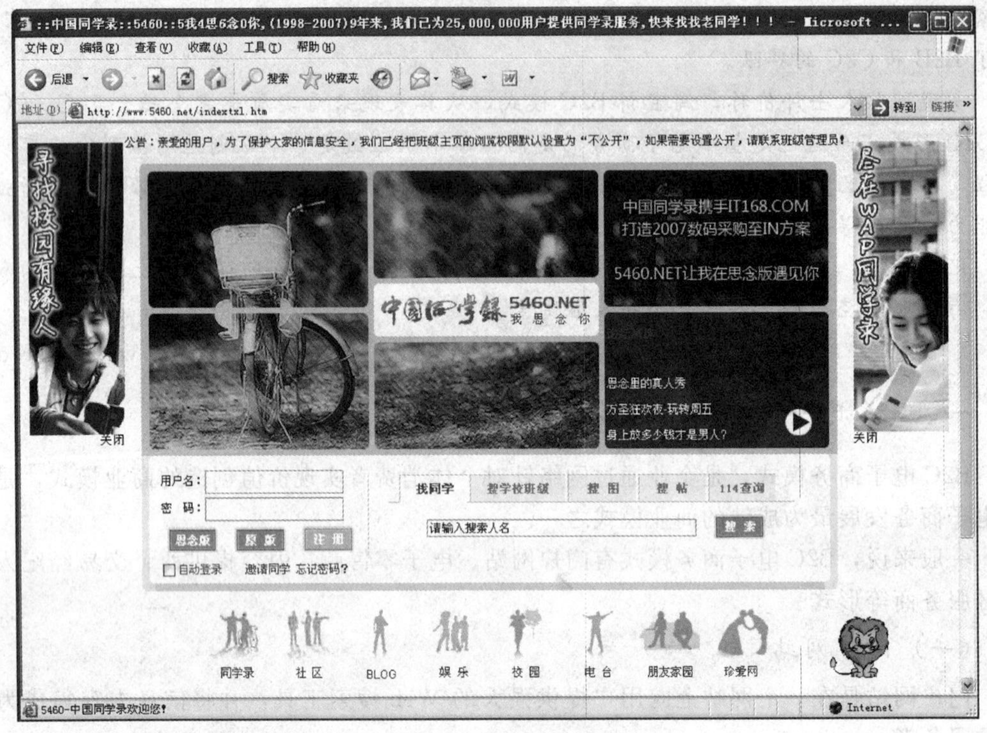

图 2-1 中国同学录网站

门户网站的赢利模式主要依靠广告费、订阅费以及交易费等，但并非每个门户网站都能够有很好的收益。事实上，网络中有大量的门户型网站，但排名前 10 位的网站约占据了整个门户市场搜索引擎流量的 90%。究其原因，很多排名靠前的门户网站都是最早开展网上业务的，因而具有先行者的优势，从而不断积累出非常好的品牌知名度。消费者信任可靠的网络服务提供商，如果要他们转移到其他网络服务商的网站，他们会承担更大的转移成本，因此消费者对品牌门户网站更为偏好。

由于门户网站被众多分析家所看好，而且该行业的进入障碍低，因此，门户网站的数量迅速增加。但在众多的门户网站中，只有少数门户网站能够赢利。

门户网站初建期的竞争目标是获取用户，以取得网络效应。只有在门户网站的用户数达到一定数量之后，网站才能成长起来。当门户网站处于成长期时，已取得网络效应，用户数增长较快，此时的竞争目标仍为获取用户，应采取的竞争策略是品牌竞争、战略联盟和增值服务等。

1. 品牌竞争

有人认为网上的品牌忠诚度低于传统企业。事实上，网上同样存在品牌效应，如网易、雅虎、新浪、搜狐等品牌已深入人心。网上用户同样具有较高的品牌忠诚度，被认可的品牌更能吸引新用户的注意力，也有利于留住老用户。品牌具有三方面作用：品牌降低用户的搜索成本；品牌可以代表品质；品牌提高信用。因此，树立品牌形象是门户网站的一项重要的竞争策略，网站一旦树立了品牌形象，就能获得更多的用户。此外，网络服务是一种经验产品，即用户只有在接受了服务之后才能对其进行评价，因而用户在购买网络服务之前很难判断其价值，而品牌恰好能克服经验产品的难题。

2. 战略联盟

战略联盟是指两家或两家以上企业为了达到某些共同的战略目标而结成的一种联盟，联盟成员各自发挥自己的竞争优势，相互合作，共担风险，进而能更好地为用户服务。在科技发展迅速、竞争激烈的时代，企业必须保证自己的核心竞争力。由于难以在多个方面做到优于竞争对手，因而企业必须与合作伙伴分享技术，取长补短，互惠互利。对门户网站而言，为了方便用户实现网上交易，通常需要提供物流、网上支付等服务，而物流和网上支付不是门户网站的核心优势，所以门户网站应与物流企业和银行等相关企业组成战略联盟。

3. 增值服务

门户网站要增强自身在竞争中的实力，就要重视增值服务的开发。增值服务能提高网站带给用户的收益，赢得用户的忠诚。用户价值是用户的认知利益与认知成本的差额，而用户对于利益的认知一般来源于网站所提供的服务。增值服务能提高用户的认知利益，从而提高用户价值，并提高网站的收益。门户网站可通过建立虚拟社区来提供增值服务，提供的增值服务包括聊天室、游戏、电子邮箱、短信订制、金融服务等。

（二）电子零售商

1996 年前后，欧美发达国家出现了基于互联网的零售形式——电子零售。在随后的几年，这种形式在世界各地迅速发展。近几年，我国网上商店的数量也急剧增加。在网上进行购物的消费者通常有以下几种类型：

1. 时间饥饿型消费者

这类消费者在双收入家庭中较多出现，他们愿意在购物时支付更高的价格或额外费用来节约时间，而不管是否喜欢在线购物体验。

2. 购物逃避型消费者

他们不喜欢购物，可能只是使用因特网来避免拥挤的人群、排队或堵塞的交通。

3. 新技术爱好者

他们通常是对新技术感兴趣的年轻人，上网购物的原因可能仅仅是“因为这很有趣”。

4. 对时间敏感的唯物主义者，或鼠标加水泥型消费者

他们仅使用因特网来查找产品；考虑到安全和其他原因，他们更倾向于在传统商店购买商品。

5. 狩猎采集者

他们大约占在线购物者的 20%，喜欢价格比较的过程和搜索物超所值的商品。

6. 品牌忠诚者

是指为了某个特定品牌而在线购物的消费者，他们也许是能给商家带来最高人均利润的消费者群。

7. 单身购物者

他们大约占在线购物者的16%，上网不仅是为了购物，还为了获得银行服务、交流、游戏、新闻以及其他活动。

基于以上在线购物消费者的几种类型，目前的电子零售商主要有两大类：一类是将传统实体商店与网络商店相结合形成的网络销售商店，通常称为“鼠标加水泥”型，如沃尔玛；另一类是纯粹由网络公司经营的网络销售商店，没有实地销售商店的支撑与配合，如亚马逊网上书店。

（三）内容提供商

内容提供商是通过信息中介商向最终消费者提供信息、数字产品、服务等内容的信息生产商，或直接给专门信息需求者提供订制信息的信息生产商，它通过网络发布信息内容，如数字化新闻、音乐、流媒体等。内容提供商将市场定位在信息内容的服务上，因此成功的信息内容是内容提供商模式的关键因素。信息内容的定义很广泛，包含了知识产权的各种形式，即所有以有形媒体（如书本、光盘或者网页等）为载体的各种形式的人类表达。

内容提供商处理大量的信息，包括图像、图形、声音、文本等。由于信息安全性是第一要求，因此，信息内容提供商在存储介质和网络设施上投资较大；同时，内容提供商一般是通过信息中介商让消费者享用信息内容的，所以，他们较少关注与消费者的关系和消费者数据。

内容提供商的赢利模式主要有内容订阅费、会员推荐费以及广告费用等。由于内容服务的竞争日趋激烈，因此一些内容服务商的网络内容并不收费，如一些报纸和杂志的在线版纷纷推出了免费的举措。他们主要通过网络广告或者以网络为平台进行企业合作促销、产品销售链接以及网友自助活动等获得收入。

内容提供商重视信息生产流程，包括形成和改进信息加工过程、信息传输的标准，特别是信息内容的表达方式。信息内容提供商和信息中介商一样，在信息处理方面集中相当多的精力，用专业技术满足客户的特别需要。信息内容提供商建立分类索引形式，存储其信息内容，满足多途径的客户需要。为了提高竞争力，信息内容提供商通常愿意建立向联盟开放的系统。

内容服务商目前的最大问题是信息内容的版权问题。新兴的网络服务商很难拥有独一无二的信息源。在大多数情况下，信息服务主要由传统的内容提供商占领，如图书报纸出版商、广播台、电视台、音乐发行公司以及电影制片厂等，他们由于有传统而且稳定的信息来源，开展网上业务很有优势。

（四）交易经纪人

交易经纪人是指通过电话或者电子邮件为消费者处理个人交易的网站，采用这种模式最多的是网上人才市场、在线投资和股票交易、在线出版以及知识传播等。

1. 网上人才市场

在线人才市场是世界上最大的人才市场之一，连接着寻找有特殊技能员工的雇主和寻找工作的人。人才市场非常不稳定，供需经常不平衡。找工作的方式很多，可以通过报纸上的分类广告、公司招聘会、职业代理以及猎头公司等。

传统的人才市场一般通过报纸广告来传递信息，但是报纸广告的缺陷很多，如费用比较高、周期短、地点大多局限于本地、收集求职信息耗时、材料易丢失或过时、速度慢等。

网上人才市场能克服前面提到的传统人才市场的几大缺陷。它给求职者带来的主要好处包括：能够找到更大地理范围的大量的工作信息；能够与潜在的雇主迅速交流；能够大范围地投送简历；能够在任何时间、任何地点找工作；能够免费得到支持服务；能够估计自己的市场价值；能够学习如何参加面试。

给招聘企业带来的好处主要包括：能够对更多的求职者进行宣传；能够节省广告费用；能够降低求职信处理费用；能够为求职者提供更加公平的机会；能够发现熟练雇员。

国内网上人才市场主要有智联招聘、51job 等。

智联招聘（www.zhaopin.com）成立于 1997 年，是国内最早、最专业的人力资源服务商之一。它的前身是 1994 年创建的猎头公司智联（Alliance）公司。总部位于北京，在上海、广州、深圳、天津、西安、成都、南京、武汉、长沙、苏州、沈阳、长春、大连、济南、青岛、郑州等城市设有分公司，业务遍及全国的 50 多个城市。从创建以来，智联招聘已经为超过 113 万家客户提供了专业人力资源服务。智联招聘的客户遍及各行各业，尤其在 IT、快速消费品、工业制造、医药保健、咨询及金融服务等领域享有丰富的经验。截至 2007 年 7 月，智联招聘网平均日浏览量 2400 万，日均在线职位数 110 万以上，简历库拥有近 1270 余万份简历，每日增长超过 35000 封新简历。个人用户可以随时登录增加、修改、删除、休眠其个人简历，以保证简历库的时效性。智联招聘拥有覆盖全国超过 20 个主流城市的智联招聘周刊，与网络招聘形成“线上＋线下”的联动跨媒体招聘平台，其总发行量达到 630 万份，到达率超过 3200 万人次。

2. 在线股票交易和在线投资

采用在线股票交易，人们可以在任何时间、任何地点下单，不必忍受股票交易大厅嘈杂的环境，也不必排队等候办理交易。另外，投资者还可以得到大量的免费的有关特定公司和共同基金的投资信息。

在线交易是怎样运作的呢？假设一名投资人在股票交易经纪公司开设了账户，那么他首先要访问该公司网站，输入账号和密码，然后点击进入股票交易。借助菜单，投资人可以输入委托单的详细内容（买还是卖、保证金还是现金、限价还是市价）。电脑告诉投资者最新的买价和卖价，就像经纪人通过电话告知的一样，然后投资人可以同意或拒绝交易。交易经纪人主要通过向每次交易收取佣金获得收入。无论是按单一费率还是按与交易规模相关的浮动费率，每进行一次股票交易，交易经纪人就获得一次收入。

3. 在线出版

在线出版是通过因特网以电子化方式传送报纸、杂志、书籍、新闻、音乐、录像和其他数字化信息。它通常和广告联系在一起，因为在大多数情况下它是免费提供的，并将人们吸引到附带广告的网站上。

最早通过在线出版传播信息的是发表学术论文以供同行参考。现在，在线出版主要被用来传播信息、进行交互式销售、提供客户服务或用于公共服务目的。

4. 在线知识传播

在线知识传播主要包括虚拟教学和在线咨询。

远程教育的概念并不新鲜。最近，信息技术和因特网的普及已经拓展了这种远程教育的机会。许多大学，包括一些顶级大学，都提供了在线教育。

在线指导和咨询是一个发展非常迅速的领域。下面就是一些例子：

（1）医疗指导。在线健康指导公司为公众提供来自一流医疗专家的咨询。

（2）管理咨询。许多咨询公司出售其知识库中累积的专家的知识。

（3）法律指导。

（4）专家服务。一些站点提供各种专家服务，如法律、财务、税收、科技和时尚等。在上面人们可以张贴所需要的服务，专家可以进行投标。

（5）财务指导。

目前，网络交易经纪人市场吸引了越来越多的注意，市场竞争也日趋激烈。目前的网络经纪人市场已经开始与传统的经纪人市场展开了直接的竞争，因此网络交易经纪人市场至少需要在以下几个方面有所提高。首先，加强网络安全和隐私保护工作。由于通过网络交易的顾客通常担心个人的隐私被泄露，从而影响他们在网上开展活动，因此，切实可行并且为广大顾客接受的网络安全保障措施是网上经纪人发展的重要前提。其次，增强网络经纪人的服务意识，提高撮合、配对的比率。如何运用信息技术及时、准确地撮合、配对，也是网上经纪人发展的重要问题。最后，增大交易经纪人网站的规模与知名度。从目前交易经纪人网站发展来看，获得成功的均为行业先行者，他们往往具有较大规模和较高知名度，因此发展会员规模，加大宣传力度，也是网络经纪人的重要内容。

（五）社区服务商

社区服务商是指那些创建数字化在线环境的网站。有相似兴趣、经历以及需求的人们可以在社区中交易、交流以及相互共享信息。

网络社区服务商的构想来源于现实的社区服务，但实际的社区服务通常受到地域限制，并不能够很好地整合需求，因而无法实现个性化的服务。而网络社区服务商通过构建数字化的在线环境，将有相似需求的人联系在一起，甚至利用在线身份扮演一些虚幻的角色。社区服务商的关键价值在于建立一个快速、方便、一站式的网站，使得用户可以在这里关注他们最感兴趣、最关心的事情。

社区服务商的赢利模式较为多样化，包括收取信息订阅费、获得销售收入、收取交易费用、会员推荐费用以及广告费等。

二、B2C 电子商务流程及实例

（一）流程

消费者到网上商店购物的过程与实际商店类似，每个具体的网上商店在流程方面都可能存在差异，并在网站比较明显的位置有购物指南等。消费者可以参考进行操作，主要的操作流程如图 2-2 所示。

1. 浏览产品

消费者通过网上商店提供的多种搜索方式，如产品组合、关键字、产品分类、产品品牌查询等对商店经营的商品进行查询和浏览。

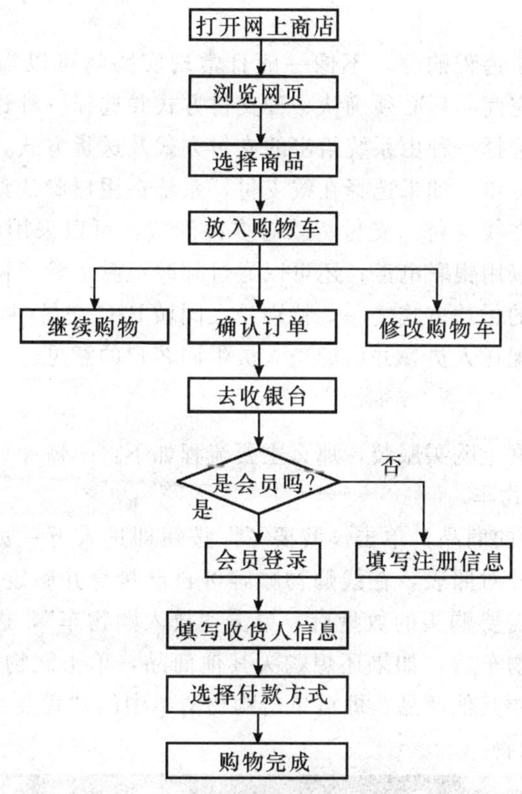

图 2-2　网上购物业务流程图

2. 选购产品

消费者按喜欢或习惯的搜索方式找到所需的商品后，可以浏览该商品的使用性能、市场参考价格等商品简介，以及本人在该店的购物积分等各项信息。然后在查询到的想要购买的商品后的编号和品名的购物条中输入所需的数量，并单击“立刻购买”按钮，即可将该商品放入购物车。在购物车设置中会列出所购商品的各项信息，如商品编号、商品名称、商品单价、选购数量、会员价格小计等。用户在购物车中可以修改购买数量或取消商品的购买，如果还要选购可通过“返回继续购物”按钮来实现，最后通过“去收银台”按钮付款结账来结束选购商品。

3. 用户注册

为了便于系统对网上商店消费者的管理，网上商店一般采用免费的注册会员制度。如果用户首次来访，建议注册为会员。单击页面导航条上的“会员注册”按钮，根据提示填写完整的注册表单后，用户就成为此网上商店的一名会员了。另外，用户也可在选购好商品后去收银台时，在会员区再注册。

4. 配送货物

网上购物者在确定要购买的商品后，即可选择货物配送方式。送货方式一般有国内和国际两种，国内送货一般有送货上门服务、国内普邮、国内快件等；国际送货一般采用国际快递如 UPS、DHL 等。当商店在确定了用户所订购的商品后可以根据客户的要求在用户希望的时间内将商品邮寄或送货上门。另外网上商店还会根据用户选择所在位置的不同及购买金额的多少加收一些费用。

5. 支付货款

由于在网上购物属于远程购物，不像一般日常现实购物可以当时结算、直接拿走商品，因此购物者在选购完商品后必须确认一种支付方式并选择一种送货方式，以便于商店查收账款、按时发货。选择一种由系统给出的支付方式及送货方式，执行“决定购买”操作，即向商店确定了此订单。如果选择在线支付，系统在用户确认订单后会直接转入在线支付系统，让用户直接在线支付。支付货款有多种形式，可以采用各商业银行的信用卡、借记卡进行支付；也可以用银联电汇；还可以通过邮政汇款。除了网上支付之外，货到付款也是众多网上购物者的付款方式之一，特别是在同城 B2C 交易中，客户在收到货物及发票后将钱款直接交付给配送人员，并由配送人员带回客户的意见。

（二） 实例

假设消费者要在麦网上购买服装，那么主要流程如下：

1. 选购商品放入购物车

浏览/搜索自己需要的商品，单击“我要了”按钮即进入下一页面，以进行服装尺寸与颜色的确定，通过尺寸对照表，在线购物顾客可自己量身并确定所要选购服装的尺寸。确定自己对此种商品所需要购买的数量后，单击“放入购物车”，进入购物清单页面（如图 2－3 所示）。放入购物车后，如果还想购买其他商品，单击购物清单中的“继续购物”按钮即可；如果不再需要其他商品，即可单击购物清单中的“我要结账”按钮，进入注册/登录页面结算并结束购物。

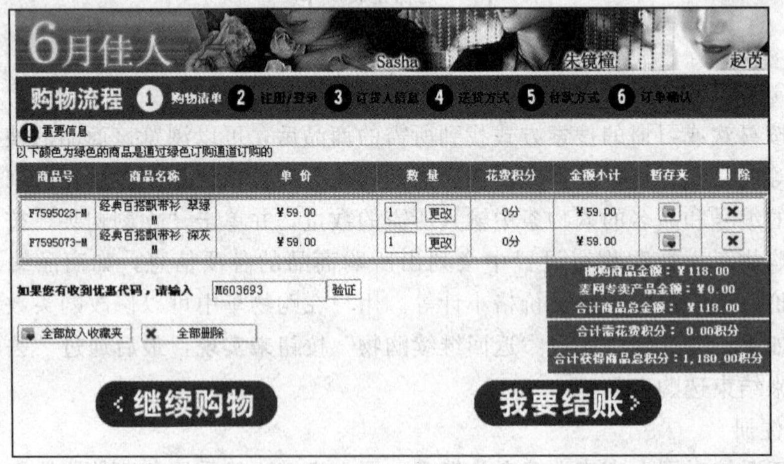

图 2－3　购物清单页面

2. 注册登录

如果用户未在麦网上注册登记过，则需要输入用于注册的电子邮件地址，然后进入注册登录页面（图 2－4），设定登录密码即可完成开户。如果用户已在麦网上注册登记过，则只需输入邮件地址后选择“登录”，并在下方输入登录密码即可。

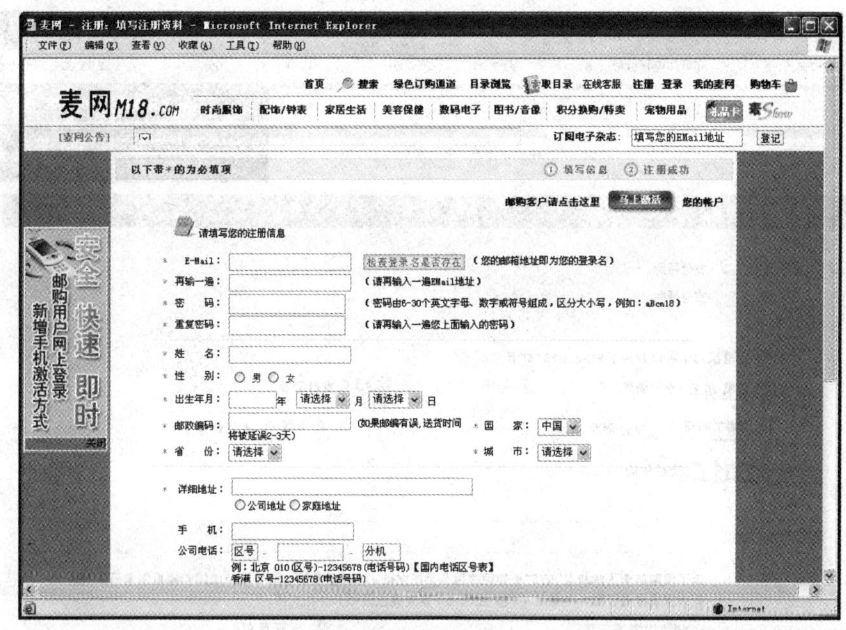

图 2 - 4　注册登录页面

3. 填写收货信息

完成注册登录后即进入填写收货信息页面（图 2 - 5）填写收货人的详细信息。为了保证用户选择的商品得以顺利配送，必须准确填写收货人的姓名、地址、邮政编码、电话号码等信息。

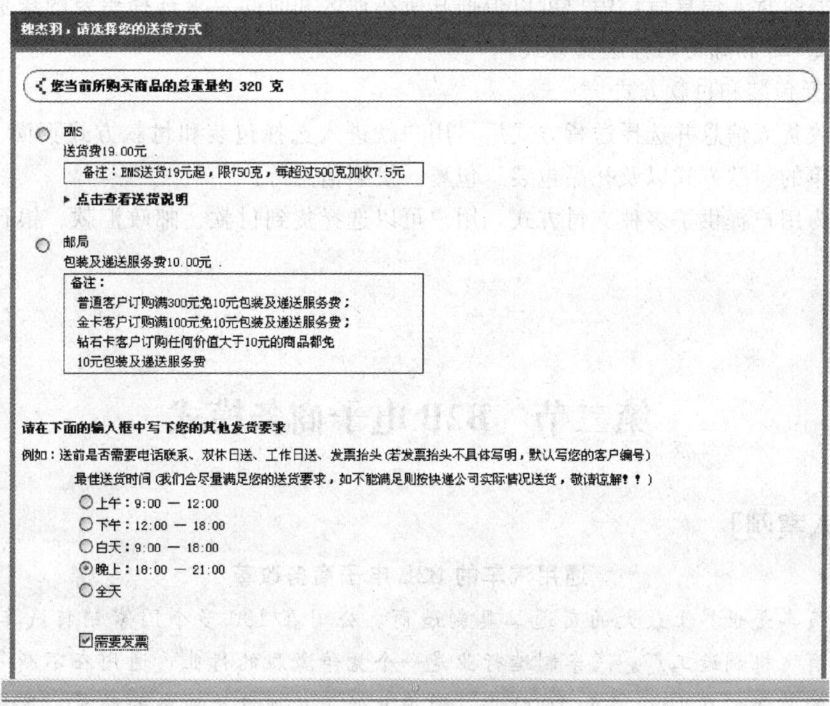

图 2 - 5　填写收货信息页面

图 2-6　选择包装和付款方式页面

4. 选择送货方式

填写完收货人信息后，用户可以根据其所在地区和时间要求选择想要的送货方式。麦网提供了 EMS 和邮寄两种送货方式。

5. 选择包装和付款方式

填完收货人信息并选择送货方式后，用户就进入选择包装和付款方式页面（图 2-6）选择该订单的付款方式以及礼品包装、包裹、发票信息等。

麦网为用户提供了多种支付方式，用户可以选择货到付款、邮政汇款、银行电汇和网上支付。

第二节　B2B 电子商务模式

[导入案例]

通用汽车的 B2B 电子商务改革

通用汽车是世界上最大的交通工具制造商。公司在 190 多个国家销售汽车，并在 50 多个国家有飞机制造工厂。汽车制造行业是一个竞争激烈的行业，通用在不断寻找途径以提高自己的效率。在 1999 年和 2000 年，通用开始了几项电子商务的改革，其中最有名的就是根据客户要求定制汽车的计划。通过这种方式，公司可以从库存的减少中节省数十亿美元的费用。下面将介绍通用汽车在 1999 年着手推行的两项非常有意思的改革。

1. 出售资本资产

通用拥有大量的资本资产，如用于生产的机器设备。这些资本资产随着时间的推移而贬值，而且当它们的效率达不到要求时必须进行更换。通用过去经常将这些过时的资本资产通过中介人拍卖的方式卖掉。问题是这种拍卖的过程通常长达几个星期，甚至几个月，而且拍卖的价格看起来太低了，还要向中介支付20%的佣金。

为了解决这个问题，通用建立了自己称为TradeXchange的电子商场来进行正向拍卖(Forward Auctions)。在正向拍卖方式下，标的以在线拍卖的方式出售，购买者通过自己的电脑来竞价，直到出价最高的人获得标的。2000年初，在TradeXchange.com竞拍的第一批物品是8个75吨的冲压印刷机。通用邀请了140多位预先审批过的竞标者在线浏览了这批物品的图片和服务记录。经过一星期的准备，1月27日在线拍卖正式开始。在89分钟内，这些物品以180万美元的价格售出。如果以离线方式进行拍卖的话，类似物品的价格可能还不到在线拍卖价格的一半，而且处理周期将达4～6周。在2000年，通用公司在TradeXchange上进行了150多场拍卖活动。其他卖家也被鼓励将物品放在网上拍卖，条件是将最终销售价格的一部分作为佣金支付给通用。

2. 购买普通商品

通用每年在普通商品上的花费达1000亿美元。这些商品包括装入汽车的直接物料，以及非直接物料，如灯泡和办公用品。通用从2万家供应商处购买20万种普通商品。因为通用公司的购买数量巨大，所以其采用招标的方式和供应商议价。在过去，该过程是手工完成的，对所需物料的说明以信件的形式寄给供应商。供应商将提交报价，报价足够低的供应商，将被通用公司选为胜出者。如果所有的报价都太高，则可能需要进行第二轮或者第三轮的投标。在某些情况下，在通用公司对价格和质量都满意之前，这个过程要花几周甚至几个月的时间。该过程高昂的准备成本限制了一些竞标者，因此缺少足够数量的供应商参与。

为了改进这一过程，通用公司将竞标自动化，在TradeXchange网站上开展在线反向拍卖（Reverse Auctions)。在反向拍卖中，所有合格的供应商都通过因特网对通用购买的每一种商品进行投标，这是一种“公开投标”，因为所有的投标者都可以看到竞争对手的报价。

在反向拍卖中，购买者可以接受多个竞标者同时给出的报价。根据预先确定的标准(例如价格、交货日期和支付方式等)，最合适的供应商将赢得订单。在TradeXchange举行的第一次反向拍卖中，通用公司购买了一大批用于汽车制造的橡胶密封袋，通用公司最终支付的价格远远低于以前用人工报价方法购买相同产品的价格。现在，TradeXchange市场每周都会进行许多类似的竞标。每笔订单的管理成本下降了40%甚至更多。

在上述两个例子中，TradeXchange都显著地简化了交易操作，并节约了大量成本。通过向其他买家和卖家开放TradeXchange市场，通用公司可以获得佣金收入，这使得TradeXchange能带来更丰厚的回报。

——刘捷《辽宁行政学院学报》2004 (1)

一、B2B电子商务的概念

企业对企业的电子商务被称为B2B，它指的是通过因特网、外联网、内联网或者私有网络，以电子化方式在企业间进行的交易。这种交易可能是在企业及其供应链成员间进行的，也可能是在企业和任何其他企业间进行的。这里的企业可以指任何组织，包括私人或者公共的，营利性的或者非营利性的。从参与交易的主体来看，企业对企业的电子商务(B2B) 模式代表着电子商务的未来。企业与企业之间的交易规模远大于企业与顾客之间的交易，两者相差一个数量级。企业与企业之间交易的主体是中间产品，而企业与顾客之间交易的主体是最终产品，前者的交易额显然要比后者大得多。美国市场研究公司 Gartner 集团宣称，2004 年全球 B2B 市场有望达到 7.29 万亿美元，比 1999 年（约 1450 亿美元）增长 50 倍以上。企业与企业之间开展电子商务的条件远较企业与顾客之间开展电子商务的条件更为成熟。2004 年 B2B 互联网商务占有整个 B2B 销售总额（包括网上和网下）的 10.9%，与之相比，1999 年仅占有 1.1%。

B2B 电子商务活动一般在制造或者装配企业的供应链中展开，如图 2－8 所示。B2B 电子商务可以通过细微的改变或彻底的改变（消灭一个或多个中介）来使得供应链变得更加有效。图 2－7 可以被看成对 B2B 电子商务的定义。这个定义和传统的供应链有所不同，最后的消费者不是个人而是企业。而且传统的 B2B 商务是通过电话、传真和 EDI 进行的，而电子化 B2B 商务是通过像因特网这样的电子网络进行的。另外，B2B 电子商务可能发生在整个供应链上，或者供应链的任意环节之间。

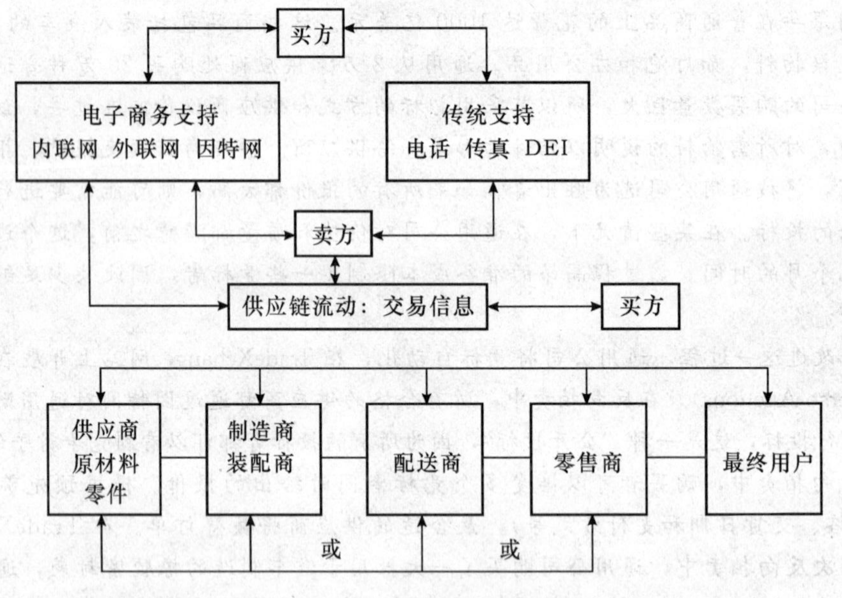

图 2－7 B2B 供应链

二、B2B 电子商务的模式

B2B 电子商务有多种形式，大致分三类：实现业务整合的 B2B 电子商务（以企业为中心的模式）；中介型的 B2B 电子商务（多对多市场——交易所模式）；其他模式，如价值链集成商、价值链服务提供商和信息经纪人。我们主要介绍前两种模式。

（一）实现业务整合的 B2B 电子商务

随着市场竞争的加剧、企业竞争空间与范围的扩大以及市场与客户需求变化的加速，企业纷纷将实现业务整合作为提高企业竞争力的重要战略。20 世纪 70～80 年代，企业业务整合的重点主要放在企业内部资源的全面计划管理上，为了更好地实现企业内部业务与上下游业务的整合，还采取了前向一体化和后向一体化策略，即通过自建、兼并或控股的形式将企业的上下游业务整合到企业内部资源中。如福特汽车公司就曾经购买畜牧场，作为其汽车的羊毛坐垫的供应源。进入20世纪90年代，随着网络的发展，企业与其合作伙伴间的合作变得像企业内部合作一样方便。这时企业发现仅凭企业自有的资源已很难满足市场竞争的需要，必须考虑整合利用全社会范围的资源，即企业应将自己不具备比较优势的业务外包出去，自己只进行核心价值的生产，同时把经营过程中的有关各方如供应商、生产商、分销商、客户等纳入一个紧密的关系链中，实现供应链管理，这样才能充分有效地发挥供应链参与各方的优势，满足企业利用全社会资源快速高效地进行生产经营的需求，提高企业的运作效率，在市场上获得竞争优势。

由此可见，实现业务整合的B2B电子商务的实质内容包括两部分：一是企业内部业务的整合；二是企业供应链的整合。

图2-8是实现业务整合的B2B电子商务的框架结构。

1. 内部业务系统的整合

迈克尔·波特在《竞争优势》一书中提出了企业"价值链"的思想，即把企业业务活动分解成一系列为企业创造价值的活动，其中产品和服务的原材料进货、保存、生产、销售、运输和售后服务被称为"关键活动"，采购、研究与开发、人力资源管理以及企业的全面管理和计划、财务、会计、法律等活动被称为"支持活动"，这些活动结合在一起可以为企业产生利润（即增加价值）并实现企业的其他目标。

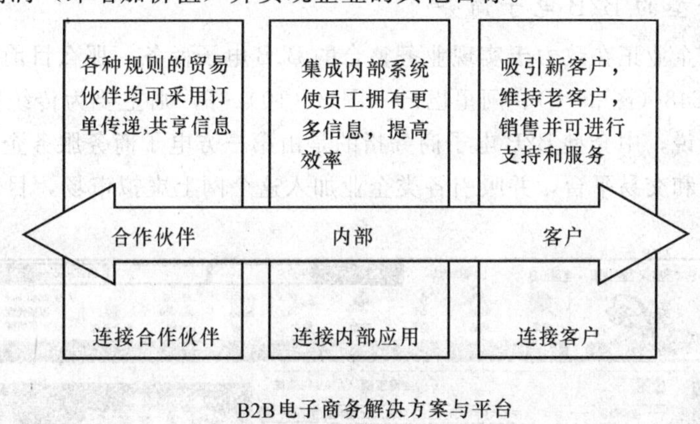

图2-8　实现业务整合的B2B电子商务的框架结构

大多数公司已经使用了信息技术进行商务运作，即在销售、订单管理、记账、库存、分发和客户服务方面都有了相应的信息管理系统，如销售/市场系统、财务会计系统、生产及供运系统以及人事系统等。在实现B2B电子商务时，若不充分利用这部分投资是不明智的，所以电子商务系统要解决现有系统的后台集成问题，即实现企业内部业务系统的集成、协作和流程自动化，提高企业的运作效率，并使员工能共享更多的信息。

2. 供应链整合

供应链整合的目的是实现供应商、生产商和分销商之间的更紧密的结合，以便供应链上的每一个参与者能协同工作来满足客户的需要。这有助于供应链的参与者更有效地进行计划，更快地适应市场条件的变化。

让我们以一台PC订单的处理为例，分析供应链集成的过程。该过程有以下一些步骤：

（1）一个客户从分销商的网站上提交了一份需要订购一台新的计算机的订单。

（2）分销商接到订单，订单的接收自动触发了一个向计算机生产商的查询。

（3）计算机生产商收到查询后，再自动向计算机生产商的配件库存数据库初始化一个查询，查询的结果显示计算机生产商没有微处理器的库存来完成这个订单，计算机生产商的库存系统就会与微处理器的供应商联系，并订购需要的配件。

（4）微处理器的供应商的系统将通知计算机生产商微处理器的最早的可能供货日期。

（5）计算机生产商把这个日期输入，根据它的生产车间可利用的生产能力及其时间表，计算出能够制造完成的日期，接下来向运输商的计算机系统递交一个查询。

（6）运输商的系统核对自己的运输能力，然后确定它能够提供这台计算机运输的时间表。

（7）然后，计算机生产商向分销商的系统发出订单确认。

（8）最后，分销商向客户发出交易确认。

没有任何其他的商务模式像供应链这样如此地强调供应商、制造商以及分销商之间的紧密配合。在库存跟踪和管理方面的延误可能会引起从收银机到原材料生产的混乱，供应链的任何阶段出现问题都会引起库存失控，库存失控的后果则意味着丧失商机或资源浪费。

供应链整合的目标是传送一个动态的数据流，它以实时数据联系着世界各地的贸易伙伴。为了实现这一目标，所有参与供应链整合的参加者必须采用统一的数据标准，从而实现数据的流畅和无缝传输。

（二）中介型的 B2B 电子商务

如果说传统企业正在致力于实现业务整合的 B2B 电子商务，那么目前很多新兴的电子商务企业，如 8848（图 2-9）、阿里巴巴（图 2-10）等，则主要为传统企业提供网上中介服务。具体来说，中介型 B2B 电子商务指的是由第三方电子商务服务企业建立一个电子商务的信息平台和交易平台，并吸引各类企业加入这个网上虚拟市场，目的是为企业提供更多的市场机会。

图 2-9 8848 网站

显然，企业利用中介型 B2B 商务网站提供的交易信息，可以将市场覆盖到原来国内难以覆盖的地区，同时还能向国外延伸，这样就大大增加了企业的商业机会。但与此同时，也增强了企业之间的竞争，因为利用网上中介服务，买卖双方的信息沟通可以不再受到地理位置的限制，这样，在企业原来的市场竞争格局中还可能出现来自网上的新竞争对手。因此，网上中介市场对企业既是机会也是挑战。

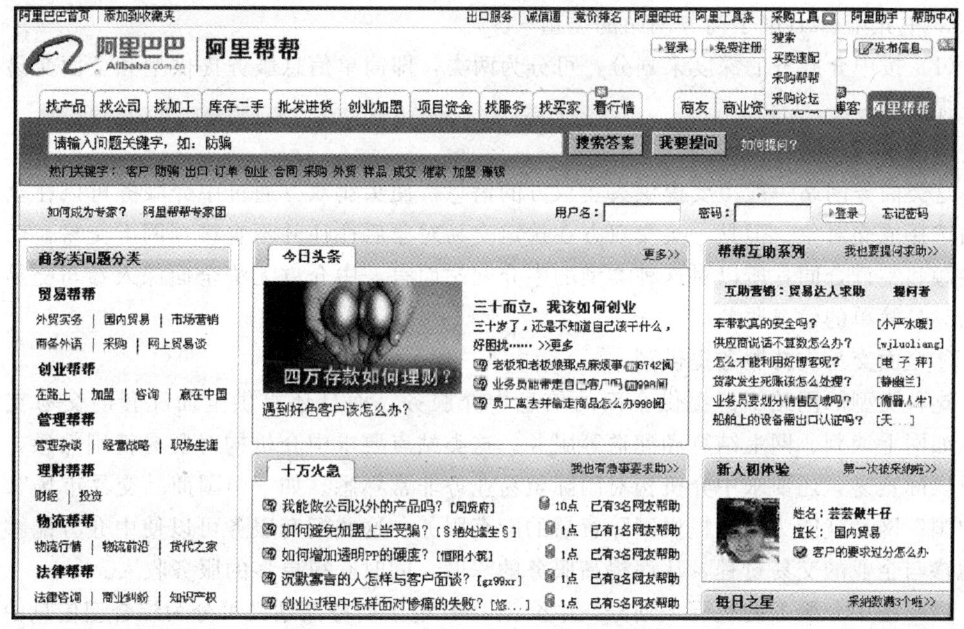

图 2－10　阿里巴巴网站

网上中介型的 B2B 电子商务服务的对象主要是中小型企业，也就是那些急需拓展市场，但又缺乏资金实力和技术力量自己建立电子商务系统的企业。大企业在自建电子商务系统不合算的情况下也可以采用入住网上交易市场的方式。

提供中介服务的 B2B 电子商务网站的收入来源主要有会员费、交易手续费以及网络广告收入。

1. 中介型 B2B 电子商务网站的功能

一般来说，中介型 B2B 电子商务网站的中介功能主要表现在以下三方面：

(1) 为买卖双方提供信息发布的场所。

这是中介型 B2B 商务网站最基本的功能。企业只需要几百元的投入，选择“在线注册”即可成为中介型 B2B 网站的会员。在网站的商情公告版上，企业可免费发布买卖商情及供求经济合作信息，以及通过采购需求单留下采购需求，由网站随时提供最新商业机会。目前，网上发布的信息一般是图片或者文字信息。收取相信随着网络带宽的增加，网上发布信息的形式将会出现声、像以及视频点播（VOD）等多种形式，从而使网上发布的商情信息更具有直观性和真切感，大大提高交易成功的几率。

(2) 提供附加信息服务。

中介型 B2B 商务网站除了为企业提供信息发布的场所，一般还提供与企业开展商务活动密切相关的各类宏观和微观环境的信息，如“商务新闻”、“金融”、“政策法规”、“国际货运”、“地区信息”等栏目。这些信息将在企业的经营活动中发挥重要的决策参考作用。

(3) 提供与交易配套的服务。

很多网站为企业提供如网上谈判室服务、商务电子邮件服务、网上签订合同服务、网上支付服务等实现网上交易的配套服务。另外，一些涉及国际贸易中介的商务网站如“中国商品交易市场”还为企业提供“外贸单证”的配套服务；又如美商网(http：//www. meetchina. com)可以根据客户的需要，帮助客户申请报关和联系认证。

2. 中介型B2B电子商务网站的类型

(1) 按中介服务的深度来划分，可分为两类，即简单信息服务提供型和全面交易支持服务提供型。

①简单信息服务提供型。

这类商务网站一般主要提供买卖双方的信息，使买卖双方通过中介服务可以在全球范围内选择成交对象。但是，买卖双方在选定交易对象后往往并不直接在网上交易，而是另外接触和签订合同，所以对这种类型的中介网站而言，中介方无法全面深入参与交易，提供的只是简单的信息服务。

②全面交易支持服务提供型。

这种类型的网站不但提供全面的信息中介服务，而且还提供全面配套的交易支持服务，如网上谈判、网上结算和配送等服务。这类站点要求中介机构对贸易特别熟悉，如果涉及国际贸易，还要求中介机构对国际贸易业务非常熟悉。如“中国商品交易市场”、“相约中国”网站就能为企业提供国际贸易的配套服务。这些配套服务可以使中介方能够更深入地参与企业的交易过程，从而提高服务的深度，同时获得更多的服务收入。

(2) 按中介服务的范围来划分，中介型B2B电子商务网站又可分为综合型信息中介网站和专业型信息中介网站。

①综合型信息中介网站（横向型网站）。

B2B综合网站为不同行业和领域的买卖双方建立一个信息平台和交易平台。如阿里巴巴网站提供的中介服务覆盖了“食品饮料”、“环保”、“通讯产品”、“家用电器”、“玩具”等行业；又如VerticalNet. com包括40多个细分行业。一般来说，这类网站的每个行业栏目由一位行业知识和经验颇丰的栏目编辑管理。买卖双方能在网上一起进行通信、交流、制作广告、在拍卖中叫价、交易以及管理库存和完成贸易。“横向”的含义是指服务于各种不同的行业，或者说是定位于跨行业的横向应用。显然，B2B综合网站的经营思路是“不把所有的鸡蛋放在一个篮子里”。即服务于不同行业可以使网站有更多的收入来源和渠道，这样可以减少经营风险，增加获利机会。其不足在于深度和产品配套性的欠缺。横向型网站难以为不同行业客户提供一步到位的服务，需要做大量工作以使其内容、产品以及服务满足各种客户的需求和利益。横向电子商务市场模式是否会成功还有待于观察。总的来说，任一横向市场迎合太多产业就有危险把自己铺展得太薄弱。即它在提供综合内容的同时低估了人们对各个行业专业性的要求程度。所以，对综合型的B2B电子商务中介网站来说，它面临的挑战是，能否提供大量引人入胜的内容信息和优质服务，以满足各种各样用户的需求。

横向型网站的成功案例有VerticalNet. com和TradeOut. com。VerticalNet. com目前为包括能源、油漆、废料、食品业在内的40个行业的厂商提供网上信息中介服务。

VerticalNet. com有自己独特的横向电子商务市场模型。尽管其名称似乎表示又深又窄的集中点，实际上 VerticalNet. com 是一个 40 家纵向电子商务市场的集合体，这些纵向市场包括来自通信设备、环境服务、食品业和医疗保健业这样一些范围广泛的传统行业。VerticalNet 最初是一个商业杂志。从开始上网该公司就分派具有专业知识的编辑去维护其各个纵向社团。VerticalNet 的观点是，“不断成功的关键在于来自各个领域里的专业人员所搜集的有价值的内容丰富的信息”。公司力求使每个站点都成为其重要的商务资源。

与 VerticalNet. com 社团聚合的模式相比，TradeOut. com 提供了一种更为一体化的同样服务于多种行业的电子商务市场模型。TradeOut. com 主持对过量库存货品交易的拍卖。不像 VerticalNet. com 的模型那样按纵向社团或纵向行业而分别服务，TradeOut. com 根据产品分类提供服务。与 VerticalNet. com 类似，TradeOut. com 也依靠经过培训的有很深专业知识的职员。为了有效地组织拍卖，TradeOut. com 需要了解正在出售的物品的特性，以及潜在的买主和卖主。

尽管纵向型网站比横向型网站更多，但仍然出现了不少比较成功的横向型网站，其中包括 B2Bgalaxy，BizBuyer 等等。

②专业型信息中介网站（垂直网站）

指提供某一类产品及其相关产品（互补产品）的一系列服务（从网上交流到广告、网上拍卖、网上交易等）的网站。该类网站的优势在于产品的互补性（在一个汽车网站不仅可买到汽车，还可以买到汽车零件甚至汽车保险）和购物的便捷性，顾客在这一类网站中可以实现一步到位的采购，因而顾客的平均滞留时间较长。例如书生公司专门针对图书出版行业提供中介服务；Esteel. com 是在线钢铁交易市场；PlasticsNet. com 是专为塑料制品制造商和交易商提供交易服务的网站；SciQuest. com 是为科研设备和实验器材提供交易服务的网站。

由于 B2B 垂直网站只专注于某一特定行业或领域的中介服务，因此此类网站可以有针对性、有目的性地吸引到一大批专业商人访问，而且这些访问者极可能是最有价值的潜在客户。在这类网站上做广告效果最好，因为网站的广告目标群已被行业锁定，广告的针对性强。事实上，B2B 垂直网站的广告是网络广告中最贵的一类。

要想在垂直型中介网站的经营中获得成功，并不是一件容易的事情，因为它对网站经营者及其拥有的资源有很高的要求。

首先，网站经营者必须具备丰富的行业知识和经验，并在这个行业领域里具有权威性，能让买卖双方对其提供的中介信息服务有信赖感。

其次，网站经营者必须拥有该行业领域丰富的信息资源基础。因为垂直型中介网站的信息服务的深度要求高，所以必须要有非常丰富的信息资源作为支持。

第三，网站必须拥有忠诚的客户群。因为垂直型中介网站服务的针对性强，客户的范围有限，网站是否拥有一批固定数量的忠诚的客户群，将直接决定着垂直型中介网站的生存问题。正因如此，尽力留住每一个潜在客户，并花大力气维持客户关系，是垂直型中介网站的重要任务。

正因为经营垂直型 B2B 中介网站的风险较高，所以那些不熟悉买卖双方信息、不具有一定的商业资源基础的新兴的 B2B 中介网站的经营者，一般不敢选择垂直网站模式，大多选择综合网站。相比之下，那些原来就是某一领域里的权威中介商，经营垂直网站更易获得成功，因为他们只是将其原有的服务形式（贸易杂志、光盘数据库）网络化了，这些机构多年积累下来的信息资源基础，以及买家和供应商社群是其经营垂直网站成功的保障。成功案例有 Esteel. com、PlasticNet. com 等。Esteel. com 从事钢铁行业。PlasticNet. com 则致力于塑料业厂商的信息中介服务。我国的中介网（http://www. sinopecec. com. cn），中粮网（www. cofco. cn)等，均属于这类网站。

（三）适于应用 B2B 的企业

企业适于应用 B2B 电子商务的主要因素有：

(1) 产品的成本构成。加工费用占总成本的 20%以上。

(2) 供应链结构复杂（中间商较多），供求双方地域分散。

(3) 以技术革新为先导的行业，如计算机、电子。

(4) 产品构成复杂，如航空。

(5) 采购信息复杂，如化工。

(6) 信息资源丰富的行业（信息产业重点投资的行业）。

综合上述因素，最适于应用 B2B 的企业应在下列行业：航空、国防、计算机、电子、化工、医疗卫生、运输、能源、农业等。这一判断与 Forester 等调研机构的分析是一致的。从 20 世纪 90 年代中期我国电子商务萌芽开始算起，国内电子商务已历经 10 年发展。10 年间，我国互联网行业经历了从高潮到低谷，又从低谷逐返高潮的过程，电子商务的发展也因行业的变化亦起亦落。不过，时至今日，我国电子商务经过网络泡沫的洗礼和行业发展的推动后正逐步迈向一条稳健发展的道路。

三、B2B 电子商务业务流程及实例

（一）流程

从交易过程看，B2B 电子商务业务流程可以分为四个阶段。

1. 交易前的准备

这一阶段主要是指买卖双方和参加交易各方在签约前的准备活动。买方根据自己要买的商品，准备购货款，制订购货计划，进行货源市场调查和市场分析，反复进行市场查询，了解各个卖方国家的贸易政策，再反复修改购货计划，最后确定和审批购货计划。在按计划确定购买商品的种类、数量、规格、价格、购货地点和交易方式等内容时，买方尤其要利用互联网和各种电子商务网络寻找自己满意的商品和商家。卖方根据自己所销售的商品，召开商品新闻发布会，制作广告进行宣传，全面进行市场调查和市场分析，制定各种销售策略和销售方式，了解各个买方国家的贸易政策，利用因特网和各种电子商务网络发布商品广告，寻找贸易伙伴和交易机会，扩大贸易范围和商品所占市场的份额。其他参加交易各方，如中介方、银行金融机构、信用卡公司、海关系统、商检系统、保险公司、税务系统、运输公司等，也都为进行电子商务交易做好准备。

2. 交易谈判和签订合同

这一阶段主要是指买卖双方对所有交易细节进行谈判，将双方磋商的结果以文件的形式确定下来，即以书面文件形式和电子文件形式签订贸易合同。电子商务的特点是可以签订电子商务贸易合同，交易双方可以利用现代电子通信设备和通信方法经过认真谈判和磋商，然后将双方在交易中的权利、所承担的义务，以及对所购买商品的种类、数量、价格、交货地点、交货期、交易方式和运输方式、违约和索赔等合同条件，全部以电子交易合同形式作出全面详细的规定。合同双方可以利用电子数据交换（EDI）进行签约，也可以通过数字签名等方式签约。

3. 办理交易进行前的手续

这一阶段主要是指买卖双方签订合同后到合同开始履行之前办理各种手续的过程，也是双方贸易前的交易准备过程。交易中很可能要涉及中介方、银行金融机构、信用卡公司、海关系统、商检系统、保险公司、税务系统、运输公司等有关部门，买卖双方要利用EDI与有关各方进行各种电子票据和电子单证的交换，直到办理完可以将所购商品按合同规定从卖方开始向买方发货的一切手续为止。

4. 交易合同的履行和索赔

从买卖双方办理完所有各种手续之后开始，卖方要备货、组货，同时进行报关、保险、取证、信用等，然后将商品交付给运输公司包装、起运、发货。买卖双方可以通过电子商务系统跟踪发出的货物，银行和金融机构也按照合同处理双方收付款，进行结算，出具相应的银行单据等，直到买方收到自己所购商品，就完成了整个交易过程。在买卖双方交易过程中出现违约时，需要进行违约处理工作，受损方要向违约方索赔。

由此可知，B2B 电子商务的交易过程主要包括以下几个步骤：

（1）买方（客户方）向卖方（供货方）提出商品报价请示，即发出购买的商品信息。

（2）卖方向买方提供商品的报价，即发出该商品的报价信息。

（3）买方向卖方提出商品订购单，说明初步确定购买的商品信息。

（4）卖方对买方提出的商品订购应答，说明商品有无及规格型号、品种、质量等信息。

（5）买方根据应答提出是否对订购单有变更请示，说明最后确定购买的商品信息。

（6）买方向卖方提出商品运输说明，发出运输工具、交货地点等信息。

（7）卖方向买方发出发货通知，说明运输公司、发货地点、运输设备、包装等信息。

（8）买方向卖方发出收货通知，报告收货信息。

（9）买卖双方收发汇款通知，买方发出汇款通知，卖方报告收款信息。

（10）卖方收到货款后向买方出具电子发票，买方收到商品，完成全部交易。

（二）实例

拥有阿里巴巴会员账号，就相当于拥有了在阿里巴巴进行网上交易的“通行证”，用户就可以在阿里巴巴的交易市场找商机、发信息和谈生意了。注册时要经过绑定手机号码、填写详细信息以及激活账户等步骤。填写详细信息的页面如图 2 - 11 所示，邮件激活账户页面如图 2 - 12 所示。

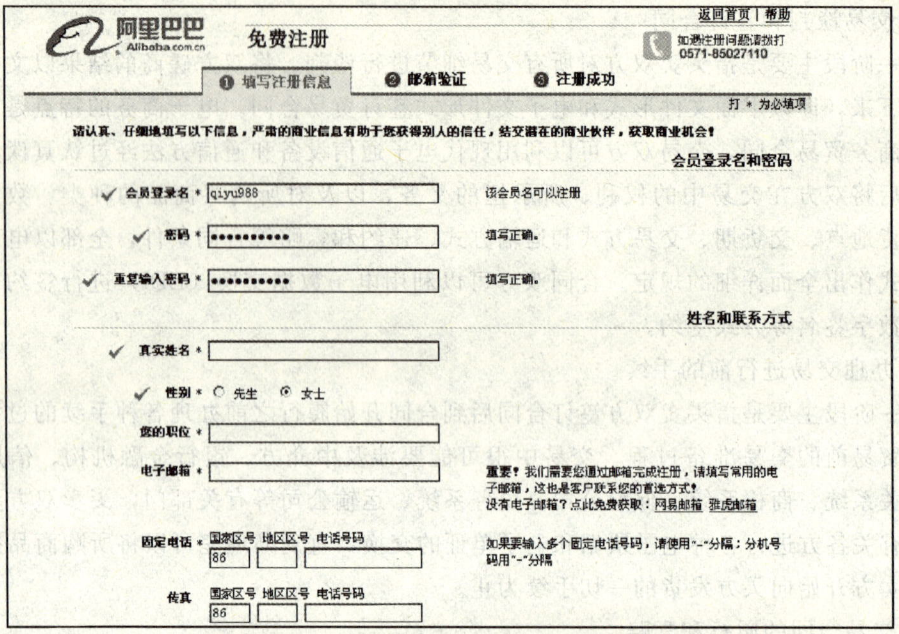

图 2－11　阿里巴巴注册页面

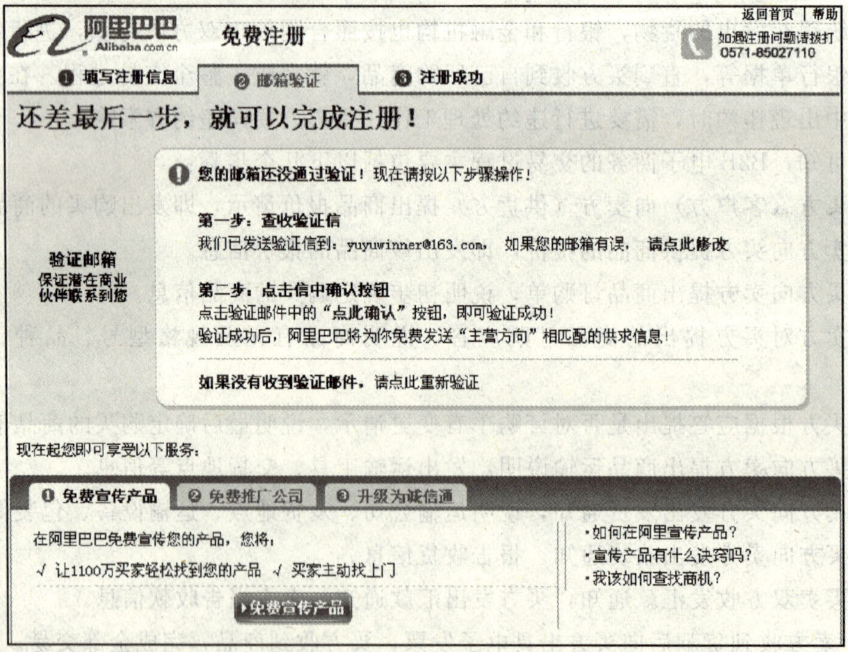

图 2－12　阿里巴巴激活页面

第三节　C2C电子商务模式

[导入案例]

没有淘不到的宝贝，没有卖不出的宝贝

2008年7月5日晚，在淘宝5周年庆典仪式上，阿里巴巴集团董事局主席马云表示，在未来5年，阿里巴巴集团将向淘宝追加人民币20亿元投资。同时，他披露了淘宝未来10年规划——5年内超越eBay全球、亚马逊，10年内超越沃尔玛全球，成为全球零售业老大。

再投淘宝20亿，继续看好电子商务

“前几天我们整个集团作了一个非常重要的决定，在未来5年，在保持淘宝原有预算一分钱不少的前提下，再追加20亿人民币投资。”马云的宣布让在场的人兴奋不已。

据介绍，这20亿投资主要用于淘宝公司的技术、创新、人才引进、生态链建设四大方面，努力把淘宝乃至阿里巴巴营造成一个庞大、成熟的电子商务生态链。

马云表示，虽然以前很多人朝他泼冷水，但他一直非常看好电子商务。“我不太相信游戏能改变世界，我也不相信每天看看新闻就能改变这个世界，但我相信电子商务能改变互联网，改变世界。”

“天下只有一个游戏，人们是玩不腻的，那就是经商，赚钱。”

他回忆:"5年前我刚创立淘宝的时候，投资者不看好，客户不看好，竞争对手也不看好，包括阿里巴巴内部都认为可能性不大。

“有一次，在美国，我和一些投资者交流。谈到阿里巴巴，他们都说很好；但说到我要做一个淘宝网，要打败易趣，其中一个投资者听了10分钟就走了出去。没过一会，那人打开门回来，扔下一句：‘马云，这次你肯定要输惨了!’”结果，淘宝只用3年就让当年所有的质疑销声匿迹。2005年，淘宝正式超越eBay易趣，成为中国网购市场领导者。而5年后的今天，市场上大部分调研机构都给出了惊人类似的统计——淘宝已经占据中国80%的网络零售市场，成为亚洲最大的网络零售商圈。而淘宝更在今年年初提出了“2008年成交额突破1000亿人民币”的目标，有望在今年成为中国零售业老大。

10年超越沃尔玛，成零售业老大对追加的20亿，马云下了死命令：“我们追加的20亿人民币在5年内必须花光。”

死命令后面，是马云对淘宝的期望：把淘宝打造成为全世界最大的电子商务公司，5年内超越eBay全球、亚马逊，10年内超越沃尔玛全球。“让沃尔玛后悔中国产生这样一个淘宝，当初怎么没有和它合作”。

马云认为，淘宝代表了新时代的消费需求，现在正是淘宝最好的时代。

“上个世纪的IT是为制造业服务的，同质化、规模化培育出沃尔玛这样的巨无霸形态；这个世纪的IT是为消费者服务的，个性化服务、按需定制必然成为主流。”

而且网购消费者在未来几年将继续飞速增长。“中国未来几年互联网用户一定会超过5亿～6亿，届时淘宝网每天一定会有1亿～2亿人上来买东西。世界上哪一个商场能够实现这样的规模?”

有些人认为，2007 年，沃尔玛交易量为 35000 亿人民币，而淘宝网只有 433 亿，距离还非常遥远。但两家公司发展速度的巨大差异将在未来几年迅速拉近这一距离。从零做到 400 亿元销售额，淘宝网仅仅用了 4 年多时间；沃尔玛花费了 29 年时间。而且未来几年，淘宝依然处于每年 100%增长的成长期，而沃尔玛年均增速不会超过 10%。

马云举了一个例子：沃尔玛要增加一万个买家，需要买面积巨大的地，需要买很多的设备，需要很多的仓储；而淘宝只需要增加一台电脑就可以了。

——淘宝网 www.taobao.com

一、C2C 电子商务的概念

C2C 模式即消费者通过网络进行相互的个人交易，如个人拍卖等。国内首次引入电子商务概念是在 1993 年，第一笔网上交易发生在 1996 年，2000 年电子商务进入高速发展时期。与 B2B、B2C 不同的是，C2C 电子商务模式针对的交易对象是个人使用过的商品。它通过为买卖双方提供一个在线交易平台，使各地的卖方可以方便地提供商品上网拍卖，各地的买方可以自行选择商品并且可以自由竞价。2000 年国内的拍卖网站（C2C 电子商务模式网站）一度曾达到上百家，其中著名的有淘宝、易趣、酷必得、网猎等，但随着 .COM 泡沫的破灭，多数拍卖网站均遭淘汰，幸存下来的也只有易趣、淘宝等几家。

二、在线拍卖

（一）定义、类型和特征

拍卖（Auction）是一种买主进行投标而卖主提供产品的市场机制。在拍卖中，最终价格是通过竞争确定的。各类开展拍卖的在线市场都符合该定义。拍卖是经过几代人建立起来的一种商业方式，专门处理传统营销渠道无法有效处理的商品和服务。拍卖是为了加速处理那些需要清算或者需要立即出售的商品。它可以向买卖双方提供通过传统渠道无法获得的交易机会，并且保证合同的执行。

因特网为以低成本执行拍卖，以及容纳众多买家和卖家提供了基础设施。个人和公司都可以参与这种发展迅速和非常方便的电子商务。

拍卖有多种类型，每种都有自己的起因和程序。克雷恩（Klein）将它分为四种类型，即协调机制、价格发现、分配机制和销售机制。如表 2-1 所示。

表 2-1　各种拍卖类型中参与者的动机

拍卖类型 / 参与者	协调机制	价格发现	分配机制	销售机制
购买者	在短期内获取资源，如为了应付需求高峰，将拍卖作为获得流动性的机制	经常是专家/专业收藏家为了以合理价格获得稀有物品	寻找便宜货，投机心理	寻找便宜货，投机心理
供应者	在短期内分配资源，进行平衡	将物品放到足够多的买家面前，希望卖出高价	清空存货	获得注意，直销渠道，公共关系

拍卖类型 参与者	协调机制	价格发现	分配机制	销售机制
拍卖人/中介	经常是没有拍卖人的电子化拍卖	实现拍卖的广度和深度，创造高交易额，带来高额回报，相对于其他拍卖的竞争优势	实现拍卖的广度和深度，创造高交易额，带来高额回报，相对于其他拍卖的竞争优势	买卖双方的关系使得角色有限，可能充当供应商方面的服务提供商

1. 传统拍卖

传统拍卖，无论属于哪种类型，都有一些限制因素。例如，出售一件物品的过程通常只持续几分钟甚至几秒钟。在这么短的时间里潜在买家几乎没有时间作决策，因此可能不会投标；所以，卖家可能无法得到最高的价格，而竞拍者可能得不到真正想要的东西，或者支付价格过高。而且在许多情况下，竞拍者没有足够的时间对物品进行检验。由于竞拍者通常必须亲自在拍卖现场，因而许多潜在竞拍者被排除在外。同样，卖家要将货物运到现场可能也十分复杂，佣金也非常高，因为要租借场地，做广告，还要向拍卖人和其他雇员付费。电子拍卖消除了这些限制因素。

2. 电子拍卖

电子拍卖（E-auction）已经在局域网中存在了许多年，并且从 1995 年开始应用于因特网中。除了使用计算机以外，这种方式和离线交易很相似。因特网上的主机就像经纪人一样，允许卖家将货物公开出售并允许买家竞价。许多网站都有一定的行为规则，以保证交易的公平。

网上拍卖主要提供消费产品、电子零件、艺术品、收藏品的交易，在 B2B 市场上还拍卖过剩产品和存货。此外，还有一类在线拍卖提供新型商品的交易，如电力、汽油和能源以及频段的拍卖。传统的商业活动信赖于合同和固定价格，而现在正在转向拍卖，通过竞价进行在线采购。

（二）动态定价和拍卖的类型

拍卖最主要的特征是基于动态定价。

动态定价（Dynamic Pricing）是指价格不固定的商业交易。与此相反，商品目录中的价格是固定的，百货商店、超市以及许多门店的价格也是固定的。

动态定价有几种不同的形式。最古老的一种是谈判和议价，这种交易方式在露天市场中沿用了很长时间。习惯上，根据买卖双方的人数将动态定价分为 4 类，如图 2－13。从图中可以看出存在 4 种可能的结构。

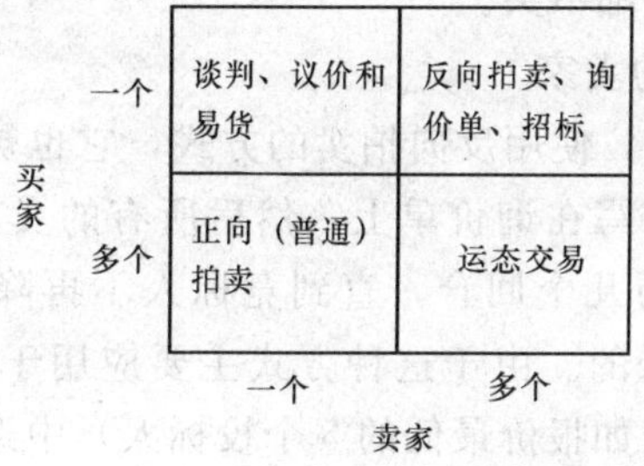

图 2－13　动态定价的类型

1. 一个买家，一个卖家

在图 2－14 第一种结构中，可以使用谈判、议价和易货方式。最后的价格由议价实力、商品市场上的供求和商业环境因素决定。

2. 一个卖家，许多潜在买家

在图 2－14 第二种结构中，卖方采用正向拍卖，或称普通拍卖。有 4 种主要的正向拍卖方式：英国式、美国式、荷兰式和自由落体式。

(1) 英国式拍卖。在英国式拍卖中，买家依次出价。这种方式通常规定了最少加价金额。拍卖持续进行，直到没有人再出价，或者拍卖时间结束。如果价格是唯一标准，那么获胜者就是出价最高的人。如果考虑其他标准，如支付安排或买家取货的及时程度，那么就从出价最高的那些人中选择获胜者。因特网上的正向拍卖可以持续数天，而联机拍卖可以是实时（当场进行）的，或许只持续几分钟。英国式拍卖在 C2C、B2C、B2B 和 G2B（政府招标采购）市场中都有应用。

(2) 美国式拍卖。在美国式拍卖中，卖家提供多件完全相同的商品，并给出底价。出价人可以在底价之上出价购买任何数量的商品。获胜者支付成交价（最高报价）。这种拍卖也可以采用反向拍卖方式。

(3) 荷兰式拍卖。它的起价非常高，荷兰国际鲜花市场一直沿用这种方式。价格被缓缓降低，同时竞拍者指定其在较低价格上愿意购买的数量。荷兰式拍卖适用于大批同质商品的拍卖。在因特网出现以前，荷兰式拍卖以人工方式通过一座大钟进行，钟的指针显示了价格。现在这座钟被计算机化了。一旦竞拍者愿意按拍卖商给出的价格购买，可以出售的产品数量就会被调整，直到所有产品都被售出。荷兰式拍卖的速度很快，即使在因特网上也是如此；相比之下，英国式拍卖可能要花几天时间。下面是在 eBay 上的荷兰式拍卖过程：

① 出售者列出商品的起价以及待售数量。

② 如果没有人竞价就降低价格。

③ 竞拍者同时指定出价和希望购买的数量。

④ 所有的获胜者为每件商品支付同样的价格，即最低的成交价。这可能低于某个竞拍者的出价。

⑤ 如果需要的数量大于商品数量，则最早出价的获得商品。

⑥ 出价更高的竞拍者将更有可能得到需要的商品数目。

⑦ 荷兰式拍卖中不使用代理拍卖制。

⑧ 竞拍者可以拒绝数量不足的商品，例如，如果你竞价 10 个单位的商品，但拍卖后只得到 8 个单位，你可以 1 件都不买。

3. 一名买家，许多潜在的卖家

在图 2－14 第三种结构中，使用反向拍卖的方式，它也被称为竞标或招标系统。在反向拍卖中，买家将需要的项目写在询价单上，然后所有的卖家进行竞标，不断降低价格。在电子化竞标中，往往要经历几个回合，直到竞标人不再降低价格。如果只考虑价格因素，那么中标者将是出价最低的。由于这种方式主要应用于 B2B 和 G2B，因此还考虑其他标准，中标者将从一批人（如报价最低的 5 个投标人）中选出。

(1) 封闭式第一价格拍卖。在这种方式下每个竞标者只能出价一次。这是一种无声拍卖，投标人不知道谁在竞标，也不知道其报价。标的由报价最低的投标人获得。

（2）封闭式第二价格拍卖。标的被授予报价最低的投标人，但成交价格是第二低的竞标价。这是为了消除投标人对报标低于真正市场价格的顾虑。

4. 许多卖家，许多买家

在图 2-14 第四种结构中，买家及其还价、卖家及其要价要匹配，并考虑双方报出的数量。股票和商品市场都是典型的例子。买卖双方可以是个人也可以是企业，这种拍卖也被称为双向拍卖。

（三）电子拍卖过程

有许多软件或智能工具可以帮助买家和卖家寻找拍卖或完成交易。交易过程有以下 4 个阶段：寻找和比较、开始拍卖、实际竞价和拍卖善后事宜。我们按阶段逐一说明。

1. 第一阶段：寻找和比较

因为拍卖在全球数以万计的网站上进行，所以买卖双方需要进行大范围的寻找和比较来选择理想的拍卖网站。

（1）大范围搜索和比较。

许多网站都提供数个拍卖网站的链接，或者提供搜索特定网站的工具。大范围搜索工具不仅可以帮助卖家找到合适的网站来提交自己的物品，也可以帮助买家高效地浏览现有的拍卖网站。下面是一些较流行的搜索工具：

① 拍卖观察（Auction Watch. com）提供一个按类别组织的拍卖网站目录，还有拍卖新闻和留言板等。

② 因特网拍卖列表（Internetauctionlist. com）提供关于全球电子拍卖的新闻，并帮助参与无数的专门拍卖。

③ 雅虎拍卖列表（Auctions. Yahoo. com）提供 400 多个与拍卖相关的链接。

④ Bidder's Edge（Bidders Edge. com）对大量拍卖网站进行搜寻，寻找特定的拍卖品和价格信息。

⑤ Itrack（Davecentral. com）在 eBay、雅虎和亚马逊网站上寻找用户指定的拍卖品。

⑥ Turbobid（Etusa. com）提供大范围搜索服务，可以帮助当地竞拍者从一批电子拍卖网站中寻找想要的拍卖品。

（2）自动搜索服务。

当买家所感兴趣的物品在一个或多个拍卖网站上进行拍卖时，自动搜索服务就会通知买家注意。买家需要填写一张简单的表格，指定自己关注的物品，然后寻找像前面所述的一些搜索助理，由其监视网站并通过电子邮件通知买家。

（3）浏览网站分类目录。

几乎所有的拍卖网站主页上都有一个分类目录。买家可以通过阅览目录及其子目录来缩小搜索范围。一些网站还允许用户根据拍卖时间来对物品排序。

（4）基本和高级搜索。

买家可以通过搜索引擎查找单个词汇、多个词汇或关键词。在使用高级搜索时，买家需要填写一张搜索表，指明物品名称、物品描述、卖家用户名、拍卖品编号、价格范围、地点、截止日期、已完成的拍卖信息等。

2. 第二阶段：开始拍卖

为参与拍卖，用户需要在所选网站注册。注册之后，卖家就可以将物品放在网站上，描述特征，设定拍卖时间表，报出价格。买家可以查看卖家的档案和其他细节，如最低交易量、拍卖规则和允许的支付方式，然后给出报价。

(1) 注册和建立档案。

在参与一项特定拍卖之前，买卖双方必须注册自己的姓名、用户名和口令。用户页面的标题及拍卖列表中会显示对卖家的概要描述。在提交报价之前，买方可以查看卖方的档案，如会员用户名和先前的交易记录。如果拍卖网站提供自愿的用户认证计划，买方就可以通过第三方安全机构来检查卖方是否是合格的拍卖社区成员。

(2) 陈列和促销。

用户可以通过一些软件程序制作吸引人的广告和拍卖海报，建立拍卖列表，可以改变字体，增加背景，选择主题，进行标准化描述等。

(3) 定价。

在提交一件拍卖品后，卖家必须决定出价的最小购买量、加价幅度以及底价。买家可以通过前文提到的一些搜索引擎寻找“比较指南”。如果拍卖网站允许搜寻已经结束的拍卖，那么类似物品的交易价格可以为买家提供出价基准，也可以帮助卖家决定可接受的最低价格。

3. 第三阶段：实际竞价

在竞价阶段，买家可以亲自出价，也可以使用软件工具代表自己出价。他们还可以使用工具来查看拍卖状态，并在不同的网站上实时出价。

(1) 竞价监视和多处竞价。

买家可以在任何时候访问拍卖网站的用户页面以便了解正在进行中的拍卖的状态。他们可以回顾一下自己近期的一些成功或失败的竞价。

(2) 自动截止。

截止是指在拍卖的最后几秒内进入，并以最高价格胜出。

(3) 电子代理竞价。

软件系统可以作为代理来代表买家出价。在这种代理竞价中，买家要设定其最高出价，并亲自报出第一个价格。然后代理将负责出价，并使报价尽可以低。一旦有新的竞拍者出现，代理将自动提价，直到达到预先设定的最高价。但这不适用于价格递减的荷兰式拍卖。

4. 第四阶段：拍卖善后事宜

拍卖完成以后，就要考虑拍卖的善后事宜，包括电子邮件通知以及安排付款装运。

(1) 拍卖完成后的通知。

①竞价通知。在竞价过程中，买家的出价一旦被超过或取得领先地位（英国式拍卖），就会收到电子邮件或短信通知。

②拍卖结束通知。拍卖结束后，卖家会收到一封电子邮件，告知出价最高者的情况。电子邮件提供了买卖双方的用户名、卖家和获胜者的电子邮件地址、拍卖广告的链接、拍卖品名称、最后价格、拍卖结束的日期和时间、总的出价数以及开始和最高的竞价数量。

③卖家通知。拍卖结束后，卖家往往要和买家联系。卖家通知一般提供拍卖号码和拍卖品名称、总的购买价格（拍卖价加运费）、支付方式选择、邮件地址等。

（2）用户交流。

用户对用户的在线交流有多种形式。

①聊天组。在电子拍卖网站以及与拍卖相关的网站上，用户可以实时发送信息，并迅速从其他人那里得到反馈。

②邮件列表。一组用户可以通过电子邮件对选定的话题进行讨论。

③留言板。在电子拍卖网站以及与拍卖相关的网站上，人们可以张贴信息，其他用户可以方便地看到并进行回复。

（3）反馈和评级。

大多数电子拍卖网站都提供反馈和评级功能，使拍卖社区中的成员可以互相监督。它使用户可以给卖家或竞拍者评级，并对卖家、竞拍者和交易进行简短评价。

（4）支付方式。

卖家和竞价获胜者可以选择的付款方式包括现金支票、货到付款、信用卡、电子支付以及支付宝等。

（5）装运。

用户可以根据其所在地区和时间要求选择想要的送货方式。一些专业的运输商为卖家提供一站式集成服务，包括包装、加工和运输货物。

（四）拍卖中的欺诈及其防范

根据因特网欺诈监督机构的调查，在所有通过因特网开展的电子商务活动中，电子拍卖中的欺诈问题是最严重的，约占所有电子商务欺诈的87%。下面是电子欺诈的一些表现形式：

（1）竞价盔甲。“竞价盔甲”是指在拍卖开始的时候使用虚构的竞拍者报出非常高的价格。虚构竞拍者在拍卖的最后一分钟退出，报价很低的竞拍者就会获胜。这种虚拟竞拍者相当于盔甲，保护出低价的竞拍者。借助竞价盔甲，一批不诚实的竞拍者可以通过抬高标的价格来吓退其他竞拍者。

（2）“托儿”。卖家特意安排，对其物品给出虚假报价（通过同伙或使用多个用户名）以人为抬高价格。如果在拍卖接近结束时，他们看到一个低于预期但是合规的高报价，就可能突然闯入以操纵价格。

（3）虚假照片和误导性描述。为了吸引竞拍者的注意力，一些卖家会虚报自己物品的情况。借用图片、含糊其辞和弄虚作假是卖家可能使用的一些策略。

（4）不正确的评级技术。物品评级经常是买卖双方争论最激烈的问题。卖家可能说物品有9成新，但是当竞拍者收到物品和付清货款后，却感到它只有7成新。对物品的评价各人都有不同的观点。尽管人们设计和采用了许多评级系统，但是物品状态仍要靠主观说明。

（5）出售复制品。卖家声称出售的是真品，但实际上却是仿制品。

（6）高额运费和处理费。一些卖家想从竞标者那里多收点钱。不同卖家收取的邮费和处理费各不相同。有些人收取额外费用来补偿“处理”成本和其他无形费用；还有人收取包装材料费，尽管这些材料能免费得到。

（7）不交货。这是老式的“拿钱开溜”伎俩。付款之后，卖方消失无踪。

（8）遗失和损坏索赔。买家声称他们一直没有收到货，或者收到时货已被损坏，然后要求退款。他们的目的可能是想白拿。卖家有时无法证明货已送到，或者送到时状态良好。

（9）调包和退货。卖家成功地拍卖掉一件物品，但买家拿到时感到不满意。卖家爽快地退款，但拿回的退货却和原先送出的不一样。有些买家可能用“垃圾”调换了别人的“珠宝”。

一些知名的网上拍卖商采取了一些措施来减少欺诈行为，主要有：

(1) 用户身份认证。鼓励用户向拍卖网站提供信息进行在线认证。信息越完善、翔实，信用等级越高。

(2) 鉴定服务。产品鉴定的目的是确认拍卖品是否是真货，以及描述是否恰当。鉴定工作很困难，因为它信赖于鉴定者的经验。凭借专业培训和经验，专家一般可以根据细节识别出假货。这项服务一般为收费项目，由在线拍卖网站请专家来完成。

(3) 评级服务。评级的目的是确认拍卖品的物理状态，如"质量很差"或"状态一般"。实际的评级系统取决于物品的类型。不同的物品有不同的评级系统。

(4) 反馈论坛。电子商务网站允许注册的买家和卖家建立自己的网上交易信誉。它使用户能评价与其他人的交易经历。

(5) 托管服务。对于价值较高的物品，或者当买家或卖家感到需要额外的安全保障时，网站可推荐使用托管服务。买家将货款寄给托管服务商，托管服务商确认款额后通知卖家，然后卖家将货物送到买家处，在预先约定的一段检查期后，买家通知服务商，由其将款项付给卖家。如淘宝网的"支付宝"服务。

(6) 评价服务。评价人员使用多种手段来评价物品价值，包括专家估计以及对近期市场中出售的同类型物品的调查。

此外，还可以通过消费者评估、专业机构认证以及有关法律等来防止电子欺诈。

三、网上二手市场及 C2C 电子商务业务流程

(一) 网上二手市场

作为用户对用户的电子商务模式，C2C 商务平台的性质与传统的二手市场相似，然而，它不同于传统二手市场活动在网络上的翻版。C2C 电子商务自身的特点决定了它必然要优于传统的二手市场，具体表现在以下几个方面：

(1) 较低的交易成本。C2C 电子商务采用了基于开放式标准上的互联网通信通道，与传统的商务活动通信方式如邮寄、传真或报纸、电台、电视台传播等相比较，大大降低了通信费用。同时，传统二手市场由二手商收购、控制和保存二手商品，而在 C2C 电子商务模式下由各个卖家保存商品，从而最大限度地降低了库存。而且，C2C 电子商务通过减少交易环节使得交易成本更低。

(2) 经营规模不受限制。传统二手市场在经营规模上由其营业面积的大小所控制，当其经营规模扩大时必须相应地扩大营业面积。但 C2C 电子商务利用互联网提供的虚拟经营环境，可以轻易地通过增加网页来扩大经营规模。

(3) 便捷的信息搜集。C2C 电子商务应用基于互联网的电子信息技术，使得买卖双方很容易获知对方信息，这一点是传统二手市场所无法比拟的。

(4) 加大了销售范围和销售力度。C2C 电子商务是基于互联网网络的商业模式，所面对的客户遍布全国，甚至是整个世界，与传统的二手市场相比，无疑扩大了销售范围。在此基础上营运时间由以前的每周 8 小时×5 天增加到每周 24 小时×7 天，方便了买卖双方之间的联系，销售力度也随之扩大。

同时，互联网的发展使电子单据取代了传统的纸质单据。买卖双方可以通过电子系统实现快速准确的双向式数据信息交流。资金支付、结算都可以通过网络系统完成。采取这种高度电子化的支付手段，C2C 电子商务方便和加速了资金的流动，是传统的二手市场所无法取代的。

综上所述，C2C电子商务自身所具有的特点无形之中增大了买卖双方的经济效益。这种模式为消费者提供了便利与实惠，迅速成为电子商务普及与发展的重要环节，具有广阔的市场前景与发展潜力。在C2C网站中，国际上发展较好的C2C网站主要有eBay，在中国有易趣网、淘宝网等。在C2C发展中，赢利模式也在不断探索，中国最知名的C2C网站——易趣网和淘宝网分别采用了不同的收费方法。易趣网在最初采用卖家上传商品收费的方法，淘宝网则坚持不直接对买家和卖家收费的办法。目前中国C2C市场有更多的参与者，赢利模式也在创新与发展中。

（二）C2C电子商务业务流程

目前通行的C2C电子商务网站运作模式普遍采取的流程如图2-14所示。

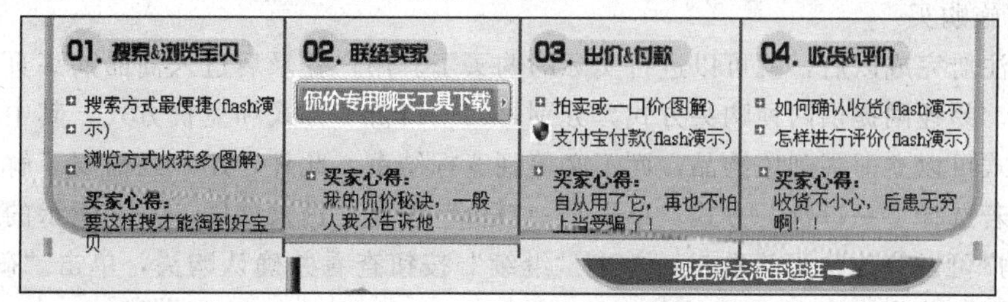

图2-14　C2C购物流程

了解C2C电子商务网站运作流程后，结合网上商店的购买指南，就可以进行实际的网上购物了。下面以从淘宝网购买皮包的任务为例进行演示。

1. 进入淘宝网首页

进入淘宝网首页，浏览并选购商品（LV经典时尚压花单肩漆皮包），进入如图2-15所示的页面。

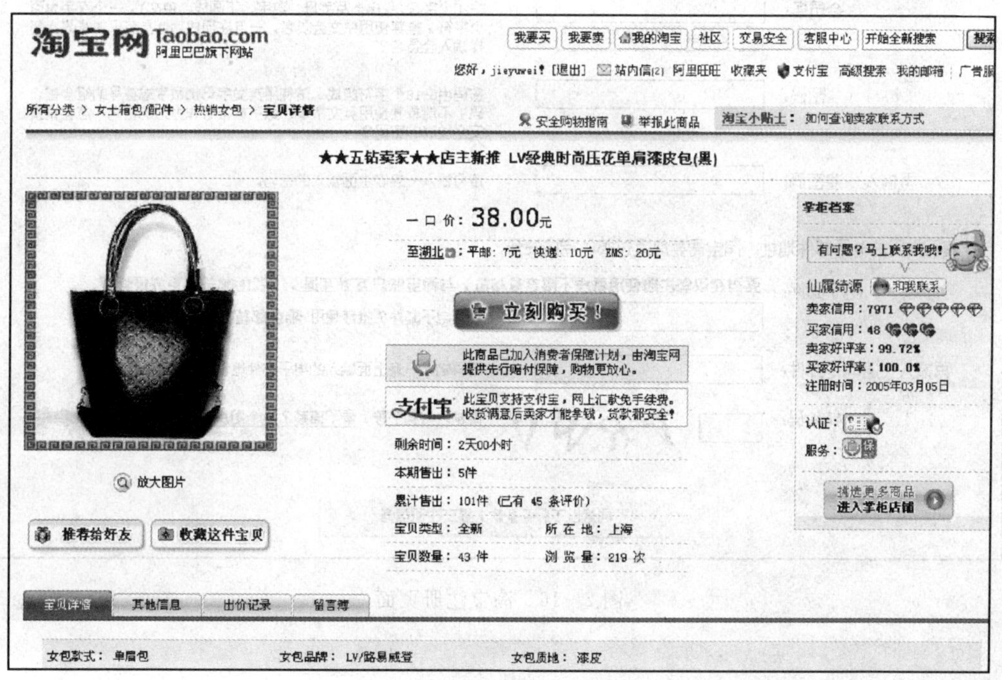

图2-15　选购商品页面

2. 用户注册

单击“注册”按钮，进入注册页面，并填写相关的注册信息，如图 2 - 16 所示。这些注册信息包括姓名、电子邮件、地址和联系电话，都是与交易活动密切相关的。为确保交易的顺利进行，用户必须保证这些信息的真实性。

填写完这些信息后，要接受网上商店的交易条款。淘宝网的交易条款主要有“用户协议”和“隐私权保护规则”。

同意上述条款后，就可以单击“同意以下服务条款，提交注册信息”按钮，然后需要登录注册时填写的电子邮件账户，单击相关链接完成淘宝用户注册。注册成功后，就可以购买东西了。

3. 实施购买

用户注册完成以后，就可以进行实际的购买了。用户登录后进入商品购买页面，选择购买方式。易趣网提供两种购买方式，分别是“一口价”方式和竞价方式，其中采用“一口价”方式可以立即买到该物品，而不必等到竞标结束。此外，用户还需要了解运送和付款说明。若选择“一口价”方式，单击“一口价”按钮，进入如图 2 - 17 所示的确认购买页面，用户可以修改购买的数量，单击“继续”按钮查看并确认购买，单击“确认购买”按钮完成网上购物。

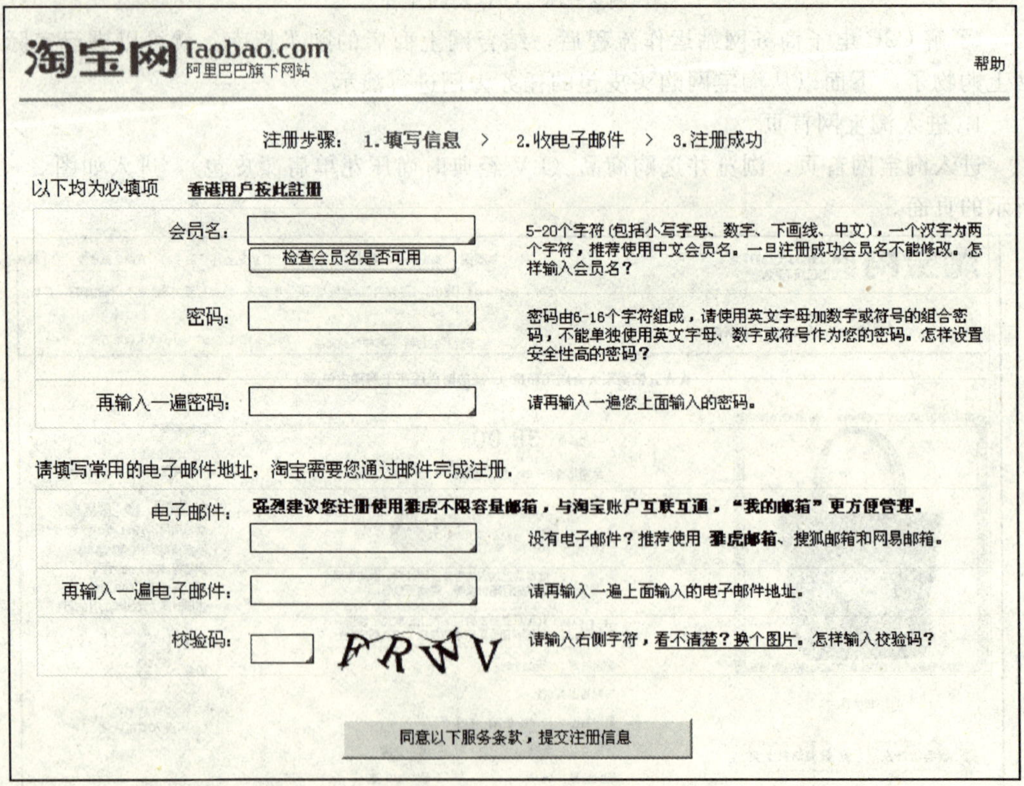

图 2 - 16　淘宝注册页面

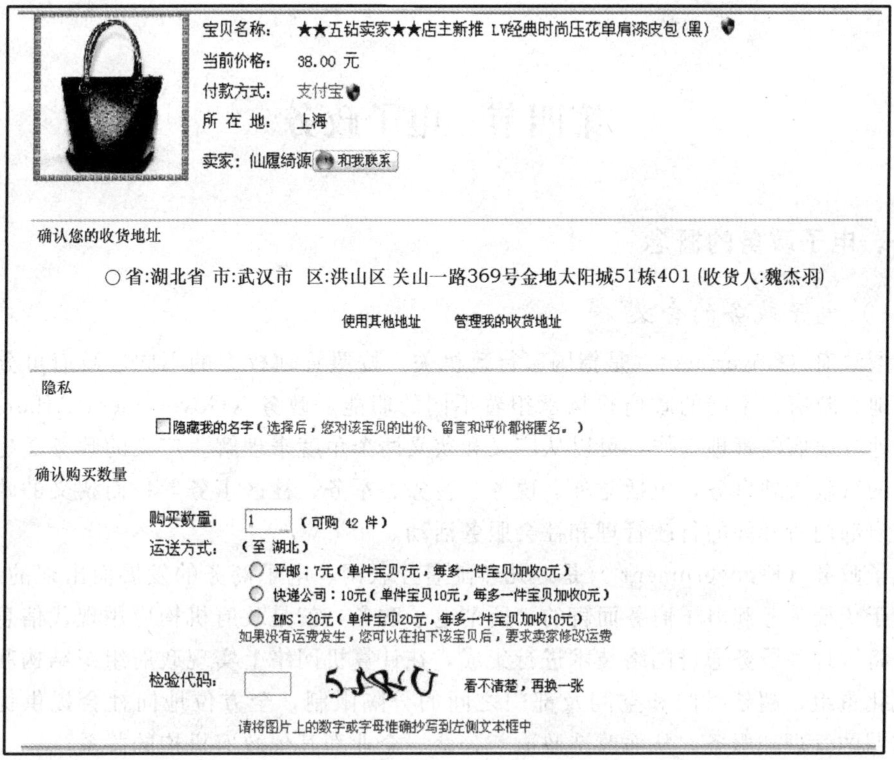

图 2-17 确认购买页面

具体的付款方式可以采用网上银行支付，也可以采用支付宝或邮政网汇来支付（如图 2-18）。

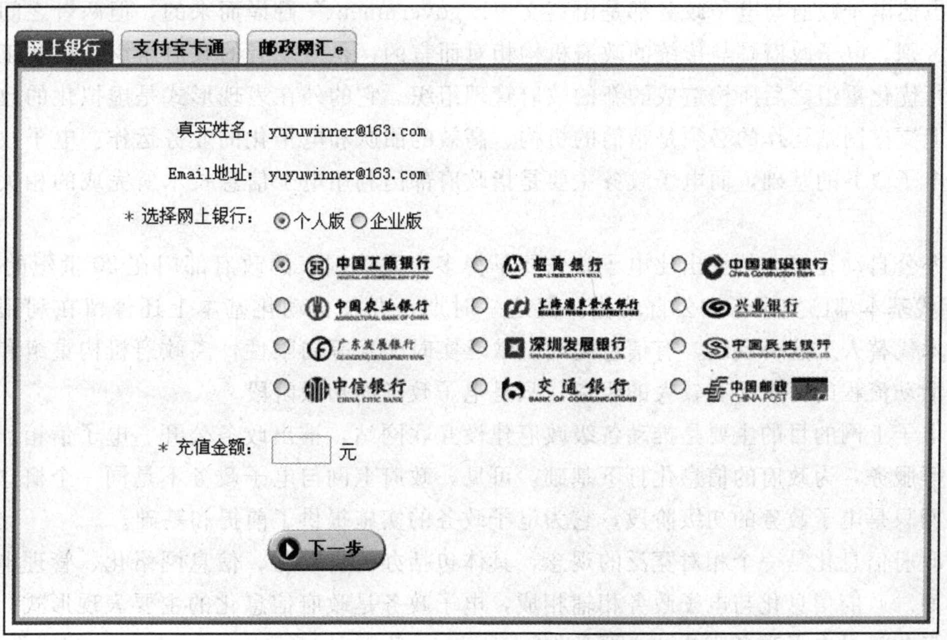

图 2-18 选择支付方式页面

第四节 电子政务

一、电子政务的概念

（一）电子政务的含义

所谓政府（Goverment）是指国家行政机关。按照管辖权力的不同，政府可分为中央政府和地方政府，不同的政府机构承担着不同的职能。政务（Government Affairs）泛指国家和地方政府的管理工作，可以从广义和狭义两个角度来理解。广义的政务泛指各类政府组织的行政管理事务，包括党务、税务、警务、军务、社区事务等；而狭义的政务是围绕着政府部门所开展的行政管理和社会服务活动。

电子政务（E-government ）是近几年随着互联网、电子商务的发展而出现的新概念，是相对于传统政务和电子商务而言的。所谓电子政务，就是政府机构应用现代信息和通信技术，将管理和服务通过网络技术进行集成，在计算机网络上实现政府组织结构和工作流程的优化重组，超越时间和空间及部门之间的分隔限制，全方位地向社会提供优质、规范、透明的管理和服务，从而改造政府与公众、企业和其他政府机构的关系。

（二）与电子政务相关的概念

人们往往将电子政务与电子政府、办公自动化、政府上网、政府信息化、电子商务等概念混为一谈，其实电子政务与这些概念之间既有区别又有联系。

虽然电子政府与电子政务都是由英文“E-government”翻译而来的，但两者之间有一定的区别。电子政府是与传统的政府机构相对而言的，是对现有的政府组织结构和工作流程进行优化重组之后所构造成的新的政府管理组织。它的外在表现形式是虚拟化的政府网站，但支撑网站运作的必须是精简的机构、高效的团队和电子化的业务运作。电子政府是实施电子政务的基础，而电子政务主要是指政府部门利用电子信息技术所完成的相关政务活动。

办公自动化概念的提出比电子政务要早得多，发达国家的政府部门在20世纪的60～70年代基本都已实现了办公自动化。但这一时期，办公自动化基本上还停留在利用计算机技术代替人工这一层次，有信息封闭、缺乏实时交互等局限性，离政府机构重组和优化政务活动流程的要求还有较大的距离，只是电子政务的初级阶段。

电子上网的目的主要是推动各级政府建设互联网站，推出政务公开、电子信箱、电子报税等服务，为政府的信息化打下基础。可见，政府上网与电子政务不是同一个概念，政府上网只是电子政务的初级阶段，它为电子政务的实施提供了前提和基础。

政府信息化是一个相对宽泛的观念，具体包括办公自动化、信息网络化、管理电子化等方面。政府信息化与电子政务相辅相成，电子政务是政府信息化的主要表现形式，而政府信息化又是电子政务实施的必要条件。

电子政务与电子商务之间的区别与联系在于：

（1）电子商务的主体是企业，而电子政务的主体是政府。

（2）电子商务的目的是追求经济效益，而电子政务主要着眼于社会效益。

（3）两者都必须依靠以网络为核心的信息技术来实现。

（4）两者的根本目的是一致的，都是为了推动经济与社会的发展。

（5）两者有交叉的业务内容。企业与政府之间的有些业务往来，如企业向政府纳税、政府向企业采购，对政府来说属于电子政务，而对企业来说则属于电子商务。

（三）推行电子政务的意义

推行电子政务的意义在于：

（1）电子政务可以促进信息产业的发展，加快社会信息化进程。信息及信息网络是现代政府的神经系统，电子政务的推行为政府搜集处理信息提供了极大的便利，对政府管理乃至整个社会进步都具有重要意义。

（2）电子政务有利于提高政府的决策理性和公共政策的品质。推行电子政务可以使政府及时获得诸多领域准确可靠的信息，作出理性的决策，进而提高政府决策和公共政策的水平和质量。

（3）电子政务可促进政务公开，增加政府管理服务的公平、公正及透明度。电子政务的发展使政府的管理呈现出一种动态和透明的趋势，有利于加强政府的管理和服务职能，从而消除官僚主义并反腐倡廉。电子政务可增强对行使权力过程的监督，提高反腐倡廉的能力。

（4）电子政务可促使人力资源和信息资源得到充分的利用和配置。电子政务的推行可以促使政府工作人员不断地去学习和更新自己的知识和技能。同时，网络的发展也为政府工作人员提供了更多的机会去学习新的知识和技能，为他们提高素质创造了良好的条件，工作效率大大提高。

（5）电子政务有利于促进政府重组，节约行政成本，提高政府效率。电子政务必将对政府组织结构和运作方式产生冲击，使传统的部门组织朝着网络组织方向发展，并打破层级、部门的限制，促使政府组织和职能进行整合，使政府的程序和办事流程更加简明、畅通，从而节约了人力、物力和财力资源，提高了政府的办事效率。

（6）电子政务可促进政府职能的转变，有效地增强政府的公仆意识，更好地为纳税人服务。电子政务可使政府及时了解民意，增强与人民的联系。

二、电子政务的分类

电子政务的内容非常广泛，几乎可以包括传统政务活动的各个方面。根据近几年国际电子政务的发展和我国电子政务的实践，我们可以将电子政务分成 G2G 模式、G2E 模式、G2B 模式和 G2C 模式 4 种主要模式。

（一）G2G 模式

G2G 电子政务是指政府（Government）与政府（Government）之间的电子政务。这一类别涵盖了政府内部的所有活动，它主要是政府内部、政府上下级之间、不同地区和不同职能部门之间实现的电子政务活动。G2G 模式是电子政务的基本模式。

（二）G2E 模式

G2E 电子政务是指政府（Government）与政府雇员（Employee）之间的电子政务。

政府部门雇佣了大量的员工。因此，政府像企业一样向其雇员提供电子服务。G2E 电子政务的具体应用包括两个方面。

1. 政府雇员日常管理

利用信息技术手段实现政府雇员的日常管理对降低管理成本、提高管理效率具有重要意义。如利用信息技术手段进行日常考勤、出差审批、差旅费异地报销等，既可以为政府雇员带来很多便利，又可节省领导的时间和精力，从而有效地降低行政成本。

2. 人事信息化管理

政府公务员的人事管理是政府机构自身管理的重要内容。应用信息技术实现人事信息化管理已成为一种新的形式和趋势，不少政府机构已经在进行实践。人事信息化管理包括网上招聘、网络化的学习、网络沟通等内容。人事信息化管理的发展将使传统的、以纸面档案管理为中心的人事管理方式产生一场新的革命，对提高政府人事管理的水平和效率、降低管理成本起到重要的作用。

（三）G2B 模式

G2B 电子政务是指政府（Government）与企业（Business）之间的电子政务。促进企业发展、提高企业的市场适应能力和国际竞争力是各级政府机构共同的责任。政府管理部门推行电子政务代替传统形式的政务活动，以提高效率、降低成本，为企业提供更大的方便。G2B 电子政务是开展电子政务的主要目标之一。

G2B 电子政务包括以下主要内容：

1. 政府网上采购

政府网上采购是指通过互联网来完成政府采购的全部过程，具体包括网上提交采购需求、网上确认采购资金和采购方式、网上发布采购信息、接受供应商网上投标报价、网上开标定标、网上公布采购结果以及网上办理结算手续等。目前国内政府网上采购的对象主要以列入政府集中采购目录的标准化货物为主，如计算机、打印机、复印机、办公用纸、空调、汽车、药品、公务用车维修及加油等。

政府网络化采购具有两面性，对政府而言，政府采购是 G2B 电子政务，采购活动不具有商业目的；对企业而言，政府采购是 B2G 的电子商务，是企业电子商务的重要内容。一个完整的政府电子化采购系统至少应包括采购中心内部办公自动化系统、电子支付系统、电子招投标系统和政府采购网站系统 4 个子系统。

政府网上采购通过互联网面向全球范围发布政府采购信息，为各类企业提供平等的机会，可以降低企业的交易成本，节约政府采购支出，从而使政府采购成为阳光作业，减少徇私舞弊和暗箱操作。

2. 电子税务

电子税务（E-taxation），是指税务机关利用以网络为核心的信息技术实现税收征收管理和税务服务的部分职能，具体表现为税务机关运用互联网技术建立起虚拟的网上办税服务机构，部分地代替传统的税务机构，并向社会提供涉税事项的管理与服务。根据国内外税务机关实施电子税务的实践，目前电子税务包括电子报税、电子稽查和电子化服务 3 种主要形式。

我国税务行业搭建起了覆盖全国税务系统的广域网络，网上征税已在部分省市实现。网上申报等各类税收监管软件和“全程服务审批管理系统”、“效能监控考核系统”等内部管理信息化工作不断完善，实现与3家银行的联网和税银库一体化。“自助系统”、“个体税收管理系统”、“查账软件”等软件按规定推广到位。开通网上预申报、预审核计算机管理系统，出口企业可以通过互联网在线方式进行出口退税申报电子信息对审，减少了企业申报的工作量和退税成本。2005年税务行业建成了12366网等重要项目。“十五”期间，我国因跨部门、跨行业、跨应用的涉税信息资源的交换和共享产生的增值税收入增加近5000亿元，增值税征收率由1999年的不到50%提高到目前的约66%。已经立项的金税工程（三期）建设将进一步实现与海关、财政、审计、工商、银行等部门互联互通，形成税收监控的“天罗地网”。

3. 工商行政管理

工商行政管理业务系统就是通过信息技术手段实现工商行政管理的部分职能。与传统的、以手工为主的工商行政管理职能履行方式相比，信息化的工商行政管理具有高效率、低成本、不受时空限制、灵活方便等明显的优势，对政府工商行政管理部门、各类经营者以及广大消费者都将产生积极和深远的影响。工商行政管理业务系统包括电子化政策、法规与咨询服务、网上注册登记管理与服务、网上年检、企业经营行为网上监督、网上打假、维权服务、网上并联审批、电子执照管理等职能。

4. 电子外贸管理

进出口业务在国民经济发展中占有重要的比重，电子化外贸管理已成为一种新的趋势。我国外经贸信息化工作的三大任务是：以金关工程为基础，实现外经贸管理体系的网络化；加快信息服务体系建设，建成外经贸领域权威性的外向型信息服务体系网络；推动外经贸领域企业应用国际电子商务，参与制定国际电子商务相关规则，到2010年前使我国企业电子商务应用赶上世界先进水平。

目前，“金关工程”已基本达到国务院所提出的要求，主干网基础建设初步完成。附属于“金关工程”的“进出口配额许可证管理”、“进出口统计”、“出口退税”和“出口收汇”和“进口付汇核销管理”等应用系统已基本完成，在此基础上中国海关开始运行相关的口岸电子执法系统。外经贸管理体系网络化除了“金关工程”所涉及的部分外，还包括政府行政管理、业务拓展等职能在网络方面实现互联互接，以提高效率和增加规范性。

5. 中小企业信息服务

中小企业在促进就业、活跃市场、增强出口等许多方面发挥着极为重要的作用，国家和地区的经济繁荣很大程度上决定于中小企业的生存质量。促进中小企业的发展是各级政府义不容辞的责任。政府可利用宏观管理优势，提高中小企业的国际竞争力和知名度。

6. 综合信息咨询服务

政府将拥有的各种数据库信息对企业开放，利用网络手段为企业提供各种快捷、高效、低成本的信息服务。政府拥有的各种数据库信息对企业开放，如商标注册管理机构可以为企业提供已注册商标的在线数据库查询；科技主管部门可以利用网络发布科技成果信息；质量监督检查部门可以把假冒伪劣的产品和企业名录在网上公布，以净化市场秩序；政策、法规管理部门可向企业开放法律法规、政府经济白皮书等各种重要信息的咨询服务等。

（四）G2C 模式

G2C 电子政务是指政府（Government）与公民（Citizen）之间的电子政务，是政府通过计算机网络为公民提供的各种服务。G2C 电子政务所包含的内容十分广泛，其推广使用将使人民生活更加方便，使政府的服务功能得以更全面的体现。

G2C 电子政务包括以下主要内容：

1. 电子身份认证

电子身份认证可以记录个人的基本信息，包括姓名、性别、出生时间等属于自然状况的信息，也可记录个人的信用、养老保险等信息，使公民的身份能得到随时随地的认证，既有利于人员的流动，又可以方便公安部门的管理。公民电子身份认证还可允许公民个人通过电子报税系统申报个人所得税、财产税等个人税务。

2. 电子社会保障服务

电子社会保障服务主要是通过网络建立起覆盖本地区乃至全国的社会保障网络，使公民能通过网络及时了解自己社会保险账户的明细情况。政府也能通过网络公布并支付各种社会福利，比如通过网络公布最低收入家庭补助、困难家庭补助、烈军属抚恤和社会捐助等以增加社会福利的透明度；还可借助于信息技术直接将社会福利支付给受益人，为弱势群体提供最大的方便；也可在网上直接办理有关的社会保险理赔手续等。电子社会保障服务不但可以增加社保工作的透明度，还有助于加快社会保障体系的建立和普及的进度。

3. 电子民主管理

公民可以通过互联网发表对政府有关部门或工作的看法，参与政策法规的制定。电子民主管理可以提高选举工作的透明度和效率。政府可以把候选人的背景资料公布在网上，以方便选举人查阅，选举人可以直接在网上投票。这样既可大大提高选举工作的效率，又可有效保证选举工作的公正和公平，从而推进我国的民主进程。

4. 电子医疗服务

政府医疗主管部门可以通过网络向当地居民提供医疗资源的分布情况，提供医疗保险政策信息、医药信息、执业医生信息，从而为公民提供全面的医疗服务。公民可通过网络查询自己的医疗保险个人账户余额和当地公共医疗账户的情况；查询国家新审批的药品的成分、功效、试验数据、使用方法及其他详细数据，提高自我保健的能力；查询当地医院的级别和执业医师的资格情况，选择合适的医生和医院等。电子医疗服务既可以使病人能更加方便地享受到优质的医疗服务，又可有效地促进当地医疗卫生事业的发展。

5. 网上就业服务

政府可通过互联网向公民提供工作机会和就业培训，促进就业。如政府可开设网上人才市场或劳动力市场，提供与就业有关的工作职位缺口数据库和求职数据库信息，为求职者和用人单位之间架起一座就业服务的电子桥梁。

6. 远程教育培训服务

利用互联网为广大老百姓提供灵活、方便、低成本的教育培训服务，不仅是增强我国公民素质的有效途径，也是改善政府服务的重要内容。政府可以出资建立全国性的网络教育平台，资助相应的教学、科研机构，并资助所有的学校和图书馆接入互联网和政府教育网络平台；出资开发和购买高水平的教育资源通过互联网向社会、学校和学生开放；资助边远、贫困地区信息技术的应用，逐步消除落后地区与发达地区之间的数字鸿沟；加强和推广整个社会对信息技术能力的教育和培训，以适应信息时代的挑战。

7. 公民信息服务

公民信息服务使公众得以方便、及时、费用低廉地接入政府的公共数据库，如法律法规数据库、经济统计数据库等。政府可以通过互联网提供被选举人的背景资料，促进公民对被选举人的了解；通过在线评论和意见反馈了解公民对政府工作的意见，改进政府工作。

8. 交通管理服务

政府可以通过建立电子交通网站提供对交通工具和司机的管理与服务。很多地方门户网站已建立了交通违章查询系统，利用该系统随时可了解车辆违章的情况。

二、国内外电子政务的发展

（一）国外电子政务的发展现状

1. 各国电子政务发展水平存在差异

电子政务在世界范围内的发展历史都不长，但各国政府都进行了不同程度、不同形式的探索。1999 年，全球只有不到 50 个政府网站，到 2002 年，全球开通了 5 万个政府网站；到 2005 年，有 179 个国家启动了电子政务建设工程，占联合国成员国总数的 94%，电子政务已经列入了绝大多数国家的政治日程。从电子政务在全球的发展情况来看，各国的起步时间大致相同，开展电子政务的目的大都集中在简化政府管理流程、提高政府工作效率、树立政府形象等方面；出发点基本上以满足本国人民对政府经济事务的管理和社会服务等要求为主。但是，各国电子政务发展水平存在差异。联合国在考察世界各国电子政务情况后，将电子政务划分为起步、提高、交互、在线处理、无缝集成 5 个发展阶段。美国等发达国家电子政务的开发大多处在在线处理和无缝集成阶段；我国大部分地区电子政务处于提高阶段或交互阶段，其中北京、上海等地方政府处于在线处理阶段初期。

2. 全球电子政务服务走向深化

现在的电子政务概念与 20 世纪 90 年代初相比已经有了很大的发展。总的来说，全球电子政务的发展呈现以下几个特点：

(1) 电子政务是国家领导人的一种政治意愿与具体实现的结合。不少国家电子政务的成功开展得益于国家或政府领导人敏锐的洞察力、强烈的政治意愿和有力的领导。越来越多的政府领导人认识到只有通过电子政务向公众提供切实有效的服务，才能得到公众的广泛支持。

(2) 一切以客户为中心是 21 世纪政府管理创新的基本理念。电子政务发展始终要围绕用户这个中心，按照用户的意向设计政府的网站。一些国家在实施电子政务的过程中引入客户关系管理理念，将公众视为政府的“客户”。

(3) 电子政务服务在不断向广度和深度发展。政府为公众提供服务的渠道越来越多，公众获得的跨行业服务也越来越多。许多国家还推出了相应的培训教育计划，帮助公众掌握电子政务必要的技能。

(4) 政府门户网站已经成为电子政务发展的一种很重要的基本形式。用户通过一个门户网站就可以进入政府的所有部门或任何一个由政府向用户提供的服务项目。美国联邦政府的门户网站（http://www.Firstgov.gov）、加拿大政府的门户网站（http://www.Canada.gc.ca）都是比较成功的例子。

目前全球电子政务的建设主要集中在政府的办公自动化信息和一些网络服务上，例如，在线教育、健康在线咨询、电子申办、电子报税、电子采购、电子支付、电子数据库及在线出版、公共信息站等。国际著名的埃森哲咨询公司 2005 年考察了 22 个国家，发现发达国家公民对电子政务服务的使用率高达 64%，发展中国家公民对电子政务服务的使用率为 43%，新兴市场的民众对电子政务服务的使用率也有 35%。

（二）我国电子政务的发展历程

我国电子政务的发展建设是沿着机关内部办公自动化——管理部门的电子化（如金关工程、金税工程等）——政府上网工程——电子政务全面发展这一条发展路线展开的，共经历了 4 个阶段。

1. 办公自动化阶段（20 世纪 80 年代初～90 年代初）

这一阶段主要是利用计算机替代一部分手工劳动，提高政府文字、报表处理的效率，为电子政务的发展打下坚实的基础。

2. “金”字工程实施阶段（20 世纪 90 年代初～90 年代末）

“三金工程”，即金桥工程、金关工程和金卡工程，是我国中央政府主导的以政府信息化为特征的系统工程，是我国政府信息化的雏形。

金桥工程，是建设国家公用信息通信网、实现国民经济信息化的基础设施。

金关工程，又称为海关联网工程，其目标是推广 EDI 技术，以实现货物通关自动化、国际贸易无纸化。政府通过海关、外贸、外汇管理和税务等政府部门的计算机联网，建立起出口退税、进出口配额和许可证管理、收汇和结汇、进出口贸易统计等信息应用系统，加强和改善政府对进出口贸易的管理。

金卡工程，又称电子货币工程，主要是通过利用邮电、金融系统现有的网络资源，推行银行卡和现金卡，为商贸、旅游等行业提供新型电子支付手段服务。

紧随“三金工程”的是“金税工程”，主要是为配合财税体制改革，推行以增值税为主体的流转税制度，严格税收征管，杜绝税源流失而实施的一项全国性的信息化工程。近年来，国家又启动了“金审工程”、“金盾工程”、“金卫工程”等新的“金”字工程。这些工程将会对我国政府的信息化建设和电子政务发展起到直接的推动作用。

3. 政府上网阶段（1999 年～2001 年）

1999 年 1 月，40 多个部委共同倡议发起了“政府上网工程”，其主要目的是推动各级政府部门通过互联网向社会提供公共信息资源，并逐步运用网络实现政府的相关职能，为实现电子政务打下坚实的基础。“政府上网工程”标志着真正意义的电子政务活动在我国正式启动。目前绝大部分国家机关与地方政府都已经在互联网上建立起了自己的网站。

4. 电子政务全面发展阶段（2002 年至今）

1999 年被称为“政府上网年”，而 2002 年则被称为“电子政务年”。经过近 20 年的努力，我国政府的信息化建设已经取得了阶段性的成果——税务、工商、海关、公安等政府职能部门都已建成了覆盖全系统的专网。政府办公自动化、管理信息化的水平不断提高，从中央到省市政府都建立了内部办公自动化系统。

2006 年元旦，中国政府门户网站（http：//www.gov.cn）（图 2－19）开通。

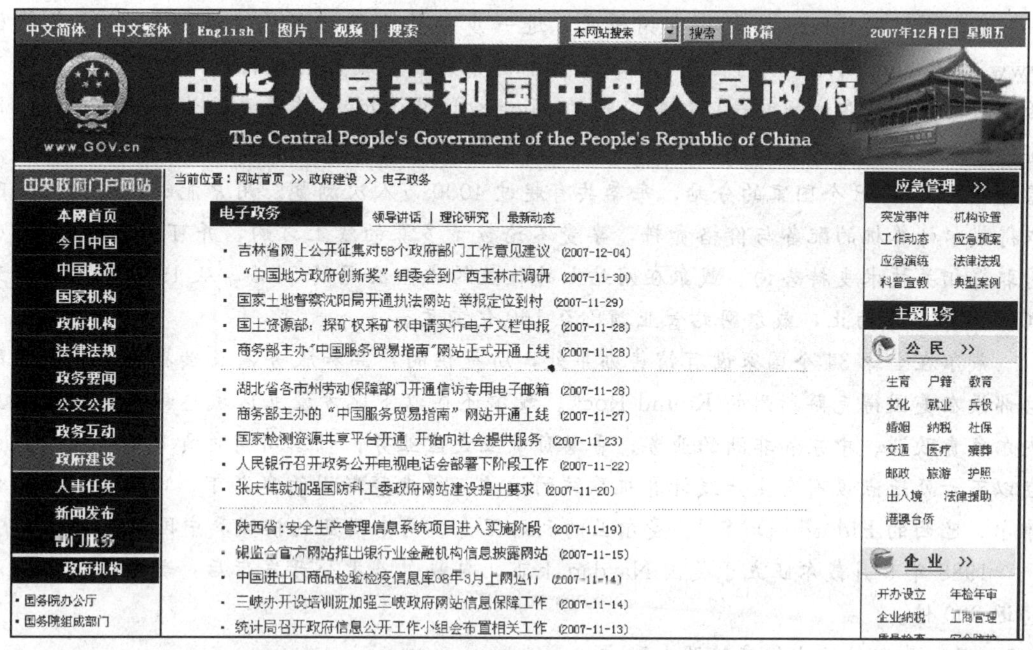

图 2－19　中国政府门户网站

[资料链接]

Dell 的成功之道

（一）公司简介

戴尔计算机公司于 1984 年由现任总裁暨执行长 Michael Dell 创立，他同时也是目前在计算机界任期最久的总执行长。他的简单经营理念创造出戴尔企业独树一帜的公司利益：依照不同需求，为客户量身定做计算机。与客户直接的沟通使戴尔更有效且明确地了解客户的需求，并迅速与客户的需求互动。

这种革命性的业务模式，使戴尔成为目前全球领先的计算机系统直销商，同时也成为电子商务基础建设的主要领导厂商。截至 2000 年 10 月 27 日，戴尔过去四季的营收高达 300 亿美元，不但名列全球第二，其获利与成长更成为世界主要计算机系统厂商中的佼佼者。目前，戴尔全球共有 39000 名员工。在美国，戴尔更是企业用户、政府部门、教育机构和消费者市场排名第一的个人计算机供货商。

戴尔在笔记型计算机以至工作站的个人计算机系统研发，在设计、开发、生产、销售、维修和支持等环节上，皆提供专业的服务。值得一提的是，每一套系统都是根据客户的个别要求而量身定制的。

戴尔通过首创的"直销模式"，直接与大型跨国企业、政府部门、教育机构、中小型企业以及个人消费者建立合作关系。同时，戴尔也是第一家提供客户免费直拨电话，并可在隔天到门服务的计算机供货商。这些服务形式现在已成为业界争相模仿的模板。

累积每日与无数客户的直接接触经验，戴尔在第一时间精准掌握了客户所需。戴尔为客户提供各项安装支持和系统管理，并且指导客户在技术转换方面的相关问题。通过 Dellware 计划，戴尔设计多项产品及服务，搭配多元化的计算机周边硬体和计算机软件等系列产品，提供为客户量身定做的解决方案。

戴尔利用网际网络扩大其直销模式，进一步领导业界的发展。戴尔于 1994 年推出 www. Dell. com 网站，并于 1996 年加入电子商务功能，成为企业利用网际网络进行商业活动的典范。戴尔的网站是以微软公司的 Microsoft Windows 作业系统为基础平台的，目前为全球最高用量的商业网站。Dell. com 的网站基础建构完全是用戴尔 Poweredge 服务器运作，共有 78 个国家的分站，每季共有超过 4000 万人次浏览。用户能够在网站上实时取得戴尔计算机的配备与价格资料，享受不论数量多寡的线上订购，并可于网络上 24 小时取得相关技术支持咨询。戴尔在网站上的收益约占全公司的 50%，从 1999 年第三季到 2000 年第三季为止，戴尔网站营业额已至 160 亿美元。

戴尔在全球 34 个国家设有销售办事处，所提供的产品和服务遍及世界各地。戴尔的总部设在美国得克萨斯州的 Round Rock。戴尔还在以下地方设立区域总部：英国布莱克内尔负责欧洲、中东和非洲的业务；香港负责亚太区业务；日本川崎负责日本市场。戴尔在以下六处地点设有全生产线计算机系统的设施：得克萨斯州的奥斯丁、田纳西州的纳什维尔、巴西的 Eldordo Do Sul、爱尔兰的利姆里克、马来西亚的槟城和中国的厦门。

1988 年 6 月戴尔正式于美国 Nasdaq 上市。自戴尔首次公开发行后，其股票价值上涨将近 300 倍。

（二）戴尔信息化供应链两大配方

Webmethobs B2B 充当“翻译”接口，帮助两套不同系统——戴尔的订购处理系统和客户的采购处理系统，进行实时的信息交换，从而使戴尔和供应链公司的工厂让双方一眼看穿彼此生产流程的每一环节；也告诉供货商该生产哪些产品，何时运给戴尔，并排除供应链上任何障碍。同时，帮助企业型客户更容易透过 Internet 向戴尔采购，也替戴尔省下每年 500 万美金的“错误采购”处理成本，这也是戴尔库存天数仅及对手 1/10 的关键因素。

（三）戴尔管理供应链

第一步，减少供货商并将他们集中。

戴尔在全球有 6 座工厂，包含马来西亚的槟城（1996 年 1 月成立）和中国的厦门(1998 年 8 月成立)。它将原本下给 200 多家供货商的订单集中，交给其中 50 家，但条件是他们在戴尔工厂旁边盖仓库，就近供货，不愿配合的就从供应链剔除。戴尔本身的零件库存不到 2 小时，接到订单后，再通知供货商送零件来，从进料到组装完出货只要 4 小时。

这个观念类似丰田汽车当年的“零库存（Just In Time)”生产方式，在 PC 业则属创举。它颠覆过去 PC 业先做市场预估，再依据预估备料生产的模式，后来陆续被同业采用。

为了降低库存并提高零件的流通性，供货商也研究出对应方法，就是把零件尽量模块化，减少库存多种不同零件的成本，增加不同零件间的兼容性。“从设计的时候就考虑进来，尽量用标准零件。”台湾康柏董事长何薇玲分析说。

鸿海所做的准系统，就是把机壳加上电源供应器出货。而广达出笔记型计算机的半成品到戴尔工厂，戴尔再装上微处理器和 Dram 等跌价快速的零件，避免获利在运送过程被吃掉。

生产电源供应器的台达，是戴尔供应链成员之一，从 1997 年开始和戴尔做生意。台达也在学习戴尔精神，并打算向下推广，减少目前 100 多家提供零件给台达的供货商数目和使用的零件数目，以便于管理。

戴尔对供货商有一套考核制度，项目包含品质、物流和服务等项目，不断检视每一家供货商的表现，作为保留或淘汰的依据。戴尔的评估是做得最仔细的，对供货商非常了解，这套系统也有助于做内部管理。

第二步，强化供应链上的信息流通速度和透明度。

和戴尔做生意的供货商，等于是帮它管理库存，必须很清楚戴尔未来的出货计划，以免库存过多自己赔本，库存不够被戴尔撤换。对戴尔来说，其必须随时掌握整条供应链上的库存情形，确保上头每一家公司的运作都正常。这牵涉双向的信息流通和信任。

它必须确保这一整条神经活得好好的，一小段出问题，整条神经就会瘫痪，在供应链的运作上，换供货商的成本很高，因为学习曲线是效率的损失。

戴尔高度运用信息科技，架构连接客户、管理生产线和联络供货商的基本骨干，并要求供货商配合。

由于戴尔是接单后生产，不走经销通路，没有存货放在店面的货架上，因此货一旦从戴尔的工厂送出，就等于已经卖掉。戴尔会把每天各种机型 PC 的销售数字，公布于内部网站让供货商查询，了解接下来有哪些零件需求多哪些少。至于戴尔即将或刚接到的订单，也会公布在上头，帮助供货商做零件预估。戴尔会在交货前 13 周前做预估，并随着天数的减少不断修正，一直到 2 周前冻结预估数字，供货商就根据这个数字在预定时间交货。“戴尔通常估得很准，数字冻结后再变动不大。”广达信息部协理方天戟指出。

戴尔盯得很紧，和它做生意很辛苦，但是愉快，因为戴尔的预估很准，一旦下单都会做到。台达往来的另一家计算机公司，曾因预估错误，以为存货不足，要求台达紧急出货，第二天空运到美国，但是等飞机起飞后又通知台达不要出货。PC 业的净利率才 5%，这一批货万一退回来没卖掉，需要出 20 批货赚的钱，才能补这一次损失。

第三步，降低研发和设计比重，放大伙伴价值。

戴尔的核心能力，在于管理好整条供应链，让新产品在最短时间内交到客户手上。和这件事无关的，戴尔都会交出来给供应链上的伙伴。“全世界有人做得比我好，我就买他的，戴尔自己要做的，就是没人比得上我的。”麦可·戴尔（Michael Dell）强调。

戴尔的研发费用占不到整体营收的 2%，在前十名计算机公司中是最低的一家，但其成长动能却最强。关键在于，戴尔把笔记型计算机的研发和设计工作，交给台湾的代工伙伴广达承揽，戴尔则专心去争取订单。不管戴尔下多少量，广达绝不说 No，对供货商来说，这可是个 Happy problem。

（四）戴尔供应链的威力

顾客下单到出货存货周转天数 4 天；每人每小时的生产效率，提升 160%；订单处理效率提高 50%；订单错误率降低 50%；每座工厂零件存货空间约 10 平方米；每座工厂成品存货空间为 0。

（五）戴尔供应链成功之道

1. 戴尔供应链成功之道

（1）戴尔所开创的直销模式，冲击所有的制造业，进而改变产业形态。

（2）网络的出现，让戴尔的接单后生产模式，交货时间提升到只要 8 小时。

（3）使用 i2 公司供应链管理软件彻底 e 化供应链，整合上下游厂商。

(4) 戴尔组装一台计算机只要4小时，存货周转天数只有4天，约为同业的1/10。

(5) 戴尔位于德州198000平方米的大Optiplex工厂，组装零组件的库存时间只要2小时，零件的库存间只有约10平方米大。

(6) 零库存减少库存造成的现金积压和跌价损失。

(7) 用信息取代库存。“管理供应链的精神，就在于用信息取代库存”。戴尔计算机每2小时排一次生产流程，好处是库存可以降低。如果客户取消订单，戴尔计算机可以把这笔订单转到其他客户，或在网络上拍卖，以减低损失。

(8) 把顾客和供货商的营运活动一起整合进来。戴尔用“供货商关系管理（SRM)”系统来管理全球各地的不同供货商，包含做预估、订货、出货、品质、物流和服务等，便于评鉴供货商，作为选择成为长期伙伴或汰换的依据。供货商关系管理等于是供应链管理的延伸，从物料管理进入更深层的信息流通，让合作关系更密切。

(9) 顾客关系管理。在顾客方面，整合了“顾客关系管理（CRM，Customer Relationship Management)”的软件，让顾客的下单状况透明，使得工厂和后续供货商可以配合得更好，预估做得更准确。

(10) 贴近市场需求的杀戮型组织。“传统制造业做生意，根本就是一场代价高昂的猜谜游戏（Guesswork)，”戴尔指出，“公司先做出产品，然后打广告吸引消费者来买，又怕猜不准，于是同一种机型又必须做上好几种，不仅资源重复浪费，更糟的是会造成信息误判，让企业万劫不复。好比你想买部红色二门车，到了经销商一看只有蓝色四门车，你不想买，可是销售员三寸不烂之舌鼓动你买，你不爽地买了，结果销售员跑去跟工厂说：蓝色四门车大热卖，赶快生产多一点，这公司一定完蛋。”戴尔计算机的模式，则是通过电话，按终端消费者的真实需求制作计算机，一毛钱都不多花，消费者也一定能拿到他真心想要的计算机。

接单生产的模式，让戴尔脱颖美国市场而出，成为新兴品牌；但真正让戴尔具备杀戮能力的利器，则是1991年诞生的商用Internet。先是通过网页取代电话，让戴尔跟客户交换更多、更快的信息；然后则是便宜高效的网络取代高价专线，让供应链上的实时生产效率更快如闪电。

(11) 产品永远新鲜。正因跟市场一样快的接单生产，戴尔从不担心库存跌价带来的庞大损失，因为戴尔产品的平均库存天数只有5天，远远领先对手惠普与捷威的50到90天，产品永远新鲜。

(12) 戴尔的获利不是毛利的增加，而是营业额——极度忠诚客户数的增加。通过信息分析，戴尔不仅能卖最便宜、最新的计算机，它还能获得客户“购买行为形态”、“产品偏好”、“替换新机周期”、“策略转折”的一手情报（甚至客户下单时的“口头禅”），再加上与策略大伙伴英特尔、微软的互通有无，戴尔每次总能掌握市场世代交替或客户公司转型的关键采购时刻。“一切，都是让客户一进来，便不再三心二意跑去竞争者那里！”

(13) 零式战斗机的高压引擎。

公元2000年，戴尔一共做到了319亿美元的生意（获利23亿美金），其中有160亿美金是由网络销售得来的。有了Internet，戴尔的零式战斗机仿佛发现了高压引擎，麦可·戴尔强烈要求供应链上的成员上网e化，否则就将被逐出戴尔家门。

(14) 因应“接单生产”（BTO，built-to-order，顾客下订单后，工厂才生产）的管理系统、工厂、供应链，以及既快又轻又薄的组织成员。

2. 戴尔直销模式制胜关键

就在全球计算机业坐困愁城之际，戴尔计算机公司却以订单生产模式趁着零件降价的大好机会发动削价战，而逆势成长。

戴尔计算机对稳坐个人计算机制造业龙头也大有信心，戴尔表示："基本上，我们的竞争者都开始赔钱，但戴尔计算机仍有合理的获利，当然获利力和景气高峰不能相提并论，但我们获利还算不错。"

戴尔计算机制胜关键在于直销模式，让公司可迅速对市场变化采取因应之道，如零件降价可马上反映到计算机售价上。此外，戴尔计算机集中火力于获利较高的企业市场。

戴尔计算机趁零件价格滑落的千载难逢机会发动削价战，以扩大市场占有率。零件降价给戴尔计算机带来极大的竞争优势。戴尔计算机因采用直销方式，库存量低于同业，可将成本下降迅速回馈给消费者。

总裁范德史莱斯表示，戴尔计算机可在三天内将零件降价反映在计算机售价上，比竞争对手的60天快许多。

3. 让同业失去生存价值

戴尔计算机在个人计算机的世界里，就像是个魔鬼终结者之类的角色，许多个人计算机业者发现，因为戴尔计算机存在，他们丧失了生存的价值，例如Ast。当每个人都感受到景气低迷时，戴尔硬是能适应得比别人好。许多观察家都指出，要了解戴尔的优势，不能从戴尔是一家科技公司来理解。这话听起来很矛盾，难道一家企业销售计算机系统年营业额达到320亿美元，每天通过线上做成3000万美元生意，在纳斯达克证券所交易，还称不上科技公司？但是，要搞清楚，以德州首府奥斯丁为总部的这家直销计算机公司并不是不搞创新，而是不以产品本身的创新为职志，这是基本认知的问题。

4. 彻底落实节约成本

美国一家市场研究公司科技商业研究（TBR）分析师葛雷指出："戴尔的创新在于它改良生产流程的能力。"戴尔对于节约成本的拿捏，可以落实到只有10美分的事情上，还有怎样减少螺丝的使用量这样细微的事情。一言以蔽之，戴尔计算机把整个个人产业变得不怎么像硅谷，反倒是比较像底特律（美国的汽车工业城）。PC业界一致同意，戴尔计算机只是个做计算机的公司，他们的计算机品质很好，但就是如此而已，不过就是非常正统的微软操作系统，再加上英特尔微处理器的个人计算机，不会有什么惊喜。即便是在毛利率远比PC高的笔记型计算机和服务器市场，戴尔计算机的产品一样是规规矩矩，一贯的标准配备。

5. 直接和消费者打交道

戴尔最显著的优势就是他们越过经销商直接和消费者打交道。戴尔根本就不必担心产品在卖场滞销。眼见零件成本直落，也不干他们的事，因为他们是采取先接单、后生产的流程，所以，能够以最"新鲜"的原料组装计算机供应顾客。

《红鲱》(Red Herring) 指出，戴尔计算机"恐怖"之处在于只要它把这样的制造专业应用到某个科技市场，就表示这块领域其他的玩家持续的获利宣告终止，只剩下戴尔能够获利。

戴尔的专业知识在于确认出即将迈入商品化的市场，然后赶在这个点达到之前不久进入，以显著加快的生产程序杀得对手措手不及。

戴尔计算机由麦可·戴尔（Michael Dell）的大学宿舍发迹，许多专家看好戴尔计算机在景气不佳状况下的表现。例如美国银行旗下 Piper Affray 的名分析师库玛（Ashok Kumar）就表示，当消费者想要捡便宜的时候，每一家企业都得想尽办法削价竞争，这时候，就能看出戴尔计算机的优势。不过，他也强调，相反的情势下，戴尔计算机不见得能够继续创造奇迹。

《红鲱》剖析，戴尔进入每个市场的模式大致上是这样的：如果戴尔的竞争对手靠着大量投资研发某项产品，终于创造了相当的市场规模，戴尔看到了这个市场有他们的利益存在，于是进入。假设原先的市场玩家有 60% 的毛利率，如果戴尔把毛利率拉到只剩 30%，这些人就无利可图。戴尔先是用这个方法瞄准个人计算机市场。同样的招数，戴尔也用在服务器市场。现在，戴尔的目光摆在储存和网络设备，戴尔的营运长兼总裁罗林斯（Kevin Rollins）向这个市场的同业们喊话说：“你们最好赶快找到你们下一个容易赚钱的门路，因为你们的聚宝盆已经快要消失了。”

（六）戴尔以 i2 软件连接各零组件供货商，串联供应链

1. i2 公司小档案

i2 成立于 1988 年，总部位于达拉斯（Dallas），拥有 5000 多名员工，并于全球各地设有办事处。i2 网址为 www.i2.com。

一个英文字母加一个阿拉伯数字，i2 这家公司究竟在做什么？

简单来说，i2 的专长在于管理工厂里的生产流程，包括生产线排程，并且把这套方法延伸到供货商那里，联机做好供应链管理，从而降低整条供应链的库存，缩短供货时间，提高生产效率。

2. 打击效率死角

这样的软件，特别适用于大量生产、制程标准的行业，像个人计算机、半导体和汽车业等。这些行业的零组件都已经标准化，制程也模块化，生产过程就是一堆零组件库存在生产线的移动，从供货商那一头移到中心组装厂这一头。竞争要素在于缩短零组件移动时间和库存量，减少库存造成的现金积压和跌价损失。

这样的概念，类似 20 世纪 80 年代丰田汽车的“实时生产（JIT，Just In Time）”生产模式，代表工厂的价值不再是生产，而是效率，因为同业之间所用的零组件都差不多。

零库存的概念起于汽车业，但旋即进入每一个成熟量大的产品领域。在 20 世纪 80 年代晚期成立的 i2，就是抓住这股潮流，从专攻工厂的物料管理起家。在传统的工厂生产线上，有太多效率死角，为 i2 这类型的公司提供许多养分。

举例来说，业务员为了拉到订单，往往先承诺顾客交货日期，等订单确定后，再交到工厂排生产日期，这种排程可能一星期或两星期才跑一次，出来的结果极可能与给客户的承诺不符，但业务员也是事后才知道，这经常是造成延迟出货的原因。

而生产流程排定后，工厂内管理物料的人员，也要开始清查工厂里的零组件库存，是否够应付生产这一批货，如果不足，还要通知采购人员，请他们向供应商下单采购零组件，供货商那边也是同样的流程，再去向下游订货，一层一层地，时间就这么拉开了。深究其中的关键，就在于信息的不透明与不流通。如果说，可以把排定生产流程的周期，从 1 周改为 1 天，甚至 2 小时（戴尔就是），对于生产线目前这批货的生产进度就掌握更准，

包含出货时间，以及下一批货（甚至下几批货）什么时候可以排上生产线及何时出货。这套系统称为“工厂规划（Factory Planning）”。

工厂规划系统再加上物料管理系统，就可以更准确地预估，目前的零件库存可用到何时，该补多少进来，因应生产进度。再把这套系统与供货商的仓库连接，掌握那一头的信息，就可以请供货商因应需要及早准备，中心组装厂的库存量因此降低。

3. 用信息取代库存

“快速反映，愈来愈重要”，台湾 i2 业务经理卢舜年指出，市场激烈的竞争下，老板为了抢单，常先答应客户，甚至被要求一天内交货，但是传统产业 1 星期才做 1 次产销协调，有紧急订单插进来，后面订单一定会被拖延。戴尔计算机每 2 小时排一次生产流程，好处是库存可以降低，如果客户取消订单，戴尔计算机可以把这笔订单转到其他客户，或在网络上拍卖，减低损失。

（七）未来改善及建议

Dell 目前供应链的运转状况可说是业界最成功的，不管是与上下游的厂商的整合还是与客户之间行销方式都可算独创的先例。从研发、设计、生产到行销完美地串联起来，将整个过程彻底 e 化，换句话说整个流程必须靠计算机去完成每个环节，所以一旦计算机出了问题，就无法运作下去。

同时在行销管道也可能碰到电子商务后同样的问题，对于计算机化程度不高的地区来说，相对无法享用到电子商务带来的便利，举例来说，目前在中国会上网且根据自己需求订购计算机的人远比其他美洲国家少很多，甚至说在亚洲国家这样的消费市场版图就相对缩小，原因在于线上采购机制付款方式还不够完善，PC 的普及程度及对计算机专业知识的掌握还不够。若想攻占亚太地区市场，除沿用原先的直销方式直接与客户打交道外，应再寻求其他销售管道，从而增加其由不同管道或购买习惯的消费者。例如与知名软件或计算机公司配合，使消费者可有多重管道买到戴尔计算机，从而真正达到与消费者双赢的状况。

——百度 www.baidu.com

问题：

(1) 通过 Dell 的案例，描述 B2B 电子商务和供应链之间的关系。

(2) 定义以企业为中心的 B2B 电子商务。

(3) 列出电子采购带来的好处。

本章小结

本章主要讲述了 B2C 电子商务模式，其中包括门户网站、电子零售商、内容提供商、交易经纪人、社区服务商等；B2B 电子商务模式，其中包括实现业务整合的 B2B 电子商务、企业供应链整合的 B2B 电子商务、中介型的 B2B 电子商务，适于应用 B2B 的企业有航空、国防、计算机、电子、化工、医疗卫生、运输、能源、农业等；C2C 电子商务模式如个人拍卖等；电子政务以及电子政务的分类等。

[思考与练习]

1. 在线零售市场当前和未来预期的规模有多大？在回答时请比较 B2B 和 B2C 电子销售，分析哪些行业将取得成功。

2. 讨论在线零售的主要商业模式。

3. 汽车产品的直销是否将成为一个成功战略？如何协调代理商的存货、汽车制造商的存货和生产商的进度，从而在预订日期满足某个订单？

4. 为什么一些消费者偏爱在线购物，而另一些人采取抵制态度？对于消费者而言，在线购物的哪些方面最吸引人——更多的选择、灵活性、方便性、价格或其他因素？在 C2C 发展的过程中诚信扮演了什么角色？在回答过程中使用书籍、旅游、汽车或其他消费产品的例子。

5. 讨论“按单制造”给买方和卖方带来的好处，并分析是否存在不利之处。

6. 列举电子政务的主要类型。

7. 列举推动在线人才市场发展的动力。

8. 对于求职者来说，以电子化方式寻找工作的优势何在？对于雇主来说又有何优势呢？

9. 找 3 家销售计算机的网站，比较这 3 家网站向你提供信息的能力。

10. 登录中国政府门户网站（www.gov.cn），找出最新的电子采购项目，然后总结它们各自的特点。

11. 让你的简历可以为上百万人所访问。在 51job（www.51job.com）上通过简历书写向导来填写你的简历，发布简历。

12. 进入易趣网站，考察上面所有的付费或免费质量担保措施，列出一张清单。

第三章　网络营销

［学习目标］

通过本章的学习，了解网络营销的基本概念、产生和发展、特点和功能，以及网络营销的理论基础；掌握网络营销的策略组合，掌握网络营销的产品策略、定价策略、渠道策略和促销策略；掌握网络营销中的常用手段，包括网站推广、网络广告和网络促销。

［导入案例］

某网站的推广计划

某公司生产和销售旅游纪念品，为此要建立一个网站来宣传公司产品，同时，该网站也应具备网上订货的功能。这里将第一个推广年度分为四个阶段：网站策划建设阶段、网站发布初期、网站增长期和网站稳定期，每个阶段三个月左右。网站推广计划主要包括：

1. 网站推广目标

计划在网站发布 1 年后达到每天独立访问客户 2000 人，注册客户 10000 人。

2. 网站策划建设阶段的推广

从网站正式发布前就开始了推广的准备，在网站建设过程中从网站结构、内容等方面对 Google、百度等搜索引擎进行优化设计。

3. 网站发布初期的基本推广手段

登录 10 个主要搜索引擎和分类目录（列出计划登录网站的名单），购买 2～3 个网络实名/通用网址，与部分合作伙伴建立网站链接。另外，配合公司其他营销活动，在部分媒体和行业网站发布企业新闻。

4. 网站增长期的推广

当网站有一定访问量之后，为继续保持网站访问量的增长和品牌提升，在相关行业网站投放网络广告（包括计划投放广告的网站及栏目选择、广告形式等），在若干相关专业电子刊物投放广告；与部分合作伙伴进行资源互换。

5. 网站稳定期的推广

结合公司新产品促销，不定期发送在线优惠券；参与行业内的排行评比等活动，以期获得新闻价值；在条件成熟的情况下，建设一个中立的与企业核心产品相关的行业信息类网站来进行辅助推广。

6. 推广效果的评价

对主要网站推广措施的效果进行跟踪，定期进行网站流量统计分析，必要时与专业网络顾问机构合作进行网络营销诊断，改进或者取消效果不佳的推广手段，在效果明显的推广策略方面加大投入比重。

——九格网络 www.tzjiuge.com

第一节 网络营销概述

一、网络营销的概念

电子商务下的营销是指利用网络在电子虚拟市场开展的网络营销活动，同时这里的网络不仅仅是因特网，还可以是一些其他类型的网络，如增值网 VAN、无线通讯网等。网络营销的发展是伴随信息技术的发展而发展的。目前信息技术的发展，特别是通讯技术的发展，促使因特网形成一个辐射面更广、交互性更强的新型媒体，它不再局限于传统的广播电视等媒体的单向性传播，而且还可以与媒体、大众进行实时的交互式沟通。

网络营销目前并没有统一的定义。广义而言，凡是以因特网为主要手段开展的营销活动，都可称之为网络营销（有时也称为网上营销、因特网营销等）。网络营销在英文中，比较常用的是 E-marketing，“E-”表示电子化、信息化、网络化涵义。

网络营销是企业以现代营销理论为基础，利用因特网技术和功能，最大限度地满足客户需求，以达到开拓市场、增加赢利的目标的经营过程。它是营销的最新形式，由因特网替代了传统媒介，其实质是利用因特网对产品的售前、售中、售后各环节进行跟踪服务。它自始至终贯穿着企业经营的全过程，包括市场调查、客户分析、产品开发、销售策略、反馈信息等方面。简单地说，网络营销就是以因特网作为传播手段，通过对市场的循环营销传播，满足消费者需求和商家需求的过程。

网络营销作为新的营销方式和营销手段，其内容非常丰富。主要内容包括：网上市场调查，主要利用因特网交互式的信息沟通渠道来实施调查活动；网上消费者行为分析，通过因特网这个信息沟通工具，来了解这些群体的特征和偏好，是网上消费者行为分析的关键；网络策略制定，包括网上产品和服务策略、网上价格营销策略、网上渠道选择与直销、网上促销与网络广告，其中网络广告作为最重要的促销工具，主要依赖因特网第四媒体的功能，不具有交互性和直接性的特点。

网络营销和网上销售是两个不同的概念，网上销售只是网络营销的一个重要组成部分。网络营销的目的是为了扩大销售（包括网上销售和非网上销售），但它并不一定会使网上直接销售量大幅度上升。然而网络营销肯定会促进产品及服务的总销售量增长。

二、网络营销的产生和发展

市场营销学作为一门学科诞生于 20 世纪初的美国。营销观念先后经历了生产观念、产品观念、推销观念、市场观念以及社会营销观念 5 个阶段。

从 20 世纪 80 年代中期起，随着网络通信技术的发展和各国信息高速公路的建设，人类迎来了网络时代。今天互联网正奇迹般地改变着人类生活的方方面面。网络技术成为继传统农业经济和工业经济之后新兴的“知识经济”的基础。

在网络时代，世界各大公司纷纷上网提供信息服务和拓展业务范围，积极改组企业内部结构和发展新的管理营销方法。进入 21 世纪，信息社会的内涵有了进一步的改变，并称之为信息网络时代。在信息网络时代，网络技术的发展和应用改变了信息的分配和接受方式，改变了人们生活、工作、学习、合作和交流的环境，企业必须积极利用信息技术变革企业经营理念、经营组织、经营方式和经营方法，以促使自身飞速发展。在此背景下，营销本身及其环境发生了根本的变革，以互联网为核心支撑的网络营销正在发展成为现代市场营销的主流。

网络营销的发展是伴随信息技术的发展而发展的。目前信息技术的发展，特别是通讯技术的发展，促使因特网形成一个辐射面更广、交互性更强的新型媒体，它不再局限于传统的广播电视等媒体的单向性传播，而且还可以与媒体的接受者进行实时的交互式沟通和联系。网络营销的效益是使用网络人数的平方，而随着网络人数的指数倍增加，网络营销的效益也随之以极高的速度增加。截至2005年底，全球网民已达到6亿多，美国就占有3亿，将近一半用户数，我国超过1亿。随着入网费用下降，我国网民增长势头非常迅猛，差不多每半年就增加一倍，我国的网上市场将步入良性循环轨道，成为一个新兴的、有魅力的、潜力巨大的市场。

三、网络营销的特点和功能

（一）网络营销的特点

市场营销最本质的特征是组织和个人之间进行信息传播和交换，网络营销除了具有营销的某些特征外，还具有以下特点：

1. 跨时空

计算机网络构建了一个虚拟空间，计算机系统可以生成各种虚拟环境，作用于人的视觉、听觉甚至嗅觉。在虚拟空间中，人们可以方便地建立网站，组建虚拟公司、虚拟商场，用逼真的图像、声音、文字及链接展示商品及服务信息，通过网络进行商务谈判、签订电子合同、实施电子支付，其经营规模不受限制，因而网络营销突破了传统营销中的范围以及消费者群体、地理位置的限制，打破了地区封锁。企业进入因特网就等于进入全球性的虚拟市场，它可以通过网络搜集情报信息，可以以顾客身份在全球范围采购原料以及商品，也可以以经销商身份向全世界范围的企业与个人销售产品及服务。企业有更多的时间和更大的空间进行营销，可每周7天、每天24小时随时随地提供全球性营销服务。

2. 多媒体

因特网上的信息可以被设计成多媒体形式的信息，为达成交易进行的信息交换可以多种形式存在和交换，从而充分发挥营销人员的创造性和能动性。

3. 互动性与实时性

绝大多数媒介只能进行单向的信息传递。网络的互动性促成了网络营销的双向交流，同时这种交流的传输速度非常迅速，顾客可以即刻从企业那里得到反馈，企业也可很快了解顾客的需求。这既提高了顾客的购物效率，也提高了企业的经营效率。

4. 人性化

因特网上的促销是一对一的、理性的、消费者主导的、非强迫性的、循序渐进式的，而且是一种低成本与人性化的促销，避免了推销员强势推销的干扰，并通过信息提供与交互式交谈，与消费者建立长期良好的关系。

5. 成长性

因特网使用者数量快速增加并遍及全球，使用者多属年轻、中产阶级、高教育水准的人。由于这部分群体购买力强，而且具有很强的市场影响力，因此因特网是一条极具开发潜力的市场渠道。

6. 整合性

因特网上的营销由商品浏览、下单、收款、售后服务一气呵成，因此也是一种全程的营销渠道。另一方面，企业可以借助因特网将不同的传播营销活动进行统一设计规划和协调实施，以统一的传播咨询向消费者传达信息，避免了不同传播方式的不一致性。

7. 超前性

因特网所具备的一对一营销能力，符合未来趋势。它是一种功能最强大的营销工具，兼具渠道、促销、电子交易、互动顾客服务以及市场信息分析多种功能。

8. 高效性

电脑可储存大量的信息供消费者查询，可传送的信息数量与精确度远超过其他媒体，并能因应市场需求，及时更新产品或调整价格，因此能及时、有效地了解并满足顾客的需求。

9. 经济性

通过因特网进行信息交换，与实物交换相比较，一方面可以减少印刷与邮递成本，可以无店面销售，免交租金，节约水电与人工成本；另一方面可以在很大程度上避免流通的无序和减少中介层次，降低企业和消费者获取信息的成本，减少由于迂回多次交换带来的损耗。

10. 实现以客户为导向的营销目标

网络营销能够真正实现以客户为中心的企业营销目标。在传统营销方式中，由于企业和消费者之间缺少有效的沟通渠道，生产者难以准确地了解消费者的真正要求，只能大规模、标准化地进行生产。因特网的出现将逐渐消除这些障碍，有利于厂商向消费者提供个性化的服务，在产品设计、生产、销售、服务等价值链的各个环节，都可以引入客户的需求，真正实现需求导向。

（二）网络营销的功能

1. 信息搜索功能

在网络营销中，企业将利用多种搜索方法，积极主动地获取有用的信息和商机；将主动地进行价格比较，了解对手竞争态势，获取商业情报，进行决策研究。搜索功能已经成为营销主体能动性的一种表现，是提升网络经营能力的一种手段。随着信息搜索功能由单一向集群化、智能化方向发展，以及定向邮件搜索技术的出现，网络搜索的商业价值得到了进一步的扩展和发挥，寻找网上营销目标将成为一件易事。

2. 信息发布功能

发布信息是网络营销的主要方法之一，也是网络营销的又一种基本职能。无论哪种营销方式，都要将一定的信息传递给人们。网络营销所具有的强大的信息发布功能，是古往今来任何一种营销方式所无法比拟的。

3. 商情调查功能

在激烈的市场竞争条件下，主动地了解商情，研究趋势，分析顾客心理，探究竞争对手动态是确定竞争战略的基础和前提。在线调查或者电子询问调查表等方式，不仅可以省去大量的人力、物力，而且可以在线生成网上市场调研分析报告、趋势分析图表和综合调查报告。其效率之高、成本之低、节奏之快、范围之大，都是以往其他任何调查方式做不到的。这就为广大商家提供了一种市场的快速反应能力，为企业的科学决策奠定了坚实的基础。

4. 销售渠道开拓功能

网络具有极强的进击力和穿透力，传统经济对代的经济壁垒、地区封锁、人为屏障、交通阻塞、资金限制、语言障碍、信息封闭等都阻挡不住网络营销信息的传播和扩散。

5. 品牌价值扩展和延伸功能

未来的营销是品牌的战争，拥有市场比拥有工厂更重要。拥有市场的唯一办法，就是拥有占市场主导地位的品牌。因特网的出现，不仅给品牌带来了新的生机和活力，而且推动和促进了品牌的拓展和扩散。

6. 特色服务功能

网络营销具有特色服务功能。在这里，服务的内涵和外延都得到了扩展和延伸。顾客不仅可以获得形式最简单的FAQ（常见问题解答）、邮件列表以及BBS、聊天室等各种即时信息服务，还可以获取在线收听、收视、订购、交款等选择性服务，以及无假日的紧急需要服务、信息跟踪、信息定制到智能化的信息转移、手机接听服务、网上选购、送货到家的上门服务。这种服务不仅极大地提高顾客的满意度，使以顾客为中心的原则得以实现，而且也可使客户成为商家的一种重要战略资源。

7. 顾客关系管理功能

客户关系管理，是一种旨在改善企业与客户之间关系的新型管理模式，是网络营销取得成效的必要条件。在网络营销中，企业通过客户关系管理，将客户资源管理、销售管理、市场管理、服务管理、决策管理集于一体，将原本疏于管理、各自为战的销售市场、售前和售后服务与业务统筹协调起来，收集、整理、分析客户反馈信息，全面提升企业的核心竞争能力。

8. 经济效益增值功能

网络营销会极大地提高营销者的获利能力，使营销主体提高或获取增值效益。这种增值效益的获得，不仅由于网络营销效率的提高、营销成本的下降、商业机会的增多，更由于在网络营销中，新信息量的累加会使原有信息量的价值实现增值。

四、网络营销的理论基础

网络营销是企业整体营销战略的一个组成部分。网络营销理论是传统营销理论在因特网等环境中的应用和发展。

（一）直复营销

根据美国直复营销协会（ADMA）对直复营销的定义，直复营销是一种为了在任何地方产生可度量的反应和达成交易而使用一种或多种广告媒体的相互作用的市场营销体系。网络具有方便快捷，双向沟通，内容篇幅不受限制，文字、声音、图像、动画共存等优良特性，可以方便地在企业和顾客之间架起桥梁。顾客可以直接通过网络订货和付款，企业可以通过网络接受订单、安排生产，直接将产品送给顾客。基于因特网的直复营销将更加吻合直复营销的理论。这表现在以下几个方面：

（1）直复营销作为一种相互作用的体系，特别强调直复营销者与目标顾客之间的“双向信息交流”，以克服传统市场营销中的“单向信息交流”所造成的营销者与顾客之间无法沟通的弱点。网络营销可以省略不少中间环节。因特网作为开放、自由的信息沟通网络，使得企业和顾客可以实现一对一的信息交流和直接沟通，企业可以根据顾客个性化需求进行生产和营销决策，在最大限度内满足顾客需求的同时，提高企业的运行效率。

（2）直复营销活动的关键是为每个顾客提供直接向营销企业反映的渠道。企业从顾客的建议、需求和要求的服务中，找出自身的不足，按照顾客的需求进行经营管理，减少营销费用，同时为下一次直复营销活动做好准备。顾客可以方便地通过因特网直接向企业提出建议和购买需求，也可以直接通过因特网获取售后服务。

（3）直复营销活动的特点是可以在任何时间、任何地点实现企业与顾客的“信息双向交流”。因特网的全球性和持续性，使得顾客可以在任何时间、任何地点直接向企业提出要求和反映问题；企业也可以利用因特网实现低成本，实现跨越空间和突破时间限制与顾客进行双向交流。

（4）直复营销活动最重要的特性是其效果的可测定性。因特网作为最直接的沟通工具，可以更方便地为企业与顾客进行交流提供沟通支持和交易实现平台。通过数据库技术和网络控制技术，企业可以很方便地处理每一个顾客的订单和需求。企业通过因特网可以实现以最低成本了解顾客需求，最大限度地满足顾客需求，细分目标市场。

网络营销作为一种有效的直复营销策略，具有可测试性、可度量性、可评价性和可控制性。因此，企业利用网络营销这一特性，可以大大改进营销决策的效益和营销执行的效用。

（二）关系营销理论

关系营销主要包括两个基本点：在宏观上，认识到市场营销会对很广范围的系列领域产生影响，包括顾客市场、劳动力市场、供应市场、内部市场以及影响者市场（政府、金融市场）等；在微观上，认识到企业与顾客的关系不断变化，市场营销的核心应从过去的、简单的、一次性的交易关系转变到注重保持长期的关系上来。企业是社会经济大环境中的一个子系统，企业的营销目标要受到众多外在因素的影响。企业的营销活动是一个与消费者、竞争者、供应者、分销商、政府机构和社会组织发生相互作用的过程，正确理解这些个人与组织的关系是企业营销的核心，也是企业成败的关键。

关系营销的核心是保持顾客关系，为顾客提供高度满意的产品和服务价值，通过加强与顾客的联系，提供有效的顾客服务，保持与顾客的长期关系，并在与顾客保持长期关系的基础上开展营销活动，实现企业的营销目标。实施关系营销并不是以损伤企业利益为代价的。根据研究，争取一个新顾客的营销费用是老顾客的5倍，因此加强与顾客关系并建立顾客的忠诚度，可以为企业带来长远利益，从而达到企业与顾客双赢的目的。因特网作为一种有效的双向沟通渠道，可以实现企业与顾客之间低成本的沟通和交流，为企业与顾客建立长期关系提供有效的保障。

另一方面，通过因特网，企业还可以与相关的企业和组织建立关系，实现双赢发展的目标。因特网作为最廉价的沟通渠道，以低廉的成本帮助企业与供应商、分销商等建立协作伙伴关系。

（三）软营销理论

软营销理论是针对工业经济时代的以大规模生产为主要特征的“强势营销”提出的新理论。它强调企业在进行市场营销活动的同时必须尊重消费者的感受和体会，让消费者能舒服主动地接受企业的营销活动。传统营销活动中最能体现强势营销特征的是两种促销手段：传统广告和人员推销。在传统广告中，消费者常常是被迫地、被动地接受广告信息的“轰炸”，传统广告的目标是通过不断的信息灌输在消费者心中留下深刻的印象，至于消费者是否愿意接受，是否需要，则不考虑；在人员推销中，推销人员根本不考虑被推销对象是否愿意和需要，只是根据推销人员自己的判断强行展开推销活动。

在因特网上，由于信息交流是自由的、平等的、开放的和交互的，强调的是相互尊重和沟通，网上使用者比较注重个人体验和隐私保护，因此，企业采用传统的强势营销手段在因特网上开展营销活动势必适得其反。如美国著名的 AOL 公司曾经对其用户强行发送 E-mail 广告，招致用户的一致反对，许多用户约定同时给 AOL 公司服务器发送 E-mail 进行报复，结果使得 AOL 的 E-mail 邮件服务器处于瘫痪状态，最后不得不道歉以平息众怒。网络软营销恰好是从消费者的体验和需求出发，采取拉动式策略，吸引消费者关注企业从而达到营销效果。在因特网上开展网络营销活动，特别是促销活动，一定要遵循网络虚拟社区规则，即所谓“网络礼仪”。网络软营销就是在遵循网络礼仪规则的基础上巧妙营销，以达到一种微妙的营销效果。

（四）整合营销理论

整合营销理论表示营销不再是单一的一种企业营销部门的活动，而是综合了与企业经营活动存在关联的各个内部企业单位与外部主体，如供应商、顾客等的全局性活动。它要求企业整合各种可以利用的内部资源和外部资源，从而最大限度地获得竞争优势。

因特网对市场营销的作用，可以通过对 4P（产品和服务、价格、分销、促销）结合发挥重要作用。利用因特网，传统 4P 营销组合可以更好地与以顾客为中心的 4C（顾客、成本、方便、沟通）相结合。

1. 产品和服务以顾客为中心

因特网具有很好的互动性和引导性，一方面，用户通过因特网，在企业的引导下，可以对产品或服务进行选择或提出具体要求，企业可以根据顾客的选择和要求及时进行生产，并提供及时服务，使得顾客跨时空得到满足其要求的产品和服务；另一方面，企业还可以及时了解顾客需求，并根据顾客需求及时组织生产和销售，提高企业的生产效益和营销效率。

2. 以顾客能接受的成本定价

传统的以生产成本为基准的定价在以市场为导向的营销中是必须摒弃的。新型的价格应是以顾客能接受的成本来定价，并由此来组织生产和销售。目前，美国的通用汽车公司允许顾客在因特网上，通过公司的有关导引系统，自己设计和组装需要的汽车。用户首先确定接受价格的标准，然后系统根据价格的限定，从中显示出符合价格要求式样的汽车，用户还可以对此进行适当的修改，这样公司最终生产的产品恰好能满足顾客对价格和性能的要求。

3. 产品的分销强调以“顾客为中心”的原则

网络营销是一对一的分销渠道，可跨时空销售，顾客可以随时随地利用因特网订货和购买产品。

4. 强制性促销转向加强与顾客的沟通和联系

传统的促销是以企业为主体的，企业通过一定的媒体或工具对顾客进行压迫式的信息灌输，顾客是被动接受的。企业缺乏与顾客的沟通和联系，同时使公司的促销成本增加。因特网上的营销是一对一、交互式的，顾客可以参与到公司的营销活动中来，因此，因特网使企业更能加强与顾客的沟通和联络，更能了解顾客的需求，更易得到顾客的认同。

（五）数据库营销

数据库营销，就是，将企业经营过程中收集、形成的各种顾客资料分析整理后作为制定营销策略的依据，并作为保持现有顾客资源的重要手段。数据库营销在企业营销战略中的基本作用表现在以下几个方面：

1. 更加充分地了解顾客的需要

企业通过充分的信息展示，运用多种渠道和沟通方式与客户沟通，能更充分地了解顾客的需要。

2. 为顾客提供更好的服务

顾客数据库中的资料是个性化营销和顾客关系管理的重要基础。

3. 对顾客的价值进行评估

企业通过区分高价值顾客和一般顾客，对各类顾客采取相应的营销策略。

4. 了解顾客的价值

企业利用数据库的资料，可以计算顾客生命周期的价值以及顾客的价值周期。

5. 分析顾客购买行为

根据顾客的历史资料，企业不仅可以预测需求趋势，还可以评价需求倾向的改变。

6. 市场调研和预测

数据库为市场调研提供了丰富的资料，企业可以根据顾客的资料分析潜在的目标市场。

与传统的数据库营销相比，网络数据库营销的独特价值主要表现在三个方面：首先，网络数据库营销具有数据量大、易于修改、能实现动态数据更新、便于远程维护等多种优点；其次，顾客主动加入，数据库营销遵循自愿加入、自由退出的原则；最后，改善顾客关系，顾客服务是一个企业能留住顾客的重要手段，在电子商务领域，顾客服务同样是取得成功的最重要因素。

网络数据库由于其多种独特功能而在网络营销中占据重要地位。网络数据库营销通常不是孤立的，应当从网站规划阶段开始考虑，并列为网络营销的重要内容。另外，数据库营销与个性化营销、一对一营销有着密切的关系，顾客数据库资料是顾客服务和顾客关系管理的重要基础。

第二节　网络营销策略

一、网络营销策略组合

营销策略组合是市场营销理论体系中一个很重要的概念，是指企业针对选定的目标市场综合运用各种可能的市场营销策略和手段，组合成一个系统化的整体策略，以达到企业的经营目的，并取得最佳的经济效益。

在网络营销条件下，营销策略组合是以4C为中心的。4C理论表述如下：

(1) 先不急于制定产品策略，而以研究消费者的需求和欲望为中心；不要再卖企业所生产的产品，而要卖消费者需要的产品。

(2) 暂时把定价策略放一边，而研究消费者为其需求所愿意支付的成本。

(3) 忘掉渠道策略，着重考虑怎样给消费者方便。

(4) 抛开促销策略，致力于加强与消费者的沟通与交流。

二、网络营销的产品策略

在传统的市场营销组合策略中，产品策略是企业营销策略的一个重要组成部分。随着社会生产力以及网络和信息化的发展，传统产品策略在网络营销中已开始变化，进而逐渐演变为满足消费者需求的营销策略。作为产品策略的内容，已由原来单一的实物产品策略转化为实物产品策略、服务产品策略和信息产品策略三位一体的产品策略。

（一）实物产品策略

1. 实物产品选择策略

从理论上来说，企业在网络上可营销任何形式的实物产品。但在现阶段，受各种因素的制约，网络营销还不能达到这一要求。对于哪些产品适于网络营销，目前还没有统一的见解，较为共识的有以下几类：

(1) 计算机软、硬件产品。

网络顾客大多数是计算机发烧友，对于这类信息最为热衷，再加上计算机产品的升级换代快，使得这一市场的相关需求特别旺盛。另外，计算机软件通过网络传输非常便利，可以采用试用或免费赠送等方法引起顾客的兴趣，在使用软件的网上试用版后，顾客就可决定是否购买整个软件了。

(2) 知识含量高的产品，如书籍、音像制品等。

这些产品可以借助网络的多媒体特性，将自身优点淋漓尽致地表现出来。同时，营销商也可以采用免费下载部分产品的方法增加顾客对产品的了解和兴趣。

(3) 创意独特的新产品。

利用互联网沟通的广泛性、便利性，创意独特的新产品可以主动地向顾客展示，满足了那些品位独特、需求特殊的顾客“先睹为快”的心理需求。

（4）特殊收藏价值的产品。

在网络上，这类产品可为大众所共识，世界各地的人都能有幸在网上一睹其“芳容”，这无形中增加了许多商机。

（5）一般性产品。

不要认为一般性产品是网络营销的禁区。事实上，大多数产品都可以在网上进行销售前期环节的营销活动，例如可以利用网络扩大品牌的宣传，增强品牌的认识，建立品牌忠诚度等。

2. 选择产品时应注意的问题

（1）要充分考虑自身产品的性能。

产品从大的方面可划分为两类，一类产品是消费者在购买时就能确定或评价其质量的产品，称为可鉴别性产品，如书籍、计算机等；一类是消费者只有在使用后才能确定或评价其质量的产品，称为经验性产品。也可将产品划分为标准性产品（如书籍、计算机等）或个性化产品（如服装、食品等）。

一般说来，可鉴别性产品或标准化较高的产品易于在网络营销中获得成功，而经验性产品或个性化产品则难以实现大规模的网络营销。从该方面来考虑，企业在进行网络营销时，可适当地将可鉴别性高的产品或标准化高的产品作为首选的对象和应用的起点，以提高消费者对产品的认识和信息。

（2）要充分考虑实物产品的营销区域范围及物流配送体系。

在实际的网络营销中，企业还必须考虑到自身产品在营销上的覆盖范围，以取得更好的营销效果。谨防利用网络营销全球性的特点，忽视企业自身营销的区域范围，出现无法为远距离消费者配送而使企业的声誉受到影响，或在进行配送时物流费用过大的现象。

（3）注意产品寿命周期的变化。

在网络营销时代，产品寿命周期的概念会逐步淡化。由于生产者和消费者可以在网上建立直接的联系，因此满足大部分消费者的需求就是新产品开发的正确投向。另外，由于能在网上及时了解消费者的意见，因此从产品一投入市场，企业就知道了应改进和提高的方向。于是，当老产品还处在成熟期时，企业就开始进行下一代系列产品的研制，系列产品的推出取代处于饱和期或衰退期的老产品。

3. 产品的品牌策略

网络营销下的顾客一般是文化品位较高、购买欲较强的文化人与年轻人，他们愿意购买信誉较高的品牌产品、新产品，而且能够比较容易地买到这些产品，为此，产品中的品牌要素一定比传统情况下更加重要。在这种情况下，会出现某公司产品质量和竞争对手相当，甚至比对手还要好，但仅仅因为“原产地”原因而不受消费者欢迎的现象。解决这一问题的基本对策是实施品牌战略以及与有美誉的知名公司进行生产与销售上的合作。

互联网是具有平民性、交互性、快捷性、媒体性、突破时空限制的“新世界”，它为企业的营销传播提供了一个崭新的机会，在提高企业知名度、树立企业品牌形象、更好地为用户服务等方面提供了有利的条件。同时，网络对每个企业都是公平的。因此，企业应该根据自身的产品与服务特点，利用网络创建自己的产品品牌。

在网络营销情况下，从事全球营销的企业必须一开始就考虑全球品牌，其必要性不仅仅是有利于取得规模效益与宣传效果，而在于互联网打破了企业原先那种一个区域经营的套路，从而使得企业从一开始就必须致力于取得来自全球各地对产品品名、包装等的认可。这一观点并不意味着企业可以无视公司产品的区域性特点，而是指企业应努力对带来巨额利润或节约大量成本的产品元素实行全球化，而对竞争定位和有成功要求的产品则实行本地化。

（二）服务策略

通过互联网可以提供的服务种类很多。这些服务大致可以分为三类：第一类是情报服务，如法律查询、股市行情分析、银行金融咨询、医疗咨询等；第二类是互动式服务，如网络交友、计算机游戏、远程医疗、远程教育等；第三类是网络预约服务，如预订机票、车票，代购球票、电影票，提供旅游预约服务、医院预约挂号、房屋中介服务等。电子商务为在线服务提供了特殊的服务优势，使服务显得更加方便、快捷、有效，也更加人性化。当用户休假想出门时，网络可以为用户提供多条线路方案，甚至为用户设计旅游路线，并在计算机屏幕上为用户展现沿途的民俗风情，使用户如身临其境。

1. 服务的构成

在网络营销中，服务是构成产品营销的一个重要组成部分。企业在网上提供的服务，按其营销过程可分为售前、售中和售后服务三种。

（1）售前服务。

指企业在进行产品销售前，通过网络向消费者提供诸如产品性能、外观介绍等，使消费者在购买产品后能迅速得到产品以及用户咨询回答等方面的服务。

（2）售中服务。

主要提供用户在购买过程中所遇到的咨询。

（3）售后服务。

主要回答用户购买产品后在使用过程中所遇到的问题。

2. 服务策略

提供良好的服务是实现网络营销的一个重要环节，也是提高用户满意度和树立良好形象的一个重要方面，企业可采取以下策略：

（1）建立完善的数据库系统。以消费者为中心，利用网络的优势详细地提供产品的信息和知识，以方便客户获取所需资料特别是技术资料，建立完善的服务数据库系统。

（2）提供网上的自动服务系统。依据客户的需要，自动、适时地通过网络提供服务。例如，消费者在购买产品后的一段时间内，提醒消费者应注意的问题。同时，也可根据不同消费者的不同特点，提供相关服务，如提醒客户有关家人的生日时间等。

（3）建立网络消费者论坛，方便客户及时寻求帮助。企业透过网络对消费者的意见、建议进行调查，借此掌握和了解消费者对于产品特性、品质、包装及式样的想法，协助产品的研究开发和改造。在条件许可的情况下，企业也可根据一部分消费者对产品的特殊需求，提高顾客个性化及相应的产品和服务，例如，顾客对颜色、式样的特殊要求等。

3. 提供网上服务要注意的问题

（1）利用互联网提供服务，要注意不能与传统方式的服务相脱离，更不能相对立。网上服务和人工服务可以结合起来。在目前的客观情况下，还有许多客户不熟悉互联网，偏重于选择传统人工服务方式，这就需要处理好网上服务和人工服务的关系。

（2）利用互联网提供售后服务，还要注意网上服务的及时性。特别是在网上提供产品支持和技术帮助时，要尽可能体现出网上售后服务的便捷性优势。如果问题回答不及时，则可能导致客户失去耐心，因此最好配备专人来做网上售后服务工作。

(3) 要注意网上售后服务的完善性。一般客户对于网上服务有一种陌生感，因此可以在客户问题解决时和解决后，发送一些 E-mail 信息与客户保持密切联系，增强客户的信任感。

(4) 履行服务承诺获得客户信任。一般消费者考虑到由于在购买前缺乏与商品的实际接触，而有可能对购买后的产品不满意。这就要求企业应在网上售后承诺无条件退、换货来树立顾客对自己的信任。

(三) 信息策略

为用户提供完善的信息服务，是进行网络营销的一个重要组成部分。与产品网络营销和服务网络营销相比，为用户提供完善的信息可以说是网络营销的主要功能，是当前网络营销的一项主要任务。

为用户提供信息服务时可采取以下策略：

1. 建立“虚拟展厅”

企业可以用立体逼真的图像，辅之以方案、声音等展示企业的产品，使顾客如身临其境一般，感受到产品的存在，对产品的各个方面有一个较为全面的了解。在建立“虚拟展厅”来传递信息时，为更好地满足消费者的需求，企业应在“展厅”中设立不同产品的“展柜”，并建立相应的导航系统，使消费者能迅速、快捷地寻找到自己所需要的产品信息。

2. 设立“虚拟组装室”

在“虚拟展厅”中，对于一些需要消费者购买后进行组装的产品，企业可专门开辟一些空间，让顾客根据自己的需要，对同一产品或不同产品进行组合，以更好地满足顾客个性化的需求。

3. 建立自动的信息系统

一方面，企业要建立快捷、及时的信息发布系统，使企业的各种信息能及时地传递给顾客；另一方面，企业还应建立信息的实时沟通系统，加强与顾客在文化、情感上的沟通，并随时收集、整理、分析顾客的意见和建议，在改进产品开发、生产及营销的同时，对于信息的提供者，应给予相应的回报。

三、网络营销的定价策略

影响企业产品网上定价的因素包括传统营销因素和网络本身对价格的影响因素。其中，传统因素有内部的（成本和利润等）和外部的（消费者需求和市场竞争等）因素。由于网络的及时性和互动性等特点，网络营销会节省一定的经营成本，这必然会对价格产生一定的影响。

企业在进行网络营销决策时必须对各种因素进行综合考虑，从而采用相应的定价策略。很多传统营销的定价策略在网络营销中得到应用，同时也得到了创新。根据影响营销价格因素的不同，这里重点阐述个性化定价策略，声誉定价策略，折扣定价策略以及自动调价、议价策略等。

（一）个性化定价策略

个性化定价策略是利用网络互动性和消费者的需求特征，根据消费者对产品外观、颜色、样式等方面的具体的内在个性化需求，来确定商品价格的一种策略。网络的互动性能即时获得消费者的需求，使个性化营销成为可能，也将使个性化定价策略有可能成为网络营销的一个重要策略。这种个性化服务是网络产生后营销方式的一种创新。

（二）自动调价、议价策略

这种策略是根据季节变动、市场供求状况、竞争状况及其他因素，在计算收益的基础上，设立自动调价系统，自动进行价格调整；同时，建立与消费者直接在网上协商价格的集体议价系统，使价格具有灵活性和多样性，从而形成创新的价格。这种集体议价策略已在现在的一些中外网站中使用。

这种网站中经营最成功的首推网上拍卖网站 eBay。eBay 的创办人 Pierre Omidyar 认为："网络可触及全球人心，为什么不让人们自己由网络获利，还要经过商家的层层剥削呢?" 1995 年 Omidyar 在网上建立起 eBay，它是一个让人们可以自由出价交易的虚拟世界。

（三）捆绑销售的策略

捆绑销售这一概念在很早以前就已经出现，但是引起人们关注的原因是 20 世纪 80 年代美国快餐业的广泛应用。麦当劳通过这种销售"套餐"的形式促进了食品的购买量，还使顾客对所购买的产品价格感觉更满意。如今这种传统策略也已经被许多精明的网上企业所采用。在网络世界里，信息产品通常是大量集中的形式，这样在制定数字产品的价格时，企业可以根据顾客的消费习惯，将一些性能相近的产品组合在一起销售。如 Microsoft 公司在 Office 中就包含了 Word、Excel、Powerpoint、Access、Outlook 等多个组件。

（四）品牌定价策略

产品的品牌和质量会成为影响价格的主要因素，它能够对顾客产生很大的影响。如果产品具有良好的品牌形象，那么产品的价格将会产生很大的品牌增值效应。名牌商品采用"优质高价"策略，既增加了赢利，又让消费者在心理上感到满足。这种本身具有很大的品牌效应的产品，由于得到了人们的认可，在网站产品的定价中，完全可以对品牌效应进行扩展和延伸，利用网络宣传与传统销售的结合，产生整合效应。

（五）撇脂定价和渗透定价

在产品刚介入市场时，采用高价位策略，以便在短期内尽快收回投资，这种方法称为撇脂定价。相反，产品采用较低定价，以求迅速开拓市场，抑制竞争者的渗入，称为渗透定价。为了宣传网站、占领市场，网上商品可以采用低价销售策略。另外，不同类别的产品应采取不同的定价策略。对于购买率高、周转快的产品如日常生活用品，适合采用薄利多销、宣传网站、占领市场的定价策略。而对于周转慢、销售与储运成本较高的特殊商品、耐用品，网络价格可定高些，以保证赢利。

（六）声誉定价策略

在网络营销的发展初期，消费者对网上购物和订货还存在着许多疑虑，比如在网上所订购的商品，质量能否得到保证，货物能否及时送到等。对于形象、声誉较好的企业来说，在进行网络营销时，价格相应可高一些；反之，价格则低一些。

（七）折扣定价策略

在实际营销过程中，网上折扣价格策略可采取如下两种形式：

1. 数量折扣策略

为了鼓励消费者多购买本企业商品，企业在确定商品价格时，可根据消费者购买商品所达到的数量标准，给予不同的折扣。购买量越多，折扣可越多。在实际应用中，其折扣可采取累积和非累积数量折扣策略。

2. 现金折扣策略

对于付款及时、迅速或提前付款的消费者，企业给予不同的价格折扣，以鼓励消费者按期或提前付款，加快企业资金周转，减少呆、坏账的发生。

此外，为了鼓励中间商淡季进货或激励消费者淡季购买，企业也可采取季节折扣策略。

四、网络营销的渠道策略

营销渠道是商品和服务从生产者向消费者转移过程的具体通道或路径。

（一）营销渠道的效用

营销渠道在商品流通过程中创造了以下三种效用：

1. 时间效用

即营销渠道能够解决商品产需在时间上不一致的矛盾，满足消费者的需求。

2. 地点效用

即营销渠道能够解决商品产需在空间上不一致的矛盾。

3. 所有权效用

即分销渠道能够实现商品所有权的转移。

网络市场使营销渠道的三种效用得到了进一步的加强。在时间和地点上，它使产需不一致的矛盾得到较为有效的解决，消费者能在家中从最近的地点以较快的时间获得所需的商品。商家也能在较短的时间内，根据消费者的个性化需要进行生产、进货，并在最近的地点以最少的费用将货物送到消费者手中。

（二）网络营销渠道的种类

从总体上来看，网络营销渠道可分为以下两种：

1. 直接营销渠道

是指商品直接从生产者转移给消费者或使用者的营销渠道。直接营销渠道一般适合于大宗商品及生产资料的交易。

2. 间接营销渠道

是指把商品经由中间商销售给消费者或使用者的营销渠道。间接营销渠道一般适合于小批量商品及生活资料的交易。

直接营销渠道和间接营销渠道构成了网络营销渠道的两种基本类型。营销渠道的选择是整个市场经营组合策略的重要组成部分。合理的营销渠道，一方面可以最有效地把产品及时提供给消费者，满足用户的需要；另一方面也有利于扩大销售，加速物资和资金的流转速度，降低营销费用。

（三）如何选择直销策略

电子商务为网上直销提供了条件，但网上直销模式是否适合于所有的企业和所有的产品，企业必须慎重考虑。

以 B2C 模式为例，企业在确定是否采用网上直销策略时，要综合考虑以下一些因素：

1. 目标市场的大小

一般来说，企业的目标市场范围越大，面对最终消费者进行网上直销的可能性就越小。

2. 商品特性

商品用途单一、产品单价高、技术性复杂的产品，可采用网上直销策略。一般适合于工业品生产资料。

3. 企业条件

如果企业实力强，则可建立起自己的网上营销网络，实行直接销售；反之，应选择中间商推销产品。

4. 营销环境

如果处在商品配送能力比较强的地区，则可以选择网上直销方式；反之，有可能因为配送成本太高，而导致直销无法进行。

5. 传统渠道的影响

企业采用网上直销模式，会对传统渠道构成影响，因此企业要考虑替代的效果。中间商在广告、运输、储存、信用、训练人员、送货方面的作用如果不能用网络来代替，企业就不能全部采用直销渠道。

（四）网上直销的条件

概括起来，网上直销的条件有：

（1）有理想的零售市场。即市场要集中在顾客流量大的区域，市场潜在需求量要大。

（2）产品本身的特殊性。如时尚商品、高价值商品、技术性强的商品等。

（3）生产企业有丰富的市场营销经验和配送能力。

（4）财力资源较为雄厚。

美国戴尔公司是直销之王，但戴尔在新兴市场上也采取间接销售手段。这是由于在那些地区，没有直销的两个基本条件——速递公司和服务提供商。戴尔的直销并不仅仅是“直接销售”这么简单，在中国市场上，戴尔公司的直销策略就迟迟没有大的动作。

五、网络营销的促销策略

网络促销是指利用互联网等电子手段来组织促销活动，以辅助和促进消费者对商品或服务的购买和使用。在电子商务情况下，消费者可以通过互联网主动搜索信息，但这丝毫不意味着企业促销弱化，反而要强调顾客竞争日益激烈情况下的强化促销。

（一）网络促销方式

1. 拉销

网络营销中，拉销是指企业吸引消费者访问自己的 Web 站点，让消费者浏览产品网页，作出购买决策，进而实现产品销售。网络拉销中，最重要的是企业要推广自己的 Web 站点，吸引大量的访问者，这样才有可能把潜在的顾客变为真正的顾客。由于顾客是借助于企业的网页来进行商品比较与选择的，因此到底让顾客看什么内容，直接影响到企业营销的成败。为此，企业首先必须分析网络顾客的结构及阅读习惯，其次必须考虑诸如版面设计的特色、美观与速度等。企业的 Web 站点除了要提供顾客所需要的产品和服务，还要生动、形象和个性化，要体现企业文化和品牌特色。

2. 推销

网络营销中，推销是指企业主动向消费者提供产品信息，让消费者了解、认识企业产品，从而购买产品。有别于传统营销中的推销，网络推销有两种方法：一种方法是利用互联网服务商或广告商提供的经过选择的互联网用户名单，向用户发送电子邮件，在邮件中介绍产品信息；另一种方法是应用推送技术，直接将企业的网页推送到互联网用户的终端上，让互联网用户了解企业的 Web 站点或产品信息。

3. 链销

网络营销中，互动的信息交流强化了企业与顾客的关系。使顾客的满意程度增大是企业开展网络链销的前提。企业使顾客充分满意，满意的顾客成为企业的种子顾客，会以自己的消费经历为企业作宣传，向其他顾客推荐企业的产品，使潜在顾客成为企业的现实顾客，从而形成口碑效益，最终形成顾客链，实现链销。企业以种子顾客带动潜在顾客，扩大销售。

企业链销还包括企业与上下游企业关系的处理。同上下游企业建立伙伴关系，其目的也是促进企业间的合作，开展更大规模的市场营销活动，进而为顾客提供更完善、更便利的服务，同时也给合作的企业带来竞争优势。

（二）网络促销手段

网络促销主要有网络站点促销和网络广告促销两种促销手段。网络广告促销主要实施“推战略”，其主要功能是将企业的产品推向市场，运作模式如图 3-1 所示。

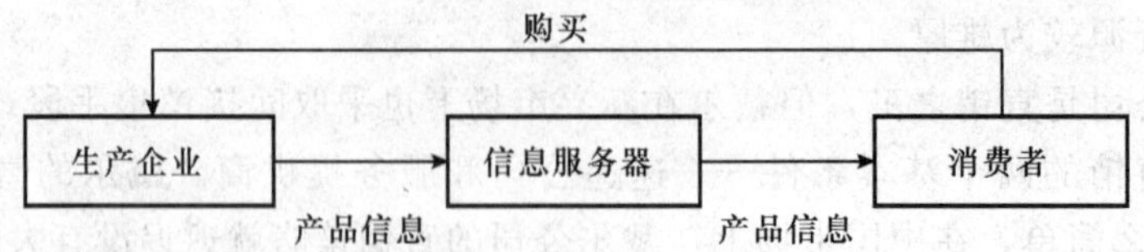

图 3-1　网络广告促销

网络站点促销主要实施“拉战略”，其主要功能是将客户吸引过来，保证稳定的市场份额，其运作模式如图 3-2 所示。

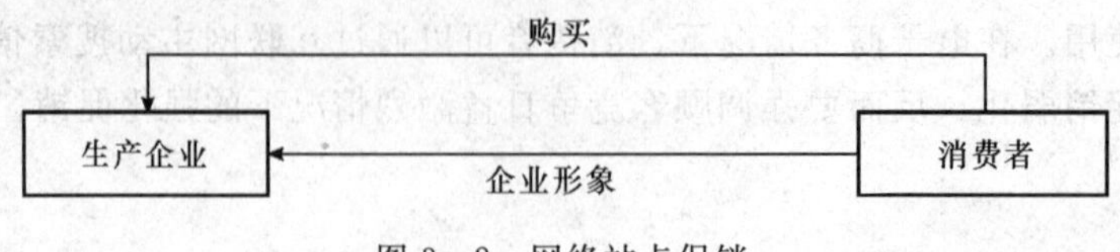

图 3-2　网络站点促销

企业应当根据网络广告促销和网络站点促销两种手段各自的特点和优势，根据自己产品的市场情况、顾客情况，扬长避短，合理组合，以达到最佳促销效果。一般来说，日用消费品，如化妆品、食品饮料、西药制品、家用电器等，采用网络广告促销的效果比较好；而大型机械产品、专用品则采用网络站点促销的方法比较有效。

第三节　网络营销手段

一、网站推广

（一）网站推广手段

1. 网站推广的重要性

网站是企业在网上市场进行营销活动的阵地。网站能否吸引大量客户访问是企业开展网络营销成败的关键，也是网络营销的基础。网站推广就是通过对企业网站的宣传来吸引客户访问，同时树立企业网上品牌形象，为企业实现营销目标打下坚实的基础。网站推广是网络营销工作取得成效的基础。尤其是中小企业，客户了解企业的渠道比较少，其网站推广的效果在很大程度上决定了网络营销的最终效果。

网站推广是网络营销的基本职能之一，网站推广应取得的效果是多方面的，如网站访问量增加带来直接销售的增长、网络品牌的提升、客户资源的增加等等。即使网站已经拥有一定的访问量，但为了保持网站品牌形象的领先，或者为了进一步获得新客户，企业仍然有必要进行持续的推广。

推广网站的另一个重要原因是行业的激烈竞争环境。以搜索引擎推广策略为例，每个网站都希望自己的信息出现在搜索结果中靠前的位置。据研究机构抽样统计数据表明，在一个搜索引擎关键词查询结果中，排名在前 10 位的页面检索将占去此关键词访问量的 60%～65%；排名位于 11～20 名的页面检索，将占去 20%～25%的访问量；而排名在 21 名后的所有页面检索，只能分享 3%～4%的访问量。也就是说，至少有 85%的搜索者，在搜索时根本不会去看 20 名以后的网站。如果你想利用网站为自己带来客户，就必须采用各种方法推广网站，让更多的潜在客户发现网站。只有被网民接纳的网站才是可能带来商业利润的网站。因此，网站的推广工作非常重要，是企业网络营销的基础。

2. 网站推广手段

网站推广与企业营销目标是相一致的，网站推广的手段很多，常用的有以下几种：

(1) 搜索引擎推广。

搜索引擎是一个进行信息检索和查询的专门网站，是许多网民查询网上信息和在网上进行冲浪的第一去处，因此，在搜索引擎中注册网站，是推广和宣传网站的首选方法，尤其对于中小型网站来说，是一种很有效的方法。

搜索引擎、网站链接、朋友介绍、电子邮件、媒体宣传是网民得知新网站的主要途径。搜索引擎已经成为网民查找新网站的重要工具，也是企业通过互联网进行网络营销的重要途径。

搜索引擎推广是指利用搜索引擎、分类目录等具有在线检索信息功能的网络工具进行网站推广的方法。搜索引擎推广的方法又可以分为多种不同的形式，常见的有：登录免费分类目录、登录付费分类目录、搜索引擎优化、关键词广告、关键词竞价排名、网页内容定位广告等。由于不同的搜索引擎在网站收录、付费方式、价格、网站推广效果等方面不同，因此，应针对不同的搜索引擎制定相应的推广方法。对于重要的分类目录网站，应在网站发布后优先登录，这是因为被重要的分类目录收录之后，相当于被一个具有较高知名度的网站进行了链接。在网站发布之后，可以根据需要投放关键词广告，这种广告方式比较有效，通常很快就可以出现在搜索结果中，因此可灵活采用。

(2) 资源合作推广。

资源合作推广是通过网站交换链接、交换广告、内容合作、客户资源合作等方式，利用合作伙伴之间的网站访问量资源互为推广，其中最常用的资源合作方式为网站链接。

目前许多网站都在积极做宣传，都愿意在别人的主页做友情链接，与不同站点建立链接，这样可以缩短网页间距离，提高站点的被访问概率。调查表明网站链接也是网站推广的有效方式之一。一般通过以下方式建立链接：

①在行业站点上申请链接。

如果站点属于某些不同的商务组织，而这些组织建有会员站点，应及时向这些会员站点申请一个链接。

②申请交互链接。

交换链接或称互惠链接，是具有一定互补优势的网站之间的简单合作形式，即分别在自己的网站上放置对方网站的 Logo 或网站名称并设置对方网站的超级链接，使得客户可以从合作网站中发现自己的网站，达到互相推广的目的。

需要注意的是与相关网站做友情链接需寻找具有互补性的站点，并向它们提出交互链接的要求；在选择要交互链接的站点时，要考虑该网站的知名度以及该网站的性质和主题是否与自己的站点一致，并为通向其他站点的链接设立一个单独的页面。

③在商务链接站点申请链接。

特别是当站点提供免费服务的时候，可以向网络上的许多小型商务链接站点申请链接。只要站点能提供免费的东西，就可以吸引许多站点为你建立链接。

(3) 电子邮件推广。

电子邮件使用方便，速度快，费用低，正逐渐成为网络时代重要的联系方式。许多网站都利用电子邮件来宣传站点。如果你手中有许多用户的电子邮件地址，可以考虑利用电子邮件来通知他们访问。电子邮件常用的网站推广手段包括电子刊物、会员通讯、专业服务商的电子邮件广告等。利用电子邮件来宣传站点的关键之处在于要留心收集客户电子邮件的地址。一般可以利用站点的反馈功能记录愿意接受电子邮件的客户的电子邮件地址。另外一种方式是租用一些愿意接受电子邮件信息的通信列表，一般都是由一些提供免费服务的公司收集的。即使是这样，发送的邮件内容也要包含一些有用的东西，尽量不要发垃圾邮件。

(4) 病毒性营销方法。

病毒性营销方法并非传播病毒，而是利用用户之间的主动传播，让信息像病毒那样扩散，从而达到推广的目的。病毒性营销方法实质上是在为用户提供有价值的免费服务的同时，附加上一定的推广信息，常用免费电子书、免费软件、免费 Flash 作品、免费贺卡、免费邮箱、免费即时聊天工具等可以为用户获取信息、使用网络服务、娱乐等带来方便的工具和内容来宣传信息。如果应用得当，这种病毒性营销手段往往可以以极低的代价取得非常显著的效果。

(5) 网络广告推广。

网络广告是常用的网络营销策略之一，在网络品牌、产品促销、网站推广等方面均有明显作用。利用网络广告推销网站是一种比较有效的方式。

利用网络广告推广网站主要有两种方法：一种是加入各种广告交换组织，广告交换组织通过不同站点的加盟后，在不同站点交换显示广告，起到相互促进的作用；另一种方法是在适当的站点购买广告栏发布网络广告，利用广告来宣传企业网站。

(6) 传统方式推广。

使用传统的促销媒体来吸引访问站点也是一种常用方法，因为目前传统媒体仍然拥有最多的受众。传统媒体包括电视、广播、报纸、杂志、户外广告、公司所有的印刷品等，这些都是宣传网址的良好途径。因此，企业在建立网站之后可以在多种传统媒体上刊登企业的网址。

(7) 借助 BBS、新闻组推广。

互联网使得具有相同专业兴趣的人们组成成千上万的具备很强针对性的 BBS 和新闻组。BBS、新闻组是与传统媒体完全不同的独特的网络宣传方式。在这些方式中，网民可以通过在线或离线的交流方式自由地参与各种问题的讨论。因此，企业可以将站点在电子公告栏和新闻组上加以推广。如经常在相关的新闻组讨论区中可见到诸如“某某网站今天正式开张啦!”、“某某主页最近进行了更新，增添了许多特色的内容”、“欢迎各位网友常到某某网站做客!”等信息，这其实就是这些网站在通过新闻组来宣传自己的主页。新闻组中的其他成员一旦看到这些信息后，如果觉得有需要就会去访问该网站。通过 BBS、新闻组来发布主页时要将帖子发布到合适的主题讨论区，也就是说如果你的主页是以计算机为主题的，那就不能将帖子送到娱乐类讨论组中，否则将引起其他成员的反感。

(8) 制造新闻事件推广。

制造一些新闻事件如有奖竞赛、网上调查、特殊事件等，推出一些新奇、有特色的活动不失为宣传网站的妙招。如中国人网站在网上举办的个人网页设计大奖赛、梦想家网站的 72 小时网络生存测试等，都吸引了网民参加，增加了网站的点击率并提高了网站的知名度，起到宣传推广网站的作用。

(9) 信息发布推广。

将有关网站推广信息发布在其他潜在用户可能访问的网站上，利用用户在这些网站获取信息的机会实现网站推广的目的。适用于这些信息发布的网站包括在线黄页、分类广告、论坛、供求信息平台、行业网站等。信息发布是免费网站推广的方法之一。目前，一些针对性、专业性的信息仍然可以引起人们极大的关注，尤其当这些信息发布在相关性比较高的网站时更是如此。

(10) 快捷网址推广。

即合理利用网络实名、通用网址以及其他类似的关键词快捷访问方式来实现网站推广的方法。快捷网址使用自然语言和网站 URL 建立起对应关系，这对于习惯于使用中文的客户来说，提供了极大的方便。客户只需输入自己的母语或者其他简单词汇的快捷网址就可以访问网站，比英文网址要更加容易记忆。随着企业注册快捷网址数量的增加，这些快捷网址用户数据可相当于一个搜索引擎，这样，当客户利用某个关键词检索时，即使与某网站注册的中文网址并不一致，同样存在被客户发现的机会。如 3721 公司发起“网址实名行动”。从 2005 年 4 月 15 日到 6 月 30 日，企业只需要在 IE 地址栏内输入中文“网址实名行动”，便可直接登陆活动网站，进行简单的申请之后即可获得 3721 公司赠送的实名网址，免费使用期一年。这是 3721 公司继 2004 年 6 月发起的“网络领航”计划之后的又一个回馈客户的重大举措。

以上只是网站推广的基本手段，并不意味着网站推广的全部，更不代表进行了这些基本工作就完成了网站推广的任务。真正有成效的网站推广，是要综合考虑多种相关因素，根据企业内部资源条件和外部经营环境来制定针对性的网站推广策略。

（二）网站推广策划

网站推广策划是网络营销计划的重要组成部分。制订网站推广计划本身也是一种网站推广策略，所以，合理的网站推广计划也就成为网站推广策略中必不可少的内容。网站推广策划不仅是推广的行动指南，同时也是检验推广效果是否达到预期目标的衡量标准。网站推广的基本思想是要根据企业内部资源条件和外部经营环境来制定针对性的网站推广策略，并针对网站推广的各个环节、各个阶段的发展状况，进行有效的控制和管理。

1. 网站推广计划的内容

制订网站推广计划有助于在网站推广工作中有的放矢，并且有步骤有目的地开展工作。网站推广策划的结果最终是形成网站推广计划书，网站推广计划与完整的网络营销计划相比更为具体。一般来说，网站推广计划至少应包含下列主要内容：

（1）确定网站推广的阶段目标。

网站推广要有一个总体目标，如在发布后 1 年内实现每天独立访问客户数量、与竞争者相比的相对排名、在主要搜索引擎的表现、网站被链接的数量、注册客户数量等。此外，根据网站所处的阶段，可将网站推广分为网站发布前的推广、网站发布初期的推广、网站发展期和稳定期的推广四个阶段，每个阶段特点不同，所达到的目标也不同，因此，要根据网站的不同发展阶段来设计分阶段目标。

（2）在网站发布运营的不同阶段所采取的网站推广方法。

网站推广有四个阶段，每个阶段所采用的网站推广方法存在一定的差别。同样的网站推广手段在不同时期的应用也会有所不同。如果可能，最好详细列出各个阶段的具体网站推广方法，如登录搜索引擎的名称、网络广告的主要形式和媒体选择、需要投入的费用等。

（3）网站推广策略的控制和效果评价。

网站推广不能盲目进行，需要进行效果跟踪和控制。对网站推广计划的控制和评价是为了及时发现网络营销过程中的问题，保证网络营销活动的顺利进行。在众多网站推广方法中，并不是所有的手段对于网站推广都有同等重要的价值。将有限的营销预算分配在各种不同的网站推广方法上才能取得最佳效果。在众多的网站推广方法中，哪些方法对客户数量的增长效果最为显著，就优先选择哪些方法，这就涉及各种方法对访问量增长的统计分析问题。网站的访问量是网站推广评价方法中最为重要的一项指标，访问量的变化情况基本上反映了网站推广的成效，因此网站访问统计分析报告对网站推广的成功具有至关重要的作用。

以上是一个简单的网站推广的总体计划，除此之外，可以针对每一种具体的网站推广措施制订详细的计划，例如，关于搜索引擎推广计划、资源合作计划、网络广告计划等，这样可以更加具体化。一个完整的网站推广计划书还应包含更多详细的内容，如营销预算、阶段推广目标及其评价指标等。

2. 网站推广策略

(1) 网上和网下推广相结合。

按照客户所获取网站信息的来源，可分为网上途径和网下途径，因此网站推广手段相应地也有网上推广和网下推广两种基本类型。事实上，网络营销并不拒绝网下的营销方法，两者并不矛盾，可以互相配合发挥各自的优势，从而获得更好的网站推广效果。特别是一些刚发布的网站，利用网上推广手段不一定很快达到推广目的，往往需要网上网下相结合来进行。

(2) 主动与被动推广相结合。

客户获取信息的渠道分为主动渠道和被动渠道，网站推广手段也分为主动和被动。客户主动获取信息就意味着网站以被动的方式来推广。如企业通过电子邮件的方式向潜在客户推广新的网站是主动推广，而客户则是被动地接收信息；当客户通过搜索引擎发现并进入一个网站时，是客户主动获取信息，而网站则是被动地推广。电子商务时代客户掌握了更多的主动权，但是客户的主动权并不完全取决于自己，因为他所获取的信息是企业事先已经设计好的，而信息的多少，以及对客户是否有价值，主动权仍然掌握在信息提供方——企业的手里。在网站推广中应掌握好这种主动和被动的关系，将主动推广与被动推广相结合。

(3) 利用不同的推广方式。

网站推广的方式可以罗列出许多，如搜索引擎、分类目录、网站链接、电子邮件、网络实名、通用网址、论坛、黄页、网络广告、传统媒体等等，每一种方式均可作为一种网站推广的手段。网站推广的基本方法对于大部分网站都是适用的，一个网站在建设阶段和发布初期通常都需要进行这些常规的推广，在实际中往往是几种方式结合使用。

(4) 在不同的阶段采用不同的推广方法。

网站推广通常划分为四个阶段，每个阶段的特点不同，所达到的目标不一样，采用的网站推广方法也应有一定的差别。因此，网站推广方法具有阶段性的特征，需要根据网站的不同发展阶段来设计网站推广策略。如有些网站推广方法可能长期有效，有些则仅适用于某个阶段，或者临时性采用。网站进入稳定期之后，推广工作不应停止，由于进一步提高访问量有较大难度，需要采用一些超越常规的推广策略。

二、网络广告

(一) 新媒体运用

1. 第四媒体——互联网

新闻媒体的发展经历了四个不同的阶段，即以纸印刷为媒介的第一媒体——传统报纸杂志；以声音电波为媒介的第二媒体——广播；以电视同声图像为媒介的第三媒体——电视；以互联网传输为媒介的第四媒体——网络媒体。

按照美国传播学者的定义，一种媒体使用的人数达到全国人口的1/5，才能被称为大众传媒。将一种传播媒体推广到5000万人，报纸用了一个世纪，广播用了38年，电视用了13年，有线电视用了10年，而互联网仅用了5年。到1998年底，美国的网络用户已达6200万。互联网诞生前后，一直是作为一个在国防、科技、教育领域使用的通讯交流工具而存在的。直到20世纪90年代初期，万维网（WWW）出现后，大量的信息源以超文本格式进行全球链接，随着Internet在全球范围的发展，它已形成了一个跨国界的全球性新型媒体。1998年5月，联合国新闻委员会年会正式提出“第四媒体”的概念。互联网作为继报刊、广播、电视之后的第四大传播媒体已具备大众传媒的功能。

第四大传媒的互联网，可以囊括如今三大新闻传媒的一切表现形态和特点，同时具备它们所不具备的特征，是集报刊、广播、电视等大众媒体的优点大综合。过去出现的新媒体虽然克服传统媒体的一些弱点，但往往不能兼备传统媒体的优点。网络媒体则既有印刷媒介的可保存性和可查阅性，又具有电子媒介的新鲜性和及时性，还具有自身的图文阅读性和音像视听性。因此，网络在条件上具备了强大的媒体优势。随着网络的高速发展及完善，它日渐融入现代人的工作和生活中。

被称为“第四媒体”的网络，也具备大众媒介的特征。与传统媒体相比，网络媒体具有时效性极强、传播面广泛、信息多媒体化、互动性强、传播模式灵活多变等优势。

2. 网络广告的发展

广告媒体众多，既有电视、广播、报刊等大众性传播媒体，又有路牌、灯箱、交通工具等户外媒体，以及POP、包装物、电话黄页、产品目录等其他媒体，还有新兴的网络媒体——互联网。进入21世纪，越来越多的人开始意识到互联网所具有的媒体功能，“第四媒体”频繁出现在日常生活当中。作为媒体，经营广告是必然的事情。互联网的发展速度让传统媒体不敢有丝毫忽视，因为它的发展速度已经远远超过了其他几类媒体。

广告作为一种有偿的信息传播形式，与媒体的发展紧密相连。Internet从1994年的商业化运作开始，就以非常规速度发展，Internet的媒体特性促使网络广告的诞生和发展。1994年10月14日Wired杂志在其网络版首次发布网络广告，网络广告的出现使整个广告业的发展进入了一个崭新的历史时期。

根据IAB（Internet Advertising Bureau）的统计，在美国1997年的网络广告收入达到9.06亿美元，1998年网络广告的收入达19.6亿美元，并一举超过户外广告收入。2004年全球网络广告收入达到134亿美元。我国的网络广告发展起步于1997年，经过几年的发展，网络广告已被许多企业接受和采纳，而且取得较好的广告效果。2004年我国不含搜索引擎的网络广告市场收入已从2003年的10.8亿元增长到18亿元，增长率近70%。2005年和2006年分别达到27亿元、40亿元，整个网络广告市场收入保持在高速增长的状态。

网络广告是指在Internet上发布、传播的广告，这些广告可以通过超级链接的形式链接到广告主的网站上，从而让受众了解广告的更多信息，达到市场营销目的。互联网的全球性，使互联网上发布的广告也是全球性的，而且传播速度快，发布和接收基本上同步。在大多数情况下，消费者可以自主地选择自己感兴趣的网络广告信息。网络广告可以选用按钮广告、旗帜广告、全屏广告等不同尺寸，可以采用平面、动画和三维立体技术，可以采用在线收看、试用、调查等表现形式。网络广告利用先进的计算机技术，集各种传统媒体形式之精华，从而达到传统媒体无法实现的效果。因此，网络广告是一种很有潜力的广告形式，和传统的媒体广告相比，呈现出不同于传统媒体广告的特点：互动性、传播范围广泛、形式多样性、可控性、灵活快捷性、成本低等。

（二）网络广告的形式

网络广告的表现形式丰富多彩。根据美国互联网交互广告署 IAB 和普华永道 PWC 的最新联合报告：2004 年美国网络广告增长 33%，达到 96 亿美元，创下网络广告历史最高收入记录。其中，在线展示性网络广告稳步发展，吸引了大量品牌推广客户；搜索引擎广告继续保持高速增长，已经占据网络广告总收入的 40%，达到 39 亿美元。表 3 - 1 是 2004 年美国主要网络广告形式收入和市场份额表。

表 3 - 1　2004 年美国主要网络广告形式收入和市场份额表

（单位：亿美元）

网络广告形式	在线展示类广告	搜索引擎广告	分类广告	E-mail 广告	推荐式广告
广告收入	37.54	38.5	17.33	0.96	1.94
市场份额	39%	40%	18%	1%	2%

目前，国内外的网站上常见的网络广告形式大致有以下几种：

1. 横幅广告

横幅广告也叫旗帜广告、标志广告，是互联网广告最常见的形式。旗帜广告是把一个表现商家广告内容的图片，放置在网页的显眼处。其广告语要求简短、扣题。这种广告通常大小是 480×60 像素，或 480×80 像素。一般是使用 GIF 格式的静态或动画图像文件，这样更具有吸引力。因为位置好、图幅大，这种广告形式往往能达到很好的效果。这种广告适用于品牌、形象宣传及促销等大型活动。

2. 按钮广告

按钮广告也称图标广告，是网络广告最常见的形式，是一种从横幅广告演变而来的广告形式，图形尺寸比横幅广告要小，由一个标志性图案构成，通常是商标或企业标志。这种广告一般在网页上做成圆形、方形或长方形，用以表现广告创意。由于图形尺寸小，故按钮广告可以被灵活地放置在网页的任何位置，是目前用得最多的网络广告形式之一。

3. 文字广告

文字链接广告通过一些有代表性的简短文字，直接链接到客户的广告内容页面上。广告简单明了，直接涵盖主题，对访问者而言具有较强的针对性和引导性。这种广告一般用于一些广告信息发布或新闻发布等形式。

4. 插页广告

插页广告又称弹跳式广告，在打开一个网页的同时会自动跳出一个幅面略小的网页，通常是正常页面的 1/4 或更小一些的画面呼唤用户点击。插页设计要精美、生动，主题突出，视觉效果好，这样才会吸引人。

5. 通栏广告

通栏广告形式的规格相当于两条横幅的宽度，广告置于整个页面的中部或底部，可以在媒体网站的首页和频道页面刊登。此种广告经常放置在网站的黄金版位上，可以增加广告的浏览量，并且由于放在中位，访客在浏览页面下端信息时必须接触广告，因此广告信息可以迅速地传达给浏览者，这样广告的访问量就大大提高。

6. 飘浮广告

飘浮广告是一种在网页中任意飞行的动态广告，可以很好地吸引浏览者的注意，增强广告的曝光率。

7. 全屏广告

全屏广告覆盖全屏，具有强烈的感召力。全屏广告的表现是根据广告创意的要求，充分利用整个页面的最大空间而形成广告信息的传递。

8. 分类广告

分类广告是网上信息发布的一种形式。分类广告的形式原理和报纸杂志中的分类广告专栏没有什么本质区别，它通过一种专门提供广告信息的站点来发布广告。这种广告在站点中提供出按照产品目录或企业名录等方法可以分类检索的广告信息。这种类型的广告对于那些想查找广告信息的访问者来说，是一种快捷而有效的途径，而且查看分类广告的人一般对信息有一定的主动需求。分类广告一般在专业的分类广告网站、综合性网站开设的相关频道和栏目，部分行业网站和 B2B 网站的信息发布区发布。

9. 电子邮件广告

电子邮件广告就是利用 E-mail 发布广告信息。由于 E-mail 的发送简单，费用低廉，因此许多企业利用 E-mail 来发布广告。

电子邮件广告又分为以下几种：邮件列表广告——直邮广告，利用网站电子刊物服务中的电子邮件列表，将广告夹在每天读者所订阅的电子刊物中发放给相应的邮箱用户，它是电子邮件的一种扩展应用；电子邮件式广告——经征得电子邮箱用户的同意，直接通过电子邮件发送广告。

10. 关键词广告

关键词广告不同于基于网页发布的网络广告，其所依据的载体是搜索引擎的结果。关键词广告是付费搜索引擎营销的一种形式，也可称为搜索引擎广告、付费搜索引擎关键词广告等。这是自 2002 年之后网络广告市场中增长最快的网络广告模式。

关键词广告的基本形式是：当用户利用某一关键词进行检索时，在检索结果页面会出现与该关键词相关的广告内容。它可以为企业开展网上品牌宣传和产品宣传而推出有针对性的广告栏目。其效果比一般网络广告形式要好。

11. 赞助式广告

很多网站找一些企业做赞助商，让它们赞助一个与它的业务相关的网页或栏目。网站则提供给企业相当的广告显示数量，这种广告形式对于想做品牌广告的企业尤其合适。赞助式广告分为三种赞助形式：内容赞助、栏目赞助、节日赞助。

12. 富媒体广告

宽带的普及和更好的压缩技术的应用，使视频和其他富媒体广告的传播成为可能。富媒体广告凭借其独特的表现形式和技术领先优势异军突起。2003 年美国富媒体广告市场爆发性地增长，2004 年国际富媒体网络广告营业收入突破 10 亿美元。

富媒体不是一种具体的媒体形式，而是指具有动画、视频、音频、图像和交互性的信息传播方法，包含下列常见的形式之一或者几种的组合：流媒体、声音、Flash 以及 Java、JavaScript、DHTML 等程序设计语言。

富媒体广告是一种不需要用户安装任何插件就可以播放的整合视频、音频、动画图像、双向信息通讯和用户交互功能的新一代网络广告。它采取了所有可能的最先进技术，以最好地传达广告主的信息以及与用户进行互动。它的魅力在于提供更丰富和多感官的接触机会以及精美细腻的创意展现。

除此之外，网络广告的形式还有电子公告牌广告、互动式游戏广告、墙纸广告等其他形式。

（三）网络广告策划

网络广告策划是从整体出发对网络广告活动的规划。网络广告是企业营销的一部分，因此，应从企业营销的角度策划网络广告。网络广告策划的内容包括以下几方面：

1. 确定网络广告的目标

广告目标是指企业通过广告活动所要达到的效果，这种效果可以表现为知名度、美誉度的提高或销售额、市场占有率的提高等。网络广告是网络营销策略的一个组成部分。网络广告目标应建立在有关的目标市场、市场定位以及营销组合计划的基础上。企业要确定明确的广告目标，从而实现营销目标。企业的不同发展时期有不同的广告目标，比如说是形象广告还是产品广告。对于产品广告来说，在产品的不同发展阶段广告的目标也不同。与传统广告类似，网络广告的目标可分为提供信息、说服购买和提醒使用。

2. 确定网络广告的对象

确定网络广告的对象就是确定网络广告希望让哪些人来看，他们属于哪个群体、哪个阶层、哪个区域。只有让合适的用户来参与广告信息活动，才能使广告有效地实现其目标。

3. 合理安排网络广告发布的时间

怎样在有限的时间内传递出企业的产品信息，是网络广告所面临的问题。网络广告的时间策划包括对网络广告时限、频率、时序及发布时间的考虑。

时限是广告从开始到结束的时间长度，即企业的广告打算持续多久。频率即在一定时间内广告的播放次数，网络广告的频率主要用在 E-mail 广告形式上。时序是指各种广告形式在投放顺序上的安排。发布时间是指广告发布是在产品投放市场之前还是之后。根据中国互联网状况调查，网民上网活动的时间，在一天中有三个峰值：第一个峰值时间为上午 10 点，网民上网比例为 27.1%；第二个峰值时间为下午 14 点，网民上网比例为 36%；而晚上 20 点、21 点达到一天中的最高峰，网民上网比例分别为 58.4%、58.3%。因此，要根据网民上网的时间规律合理安排广告发布的时间。

4. 确定网络广告发布渠道

网上发布广告的渠道和形式众多，各有长短，企业应根据自身情况及网络广告的目标，选择网络广告发布渠道及方式。目前，可供选择的渠道和方式主要有：主页形式、网络内容服务商、企业名录、黄页形式、网络报纸或网络杂志、新闻组等方式。

5. 确定合适的发布网站

如果是采用 Web 方式来发布网络广告，还需要选择发布广告的网站。根据 iResearch 在“网民对不同类型网站网络广告的印象深刻情况”调查中发现，网民对网站网络广告印象深刻情况依次是：综合类网站广告，占样本总数的27%；专业网站网络广告，占样本总数的23.3%（网络服务类、电子商务类网站不在专业网站之内）；网络社区网络广告，占样本总数的14.5%。

如果选择在别人的Web站点发布广告，那么要在网站的分析、比较的基础上选择。

（1）站点的分类。

首先，要明确站点的分类。从网站的功能来看，有导航站点（如Yahoo）、门户站点（如新浪、搜狐）、一般的ICP站点、分类广告站点；从网站的内容来看，有综合性的站点、专门性的站点，如工商、金融、新闻、计算机硬件、软件、通讯等。企业要通过站点的分类，去熟悉各主要网站，为分析评估打好基础。

（2）进行站点的分析比较。

通过站点的分析比较，了解站点的总体状况，发现在这些站点上面发布网络广告的优缺点，为站点的选择提供依据。通常可以从以下几个方面比较站点：

①站点的定位。

在站点定位时，一定要注意广告的目标受众群体经常光顾的站点就是要选择的站点。

②网站的访问率。

如果网站的访问率高，就意味着网络广告被浏览者看到和点击的机会高，广告效果好。

③网络广告的收费方式及价格高低。

不同的网站可能有不同的广告收费方式，了解站点的广告收费方式以及价格水平，有助于与广告提供商进行价格谈判。

④网站运行的稳定性。

要考察该网站的运行是否稳定，当访问量较大时，是否仍然能够安全稳定地运行。

⑤站点设计的质量。

所选站点应该信息量比较大，信息的准确性比较高，信息能定期更新，栏目设置条理清晰而且丰富，页面设计与制作比较精良。

一般有两类适合投放广告的站点。一类是导航站点，好的导航网站能够吸引大量的访问者，也提供了很多发布网络广告的位置。因此，在导航网站中发布广告，受众覆盖面广、数量大。另一类是有明确受众定位的站点。这类站点虽然受众数量可能较少，覆盖面也比较窄，但是这些受众可能正是广告主所需要的，他们是真正的有效受众。

⑥网络广告费用预算。

网络广告费用的预算，可依据目标群体情况及企业所要达到的广告目标来确定，既要有足够的力度，也要以够用为度。如果支出过低，则收效甚微；如果支出过多，则会影响资金用于其他场合。

⑦网络广告效果的测评。

网络广告效果测评，是指对广告能否达到预期的效果进行评估的过程。对企业来说，就是广告是否达到了预定的目的，比如提高知名度、扩大产品的销售量、市场占有率等。广告效果的测评功能之一，就是科学地获取这些指标，以便对广告效果进行客观的评价。

广告效果测评的另一功能是传递市场环境的变化信息。网上信息更新速度极快，广告如果不能及时作出反应，将会对营销活动带来非常不利的负面影响。反馈系统能及时把各种变化因素传递给广告策划人员，以便及时对广告计划进行调整。网络广告在这方面可以利用相应的软件进行信息自动跟踪和整理，比传统广告更具有技术上的优势。

（四）网络广告管理

1. 网络广告收费方式

（1）每千人成本。

网络广告收费最科学的办法是按照有多少人看到该广告来收费。每千人成本（CPM，Cost Per Mille 或者 Cost Per Thousand）指的是广告投放过程中，听到或者看到某广告的每一千人次平均分摊到多少广告成本。比如说一个横幅广告的单价是 1 元/CPM，意味着每一千人次看到这个广告的话就收 1 元，如此类推，1 万人次访问的主页就是 10 元。

（2）每点击成本。

每点击成本（CPC，Cost Per Click）是以广告图形被点击并链接到相关网址或详细内容页面 1000 次为基准确定的网络广告计费模式。若广告主购买 30 个 CPC，则意味着投放的广告可以被点击 30000 次。这种方式能更好地反映受众是否真正对广告内容感兴趣。广告主更喜欢选择 CPC 付费方式。

（3）每行动成本。

每行动成本（CPA，Cost Per Action）是根据每个访问者对网络广告所采取的行动收费。访问者的行动包括一次交易、获得一个注册用户或对网络广告的一次点击等。

（4）每购买成本。

每购买成本（CPP，Cost Per Purchase）是指广告主为规避广告费用风险，只有在网络用户点击旗帜广告并进行在线交易后，才按销售笔数付给广告站点费用。

（5）包月制。

目前，很多国内的网站是按照“一个月多少钱”这种固定收费模式来收费的，不管广告效果如何，访问量多少，一律一个价。

现在国际通用网络广告收费模式是 CPM 和 CPC，最为流行的则为 CPM。相比而言，CPM 和包月方式对网站有利，而 CPC、CPA、CPP 则对广告主有利。

2. 网络广告的发布途径

网上发布广告的渠道众多，各有长短，企业应根据自身情况及网络广告的目标，选择网络广告发布渠道及方式。我国网络广告的发布渠道主要通过以下形式：

（1）主页形式。

在互联网上做广告是为了提供一种快速链接公司主页的途径，建设自己的网站是一种常见的形式。公司网站本身就是一个活的广告，公司的 Web 主页，不但能树立自己的形象，同时也是宣传产品的良好工具，所以，建立公司的 Web 站点是最根本的，是电子商务的第一阶段。从今后的发展看，公司的主页地址也会像公司的地址、名称、电话一样，是独有的，是公司的标识，将成为公司的无形资产。

（2）通过网络内容服务商。

这是目前最重要、最有效的网络广告发布方式。媒体提供者多为访问率比较高的搜索引擎或网络内容服务商 ICP，如雅虎、新浪、搜狐、网易等，它们提供了大量的互联网用户感兴趣并需要的免费信息服务，包括新闻、评论、生活、财经等内容，因此，这些网站的访问量非常大，是网上最引人注目的站点。因此，这种网站是网络广告发布的主要阵地。

(3) 通过电子邮件发布。

企业通过电子邮件发布广告有两种方式，一种类似于邮寄广告，它将有关信息强行发布给收集来的 E-mail 地址；另一种通过 E-mail 发送免费的电子杂志附带发送广告，接受者必须自行订阅并且同意接受。企业可以根据自身的需求，从中选择一种或几种方式。

(4) 使用电子公告牌。

不同的电子公告牌可以提供新闻讨论、下载软件、玩在线游戏或与他人聊天等不同的服务。企业可以在电子公告牌发布广告信息。电子公告牌上的信息量虽然少，但针对性较强，适合行业性很强的企业。

(5) 使用新闻组发布。

新闻组是人人都可以订阅的一种互联网服务形式，阅读者可成为新闻组的一员。广告主可以选择与本企业产品相关的新闻组发布广告，这将是一种非常有效的网络广告传播渠道。

(6) 专业类销售网。

这是一种专业类产品直接在互联网上进行销售的方式。现在这样的网站越来越多，进入这样的网站，消费者只要在一张表中填上自己所需商品的类型、型号、制造商、价位等信息，然后按一下搜索键，就可以得到所需要商品的各种细节资料。

(7) 企业名录。

一些 Internet 服务商或政府机构将一部分企业信息融入他们的主页。如香港商业发展委员会的主页中就包括汽车代理商、汽车配件商的名录，只要用户感兴趣，就可以通过链接进入选中企业的主页。

(8) 黄页形式。

在 Internet 上有一些专门用以查询检索服务的网站，如 Yahoo、Excite 等。这些站点就如同电话黄页一样，按类别划分，便于用户进行站点的查询。采用这种方法的好处，一是针对性强，查询过程都以关键字区分；二是醒目，处于页面的明显处，易于被查询者注意，是用户浏览的首选。

(9) 网络报纸或网络杂志。

随着互联网的发展，国内外一些著名的报纸和杂志纷纷在 Internet 建立自己的主页，如《人民日报》、《电脑报》、《计算机世界》等，还有一些新兴"网络报纸"或"网络杂志"，其影响非常大，访问的人数不断上升。对于企业来说，在这些网络报纸或杂志上做广告，也能较好地传播信息。

以上几种是 Internet 广告发布的渠道和方式。选择怎样的渠道和方式，要根据企业诉求对象的特点和广告的目标以及网上用户的情况来决定，也可以将若干方式组合应用。

3. 网络广告效果测评

广告放到网站上之后，如何知道网络广告的效果，还需要进行监测。网络广告能精确地统计被浏览或查看的次数，甚至能够统计浏览用户的次数。因此，可根据监测结果来判断广告是否达到了预期效果以及未来的改进方向。

(1) 通过服务器端的访问统计软件随时进行监测。目前有专门用于广告分析的软件，通过这种软件可以生成详细的报表，广告主可以随时了解在什么时间、有多少人访问过有广告的页面，有多少人通过广告直接进入到广告主自己的网站等等。

(2) 通过查看客户反馈量。如FORM提交量和E-mail在广告投放后是否大量增加来判断广告投放的效果。

(3) 使用第三方权威的评估机构。通过一个权威的网络广告评估机构对广告提供商进行监测、审计，将审计结果公之于世，以取得广告主的信赖。这是一个全新的领域，正处于发展阶段。

目前美国的IAB和其他一些Web评级机构就是这样的权威评估机构。当前我国的一些站点已使用国内外的机构作为网站的第三方审计机构。例如，搜狐请中国互联网络信息中心担任访问流量公证机构。ChinaByte选中国际著名的万维网站流量分析和认证公司Internet Profiles Corp (I/PRO) 作为其网站的第三方审计机构。

(五) 实例：Sony Walkman (图3-3) ——360°三维互动展示

作为全球知名数字产品制造商索尼，决定加大产品在网络上的宣传力度，希望在网络广告的形式上有所创新，寻求与众不同之处，以求给潜在客户以强烈的视觉冲击力，更准确生动地展现Walkman的外观及功能。

考虑到Flash二维动画表现方式，不能充分表达Sony Walkman的外观、功能、结构等特点，因此Sony采用一种3D互动的技术，作为Flash的补充来展示Walkman，弥补了Flash和二维动画的缺点。基于Java技术免插件的三维立体交互展示技术——Web3D技术是目前最先进的一种网上产品展示手段，能给消费者留下前所未有的视觉震撼。Web3D可以使网上访问者自己来控制从哪个角度来观察一个产品。用户通过下方的按钮和鼠标操作旋转产品，可以从不同角度观察产品，或远近，或开关，或拆装，或展示产品的不同颜色，犹如拿在手中。逼真的3D模型，仿佛近在咫尺。有了互联网，有了"三维展示技术"，Sony Walkman将真正实现产品与全球客户零距离、面对面，产品设计师与消费者之间有了真正的沟通手段。

Web3D技术是真三维的演示，既满足了人类视觉的要求，又能实现网上的广泛传播。其文件小，下载快，而且带有灵活的互动性，没有时间限制，网站访问者只要点击就可以打开，不需要再提前安装小程序。

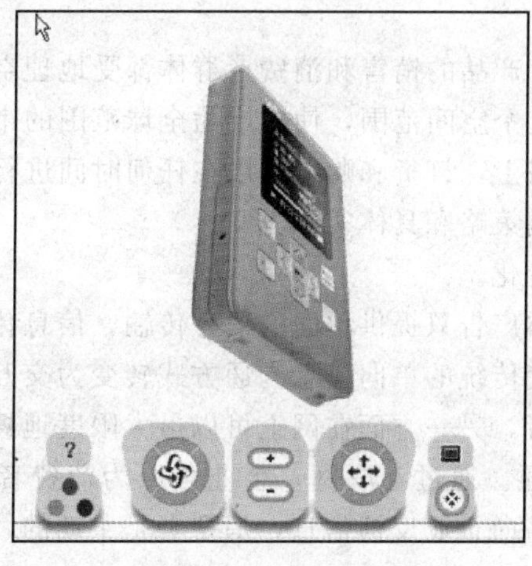

图3-3　Sony Walkman

三、网络促销

（一）网络促销与传统商务促销的比较

1. 网络促销

促销是在一定时间范围内，为达到促进指定产品销售增长而设计的一个或一系列营销激励活动的过程。促销具有三个基本特征：以促进销售为目标；实施或作用的产品范围是限制性和指向性的；促销是一种营销活动的激励过程或手段。

网络促销是指利用现代化的网络技术向虚拟市场传递有关产品和服务的信息，以启发需求，引起消费者的购买欲望和购买行为的各种活动。网络促销有以下三个特点：

(1) 网络促销通过网络技术传递信息。网络促销是通过网络技术传递产品和服务的存在、性能、功效及特征等信息的，是建立在现代计算机与通讯技术基础之上的，因此，网络促销不仅需要营销者熟悉传统的营销技巧，而且需要其掌握相应的计算机和网络技术知识，掌握各种软件的操作和某些硬件的使用。

(2) 网络促销是在虚拟市场上进行的。这个虚拟市场就是互联网。互联网是一个连接世界各国的大网络，这里聚集了世界各地的人，融合了各种文化。所以，从事网上促销的人员需要跳出实体市场的思维局限，要采用虚拟市场的思维方法。

(3) 互联网虚拟市场是全球性的。互联网虚拟市场的出现，将所有的企业，不论是大企业还是中小企业，都推向了一个世界统一的市场。传统的区域性市场正在被一步步打破，全球性的竞争迫使每个企业都必须学会在全球统一的大市场上做生意，否则，这个企业就会被淘汰。

2. 网络促销与传统促销的区别

传统促销和网络促销的功能都是相同的，目的都是让消费者认识产品，引导消费者的注意和兴趣，激发他们的购买欲望，并最终使其实现购买行为。但由于互联网强大的通讯能力和覆盖面积，网络促销在时间和空间观念上、在信息传播模式上以及在顾客参与程度上都较传统的促销活动发生了较大的变化。

(1) 时空观念的变化。

在传统的商务活动中，产品的销售和消费者群体都受地理空间的限制，而电子商务却突破了时空限制，扩大了这个空间范围，使之成为全球范围的市场；传统的产品订货都有一个时间的限制，而在网络上，订货和购买可以在任何时间进行。时间和空间观念的变化要求电子商务企业调整促销策略和具体实施方案。

(2) 信息沟通方式的变化。

传统的促销手段如媒体广告只提供单向的信息传输，信息传送后，难以得到消费者的及时反馈。互联网的出现使传统的单向信息沟通方式转变为交互式信息沟通方式，一方面把信息及时地传递给消费者，另一方面在网上可以最大限度地搜集消费者的反映信息，促进与消费者之间的信息沟通。通过互联网，企业可以为消费者提供丰富的产品信息，同时，消费者也可以通过网络向企业反馈信息，消费者是主动的，这是网络营销与传统营销的最大差别。

(3) 消费群体和消费行为的变化。

传统营销理论中所指的消费者通常是一般大众，即在现实生活中，任何一个人都是潜在的消费者，所以在传统营销理论中，企业的宣传、广告和营销策略是针对所有人的，广告有较大的盲目性。在电子商务环境下，网站为消费者提供了全方位的商品信息展示和商品搜索机制，消费者一旦有了需求，可以立即上网主动搜寻有关商品信息。因此，只有上网主动搜寻商品信息的人才是真正的消费者，消费者由不确定性变为确定性。企业的广告宣传、营销策略应该针对每个消费者，而不应是针对所有人的泛泛宣传和一般性的商品信息。

(4) 对网络促销的新理解。

网络促销虽然与传统促销在促销观念和手段上有较大差别，但由于它们推销产品的目的是相同的，因此，整个促销过程的设计具有很多相似之处。所以，对于网络促销的理解，一方面应当站在全新的角度去认识这一新型的促销方式，理解这种依赖现代网络技术、与顾客不见面、完全通过电子邮件交流思想和意愿的产品推销形式；另一方面则应当通过与传统促销的比较去体会两者之间的差别，吸收传统促销方式的整体设计思想和行之有效的促销技巧，打开网络促销的新局面。

3. 网络促销的形式

传统营销的促销形式主要有四种：广告、销售促进、宣传推广和人员推销。网络促销是在网上市场开展的促销活动，相应形式也有四种，分别是网络广告、站点推广、销售促进和公共关系营销。

(1) 网络广告。

网络广告是指在 Internet 上发布、传播的广告，这些广告可以通过超级链接的形式链接到广告主的网站上，从而让受众了解广告的更多信息，达到市场营销的目的。

(2) 站点推广。

站点推广就是利用网络营销策略扩大站点的知名度，吸引消费者访问网站，起到宣传和推广企业以及企业产品的效果。

(3) 销售促进。

销售促进就是企业利用可以直接销售的网络营销站点，采用一些销售促进方法宣传和推广产品。销售促进主要是用来进行短期性的刺激销售的。

(4) 公共关系营销。

公共关系营销通过借助互联网的交互功能吸引用户与企业保持密切关系，培养顾客忠诚度，提高企业的收益率。它通过与企业利益相关者包括供应商、顾客、雇员、股东、社会团体等建立良好的合作关系，为企业的经营管理营造良好的环境。网络公共关系与传统公共关系功能类似，只不过是借助互联网作为媒体和沟通的渠道。

(二) 电子商务促销手段

1. 网络广告促销

广告作为传统营销中的主要促销工具，在网络环境下依然有强大的生命力，并越来越显示出不同于传统媒体的强大优势——互动性。网络广告不像传统媒体广告如电视、广播采用强制收视的方式，浏览者可以根据自己的喜好获取文字、图片、声音、影像等信息，即受众可以主动地接受其需要的信息。这种互动性的广告允许消费者自己去选择不同的广告信息，来满足个人对商品了解的需求。

网络的强大功能几乎囊括了所有媒体广告的优势。企业在做广告策划时，应充分发挥网络的多媒体功能、三维动画等特性，诱导消费者作出购买决策，并达到尽可能地开发潜在市场的目的。因此，我们可以看到在大大小小的网站都充斥着大量的广告，企业通过这些广告来宣传企业形象和网站、宣传企业的产品或服务，以激发浏览者购买。

2. 网上打折促销

在传统的促销活动中，折扣是一项极为重要的促销手段。在网络促销中，折扣手段也得到广泛的应用，是目前网上最常用的一种促销方式。现在，几乎所有网站都采用这种促销方式来吸引顾客，大部分网上销售的商品都有不同程度的价格折扣，比如当当网上商城大量采用折扣促销手段，它所提供的商品的价格均低于市价，在特价区还提供1元、3元、5元及半价商品。

目前，网民网上购物的热情远低于商场、超市等传统购物场所，因此，一般情况下，网上商品的价格折扣幅度较大时，才能促使消费者进行网上购物。

3. 提供免费资源与服务促销

提供免费资源与服务促销是互联网最有效的法宝，目前，各个网站已经广泛应用这种方法，但各自实施免费手段的目的不尽相同。通过这种促销方式取得成功的站点很多，有的提供免费信息服务，有的提供免费贺卡、音乐、软件下载，从而扩大站点的吸引力。如许多软件厂商为吸引顾客购买软件产品，允许顾客通过互联网下载产品，在试用一段时间后再决定是否购买。如提供搜索引擎服务的雅虎和搜狐、提供网上实时新闻信息的新浪、提供免费 E-mail 的网易等等，这些站点通过提供免费资源，扩大站点的吸引力，使其站点具有传统媒体的作用，并通过发布网上广告来进行盈利。

4. 电子邮件促销

电子邮件已经成为网络用户使用最多的网络工具。根据 2005 年 7 月第 16 次中国互联网络发展状况统计报告显示，网民平均拥有的电子邮箱总数和免费电子邮箱数分别为 1.6 个和 1.5 个，用户每周收发的邮件数分别为 5.2 封和 3.7 封，几乎所有网民都使用E-mail。因此，电子邮件是一种公认的高效廉价的网上营销手段。

5. 有奖促销

有奖促销是网上应用较广泛的促销形式之一，是大部分网站乐意采用的促销方式。如果在站点上开展有奖竞赛或者摸奖活动，将产生非同寻常的访问流量。还有一种方式是有奖参与，只要访问该站点或点击广告就可以获得一定的现金。网上抽奖活动主要附加于调查、产品销售、扩大用户群、庆典、推广某项活动等。消费者或访问者通过填写问卷、注册、购买产品或参加网上活动等方式获得抽奖机会。开展网上有奖促销时，要注意促销对象是适合在网上销售和推广的。

6. 积分促销

积分促销在网络上应用起来比传统营销方式要简单和容易操作。网上积分活动很容易通过编程和数据库等来实现，并且结果可信度很高，操作起来相对较为简便。积分促销一般设置价值较高的奖品，消费者通过多次购买或多次参加活动来增加积分以获得奖品。积分促销可以增加上网者访问网站和参加某项活动的次数，增加上网者对网站的忠诚度，提高网站的知名度。

7. 发行虚拟货币促销

现在不少电子商务网站通过发行“虚拟货币”来进行促销。当顾客申请成为会员或参加某种活动时可以获得网站发给的虚拟货币，会员用虚拟货币可以购买本网站的商品。网站通过举办活动来使会员“挣钱”，同时会员可以用仅能在网站使用的“虚拟货币”来购买本站的商品，这实际上网站是给会员购买者相应的优惠。如当当网上商城使用的25元、50元、75元面值礼券。

8. 网上赠品促销

一般情况下，在新产品推出试用、产品更新、对抗竞争品牌、开辟新市场情况下利用赠品促销可以达到比较好的促销效果。赠品促销的优点在于：可以提升品牌和网站的知名度，鼓励人们经常访问网站以获得更多的优惠信息等。网上赠品促销要注意赠品的选择，应选择适当的能够吸引消费者的产品或服务作为赠品。

9. 网上联合促销

由不同商家联合进行的促销活动称为联合促销。联合促销的产品或服务可以起一定的优势互补、互相提升自身价值等作用。如果应用得当，联合促销可达到相当好的促销效果。如网络公司可以和传统商家联合，以提供在网络上无法实现的服务。乐百氏与新浪网的联合推广就是一个网上联合促销的成功典型。

（三）实例：乐百氏与新浪网的联合推广

2001年5月21日，声画效果俱佳的乐百氏全屏滚动广告在新浪网新闻中心正式投放，拉开了乐百氏公司与新浪网的合作序幕。这是国内第一宗网站与消费品行业的联合推广案例。

乐百氏在新浪网进行6个月的广告投放，向新浪网支付100万元人民币的费用，并在20亿瓶纯净水上免费承载新浪网标志。此次乐百氏与新浪网的联合推广有如下特点：形式新，规模大，历时长，影响深。

(1) 形式新。传统企业间的联合推广历史悠久，玩的最酷的是麦当劳与可口可乐、肯德基与百事可乐。2000年上半年，雅虎与百事可乐首开网站与消费品行业联合推广的先河。这是国内第一宗网站与消费品行业的联合推广案例。

(2) 规模大。20亿瓶纯净水，多种网络广告形式（含全屏、BANNER、固定按钮、滚动按钮、文字链接、画中画和网站等），上亿元人民币的价值。

(3) 历时长。从2001年5月21日到2001年12月31日。

(4) 影响深。乐百氏是国内纯净水行业的知名品牌，新浪网是国内门户网站的大哥大，强强联合，影响深远。

6个月的综合广告服务（含全屏、BANNER、固定按钮、滚动按钮、文字链接、画中画、网站、网上游戏、有奖问答等），乐百氏公司仅需向新浪网支付100万元人民币，平均每天支付5500元。而传统媒体无论电视还是报纸、杂志，所能呈现的信息止于画面，或动态或静态，而不能实现网络所能实现的多种功能。可以说，如果没有网络，乐百氏的100万元人民币绝对做不了声光电画动感十足、能深层互动且长达6个月的广告。

新浪网每日浏览量有几千万。浏览人群集中在城市，并且年轻时尚。纯净水又是日用消费品，可以说，每一个上新浪的网民都有可能去购买“水”。乐百氏的100万元真是用在了刀刃上。

乐百氏之于新浪，也算的上是“价格便宜量又足”。20亿瓶纯净水将携带新浪走近千家万户，而新浪所用费用为零。

[资料链接]

(一) 白酒营销与电子商务

花间一壶酒，独酌无相亲。举杯邀明月，对影成三人。
月既不解饮，影徒随我身。暂伴月将影，行乐须及春。
我歌月徘徊，我舞影零乱。醒时同交欢，醉后各分散。
永结无情游，相期邈云汉。

——李白《月下独酌》

古人是浪漫的，而在古人的眼中酒更是浪漫的，但当今白酒行业的现状给我们的感觉却并不怎么浪漫！而今我国白酒市场由于激烈的竞争，出现了新的销售特点：产销失衡、品牌泛滥、广告轰炸、促销比拼等现象愈演愈烈，终端门槛越来越高。

如果我们还记得1997年中央电视台对白酒广告黄金时段的封杀，那就没有人怀疑什么叫信息传播的过度了。曾几何时，中央电视台黄金时段"酒气熏天"，地方电视台的白酒广告更是喧闹异常。尤其是在白酒销售的旺季，白酒广告更是铺天盖地。广播里是白酒的叫卖声，报纸上是整版的白酒广告在摇曳，商场更是成为各厂家施展各种促销手段的舞台……由于白酒广告信息的过度传播，消费者对产品失去信任感，对白酒品牌无所适从。巨额广告垒起了巨大的品牌泡沫，加剧了白酒低层次、低水平的竞争，单凭传统媒体广告塑造的白酒品牌价值显得无比脆弱。那么此时，我们必须运用新的传播方式，通过新的传播途径，实现产品的信息、物流以及资金流的顺畅，这个新的传媒就是现今的Internet了。

计算机网络化和经济全球化已经成为不可抗拒的时代潮流。面对中国互联网的迅猛发展，越来越多企业的决策者也在考虑如何凭借这一新经济的浪潮再创辉煌。因此，这时就有了白酒与互联网借助电子商务再施展其独特魅力的平台。在互联网上拥有自己的专业电子商务平台，从而在这个基础上进行电子商务、网络营销等商业行为，成为白酒企业全新的营销战略。

众所周知，传统媒体硬广告的宣传，是目前最为行之有效且最有影响力的推广方式。虽然我们可以直接与其广告商联系，但是价格和水分一般均较高，而我们必须和大量传统媒体（包括各大著名电视台、电台和平面媒体）保持良好的合作关系，以获得折扣更多、版面更大的优势。但是，传统媒体的效果难于评估，消费者的感受无从知晓，大量的广告费用不知道浪费到哪一个角落——这是传统媒体的缺陷。

而应用电子商务进行品牌的传播则大不相同。白酒企业品牌知名度在网站运营电子商务的过程中将得到大幅提升，既能塑造现代化企业形象，同时又能降低运营成本，拓展市场空间，准确把握市场和消费者对企业、产品及服务的需求，提高经营效率，赢取最大利润。这个新型传媒具有很多优点：广告的投入费用较传统媒体的广告投入费用少；传播范围广，不受时间和空间的限制；可定向性强，可以按照受众的具体公司、地理位置、国家等进行精确定向；交互性强，具有可跟踪性；针对性明确，受众数量可准确统计；感官性强。如果能在广大网民中引起共鸣，那么品牌形象的传播速度更是惊人！我们可以通过传统媒体与新兴互联网媒体的互补式宣传，树立企业形象，让更多的人特别是国外的访问者了解我们的行业、我们的企业、我们的产品。而电子邮件的广泛使用，不仅大幅度地降低国内跨地区、国际贸易的成本，也使得沟通的时间降低到最短，从而大大提高了工作效率。电子商务平台的建立还能为我们的行业、企业增添新鲜血液开辟蹊径。一个好的电子商务平台既增加了外界了解企业的窗口，又让更多的人了解企业的精神和文化。借助互联网开辟全新的销售模式，已经迫在眉睫，网络经营已经成为白酒企业经济效益增长的又一突破口。

因此，白酒企业运用网络进行营销的优势很多。首先，网络营销可以降低广告费用。“百威”、“美乐”两大美国啤酒品牌自1996年开始在网上做广告以来，每年广告费用节约近三成。其次，网络营销是交互式的，消费者可以通过站点访问企业，而企业又可通过友好界面和消费者对话。第三，网络营销是参与式的，消费者有更大的自主权，甚至可以自己设计产品，包括产品的规格、型号、价格包装、口味品质等，显示出更大的主动性和灵活性，真正实现从消费者的需求出发。

如今很多白酒企业的高层领导人感慨竞争激烈，市场难做。从市场表面的广告战、公关战、促销战、价格战、通路战到隐蔽的经销商资源争夺战、品牌文化战以及形形色色见不得人的打击竞争对手策略，白酒企业间的竞争简直就是白刃战，招招见血，残酷异常。在众多的白酒企业刺刀见红时，市场还是原来的市场，消费者还是原来的消费者。也就是说，在这些战况激烈的战场上，并没有真正的赢家。而在大量产品、大量品牌充斥市场的时代，市场份额的变化不会因为竞争的激烈而发生变化；消费者也不会因为企业的献媚或者产品的降价而加大对产品的消费。畸形激烈的竞争反而导致区域市场的经销商、销售网络成员更多地向企业伸手；消费者也会因为品牌的过度竞争而更加理性地对产品进行选择。

白酒产业的过度竞争集中在营销系统，是单纯利用营销系统内部各种因素来发挥作用的，如广告竞争、通路竞争、促销竞争和产品竞争。为什么竞争会集中在营销系统的内部因素上？道理很简单，大多数在市场上参与竞争的产品都具备了相同的竞争条件，而企业经营决策者的市场应对手段又走不出营销内部因素所限定的怪圈。我们在市场上看到，白酒企业从产品的不断更新换代、相互效仿，价格的不断调整，到销售渠道、网络的激烈争夺、对抗，再到多种多样的、不择手段的广告与促销，处处皆是短兵相接，血肉相搏。正是白酒行业的这种过度竞争，导致原有的以产品为导向的营销系统日益暴露危机。而这危机就在于白酒企业已经无法面对日益高涨的广告促销费用，无法应付如狼似虎、得寸进尺的经销商，无法驾驭日益更新的区域通路业态，无法满足日趋个性化的消费需求。

很显然，过度的营销系统竞争导致了白酒产业竞争力的衰竭，导致了白酒产业在过度竞争中迷失创新的方向。很多白酒企业的高层都在嘀咕，白酒怎么啦？为什么我比以前花费更多的人力、物力、财力，却再也看不见市场的回报！白酒产业正在洗牌，正在走进新的发展轨道，这是谁都能感受到的事情，而避免营销系统的过度竞争是白酒产业创新的课题。避开营销系统的过度竞争除了体现在战略意义上的竞争转型，更多的是表现在白酒企业的营销管理、品牌管理上的成熟和新型营销系统的建立。向以品牌管理、客户管理、客户服务为中心的新型营销系统的开发的营销战略转型已经是白酒产业发展的唯一解决方案。而传统的营销方式并不能为目前的白酒营销解决什么问题，这个行业迫切需要一种新的媒介和网络来替代已经不符合目前市场需求的传统营销系统，那么一种新型的营销方式“电子商务”正在逐步地渗透着包括白酒在内的每一个社会行业。

白酒业是一个十分特殊的行业，一直属于国家垄断的少数行业之一，长期受到国家政策的保护。近年来，随着市场竞争的日趋恶化，酒业公司要从激烈的竞争当中分得自己的一块奶酪也必须进行积极的探索，不断扩充自己的市场渠道，以新的姿态出现在这个大市场之中。我们必须力求拉近企业与市场的距离，同时提高配货效率，减低各项费用的支出。酒业公司的销售体系规模都比较庞大，特别是异地机构的增加，使得各类费用的支出也就相对增加了，从而在经济和管理上给企业造成了很大程度的负担。那么如何对企业进行有效的管理就成为我们迫切需要解决的问题。而下属机构的管理、提高客户订单的反馈效率、合理调配货物、降低运输储存成本、全面了解各地业务数据、安排生产计划、销售信息的即时反馈都促使我们必须对传统落后的营销网络进行改革。如今信息时代的到来、信息高速公路的贯通，致使各类供求信息快速而准确地到达全世界的每一个角落，其中更是商机无限。“电子商务”作为一种新型的营销方式目前已经普遍应用于各类行业之中。白酒业在这方面虽有应用，但仍处于初期阶段且停滞不前，白酒行业尽快实现电子信息化是解决上述问题的有效途径。

白酒企业的电子商务平台前期解决方案，是利用信息化管理系统将企业总部的各项信息流、物流、财流初步管理起来，将规范的工作流程渗透到整个营销体系当中，致使每一个生产、销售环节都得到有效的控制，从而为电子化的后期工作做好铺垫。当我们实现企业信息化管理之后，企业总部可在任何时间、任何地点对企业营销过程中的每一个环节进行了解、管理和监督，以达到控制市场、规划市场、管理市场的目的。这时我们就可以对未来机构的建立形成一套完整的管理系统，同步跟进，以保障集团化管理的一致。

白酒行业信息化程度相对较低，大部分企业仍处于电子商务的初始阶段——信息门户阶段。这个阶段对企业管理转型改制的要求不高，但开展企业电子商务是今后的发展方向，企业的管理也应当转向客户驱动的供应链管理上来。白酒企业应该绕开电子商务发展的第二阶段——电子订单阶段，直接进入企业电子商务阶段。由于资金的限制，有的新兴白酒企业不可能建立像大型企业一样的 MIS 系统，他们可以通过构建价廉物美的 ERP 系统，将网站以虚拟主机的方式交给具有一定知名度的网络经营商。这样企业内部可以优化销售管理、采购管理、库存管理、应收应付管理、存货核算、配送计划、物料以及计划管理，对外还可实现网上销售、网上采购等功能。

因此，建立恰当的电子商务模式，去改变企业现有的效率不高、不是很健康的交易模式，实现管理现代化的建设，是电子商务的现实意义。

——上海市场营销网 www.sh360.net

(二) 门户网站的整合营销之路

进入 2004 年之后，中国互联网产业在低迷期的积累后又爆发出了蓬勃的增长力。越来越多的企业意识到互联网广告的优势，并且身体力行成为互联网的客户。而网络广告的基础——互联网用户也已经达到 8000 万，位居世界第二位。而且中国网站的总数已经突破了 50 万个，用 CNN 的名称注册的已经接近 40 万个。

互联网广告是最早被发掘、认可的互联网商业模式之一。这之后，电子商务、短信、游戏和搜索陆续作为新模式催生出一批垂直型网络公司，这些专注于某个特定门类的垂直型公司也能从网络广告上分得一杯羹。那么，作为门户网站，如何突显出其在互联网广告上的独特优势？如何充分利用其广泛的用户群基础？这无疑是营销领域的一个新话题。值得注意的是，越来越多的营销专家和从业人员已经敏锐地观察到一些变化：门户网站正在利用其在互联网广告领域的确凿地位，建立全方位的以客户为中心的网络整合营销模式。

就网易的实际经验来看，网络整合营销的本质不仅包括互联网第一阶段的在线广告这一核心产品，还包括以短信、搜索为象征的其他在线产品，以及网易多年来所积聚的在线下的公关、事件、促销等方面的能量。在执行策略上具体表现为：按照客户的具体需求定制能够满足他们需求、实现商业目标的整合营销方案，即变以在线广告为主导的推式为根据需求定制应用的拉式。

网易有一个客户叫做“雅哈咖啡”，它是由国际知名品牌“统一”生产制造的。虽然统一在茶饮料和方便面两块市场具有非常高的知名度，但作为咖啡市场的后来者，短时间内雅哈咖啡的品牌知名度和市场认知度都还无法和统一的强势产品相媲美。另外，由于咖啡这一市场上，早已存在众所周知的行业霸主和其他一些先入品牌，市场竞争的激烈程度相当高。那么，如何在有限的市场空间内迅速提升雅哈咖啡的品牌知名度，从而带动市场份额的增长，缩小与行业领头羊之间的差距？这些不仅仅是雅哈咖啡市场推广和宣传人员所考虑的问题，也是网易所着重考虑的问题！

经过与雅哈咖啡的深入探讨，网易发现，雅哈咖啡的目标销售人群以年轻人居多，这些人群乐于尝试新鲜事物，乐于接受时尚，亲近时尚，而这正与网易的用户群基础十分吻合。对于这个乐于尝试时尚的用户群来说，传统的广告形式效果并不见得奏效，但能够吸引他们加入并成为品牌一部分的互动参与式广告的品牌信息送达率则是最好的。当时恰逢网易首页改版，于是，网易与雅哈咖啡共同设计了一个十分新颖的联合市场活动：全国摘星大行动。

摘星活动的整个周期贯穿2004年春节前后，从2004年1月7日到2004年2月8日进行全国初赛，2月份开始在北京、上海和广州进行分赛区复赛，3月中旬，集中入选者在北京接受决赛前的明星训练营培训，最后的落幕是3月下旬通过电视转播的全国总决赛。在此期间，无论是第一步网上报名、上传个人照片，还是网民投票初评，都充分调动了网民的参与度，就连雅哈的产品网站中，也提供了丰富的背景资料和精美的动画短片，提高网民参与的愉悦程度。

作为中国最早的互联网公司之一，网易对于网站推广的经验是很丰富的。它设计了从硬广告到内文的全站式推广，调动了网易首页和其他页面的优秀广告资源，针对年轻人的性格和消费特征进行广告创意，通过各种友好的广告形式来实现这些想法，并把关注摘星活动的用户流量进一步引入到雅哈咖啡的产品网站，达到最大限度宣传产品信息的目的。这种结合有效地把年轻人在网站上积累的对于摘星活动、对于雅哈的初步认识很快转化成看得见、摸得着、并且和自己有关的品牌形象。

显然，在这个长达两个多月的周期里，热点被不断制造，每一阶段都由于悬念的揭晓而吸引无数网民，网民在参与过程中表达的对于雅哈咖啡的态度和感受对雅哈咖啡来说也非常珍贵，是第一手的用户信息。数据是最好的例证，投票数为394194人次，网站浏览人数更达到759494人。

现代网络营销理念早已公认的是：网络推广是网络营销的核心工作。但网络整合营销并不仅仅只有线上的部分。在雅哈咖啡这个案例中，线下的部分也得到了充分的体现和具体的发挥。

网易首先利用自身在媒体中广泛的知名度召开新闻发布会，组织路演等活动来传播摘星活动，一方面获得了吸引更多参与者的目的，另一方面也起到了传播雅哈咖啡品牌的作用。

我们根据自己调查掌握的数据观测到，咖啡在每个大学生的生活中几乎都不可或缺，而大学生又乐于尝试新鲜事物，这两点很好地满足了雅哈咖啡推广的市场要求。于是，在大专院校以及周边的咖啡屋、小酒吧等高素质时尚年轻人聚集的地方，我们组织人员派发宣传资料和张贴大型海报，并随印刷品赠送雅哈咖啡试用装，生活环境相对封闭的学生通过口耳相传的方式很快就能把雅哈品牌送达学校的每一个角落。摘星活动复赛期间，很多年轻人到现场观看就因为前期的面对面推广激发了他们对产品的兴趣和对赛事最终结果的关心。

这次可以称得上合作而不仅仅是广告的业务之所以能获得如此成功，基础是有效地利用了网易作为主流门户本身强大的号召力和用户的特征，而整合营销的强大力量更是直接推动此次市场活动取得卓越成效的最重要原因。针对雅哈咖啡这一品牌，明确它的品牌定位，明确以客户的需求为导向，然后设计以互联网为核心的营销战略，综合支配各种资源，使网易各部门的力量与不同的营销功能和销售力量得到整合性的应用，帮助消费者对雅哈咖啡这一品牌实现从认知到购买的飞跃性提升。

通过上述案例，我们可以认识到，较之传统媒体而言，互联网媒体的特点在于其全能性及在打造品牌和行销方面的力量，这使得互联网广告的地位不断提升。就像互联网站既是文化产品又是技术产品一样，未来进入了整合营销时代的网络广告也是在综合上述变化特征之后的复合产物。理解并且有效地执行整合营销策略的关键是对网络资源的全局把握和广阔视野下的推广战略。网络广告市场的格局也许会因此而改变。

——三湘时空 www.sxsky.net

本章小结

电子商务下的营销是指利用网络在电子虚拟市场开展的网络营销活动。它是企业以现代营销理论为基础，利用因特网技术和功能，最大限度地满足客户需求，以达到开拓市场、增加赢利的目的经营过程。

在网络营销条件下，营销策略组合是以4C为中心的。网络营销产品策略的内容，已由原来单一的实物产品策略转化为实物产品策略、服务产品策略和信息产品策略三位一体的产品策略。企业在进行网络营销决策时必须对各种因素进行综合考虑，从而采用相应的定价策略。很多传统营销的定价策略在网络营销中得到应用，同时也得到了创新。从总体上来看，网络营销渠道可分为两种：直接营销渠道和间接销售渠道。电子商务为网上直销提供了条件，但网上直销模式是否适合于所有的企业和所有的产品，企业必须慎重考虑。

常见的网络营销手段包括网站推广、网络广告和网络促销。网站作为企业在网上市场进行营销活动的阵地，能否吸引大流量是企业开展网络营销成败的关键，也是网络营销的基础。被誉为“第四媒体”的网络，也具备大众媒介的特征。与传统媒体相比，网络媒体具有时效性极强、传播面广泛、信息多媒体化、互动性强、传播模式灵活多变等优势。传统营销的促销形式主要有四种：广告、销售促进、宣传推广和人员推销。网络促销是在网上开展的促销活动，相应形式也有四种，分别是网络广告、站点推广、销售促进和公共关系营销。

[思考与练习]

1. 什么是网络营销？简述它的理论基础。

2. 网络营销与传统营销有什么区别？网络营销对传统营销的冲击表现在哪里？

3. 简述网络营销策略4C的内容。

4. 简述网络广告的特点和存在形式。

5. 网站推广主要有哪些方法？

6. 与传统促销手段相对应，电子商务促销有哪些手段？

7. 选择本地区某一企业进行调查，试用网络营销理论分析其网络营销的特点，并提出自己的意见。

8. 为你所熟悉的企业设计一份网络营销方案。

9. 上网了解常见的网络广告形式。

第四章　电子商务安全

［学习目标］

通过本章的学习，了解电子商务的安全威胁，掌握针对面临的威胁、攻击和基本安全问题而提出的电子商务安全体系；了解流行的数据加密技术，掌握数据加密技术在电子商务中的各种具体应用。

［导入案例］

击垮电子商务网站：儿戏而已

2000年2月6日到2月7日，Amazon. com，CNN. com，eBay，Yahoo等网站被大量的访问请求所淹没，正常访问实际上已经被中断。估计这些攻击造成的商业损失约为17亿美元。类似的攻击事件在随后几年里不断发生。

从技术上讲，这些网站都是DDOS（分布式拒绝服务）攻击的受害者。在DDOS（拒绝服务）攻击里，黑客使用软件向目标电脑发送大量的数据包，旨在使目标电脑超载。使用DDOS攻击，黑客非法获得了因特网上大量电脑的管理权限。黑客一旦进入大量电脑中，就会往这些电脑里安装DDOS攻击软件。这些软件处于等待状态，一旦收到指令就会攻击目标电脑。当指令发出后，分散的电脑网络就会开始发出大量请求，使目标电脑瘫痪。

那些被安装了DDOS软件的电脑被称为受控端。在大学和政府网站上经常可以找到受控端。随着电缆调制解调器和DSL调制解调器的出现，整天联在网络上的家庭电脑成了绝佳的潜在受控端。防火墙外的商用Web服务器也在逐渐成为此类牺牲品。

DDOS攻击并不新鲜。1996年，一家纽约的网络服务提供商（ISP）在遭受DDOS攻击后，网络服务中断了一周多，中止了向6000多名用户和1000家公司提供服务。当时，黑客被认为是具有丰富系统知识的专家，他能掩盖自己的网址，使他人发现不了自己的身份。今天，黑客群体已经发生了变化。由于广泛传播的免费的入侵工具和代码，实际上即便是拥有极少电脑使用经验的人（经常是一些青少年）也可以进行DDOS攻击。DDOS攻击现象证明：各种攻击的范围正越来越大，影响正越来越严重。另外，有经验的入侵者正变得更加聪明，同时一名新手照搬、照抄攻击手段所需的知识也在减少。

——Efrain Turban《电子商务——管理新视角》

第一节 电子商务安全概述

我国现阶段多数企业的电子商务系统只是在一般网站的基础上增加了简单的产品目录和订购单。这种比较初级的电子商务系统因为还没有与企业内部网连接，所以涉及的安全问题不太多。然而，真正充分集成的电子商务应用系统要求企业网站与后端数据库系统相连接，提供有关产品的库存、发货情况以及账款状况的实时信息，向客户提供只能通过网络才能得到的重要服务，同时还可以帮助商家实现业务处理的流水化。这种完整的电子商务系统将内联网与互联网连接，从而使各种信息（小到公司的商业机密、商务活动，大到国家的政治、经济机密等）都面临网上黑客与病毒的严峻考验。

电子商务发展的核心和关键问题是交易的安全性，这是网上交易的基础，也是电子商务技术的难点所在。作为电子商务基础框架的互联网，源于计算机资源共享的需求，具有很好的开放性，但正是这一特点衍生了新型的破坏者和盗窃者，使网上交易面临种种危险，成为影响网上交易的最大阻力，也由此产生了相应的安全控制要求。近年来，计算机病毒破坏、黑客盗取信用卡账号、网络钓鱼欺诈、网络木马等犯罪行为正在成为新型高科技犯罪热点，严重威胁着电子商务的正常秩序。

一、电子商务面临的安全威胁

传统的交易是面对面的，交易双方比较容易建立信任关系，能够保证交易过程的安全性。而电子商务活动是通过不谋面的计算机网络进行的，因而交易双方缺乏传统交易中的信任感和安全感。

电子商务交易过程中买卖双方都可能面临下列安全威胁：

1. 信息泄露

电子商务中商业机密的泄露，主要包括两个方面：一是交易双方进行交易的内容被第三方窃取；二是交易一方提供给另一方使用的文件被第三方非法使用。

2. 信息篡改

这是指商务信息在网络传输的过程中被第三方获悉进行非法篡改，或者黑客非法入侵电子商务系统非法篡改商务信息，从而使商务信息失去真实性和完整性。

3. 信息破坏

信息破坏要从两个方面来考虑。一方面是非人为因素，如网络硬件和软件等计算机系统故障，可能会使商务信息丢失或发生错误等，对交易过程和商业信息安全造成破坏；另一方面则是人为因素，主要指计算机网络遭到一些恶意行为（如计算机病毒、黑客等）的攻击，而使电子商务信息遭到破坏。

4. 抵赖行为

传统商务活动是在传统商业信用环境中进行的，而网上交易的双方通过计算机的虚拟网络环境进行谈判、签约、结账，当一方发现交易对自己不利时，可能会产生抵赖行为，从而给另一方带来损失。

二、导致网络攻击的原因

在Web出现以前，因特网仅被用于研究，大多数数据通过电子邮件或文件传输协议(FTP)在研究人员之间传递。虽说有些敏感的数据会被黑客破坏，但多数数据是学术性的，对外界没有多大吸引力。电子商务的迅猛发展使情况发生了变化。消费者开始用信用卡在网上购买商品和服务；成百万的人用他们的电子邮件账户做生意；B2B网站则将敏感的商业数据通过网络提供给贸易伙伴；世界上的大企业几乎都有自己的网站，并向公众开放。电子商务的高速发展无疑使因特网对黑客产生了极大的诱惑。然而，还有很多其他因素导致网络攻击数的上升，这主要包括以下几个方面。

（一）安全系统的强壮性取决于其最薄弱处

电子商务系统由几个部分组成，如防火墙、认证系统、加密系统等。然而，入侵者为了攻击系统只需知道一个漏洞就足够了。

（二）安全性和易用性（或可执行性）是矛盾的

安全性与易用性之间存在一种矛盾关系。以密码为例，若给出的密码是“＃＄8~-96-32”，一来难记，二来难用。你必须将它们记在某个地方。若是用“Johnsmith”之类的密码，虽然好记但很容易被人猜出。别的安全手段也有同样的问题。虽然电子支付、数字证书、电子钱包和其他专门的安全系统使外界人员很难破坏B2C电子商务网站，但另一方面也使商家难以运作支付系统，使用户购买商品极不方便。解决方案是找到安全性与易用性之间的最佳平衡点。

（三）安全性受市场压力退居次席

多数电子商务网站是用第三方提供的软件建立的。市场压力和技术的快速更新，使这些软件商往往只注意产品上市的速度而忽视了它们的安全性能。通常，软件开发商在软件开发的最后阶段才去考虑其安全特性，或借助支撑平台——安全系统运行的网络服务器或操作系统来提供安全功能。

（四）电子商务网站的安全性以因特网的整体安全性为保证

连接到因特网的学校、图书馆、家庭及小型企业的网站数量越来越多。大型公司和网络服务商投入大量时间和精力以维护其网站的安全，而那些小型网站的管理责任则落在了受过很少或没受过培训的人的身上。当然，有些大公司为了及早建立网站而忽略了网站安全维护。人才的缺乏也使某些大公司只能雇用一些安全经验欠缺的维护人员。配置糟糕和过时的操作系统、电子邮件程序及网站也给黑客以可乘之机。

遗憾的是，网络是一个联系紧密的整体，一个网站的安全性往往依赖于其他网站的安全性。黑客正是利用较弱网站的安全漏洞攻击安全性强的网站。DDOS入侵及电子邮件病毒的传播就是不争的事实。

（五）安全漏洞层出不穷，令人措不及防

黑客集团实力强大，并且联系密切。他们会将自己的发现共享出来并到处张贴，任何人都可以访问这些信息，并加以利用和改进。而且无论何时，网上总会存在病毒、蠕虫及入侵事件，而人们往往意识不到。

（六）普通应用程序的安全问题

在过去几年间，微软公司不仅占领了文字处理领域（Word）和电子表格领域（Excel），还涉足电子邮件软件（Outlook）、Web 浏览器（Internet Explorer）和演示软件（PowerPoint）领域。对于大多数公司来说，这套软件不仅可以减少大量管理成本，还使人们能方便地在组织内外共享文档。但是，黑客一旦发现这些产品中的一个漏洞，全世界的使用者都有可能遭殃。例如，Melissa 和 ILoveYou 病毒在全世界的迅速蔓延，就是微软 Outlook 软件的广泛使用所引发的。

三、基本安全问题

2000 年由 DDOS 攻击引起的经济损失达到了 17 亿美元，这包括恢复服务所需的工时、未成交的交易损失额以及损失的广告费用。据国际数据公司（IDC）调查，大型公司在 1999 年用于安全咨询的费用为 62 亿美元，而到 2003 年则达到 148 亿美元。

安全问题不仅是那些大公司所普遍关注的，对于小型企业或个人用户来讲，也是一个值得关心的问题。例如，当一名用户连接到一个网上商店想获取一些产品信息时，他会被要求填写一份个人情况调查表。在这种情况下会出现什么样的安全问题呢？

就用户来说：用户怎样才能确保该网站的服务器是由合法公司拥有并运作的？用户如何才能知道该网页和表格不包含一些恶意或危险的代码或内容呢？用户如何才能知道自己提供的信息不被提供给别的机构或个人呢？

就公司来说：公司如何才能知道用户不会入侵服务器并更改网页或内容呢？公司如何才能知道用户不会破坏服务器，使它不能向其他用户提供服务呢？

从双方共同的角度来说：他们如何才能知道没有第三方在窃听网上的内容？他们如何才能知道在服务器和浏览器之间传递的内容没有被更改过？

这只是在电子商务交易中可能发生的安全问题的一些例子。其他类型的网上交易（如需要电子支付的交易）还面临着别的安全问题。下面列出了电子商务中其他一些主要的安全问题。

1. 认证

当你登录一个网站时，如何知道它不是假的？当你将税款通过网络寄出时，如何知道接收者是税务当局？当你收到一封电子邮件时，如何知道这封邮件是由信上所署名的人寄出的？一方证明另一方真实性的过程被称做认证。认证需要一定的证据，包括所知信息（如密码）和所有物（如智能卡）或者特有物（如签名）。

2. 授权

某人或某个程序经过认证后是否有权访问某个特定数据、程序或系统资源（如文件、注册表和目录等）呢？授权与否取决于个人或程序的访问控制信息与被访问资源的比较结果。

3. 审查

当个人或程序访问某网站时，其相关信息将被记入日志文件中。同样，当个人或程序查询数据库时，其操作也将被记入日志文件。收集有关访问特定资源、使用特定权限或执行其他安全操作（不论成功与否）信息的过程叫做审查。审查可以帮助追查特定操作，从而识别执行这些操作的人或程序。

4. 机密或隐私

隐私或敏感的信息不应提供给未经授权的个人、机构或计算机软件程序。这些需保密的内容包括交易机密、商业计划、健康状况记录、信用卡号码，甚至用户曾访问过某个网站的事实。通常借助加密来确保其机密性。

5. 完整性

完整性指数据受到保护而不会在未经授权或偶然的情况下被更改或破坏的能力。数据在传输过程中或在被存储后可能被更改或破坏。金融数据就是需要保证完整性的一个例子。同样，加密也是用于保证数据在传输过程中的完整性的一种手段。

6. 可获取性

用户进行网上股票交易时需要网站提供近乎实时的服务。当用户或程序需要页面、数据或服务时，网站应立即提供。类似负荷平衡软、硬件之类的技术就是为了保障网站的可获取性。

7. 防抵赖

如果你用邮件订货目录来订货并用支票付款，那么是很难抵赖的。但是，当你通过目录销售商的800免费电话订购同样的货物并用信用卡付款时，常有争辩的余地，尽管可以查到订货电话是从哪台电话机打出的。类似地，如果你通过目录销售商的网站订货并用信用卡支付，就可以声称订货的并非是你本人了。防抵赖系统可以防止订货者否认已经订过货，其关键在于通过订货者的“签名”使其难以抵赖。

四、电子商务的安全体系

为了提高电子商务活动的安全性，除了采用先进的网络安全技术（如防火墙、访问控制、虚拟专网等）外，还必须有一套有效的信息安全机制作为保证，来实现电子商务交易数据的保密性、完整性和不可否认性等安全功能，这就是电子商务安全交易体系。概括起来，该安全体系包括信息加密算法、安全认证技术和安全交易协议等几个技术层次，如图4-1所示。

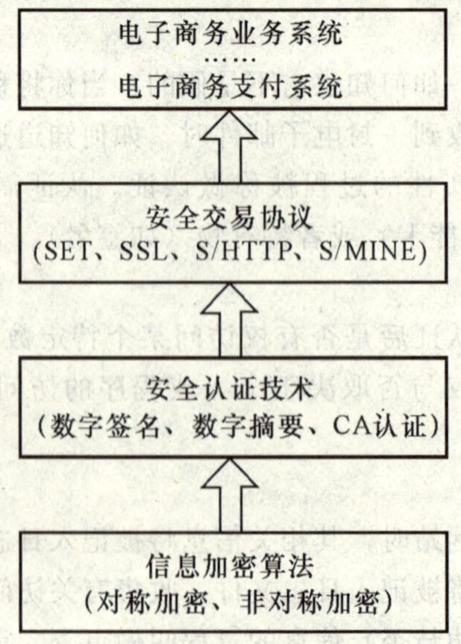

图4-1 电子商务安全交易体系

第二节　数据加密技术

一、数据加密技术的基本机理

采用密码方法可以隐藏和保护需要保密的信息，使未授权者不能获得该信息。加密技术是对传输过程中的数据进行保护的重要方法，也是对存储在媒体上的数据内容加以保护的一种有效手段。加密已经成为实现网络安全的一种有效而又必不可少的技术手段。

传统加密体制的整个过程如图 4－2 所示。此图是加密/解密的一个基本原理图，需要加密的信息称为明文（Plaintext），这个明文信息由一个加密函数变换成密文（Ciphertext），这个函数以一个密钥（Key）作为参数，所以可以用 C＝E（M，Ke）来表示这个加密过程。

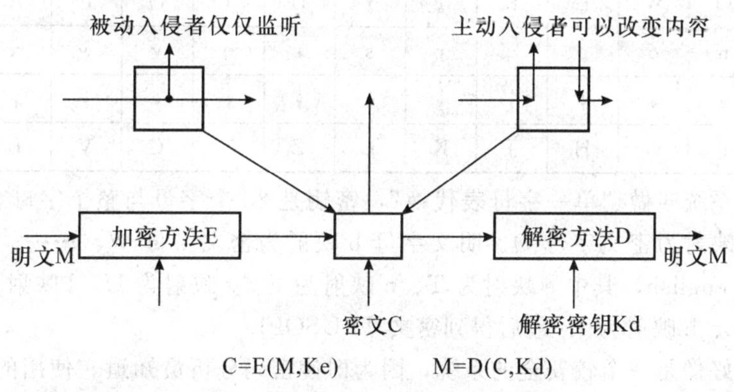

图 4－2　传统加密体制的基本过程

解密过程基本类似，用一个解密函数和解密密钥对密文进行变换，使其成为明文，即 M＝D（C，Kd），所以有 M＝D（E（M，Ke），Kd）。如果 Ke＝Kd，那么这种加密体制称为单钥或对称密码体制（One Key or Symmetric Cryptosystem）。如果 Ke≠Kd，那么这种加密体制称为双钥或非对称密码体制（Two-Key or Asymmetric Cryptosystem）。这是 1976 年由 Diffie 和 Hellman 等人所开创的新体制。密钥是密码体制安全的关键，它的产生和管理是密码技术中的重要研究课题。

不论截取者获得多少密文，如果没有足够的信息来确定对应的明文，那么这种密码体制就认为是理论上不可破的。但在无成本限制的条件下，目前几乎所有的密码体制都是可破的，因此，密码编码专家要研制出在现有的计算资源或成本条件下不可破解的密码体制。如果一个密码体制的密码不能被现有的计算资源所破解，那么它在计算上可以说是安全的。

一般加密/解密的函数（算法）是公开的，一个算法的强度（被称为破解的难度）除了依赖于算法本身以外，还往往与密钥长度有关。通常密钥越长，强度越高，这是因为密钥越长，被猜出的可能性越低。所以，保密性在于一个强度高的算法加上一个长度长的密钥。

二、经典加密技术

早在几千年前人类就已经有了通信保密的思想和方法。如为隐藏明文，而将一个字母或一组字母用另一个字母或另一组字母代替，这就是最古老的恺撒密码，是代换密码的一种。在这种方法中，如果将明文字母表移动 3 个字母得到密文字母表，即 a 变成 D，b 变成 E，c 变成 F，……，z 变成 C，则 english 变成 HQJOLVK。其中明文用小写字母，密文用大写字母。若允许密文字母表移动 k 个字母而不是总是 3 个，那么 k 就成为循环移动字母表通用方法的密钥。

再进一步改善，将明文中的符号，比如 26 个字母，简单地映射到其他字母上，出现了映射代换密码。例如表 4－1：

表 4－1　　映射代换密码

明文：	a	b	c	d	e	f	g	h	i	j	k	l	m
↓	↓	↓	↓	↓	↓	↓	↓	↓	↓	↓	↓	↓	↓
密文：	Q	W	E	R	T	Y	U	I	O	P	A	S	D
明文：	n	o	p	q	r	s	t	u	v	w	x	y	z
↓	↓	↓	↓	↓	↓	↓	↓	↓	↓	↓	↓	↓	↓
密文：	F	G	H	J	K	L	Z	X	C	V	B	M	N

这个通用系统叫做“单一字母表代换”，密钥是 26 个字母与整个字母表的对应关系，即明文字母 a 映射为密文字母 Q、明文字母 b 映射为密文字母 W、……。应用上面的密钥，对于明文 english，其中 e 映射为 T、n 映射为 F、g 映射为 U、l 映射为 S、i 映射为 O、s 映射为 L、h 映射为 I，最后得到密文 TFUSOLI。

这个系统好像是一个较安全的系统，因为即使密码分析员知道它使用的是字母与字母的代换，但他要试遍各个字母代换的可能性几乎是不可能的。但如果给出很少一部分密文，则可以应用自然语言的统计规律作为手段，密码还是有可能被破译的。

例如，在英语中，字母 e 是用得最多的，其次为 t，o，a，h，i 等。最常用的两字母组合依次是：th，in，er，re 及 an。最常用的三字母组合是：the，ing，and 及 ion。因此，破译时可以从计算在密文中所有字母出现的相对频率开始，试着设定出现最多的字母为 e 等，接着计算二字母组及三字母组。如果猜测出更多的字母，就可组织出一个实验性的明文。阿拉伯的密码破译专家在公元 9 世纪就已经娴熟地掌握了用统计字母出现频率的方法来破解简单替换密码。

1918 年，德国人亚瑟·谢尔比乌斯用电气技术取代传统铅笔加纸的加密方法发明了加密电子机械英格码（ENIGMA），将传统替换密码技术发展到极致。英格码加密使用复式替换密码，同一个字母在明文的不同位置可以被不同的字母替换，而密文中不同位置的同一个字母，可以代表明文中的不同字母，频率分析法在这里失去了用武之地。在一亿亿种可能性中寻找密钥极大的难度最初曾使英法密码分析专家对破解英格码失去信心，德国获得了有史以来最为可靠的加密系统。到 1936 年，德国军队大约装备了 3 万台英格码。英格码不仅仅是德国秘密通信的手段，更是纳粹德国在“二战”初期实施大规模多兵种快速协同作战的“闪电战”和海军潜艇“狼群战术”的关键，盟国为此付出了沉重的代价。

波兰的雷杰夫斯基等人和英国的阿兰·图灵（Alan Turing）等密码分析专家都曾先后成功地找到破解英格玛的办法，大大缩短了战争的历程。后来，为了纪念计算机概念的创始人、英国数学天才阿兰·图灵的杰出贡献，美国计算机学会（ACM）于1966年将世界计算机科学领域的最高奖项命名为“图灵奖”，每年颁发给在该领域作出突出贡献的研究人员。

1949年，信息论创始人C. E. Shannon论证了一般经典加密方法得到的密文几乎都是可破的，这引起了密码学研究的危机。但是从20世纪60年代起，随着电子技术、计算机技术、结构代数、可计算性技术的发展，数据加密标准DES和公开密钥体制产生了，它们成为近代密码学发展史上两个重要的里程碑。

三、对称密钥加密技术

对称加密算法是指信息加密和解密使用相同的密钥。目前国际上较为通行的有DES、3DES以及最近推广的AES等。因为对称加密算法的计算速度非常快，所以被广泛应用于对大量数据的加密过程。

数据加密标准（DES，Data Encryption Standard），是IBM公司1977年为美国政府研制的一种加密算法。它很可能是使用最广泛的密钥系统，特别是在保护金融数据的安全中，最初开发的DES是嵌入硬件中的。通常，自动取款机ATM都使用DES。

DES是以56位密钥为基础的密码块加密技术，它的基本思想来自于分组密码，即将明文划分成固定的n比特的数据组，然后以组为单位，在密钥的控制下进行一系列的线性或非线性的变化而得到密文。分组密钥一次变换一组数据，当给定一个密钥后，分组变换成同样长度的一个密文分组。若明文分组相同，那么密文分组也相同。

1979年美国银行协会批准使用DES，1980年它又成为美国标准化协会（ANSI）的标准，逐步成为商用保密通信和计算机通信的最常用加密算法。DES的公布在密码学发展过程中具有重要的意义。多年来，DES一直活跃在国际保密通信的舞台上，扮演了十分重要的角色。

进入20世纪90年代以来，DES的保密性在实际应用中受到了很大的挑战。以色列的密码学家Shamir等人提出了一种“差分分析法”，随后日本人又提出了类似的方法，这些可以认为是对DES的正式攻击算法。1999年1月EFF和分散网络用不到一天的时间，破译了56位的DES加密信息，DES的统治地位受到了严重的挑战。

DES毕竟已经公开了20多年，破译研究比较充分，随着电子技术的进步，其受到的威胁渐成现实，DES的历史使命即将完成。为此，美国推出了DES的改进版本3DES，即在使用过程中，收发双方都用三把密钥进行加密解密。这种3×56式的加密方法大大提升了密码的安全性，按现有计算机的运算速度破解这种密码几乎是不可能的，但同时我们也要花更多的时间来对信息进行三次加密和对每个密层进行解密。使用这种密钥的双方都必须拥有三个密钥，如果丢失了其中一把，其余两把就成了无用的密钥。这样私钥的数量一下又提升了三倍，这显然增加了管理的难度。于是美国国家标准与技术研究所（NIST）最近又推出新的技术手段——高级加密标准（AES，Advanced Encryption Standard）。

AES内部有更简洁精确的数学算法，加密数据只需一次通过，因此具有更高的速度和坚固的安全性能，系统资源消耗较低，而且能够支持各种小型设备。从这方面来看，

AES 有取代 3DES 的趋势。

在对称加密算法中，发送者和接收者拥有相同的密钥虽然解决了信息的保密问题，但又引出了新的问题。发送者用对称密钥对明文加密后发送给接收者，接收者必须要有相同的密钥才能解密，但是如何将密钥传送给接收者呢？显然不能通过网络传送。因此对称加密技术在实际应用中存在以下问题：

（1）在首次通信前，双方必须通过网络以外的途径传递统一的密钥；

（2）当网络用户数很多时，对称密钥的管理十分烦琐。例如一个拥有 100 个贸易伙伴的企业，必须要有 100 个密钥，这就使密钥管理和使用的难度增大；

（3）对称加密是建立在共同保守秘密的基础之上的，在管理和分发密钥过程中，任何一方的泄密都会造成密钥的失效，存在着潜在的危险和复杂的管理难度。

四、非对称密钥加密技术

非对称密码术相对于对称密码术的最大区别就在于它的加密和解密不是使用同一个密钥和算法。在对称密码术中，加密和解密都需要共享一个密钥，这可能是使用密码术的对称密码体制的主要弱点。在非对称密码术或公钥密码术中没有这样的问题。非对称密码术或公钥密码术使用在数学上相关的两个密钥，并通过用其中一个密钥加密的明文只能用另一个密钥进行解密的方法来使用密钥。通常，其中一个密钥由个人秘密持有，因此几乎没有必要共享密钥，从而避免了对安全性的威胁。第二个密钥，即所谓的公钥，需要让尽可能多的人知道。

自公钥密码体系（Public Key Cryptosystem）问世以来，学者们提出了多种公钥加密算法，它们的安全性都是基于复杂的数学难题。根据所基于的数学难题来分类，有以下三类系统目前被认为是安全和有效的：大整数因子分解系统（代表性的算法有 RSA）、椭圆曲线离散对数系统（ECC）和离散对数系统（代表性的算法有 DSA）。

目前公钥密码体系用得最多的是 RSA 算法。它是以三位发明者 Ron Rivest，Adi Shamir 和 Len Adleman 姓氏的第一个字母组合而成的。三位学者因此而获得了 2002 年的图灵奖。

RSA 最重要的特点是加密和解密使用不同的密钥，即每个用户保存着两种密钥：公开密钥（Public Key，简称公钥）和私人密钥（Private Key，简称私钥）。RSA 的数学原理是将一个大数 n 分解成两个质数 p 和 q 的乘积，加密和解密使用的两个不同的密钥实际上是两个很大的质数 p 和 q，用其中一个质数与明文相乘，可以加密得到密文；用另一个质数与密文相乘可以解密。

RSA 的安全依赖于因数分解的困难性。Rivest、Shamir 和 Adleman 建议取 p 和 q 为 100 位十进制数，这样 n 为 200 位十进制数。要分解 200 位的十进制数，按每秒 1 亿次运算的超高速电子计算机，也要 108 年。近来对大数分解算法的研究引起了数学工作者的重视。1990 年有 150 位的特殊类型的数（第 9 个费尔玛数）已被成功分解。最新记录是 129 位十进制数在网络上通过分布计算被分解成功。估计对 200 位十进制数的因数分解，在亿次机上要进行 55 万年。

公开密钥技术解决了密钥发布的管理问题。用户可以公布其公钥，就像现在个人的姓名、地址、E-mail 地址一样，可以放在网页上供人下载，也可公开传送给需要通信的人。

而私钥需由用户自己严格保管。发送方在通信时用接收方的公钥对明文加密后发送，接收方用自己的私钥进行解密，别人即使截取了也无法解开，这样既解决了信息保密问题，又克服了对称加密中密钥管理与分发传递上的难题。

对称加密体系和非对称加密体系相比各有自身的优点。第一，在密钥分配管理方面，对称加密算法需要管理的密钥要多些。第二，在安全方面，公钥加密体系更具有优越性。第三，对称加密技术不支持数字签名，而公钥加密技术可以进行数字签名和验证。第四，从速度上来看，对称加密算法的速度较快。对称加密体系的 AES 算法的软件实现速度已经是公钥加密技术的 100 倍，这是在实际运用中公钥加密算法没有完全取代对称加密算法的重要原因。

纵观对称加密和非对称加密两类算法，一个从 DES 到 3DES 再到 AES，一个从 RSA 到 ECC，其发展无不是从密钥的简单性、成本的低廉性、管理的简易性、算法的复杂性、保密的安全性以及计算的快速性这几个方面去考虑的。因此，在电子商务安全实践中，为了保证系统的安全、可靠以及使用效率，可以把这两类算法结合起来使用。如在当前由 RSA 和 DES 相结合的综合保密系统中，用 DES 算法作为数据的加密算法对大量数据进行加密，用 RSA 算法对 DES 算法的密钥等重要信息进行加密。这样的系统可以扬长避短，既能发挥 DES 算法加密速度快、安全性好的优点，又能发挥 RSA 算法密钥管理方便的优点。

信息保密除了采用数据加密技术措施外，也需要有安全管理制度来配套保证。比如采取定期的漏洞评估、访问控制、员工安全培训、物理安全措施、员工背景调查、事件响应与报告、数据保留与销毁策略等。

第三节 数据加密技术在电子商务中的应用

数据加密技术在电子商务领域得到了广泛的应用，成为电子商务不可缺少的安全屏障。数字文摘、数字签名、认证中心、数字证书、SSL（安全套接层）、SET 等电子商务安全技术都是数据加密技术的具体应用。

一、数字文摘

数字文摘技术主要用于保证信息的完整性（Data Integrity）。一般采用散列算法，输入为任意长度的明文 M，输出为一固定长度的字节串 H（M）。该固定长度的字节串 H（M）即为对应明文信息的数字文摘。数字文摘随明文一起发送。一般当明文 M_1 被篡改为 M_2 时，有 H（M_1）！＝H（M_2）。接收方对收到的明文进行散列算法，并和收到的附加字节串进行比较，这样就可判断明文是否被篡改，从而保证信息的数据完整性。

数字文摘算法主要有 SHA 即安全的散列算法（Secure Hash Algorithm）、MD 即文摘算法（Message Digest）等。SHA 算法的输入为任意长度的明文，输出为一固定长度 160 bit 的字节串。MD 算法也是一种散列算法。其输入为任意长度的明文，输出为一固定长度 128bit 的字节串，常用的有 MD4、MD5 等算法。

二、数字签名

在电子商务活动中，参与交易的各方可能在整个交易过程中自始至终不见面，传统的签字方式很难应用于这种网上交易。在网络传送的报文上如何签名盖章呢？如何使彼此的要约、承诺具有可信赖性？当债务与合同义务发生不履行时，又如何有效地使违约方承担起应负的法律责任？这就是数字签名技术要解决的问题。

数字签名是指发送方以电子形式签名一个消息或文件，签名后的消息或文件能在计算机网络中传送，并表示签名人对该消息或文件的内容负有责任。数字签名综合使用了数字文摘和非对称加密技术，可以保证接收者能够核实发送者对报文的签名，发送者事后不能抵赖对报文的签名，接收者不能篡改报文内容和伪造对报文的签名。

数字签名的制作及验证过程如下：

(1) 发送方先对将要签名的报文（消息或文件）生成数字文摘。

(2) 发送方用自己的私钥对数字文摘进行加密，生成的密文即为发送方对报文的数字签名。

(3) 发送方将报文明文及数字签名一起发送给接收者。

(4) 接收者先采用相同的文摘算法对收到的明文制作数字文摘。

(5) 接收者再用发送方的公钥对收到的数字签名进行解密，得到报文的原始数字文摘。

(6) 接收者自己制作的数字文摘与报文的原始数字文摘相比较，如果二者相等，则表明信息的确来自发送方，信息内容也没有被篡改。

由于发送方自己管理使用私钥，其他人无法仿冒使用，一旦发送方用自己的私钥加密发送了信息就不能否认，因此数字签名同时解决了电子商务信息的完整性鉴别和不可否认性（抵赖性）两项安全问题。

数字签名与传统手工签名相比有很大的优越性。传统的手工签名具有固定不变、容易模仿、伪造、手续繁琐等缺点。而数字签名的特点是易更换、难伪造，可以让接收者核实发送者对报文的签名，保证签名者无法否认自己的签名（不可抵赖），保证接收方无法伪造发送方的签名（不可篡改），同样也可以作为信息收发双方产生纠纷时的法律依据。

三、数字时间戳

在书面合同文件中，日期和签名均是十分重要的防止被伪造和篡改的关键性内容。在电子交易文件中，时间和签名也同等重要。数字时间戳（DTS，Digital Time-Stamp）技术是数字签名技术的变种应用，是由 DTS 服务机构提供的电子商务安全服务项目，专门用于证明信息的发送时间。

数字时间戳产生的过程一般是：

(1) 用户首先将需要时间戳的文件用 Hash 函数得到数字摘要。

(2) 将数字摘要发送到专门提供数字时间戳服务的 DTS 机构。

(3) DTS 机构在原数字摘要上加上收到的时间信息，代入 Hash 函数得到新的数字摘要。

(4) DTS 机构用自己的私钥对新的数字摘要进行加密，产生数字时间戳发还给用户。

（5）用户可以将收到的数字时间戳发送给自己的商业伙伴以证明信息的发送时间。

可见，数字时间戳是经加密后形成的凭证文档，包括三个部分：需加时间戳的文件的数字摘要；DTS 机构收到文件摘要的日期和时间；DTS 机构的数字签名。

目前国内已有上海 CA、广东 CA 等多家机构提供数字时间戳服务。

四、身份认证

（一）身份认证常用方式

身份认证是判明和确认网上交易双方真实身份的重要环节。由于不谋面的交易双方通过普通的计算机网络传输信息很难确认对方的真实身份，因此，必须要采取一定的身份识别技术证实各方的真实身份，才能使当事人无法抵赖自己的行为，保证电子商务的健康发展。

用户的网上身份认证通常可通过以下基本方式或其组合方式来实现。

1. 口令方式

这是用户身份认证的最简单、最广泛的一种方法。口令由数字字母、特殊字符等组成。系统事先保存每个用户的二元组信息，进入系统时用户输入二元组信息，系统根据保存的用户信息和用户输入的信息相比较，从而判断用户身份的合法性。这种身份认证方法操作十分简单，但最不安全，因为其安全性仅仅基于用户口令的保密性，而用户口令一般较短而且容易猜测，不能抵御口令猜测攻击，整个系统的安全容易受到威胁。

2. 标记方式

标记是用户所持有的某个秘密信息（硬件），上面记录着用于系统身份识别的个人信息。用户必须持有合法的物理介质（如智能卡等）用于身份识别，才能访问系统资源。

3. 人体生物特征方式

人们将生理和行为特征统称为生物特征，通常包括：指纹、掌纹、视网膜、脸像、声音、笔迹、步态、DNA 图案等。这些人体生物特征在人群中出现完全相同的概率非常低，可以直接用于身份认证，并具有很高的安全性，适用于保密要求较高的场合，但一般成本较高。目前已推出的设备有：视网膜扫描仪、指纹识别仪、声音验证设备、手型识别器等。

4. PKI 认证方式

在电子商务环境下，可以使用由 PKI/CA 认证中心颁发的数字证书来证实网络交易各方的真实身份。这种方式是通过公钥密码体制中用户私钥的机密性来提供用户身份的唯一性验证，并通过数字证书的方式为每个合法用户的公钥提供一个合法性的证明。PKI 认证是一种强认证机制，综合采用了摘要算法、非对称加密、对称加密、数字签名等技术，并很好地将安全性和高效性结合起来，目前广泛应用于安全电子邮件、应用服务器访问、客户端认证、防火墙认证、网上交易、数字签名等领域。

身份认证根据采用因素的多少可以分为单因素认证、双因素认证和多因素认证。单独使用上述认证方式中的一种进行身份认证属于单因素认证。将上述认证方式中的两种结合起来进行的认证属于双因素认证，如在银行 ATM 取款机上操作要求同时使用银行卡物理介质（标志）和口令两种方式，登录个人网上银行专业版要求同时使用口令和数字证书等。由于 PKI 认证方式中数字证书私钥通常存储在计算机硬盘、智能卡或 USB Key 等存储介质中，用户会设置简单好记的口令访问存储介质使用私钥，因此就形成了一个弱因子（口令）和一个强因子（证书）的结合的机制。如果个人保管不当，可能会发生证书私钥文件（或存储介质）与保护口令同时被窃取的情况，因此对用户来说，仍然存在着数字身份被假冒的可能性。在安全级别要求高的地方，这种身份认证是不够的。如果结合如指纹等生物特征识别技术就可以实现一种强双因子认证机制，有效确认合法用户的数字身份和物理身份，安全强度将大为提高。将三种以上认证方式组合起来使用属于多因素认证。

（二）认证中心

认证中心（CA，Certificate Authority），也称为电子认证中心，是承担网上安全电子交易认证服务、签发数字证书、确认用户身份、与具体交易行为无关的第三方权威机构。

认证中心通常是企业性的服务机构，主要任务是受理证书的申请、签发和管理数字证书。其核心公共密钥基础设施（PKI）是一种易于管理的、集中化的网络安全方案，它支持多种形式的数字认证、数据加密、数字签名、不可否认、身份鉴别、密钥管理以及交叉认证等。认证中心在整个电子商务环境中处于至关重要的位置，它是整个信任链的起点。如果认证中心不安全或发放的证书不具权威性，那么网上安全电子交易就根本无从谈起。

认证中心的可靠程度取决于以下标准：系统的保密结构，包括运营程序以及由认证授权机构提供的保护措施；用于确认申请证书的用户身份的政策和方法；电子交易的用户是否能信赖由其他人证明的身份或证书内容；证书申请机构在安全管理方面的经验，特别是很长一段时间内提供这些服务的信誉。

从世界范围看，认证中心的设置主要有两种途径：一种是由政府组建的或者授权的机构担任，以政府信用作为担保，如我国的CA机构主要由政府主导，以保证数字证书的权威性、标准化、可执行性；另一种则是通过市场的方式建立，在市场竞争中建立信用，如美国的Verisign公司等。

1. 认证中心的职能

认证机构的核心职能是发放和管理用户的数字证书。认证中心必须能够做到：用户能够方便地查找各种证书，包括已经撤销的证书；能够根据用户请求或其他信息撤销用户的证书；能够根据证书的有效期自动地撤销证书；能够完成证书数据库的备份工作；有效地保护证书和密钥服务器的安全，特别要保证认证中心的签名密钥不被非法使用。

认证中心的四大具体职能包括证书发放、证书更新、证书撤销和证书验证。

(1) 证书发放。

认证中心接受个人、单位的证书申请，核实申请人的各项资料是否真实，根据核实情况决定是否颁发数字证书。认证中心必须做到：保证所发的证书的序号各不相同；不同的实体所申请的证书的主体内容不一致；不同主体内容的证书所包含的公开密钥各不相同。

(2) 证书更新。

证书使用总是有期限的，在证书发行签字时都规定了失效日期，期限长短根据CA安全策略决定。更换过期证书，密钥对也需要定期更换。

(3) 证书撤销。

CA机构经常公布证书吊销列表CRL。证书撤销可以有许多理由，如发现、怀疑私钥被泄露或检测出证书已被篡改，则CA可提前撤销或暂停使用该证书。

申请撤销：注册用户向CA申请撤销其证书，CA通过认证核实，即可履行撤销职责，并通知有关组织和个人。

证书撤销表（CRL）：CA 要将已撤销证书记入 CRL 并公布，供客户查询。CRL 中应包括撤销证书的名称、撤销时间、证书序列号等。一般情况下，用户的计算机系统会自动查找证书撤销表并下载，检查用户证书吊销情况。

（4）证书验证。

证书是通过信任分级层次体系（通常称为证书的树形验证结构）来验证的，每一个证书与签发数字证书的机构的签名证书关联。证书验证方法如下：查看某用户数字证书验证身份时，通过证书路径检查证书状态是否正常；如果对签发证书的 CA 不信任，可逐级验证上一层次 CA 的身份；验证到相同或公认的权威根认证中心（Root CA）证书时，就可以确信该用户证书的合法有效性。

2. CA 的树型验证结构

这里以 SET 认证体系的树型验证结构为例。SET 认证中心根据功能的不同可划分成不同的等级，不同的认证中心负责发放不同的证书。持卡人证书、商户证书、支付网关证书分别由持卡人认证中心（CCA，Card Holder CA）、商户认证中心（MCA，Merchant CA）、支付网关认证中心（PGCA，Payment Gateway CA）颁发；而 CCA 证书、MCA 证书和 PCA 证书则由品牌认证中心（BCA，Brand CA）或区域性认证中心（GCA，Geo-political CA）来颁发；BCA 的证书由根认证中心（RCA，Root CA）来颁发。

RCA 通常使用 2048 位的密钥来签发每张 BCA 的证书。BCA 或更低级别的 CA 均使用 1024 位的密钥签发所发放的证书。当两个由不同的 RCA 提供服务的用户进行交易时，需要进行证书的交叉认证。

目前，基于公开密钥体制（PKI）的 CA 安全认证体系已被国际上普遍认可。鉴于 CA 建设的重要性，多数国家都在建立自己的 CA 安全认证体系，但目前还没有国际统一的认证机构。在美国，CA 体系一般分 SETCA 和非 SETCA 两类。SETCA 有两个，由 SET-CO 公司委托 GTE 和 Verisign 运作。SETCA 原来采用 SET 标准，支持 B2C 电子商务模式，现在也采用 SSL、PKI 等标准，同时支持 B2B 电子商务模式。对于 SETCA 来说，安全基础设施投资强度很大，安全管理要求甚严；而非 SETCA 则相对较小而且较为分散，目前国际上有十几家，其中大多是基础网络提供者或网络接入服务提供者。位于美国加州的 Verisign 公司（http://www.verisign.com）是全球最大的 PKI/CA 运营商，成立于 1995 年 4 月。目前它为全世界 3000 多个企业和 45 万个站点服务器提供数字证书安全服务。世界 500 强中有 93% 的企业站点使用它的服务，有 3.4 万个网站使用 Verisign 全球可信站点安全标识。Verisign 提供的服务包括 DNS 服务、数字证书、安全服务、支付服务、欺诈检测服务。另外一家著名的认证机构是加拿大的 Entrust 公司（http://www.entrust.com）。

3. 我国的安全认证体系现状

我国现有的安全认证体系（CA）可分为金融 CA 与非金融 CA 两种类型。在金融 CA 方面，根证书由中国人民银行管理，根认证管理一般是脱机管理；品牌认证中心采用“统一品牌，联合建设”的方针进行。在非金融 CA 方面，最初主要由中国电信负责建设。

我国的 CA 中心又可分为行业性 CA 和区域性 CA 两大类。在行业性 CA 中，中国金融认证中心（CFCA）和中国电信认证中心（CTCA）是行业性 CA 中影响最大的两家。

区域性 CA 大多以地方政府为背景，以公司机制来运作，如广东 CA 中心（CNCA）、上海 CA 中心（SHECA）、深圳 CA 中心（SZCA）、北京 CA 中心（BJCA）等。区域性 CA 中影响最大的是广东 CA 中心（CNCA）和上海 CA 中心（SHECA）等。除了前面两种具有浓厚政府背景的 CA 中心以外，还有少数非政府色彩的商业 CA，这些 CA 大多是自主筹资，比如天威诚信等公司。

CA 中心按照技术来源划分还可分为引进国外技术与完全自主开发两类。中国金融认证中心和天威诚信属于前者，中国电信 CA、广东 CA 和上海 CA 都属于后者。CFCA 的 SET 系统早期由 IBM 公司承建，NON-SET 系统由 SUN 公司承建，天威诚信的技术平台来自 Verisign，但它们的密码模块都是由国内自主开发的。

近几年我国 CA 认证机构发展迅猛。至 2005 年 6 月，全国已建立电子商务安全认证机构约 60 个。各机构签发的证书有 22% 是免费证书，78% 为收费证书；有接近 50% 的机构发放的免费证书数量大于收费证书数量。个人证书占 24%，单位证书占 75%，服务器证书占 1%。电子政务领域的数字证书使用量占 80% 以上。目前国内 CA 互联互通示范工程启动，将建立桥 CA 中心，解决不同 CA 中心互联互通问题。国内重点认证中心简介如下：

（1）中国金融认证中心（CFCA）。

中国金融认证中心（简称 CFCA）是全国唯一的金融根认证中心（Root CA）。2000 年 6 月，中国人民银行牵头，按照“统一品牌，联合建设”的指导思想，联合中国工商银行等 14 家全国性商业银行共同建成了国家级的第三方权威金融认证机构 CFCA。

银行卡信息交换总中心承建了 CFCA，建立了 SETCA 和 Non-SETCA 两套系统。SETCA 颁发的 SET 证书用于支持基于信用卡、借记卡支付的 SET 交易（B2C），Non-SETCA 的 PKI 证书可用于 B2C 和 B2B 交易。CFCA 认证系统采用基于 PKI 技术的双密钥机制，在保证核心加密模块国产化的前提下，通过国际招标建立了具有世界先进水平的认证系统。认证系统具有完善的证书管理功能，提供证书申请、审核、生成、颁发、存储、查询、废止等全程自动审计服务。在管理分工上，中国人民银行负责管理根认证中心 CFCA，并负责审批统一的品牌认证中心，一般离线脱机进行；成员银行接受中国人民银行的委托建设、运行和管理品牌认证中心，开展对最终持卡人、商业用户和支付网关证书的审批、管理和认证等工作。

目前 CFCA 已在国内 10 余家全国性商业银行、近 20 家券商建成覆盖全国的认证服务体系，业务领域已延伸至银行、证券、税务、保险、企业集团、政府机构、电子商务平台等金融和非金融行业，可用于网上购销、网上银行、网上证券、网上保险、网上纳税申报和其他安全业务等应用。CFCA 为了满足金融业在电子商务方面的多种需求，采用 PKI 技术基础和框架结构，提供多种证书来支持各成员银行促进电子商务的应用开发，为参与网上交易的各方提供安全的基础，建立彼此信任的机制。

（2）广东 CA 及“网证通”电子认证体系。

广东省电子商务认证中心是广东省成立的第一家专业数字证书认证机构，其前身是中国电信南方电子商务中心，创立于 1998 年，是中国成立最早的数字证书认证机构之一。该中心作为国家电子商务试点工程、广东省“十五”规划重点建设项目，已经成为我国数字证书技术与应用技术完善结合的典范，至今已提供超过 20 万张数字证书服务。

近年来，广东省电子商务中心联合海南、湖北、重庆等地的CA中心建立了跨区域的“网证通”电子认证体系，实现了电子认证的互联互通和各区域的优势互补。目前该中心的数字证书及信息安全整体解决方案已被广泛应用于区域内的网上报关、网上报税、网上报检、网上办公、网上招投标、网上采购、数字工商等电子政务和电子商务工程。

(3) 上海CA。

上海CA成立于1998年，是中国第一家专业的第三方网络安全和信任服务提供商，专门从事信息安全技术认证和安全信任服务以及相关产品的研发和整合，提供包括安全设计、安全评估（风险评估）、安全检测（入侵检测、审计）、漏洞扫描、安全敏感数据托管、电子举证、公正时间戳等服务。上海CA倡导“一证在手，走遍天下”的理念。上海CA2000年2月联合北京、山东、安徽、天津、无锡、昆明等地的CA认证机构，成立了跨地区的认证联合体——协卡认证体系，并在全国各地设有近400家证书受理机构。到2005年9月，协卡认证体系已经累计发放数字证书超过55万张，成为国内证书应用范围最广、发放数量最多的第三方认证机构之一。

国内外部分提供免费或试用版数字证书的CA机构及网址如下：

中国数字认证网：http://www.ca365.com，为个人或非赢利性机构提供有效期限为一年的免费数字证书，同时也提供30天的免费临时测试证书。

深圳市电子证书认证中心：http://www.szca.gov.cn，提供30天期限的免费证书。

天威诚信数字认证中心：http://www.itrus.com.cn，提供有效期限为两个月的免费证书。

美国Verisign公司：http://www.verisign.com，提供免费试用证书。

（三）数字证书

1. 数字证书的概念

数字证书（Digital ID），就是标志网络用户身份信息的一系列数据，用于证明某一主体的身份及其公钥合法性的一种权威性的电子文档，由权威公正的第三方机构CA来签发。数字证书必须具有唯一性和可靠性。为了达到这一目的，需要采用很多技术来实现。数字证书通常除了采用公钥密码体制外，还采用了数字签名、数字信封等技术。数字证书包含公开密钥拥有者的姓名、公钥、发证机构名称等信息。发证机构审核证书主体合法后，使用私钥对上述信息进行数字签名，形成正式的数字证书。数字证书可以存储在多种介质上（如硬盘、软盘等）。将证书对应的私钥存放在智能IC卡、USB Key介质上更为安全。

随着电子商务和PKI应用的兴起，数字证书作为确认用户身份和保护用户数据的有效手段越来越被人们所重视。然而数字证书的保护又是PKI体系中最薄弱的环节。数字证书可以保存在各种存储介质上。过去常用的软盘和硬盘不是不便携带就是容易损坏，证书都容易被复制或被病毒破坏。虽然一般数字证书都带有口令保护，然而一旦证书被非法复制，整个系统的安全性就降低到仅仅靠口令保护的级别。于是，专门用于存储秘密信息的USB Key就成为数字证书的最佳载体。

USB Key是一个带智能芯片、形状类似于闪存的实物硬件，用来保存数字证书和用户私钥，带有PIN码保护，并为应用开发商提供符合PKI标准的编程接口。这就使得用户只能通过厂商编程接口访问数据，从而保证了数字证书无法被复制。USB Key的硬件和 PIN 码构成了证书使用的两个必要因子，增强了数字证书的保护能力。

数字证书颁发过程一般为：

(1) 由用户在线填写数字证书申请表，自己的计算机系统自动生成公钥/私钥对，并将公钥及部分个人身份信息上传给 CA 中心，而私钥保存在自己的计算机系统中不上传。

(2) CA 中心对用户身份进行核实，并对用户发送来的信息进行确认。

(3) CA 中心签发给用户一个数字证书，该证书内包含用户的个人信息及其公钥信息，同时还附有 CA 中心的数字签名信息。

(4) 用户用保存了相应私钥的计算机系统在线下载安装数字证书。

只有在下列条件下，数字证书才有效：

(1) 证书没有过期。

(2) 密钥没有被修改。

(3) 用户仍然有权使用这个密钥。例如雇员离开了某家公司，雇员就无权再使用该密钥对，密钥对应的证书就需要收回。

(4) 证书不在 CA 发布的证书撤销表（CRL）中。

2. 数字证书的作用

数字证书可利用一对互相匹配的公钥/私钥对网络上传输的信息进行加密和解密、数字签名和签名验证，确保网上传递信息的机密性、完整性、交易实体身份的真实性和签名信息的不可否认性。数字证书提供了一种在网上验证身份的方式。交易双方可以将各自的数字证书提供给对方以证实合法身份，从而建立起信任关系。每个用户自己设定一把公共密钥（公钥）并由本人公开，为一组用户所共享，用于加密和验证签名；同时设定一把特定的仅为本人所有的私有密钥（私钥），用它进行解密和签名。当发送一份保密文件时，发送方使用接收方的公钥对数据加密，而接收方则使用自己的私钥解密，以确保数据通信安全。

数字证书正在成为互联网上的客户识别和登录标准。目前大多数商务网站使用用户名和口令的方式来认证身份，这种方式需要站点收集所有注册用户的信息，用以维护庞大的数据库。同时这种传统登录机制的安全性也比较脆弱，容易遭到外界的攻击破坏。数字证书的安全与认证功能消除了传统口令机制中内在的安全脆弱性，为每个用户提供唯一的标识，可以使用户以便利的方式来访问 Web 服务器，降低了网站的维护和支持成本。数字证书现在已经成为服务器认证的标准，有成千上万的商业站点在使用数字证书与客户创建安全的通信通道。

数字证书已经广泛应用于安全电子邮件的发送、安全站点访问、网上证券交易、网上采购招标、网上办公、网上保险、网上税务、网上签约和网络银行等安全电子事务处理和安全电子交易活动领域。

3. 数字证书的格式

数字证书的内部格式遵循 X. 509 标准。X. 509 是由国际电信联盟（ITU-T）制定的数字证书标准。根据这项标准，证书包括证书申请人的信息和证书发行机构的信息。

一个标准的 X. 509 数字证书主要包含下列内容：

(1) 证书拥有者的姓名。证书所有人的名称，命名规则一般采用 X. 500 格式。

(2) 证书的版本信息。用来与 X. 509 标准的将来版本兼容。

（3）证书的序列号。每个证书都有一个唯一的证书序列号。

（4）证书所使用的签名算法。目前常用的签名算法有 md5RSA、shal RSA 等。

（5）颁发者。即证书的发行机构名称，命名规则一般采用 X.500 格式。

（6）证书的有效期限。一般采用 UTC 时间格式，期限范围为 1950 年～2049 年。

（7）证书主题名称。

（8）证书所有人的公开密钥。包括公钥算法、公钥的位字符串表示（只适用于 RSA）。

（9）包含额外信息的特别扩展。

（10）证书发行者对证书的签名。

4. 数字证书的类型

数字证书按照使用对象划分，主要有个人身份证书、安全邮件证书、单位证书、服务器证书、代码签名证书等类型。

（1）个人身份证书。

此类证书在网络通信中用来表明证书持有者的个人身份或访问在线信息和服务的权利。证书中包含证书持有者的个人身份信息、公钥及证书颁发机构（CA）的签名，支持目前主流的网络浏览器产品和电子邮件客户端软件（如 Outlook Express，Foxmail 等）。个人身份证书主要应用于个人网上交易、网上支付、电子邮件等相关业务中，以实现用户身份认证、信息加密和数字签名等功能。

（2）安全邮件证书。

此类证书中包含用户的邮箱地址信息，用于电子邮件的身份识别、数字签名、加密。安全邮件证书可用于对电子邮件的内容和附件的加密，确保邮件在传输过程中不被非授权用户截取、阅读和篡改；可以对电子邮件进行签名，使得接收方能够确认该电子邮件是由发送方发送的，并且在传送过程中未被篡改。使用数字签名和加密处理的安全电子邮件可以保证电子邮件的安全机密性、发件人身份的真实性和不可抵赖性。

（3）单位证书。

这类证书颁发给独立的单位、组织，用来在互联网上证明该单位、组织的身份。单位证书可以进行单位、组织对外网络业务的身份识别、信息加密及数字签名等，可用于单位安全电子事务处理的各种具体应用，如安全电子邮件传送、网上公文传送、网上签约、网上招标投标和网上办公系统等。

（4）服务器证书。

此类证书主要颁发给 Web 站点或其他需要安全鉴别的服务器，以证明服务器身份的真实性、安全性和可信任性等，但需要和服务器的 IP 地址或域名进行绑定。通常客户端网络浏览器会自动完成服务器身份的认证，服务器端也会根据需要检查客户端证书的有效性。一旦服务器确信客户端用户身份合法，将允许用户访问相应的 web 资源或建立安全通道，并将自动对传输数据进行加密和解密，从而实现安全电子交易。用户要注意查看此服务器证书是否有效以及证书的颁发机构是否在自己系统的受信任机构列表中。此类证书支持 IIS 等主流的 Web 服务器，可存放于服务器硬盘或加密硬件设备上。

（5）代码签名证书。

此类证书代表软件开发者的身份，为软件开发商提供对软件代码做数字签名的技术，证明软件的合法性，可以有效防止软件代码被篡改，使用户免遭病毒与黑客程序的侵扰，同时可以保护软件开发商的版权利益。最终用户在下载具有代码签名的软件时，可以确信软件的来源和软件的完整性。

5. 证书申请安装操作流程

下面以广东 CA(http://cnca.net)的个人正式数字证书的申请流程（如图 4－3）为例进行介绍。

(1) 用户首先访问广东 CA 网站。

(2) 将广东 CA 的根证书链安装添加到根证书存储区。

当用户进行网上预申请或提交证书请求时，页面会提出请用户先下载根证书。只有安装了认证中心根证书链的计算机，才能完成网上申请的步骤和正常使用申请的数字证书。

(3) 在线填写并提交申请表格。

用户需要填写基本信息（包括申请人姓名、有效证件类型、证件号码、所在国家、所在的省份或直辖市、所在的城市、电子邮件地址）和联系信息（包括通信地址、邮政编码、联系电话等)，确认广东 CA 的电子认证服务协议，提交申请表。

(4) 下载并打印、填写申请表。

认证中心受理请求，反馈业务受理号。用户要牢记业务受理号，身份审核及收费时都要用到该号码。用户还需要下载、打印证书申请表一式三份，手工填写后带到广东 CA 的 RA 业务点办理身份审核手续。

(5) 到 RA 业务点进行身份审核。

由经办人带本人身份证原件及复印件一份，连同业务受理号到就近的 RA 营业点办理缴费和身份审核手续。

(6) 用户下载并安装证书。

在用户身份审核通过后，广东 CA 将签发数字证书，并通过电子邮件通知用户到指定的页面下载安装证书。用户通过证书业务受理号及下载口令进入证书下载、安装页面，下载、安装完成后，通过微软 IE 浏览器菜单栏上的“工具→Internet 选项→内容→证书”选项就可以查看已安装成功的数字证书。

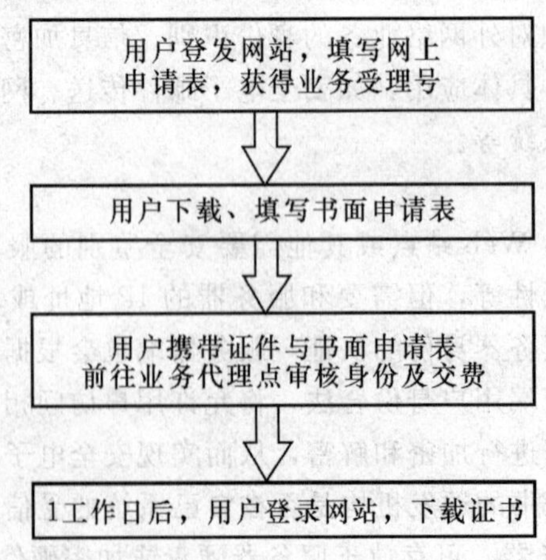

图 4－3　广东 CA 个人证书申请流程图

6. 数字证书的验证

数字证书的验证一般都是由浏览器自动完成的，验证过程与数字签名的验证过程基本相同。下面以通信双方 A、B 进行安全通信时，B 验证 A 的数字证书为例，简述数字证书的验证过程。

(1) B 要求 A 出示自己的数字证书。

(2) A 将自己的数字证书发送至 B。B 首先验证签发该证书的 CA 是否合法。如果 B 已经安装了此 CA 的根证书，说明 B 已经验证并信任该 CA。如果 B 没有安装，计算机会提示 B 去下载并验证此 CA 的根证书。B 先用 CA 根证书所带的该 CA 的公钥验证解密根证书的数字签名，得到根证书的数字文摘，再用相同的文摘算法对根证书制作数字文摘并将两个数字文摘进行比较，如相等则该 CA 的根证书的自签名合法。如 B 信任该 CA，则 CA 验证完毕；如 B 不信任该 CA，则可进一步验证向该 CA 签发数字证书的更高一级 CA，验证方法相同，直至 B 信任的 CA 为止。

(3) B 用 CA 的公钥解密 A 证书的数字签名，得到 A 证书的数字文摘。

(4) B 用文摘算法对 A 的证书明文制作数字文摘。

(5) B 将两个数字文摘进行对比。

(6) 如相同，则说明 A 的数字证书是合法的，且没有被篡改，同时证明 A 的公钥是真实可靠的。B 即可使用 A 的公钥与 A 进行安全通信。

数字证书等身份认证技术解决了网络身份真实性的安全要求。对于信息完整性的要求则需通过信息认证技术（如数字摘要、数字签名和数字时间戳等）加以解决。信息认证在有些情况下比信息保密更重要，处于首要地位。例如有些交易的具体内容并不需要保密，只需要能够确认是对方发送或接收了交易信息这一事实，同时还能确认接收的信息在通信过程中没有被篡改。网络广告信息的接收方主要关心信息的真实性和来源的可靠性等。

五、安全套接层（SSL）

安全套接层（SSL，Secure Socket Layer）技术是目前国际流行的基于 WWW 的网络安全方案。它以多种密码技术为基础，实现了用户身份鉴别、数据加密传输、数据完整性校验、数字签名等安全功能。因而，可以在客户和服务器之间建立一个安全的网络通道；在该安全通道上，实现电子商务的方案。

安全套接层（SSL）是一种介于可靠的传输层协议（TCP/IP）和应用层协议（HTTP）之间的协议层。SSL 通过使用以下技术来提供 Client 和 Server 之间的信息安全传输：

(1) 相互间的身份认证。

(2) 数字签名以保证数据完整性。

(3) 对敏感信息的加密。

SSL 能支持对数据加密、文摘、签名等算法的可选择性。Client 和 Server 可以在建立协议会话的初始阶段协商使用哪些算法。

建立 SSL 通信连接，需要 Web 服务器与浏览器都支持 SSL。目前，主流的 Web 服务器都内嵌了对 SSL 的支持，如 Microsoft IIS，Netscape Enterprise Serve，Apache。

首先，在浏览器的 URL 栏中输入 https://以替代 http://，发起 SSL 连接请求，然后通过 Client 和 Server 之间的握手序列（Handshake Sequence）建立 SSL 会话。该序列可以变化，这取决于 Server 是否被设置为向 Client 提供 Server 证书，以及是否需要鉴定 Client 证书。

握手序列有以下几个步骤（如图 4-4）：

（1）客户端向服务器发送一个开始信息“Client Hello”，开始一个新的会话链接；服务器回送信息“Server Hello”，建立协议版本、会话 ID、加密算法组合、压缩方式等。

（2）发送 Server 证书与请求 Client 证书。

（3）发送 Client 证书响应。

（4）确定加密算法组，结束握手序列。

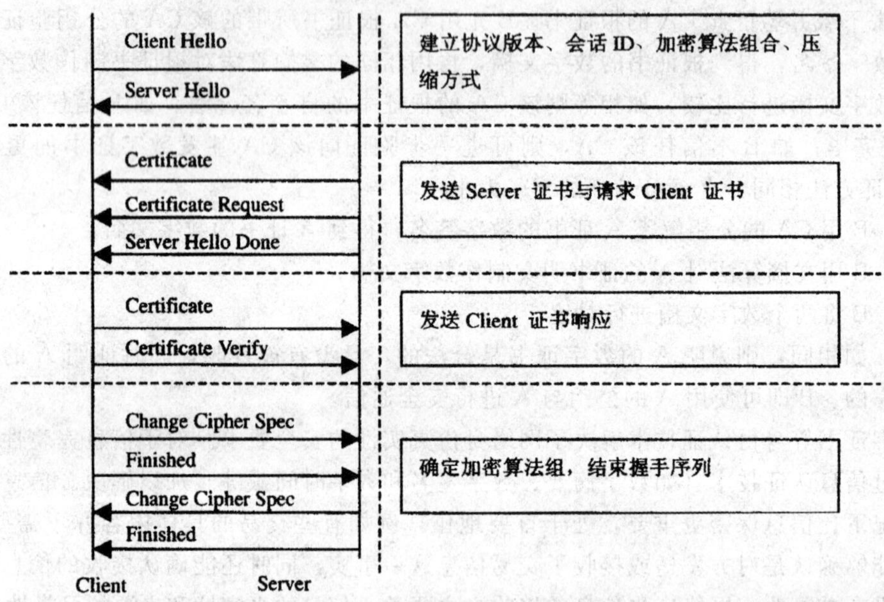

图 4-4　SSL 会话的建立过程

可以根据 SSL 协议规则编程实现 SSL 会话，但如果使用已有的 SSL 工具库将会更简便。SSL 工具库包括加密、消息摘要、证书管理的例程。SSLeay 是一个免费的非商业版工具库。它包括了可以在美国以外地区允许使用的公钥算法实现。SSLeay0.6.6 支持 SSL2.0，SSLeay0.8.1 支持 SSL 2.0 和 SSL3.00。下面以使用 SSLeay 为例，介绍如何创建 CA 以及申请、签署和使用证书。

（1）创建 CA 证书。

建立 CA 的第一步是用 rep 命令为该 CA 创建自签名证书（Self-signed Certificate）。该命令生成一证书文件 Cacert.pem 和密钥文件 Cakey.pem，接着，在浏览器上安装该“自签名证书”，这样，浏览器就可以认识由该 CA 签发的 Server 证书。浏览器使用 HTTP 目录类型“application/x-x509-ca-cent”来装入 CA 证书。例如 IE 使用 Internet 选项中“内容”页的“发证机构”选项来安装 CA 证书。

（2）创建 Server 证书。

Server 证书用来向 Client 证实 Server 的身份。为了创建 Server 证书，用户先用 req 命令产生证书申请；再用 ca 命令使用 CA 证书签署它；然后，Server 安装该 Server 证书。例如，Microsoft IIS 与 Netscape Enterprise Server 在装入 Server 证书后，才能建立 SSL 通道，提供加密的数据服务。

（3）创建 Client 证书。

Client 证书用来向 Server 证实 Client 的身份。Client 首先生成公、私密钥对，并把公钥和证书申请一起发送至 CA；CA 签发证书后，Client 安装好证书，随时提交。例如，使用 Internet 选项中“内容”页的“个人证书”选项来安装个人证书。

（4）建立 SSL 连接。

要建立 SSL 连接，Server 端必须已安装 Server 证书，并且签发该 Server 证书的 CA 的证书也已安装在 Client 端的浏览器中。在浏览器的 URL 栏中输入 https://以替代 http://，发起 SSL 连接请求，通过 Client 和 Server 之间的握手序列以建立 SSL 连接。

六、安全电子交易（SET）

（一）SET 协议的概念

消费者使用信用卡进行网上购物时发出的支付指令，在由商家送达银行支付网关之前，是在开放的互联网上传送的。这与消费者持卡在商家 POS 终端上刷卡消费有着本质的不同，后者在商家与银行之间使用的是安全性非常高的银行金融专线。因此，信用卡支付信息传输的安全性是决定信用卡能否成为电子商务网上支付工具的最关键的因素之一。安全电子交易协议（SET，Secure Electronic Transaction）正是在这种需求的推动下应运而生的。它是由 Visa 和 MasterCard 两大信用卡公司发起，会同 IBM、微软等信息产业巨头于 1997 年 6 月正式制定发布的。SETC0 是 SET 协议的推广、发展和认证组织，它是由 Visa 和 MasterCard 两大信用卡组织为首组建的 SET 厂商联盟，用于 SET 协议的实施，并测试和推广 SET 兼容应用。

SET 协议是信用卡在互联网上进行支付的一种开放式标准，也是银行卡安全支付的具体规范。该标准采用 RSA 公开密钥体制对通信双方进行认证，采用 DES、RC4 等对称加密体制加密要传输的信息，并用数字摘要和数字签名技术来鉴别信息的真伪及其完整性，包括了信用卡在电子商务中的交易协定和信息保密、信息完整、身份认证、数字签名等技术，目前已经被广为看好而可能成为未来国际通用的网上支付标准。SET 的制定与推广既为业务相互渗透的各家信用卡公司提供了统一的安全通信标准，也促进了信用卡在互联网上作为支付工具的应用。

（二）SET 协议的规范及功能

SET 协议交互操作是通过特定的协议和信息格式设定的。它包含多种协议，每一协议用于处理一个事务的不同阶段。通过复用公共密钥和私有密钥技术，单个 SET 事务最多可用 6 个不同的公钥加密，从而实现了信息集成、全部金融数据的证实和敏感数据的加密等工作。

SET 规范涉及的主要内容包括：加密算法的应用（例如 RSA 和 DES)、证书信息和对象格式、购买信息和对象格式、认可信息和对象格式、划账信息和对象格式、对话实体之间信息的传输协议。

SET 协议是一种支付协议，只有在持卡人向商家发送支付请求、商家向支付网关发送授权或获取请求以及支付网关向商家发送授权或获取回应、商家向持卡人发送支付回应时才起作用，它并不包含商品选购、价格协调和支付方式选择等方面的协议。

SET 为电子商务支付系统提供了以下功能：

(1) 信息保密性。信用卡账户和支付信息以及购物信息，通过加密可以实现安全传送而不会被未经许可的任何一方访问。可以保证电子商务参与者信息的相互隔离，使商家不能看到客户的信用卡账户和密码，银行不能看到商家销售商品的详细信息。

(2) 数据的完整性。通过数字摘要及数字签名技术来保证信息内容在传送途中不被篡改。

(3) 提供交易者的身份认证和担保。持卡人、商家和银行等参与方通过第三方权威机构完成客户、在线商家和银行间的相互认证，确定通信各方的身份。对持卡人的认证可通过持卡人数字证书及数字签名实现；对商家的认证可通过商家证书和数字签名实现。对较高级别的数字证书提供信用担保、验证服务。

(4) 互操作性。通过统一协议和信息格式实现在不同硬件和操作系统平台上的操作能力，使不同的厂家开发的软件具有兼容和互操作功能，保证网上交易的实时性。

(三) SET 协议涉及的角色

SET 协议所涉及的角色包括：

(1) 持卡人。持信用卡在网上购物的人。

(2) 网上商店。在网上构建的符合 SET 协议要求的商店。

(3) 发卡银行。发卡银行是发行信用卡给持卡人的银行。网上交易时由发卡银行负责查验持卡人的信用卡信息，保证对每一笔认证交易的付款卡进行确认。

(4) 收单银行。网上商店的开户银行，交易时接收商店传送来的付款数据，向发卡银行请求查验信用卡，请求转账清算。

(5) 支付网关。银行内部网与互联网的连接设备，负责将商店传送的付款信息转送到银行内部网络进行处理。

(6) CA 认证中心。为持卡人、网上商店、银行和支付网关提供身份认证服务。

(四) SET 协议交易的步骤

使用 SET 协议进行安全电子交易的过程可以概括为下列几个步骤：

(1) 顾客在支持 SET 协议的网站进行商品选购，并向商家出示其数字证书及加密的带数字签名的信用卡信息。

(2) 商家将 SET 加密的交易信息及顾客信用卡信息传送给支付网关，支付网关对信息解密并进行处理。期间需要通过发放数字证书的 CA 验证顾客数字证书的合法性以及验证消费者数字签名的有效性。

(3) 支付网关将交易信息发送到顾客信用卡的开户行请求批准。

(4) 顾客开户行通知商家批准交易，并将交易金额从顾客信用卡账户中划出。

(5) 商家通过物流配送渠道将商品送给顾客。

(五) SET 协议的应用与局限性

SET 协议本身比较复杂，设计比较严格，安全性高，它能保证信息传输的机密性、真实性、完整性和不可否认性。SET 协议目前支持者众多，但其成为电子交易的统一标准仍有不少的障碍。SET 1.0 版自 1997 年诞生以来推广应用较慢，没有达到预期的效果。原因包括：

(1) SET 1.0 只支持信用卡消费。这主要是因为美国的信用卡消费非常普及。SET 协议主要传输持卡者的主账户信息，没有个人密码 PIN 的使用。而很多国家主要使用借记卡。

（2）SET 涉及的实体较多，建设和协调很困难。

（3）早期 SET 对智能卡支持不够。智能卡与磁条卡相比具有安全、方便、功能多的特点，是支付卡的发展趋势，而 SET 近年才增加了对智能卡的支持。

（4）为了安全性而牺牲了简便性，操作过于复杂，成本较高。SET 协议提供了多层次安全保障，复杂程度显著增加。用户必须下载安装电子钱包，以便在浏览器上加入付款功能。用户还必须申请数字证书，以供主体间互相验证身份。这些安全环节在一定程度上增加了交易的复杂性。

（5）只局限于银行卡的网上支付，而对其他支付方式没有给出很好的解决方案。

（6）只支持 B2C 模式的电子商务，而不支持最具发展潜力和影响力的 B2B 电子商务交易。

（7）部分国家的法律规定了持卡人承担较低的信用卡风险等。

美国消费者使用信用卡进行网上购物非常普及，但目前 SET 协议在北美地区的应用不及欧洲和亚洲。北美地区的法律规定了信用卡风险绝大部分是由银行卡组织承担的。如果用户将卡遗失或卡号被盗，法律规定其可以在 24 小时之内挂失，用户仅需为此支付 50 美元，其他损失一概由保险公司赔偿。这项法律对用户的利益起到了很大的保护作用，但也导致了用户对下载复杂的 SET 电子钱包软件来降低信用卡网上支付风险兴趣的减少，因为人们不愿改变多年的使用习惯。在发达国家信用卡是最赚钱的金融业务，其股本收益率超过 30%，资产收益率为 3%，而贷款等其他业务的收益只相当于经营信用卡业务的 1/3，全美 10 家最大的发卡银行平均有 30% 的纯收益来自信用卡业务，经济效益和风险承受力都较大。而欧洲和亚洲地区的持卡人要承担更多的风险，因此 SET 在这些地区能发挥更大的作用，其发展前景比较乐观。

尽管 SET 推广具有较多的难点，但高度的安全性和规范性将会使其在不断的升级和完善后逐步发展成为安全电子支付的国际标准。一方面，银行卡是十分普遍的支付工具，具有已经相当完善的银行卡网络；另一方面，SET 是目前唯一的互联网支付协议，使用的复杂性换来的却是风险的降低。SET 协议近期没有取得商业推广上的成功，革新方案也随之出现，信用卡组织各自开发自身的系统，如 3D-SET。1999 年第一个 SET 瘦钱包出现，客户端越来越简化，电子钱包系统朝着中央服务器方向发展。2002 年，两大信用卡组织回到合作的道路，以 3D-Secure 为基础统一了信用卡在线认证标准。我国部分金融机构已经开展了 SET 协议应用的尝试，如中国银行、中国工商银行等都曾推出过基于 SET 协议的电子钱包支付系统。

七、实例：免费个人数字证书的申请与安装

（一）免费个人数字证书说明

中国数字认证网为个人或非赢利性机构在线提供免费数字证书，供用户学习使用。免费数字证书的有效期限为一年，申请人不需要支付证书使用费用，证书功能与正式证书一致。证书申请和发放采用在线处理的方式，用户可以在线完成证书的申请，并将证书下载安装到自己的计算机系统或数字证书存储介质中。免费数字证书所包含的内容是未经 CA 机构审核、不提供任何信用等级的保证，不适用于需要确认身份的商业行为，也不应该作为任何商业用途的依据。

（二）申请与安装的步骤

1. 免费数字证书的申请安装操作

（1）访问中国数字认证网（http：//www.ca365.com）主页，选择“免费证书”栏目的“根 CA 证书”。如果是第一次使用他们的个人证书需要先下载并安装根 CA 证书，如图 4－5 所示。

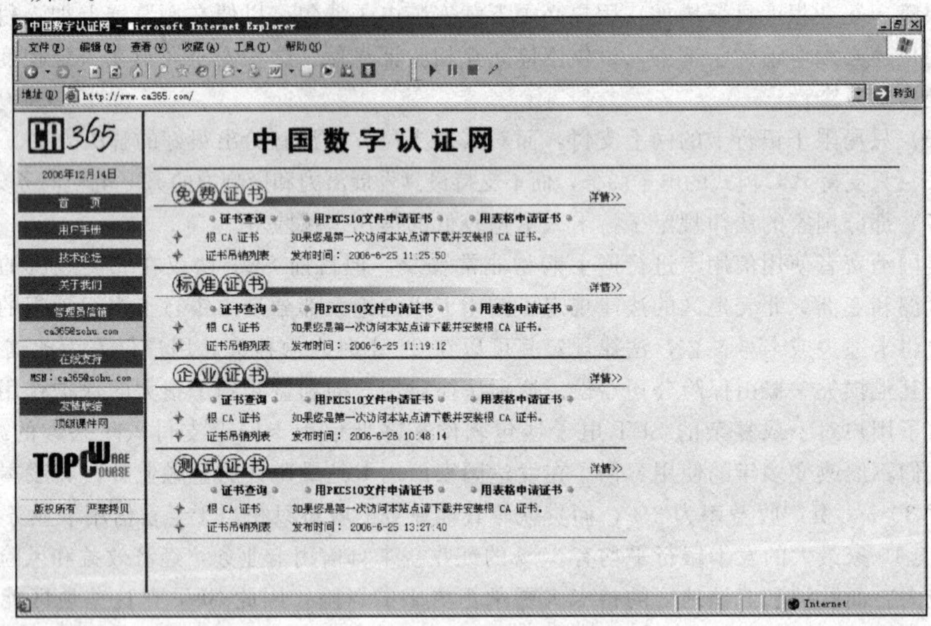

图 4－5　中国数字认证网主页

（2）下载并安装根证书。只有安装了根证书链的计算机，才能完成网上申请的步骤和证书的正常使用。出现“下载文件—安全警告”对话框后，单击选择打开“Rootfree.cer”，出现如图所示的页面。单击“安装证书”按钮，根据证书导入向导提示，完成导入操作。

（3）在线填写并提交申请表。选择“免费证书”栏目的“用表格申请证书”，填写申请表。用户填写的基本信息包括名称（要求使用用户真实姓名）、公司、部门、城市、省份、国家地区、电子邮箱（要求邮件系统能够支持邮件客户端工具，不能填写错误，否则会影响安全电子邮件的使用）、证书期限、证书用途（可以选择“电子邮件保护证书”）、密钥选项（可以选择“Microsoft Strong Cryptgraphic Provider”）、密钥用法（可以选择“两者”）、密钥大小（填写“1024”）等，其他项目默认。注意要勾上“标记密钥为可导出”、“启用严格密钥保护”、“创建新密钥对”3 项，“Hash 算法”（可以选择“SHA-1”）。提交申请表后，出现“正在创建新的 RSA 交换密钥”的提示框，确认将私钥的安全级别设为中级。

（4）下载安装数字证书。提交申请表后，证书服务器系统将立即自动签发证书。用户单击“直接安装证书”按钮开始下载安装证书，直到出现“安装成功！”的提示。

2. 数字证书的查看

在微软 IE 6.0 浏览器的菜单栏“工具、Internet 选项、内容、证书”中，可以看到证书已经被成功地安装。双击证书查看证书内容。

3. 数字证书的导出和导入操作指导

为了保护数字证书及私钥的安全，需要进行证书及私钥的备份工作。如果需要在不同的计算机上使用同一张数字证书或者重新安装计算机系统，就需要重新安装根证书、导入个人证书及私钥，具体步骤如下：

(1) 备份证书和私钥的操作步骤。选择需要备份的个人数字证书，单击“导出”按钮，出现“证书导出向导”；单击“下一步”按钮，可以选择将私钥跟证书一起导出，选择“是，导出私钥”；单击“下一步”按钮，选择文件导出格式，可以选择默认选项；单击“下一步”按钮，键入并确认保护私钥的口令（自己任意设置）；单击“下一步”按钮，再单击“浏览”按钮确定证书及私钥导出保存的路径和文件名（文件扩展名为 .pfx）；单击“下一步”按钮，提示用户已经成功完成证书的导出向导；单击“完成”按钮，提示证书导出成功；单击“确定”按钮，证书成功导出。

(2) 导入证书及私钥的操作步骤。如果某台计算机系统中没有安装数字证书，可以单击“导入”按钮，出现“证书导入向导”；单击“下一步”按钮，再单击“浏览”按钮确定证书及私钥文件的保存路径，查找到扩展名为“.pfx”的证书备份文件并打开；单击“下一步”按钮，键入保护私钥的口令，选择“启用强私钥保护”；单击“下一步”按钮，选择证书存储区域；单击“下一步”按钮，提示证书导入成功；单击“确定”按钮，证书及私钥成功导入。

[资料链接]

(一) 25 家银行联动签约 CFCA 共筑网上银行安全防线

中国工商银行、中国农业银行、中国建设银行、交通银行、中信实业银行、华夏银行、中国光大银行、中国民生银行、兴业银行、广东发展银行、深圳发展银行、上海浦东发展银行等全国性商业银行，武汉市商业银行、温州市商业银行、包头市商业银行、柳州市商业银行等城市商业银行，东亚银行等合资银行，一共 25 家银行与中国金融行业统一、权威的第三方安全认证机构——中国金融认证中心（英文简称 CFCA）举行了“携诚约共承诺保安全”《数字证书合作协议》签约仪式。

人民银行颁布的《电子支付指引（第一号）》（以下简称《指引》）第三十四条中提到：“银行采用数字证书或电子签名方式进行客户身份认证和交易授权的，提倡由合法的第三方认证机构提供认证服务。”此次签约仪式正是各家银行积极响应《指引》号召的标志性活动。签约银行均采用中国权威、公正的第三方安全认证机构——CFCA 提供的电子认证服务。此举将有利于消除公众疑惑、强化公众信心、提升网银品牌、拓展网上银行业务、保障网上支付的安全，进一步推动我国电子银行业务的发展。

CFCA 是中国人民银行与国家信息安全管理机构批准成立的国家级权威的安全认证机构，是金融行业权威的、可信赖的第三方安全认证机构。其发放的数字证书以国际上普遍使用的 PKI 技术为核心，能够确保网上信息传递双方身份的真实性、信息的保密性和完整性以及网上交易的不可否认性。就目前而言，数字证书机制是保证网上支付安全的最有效办法，至今尚未发生过一起由于数字证书机制被攻破而使交易资金损失的案例。

(一) 使用数字证书，网银交易无限额

按照人民银行《指引》文件的规定，采用数字证书、电子签名等安全认证方式的用户，将不受每日、每笔网上支付金额的限制，否则，单笔金额不应超过 1000 元人民币，每日累计金额不应超过5000元人民币。

《指引》对支付金额设限，旨在防范未采取有效支付安全保障措施的资金交易损失，并起到推动数字证书、电子签名等电子支付安全控制手段普及的积极作用。

（二）数字证书使用率低，导致网银事故频发症结

根据“CFCA2005网上银行调查”结果显示：在国内网银2000多万用户中，懂得如何使用第三方数字证书来保护自己资金安全的用户尚不到1/3。也就是说，绝大多数网银用户还在使用“用户名＋密码”这种安全保障系数很低的方式，并缺乏保障交易安全的意识和常识。这给窃取银行账号和密码的网银欺诈创造了机会，也是木马病毒、假银行网站、假购物网站和假冒银行短信等案件频发的症结所在。信息安全领域的专家指出：只要采取了数字证书这种有效的安全保障措施，并且养成良好的操作习惯，网上银行就可以放心使用。

（三）银行联合采用第三方认证，推广网银专业版

个人网上银行一般分为大众版和专业版，本质区别在于安全级别。专业版必须由用户本人到银行网点办理，采用的数字证书安全机制拥有上百位的签名密钥，安全级别很高，即便是银行卡号和密码不慎泄露，只要数字证书不丢，用户的资金也会安全无忧；而大众版允许客户凭身份证号、账号和密码在网上自助开通，手续简便，运行后保密性较差，防护措施仅仅是客户自设的登陆密码和付款密码。

“使用数字证书和电子签名等作为安全认证方式”的就是指专业版用户。使用网上银行专业版进行网上支付，发生的账户盗用损失由银行向第三方认证机构追偿。

目前，各家银行专业版的用户都很少，主要原因是其安装操作与大众版相比较为复杂。但“磨刀不误砍柴工”，为了支付的自由和安全，大众版的用户应有意识积极升级到专业版。

（四）CFCA向社会承诺赔付标准

CFCA向社会郑重承诺，如果使用CFCA的认证出现问题，CFCA将依法承担赔付责任，对企业客户最高赔偿额80万元，对个人最高赔偿2万元。

——中国金融网 www.zgjrw.com

（二）电子银行安全风险及防范

当前，我国各家商业银行的电子银行业务正在快速发展，不少银行相继成立了电子银行部，把电子银行作为未来主要的发展方向。电子银行业务是指银行通过手机、电视、电话、电脑、ATM等电子渠道向公、私客户提供金融产品和服务的过程，已在我国商业银行各项业务中占有重要的地位。

今年上半年，工商银行电子银行业务共实现电子银行交易额22.9万亿元，其中网上银行交易额20.9万亿元，电子银行业务笔数17.4亿笔，占同期全行业务量的25.7%。然而，随着电子银行业务的快速发展，其安全问题也日益突出，短信诈骗、黑客入侵、病毒爆发、内控漏洞等问题使电子银行的发展面临着严峻的考验。

（一）电子银行面临的主要安全风险

商业银行开展电子银行业务，目的是通过应用最新的科学技术实现业务再造，为客户提供更多的便利和增值服务，进而推进各项业务的快速发展。然而，电子技术的应用在降低商业银行经营成本的同时，也带来了一系列的安全问题，主要表现在两个方面：

1. 技术风险

技术风险包括技术漏洞风险、系统设计风险和恶意攻击风险等等。技术漏洞风险主要

指商业银行在进行业务改造时所选择的信息技术还不够成熟、完善，存在一些安全隐患，从而会极大地影响计算机系统运行的稳定性，致使各项金融业务难以正常开展，给商业银行带来信誉或实际的损害。系统设计风险是指在设计电子银行系统时，所选用的软件或硬件不匹配，存在缺陷或冲突，导致系统在运行过程中出现中断所造成的损失。恶意攻击风险是指电子银行系统受到外部的恶意攻击，如计算机病毒发作、电脑黑客入侵等，造成系统瘫痪或机密信息失窃，是电子银行面临的最主要的技术风险。

2. 业务风险

电子银行的业务风险主要包括客户操作风险和内部控制风险。电子银行的很多业务都需要使用者具备一定的操作技能，如果客户操作不熟练，就有可能产生误操作，产生操作风险；还有一些客户的安全意识不强，将自己的银行卡账号和密码告诉他人，或在ATM机上取款后，随处丢弃回单，给犯罪分子可乘之机；更严重的是不少犯罪分子利用短信、邮件、假银行网站等方式骗取客户的银行卡信息，盗取客户资金，给客户造成了巨大的损失。内部控制风险是指由于我国商业银行内控制度建设滞后于金融电子化的发展，信息系统安全管理的基本框架、管理机制、策略方法和工作流程还不完善，一些制度得不到认真执行，导致银行内部人员违规操作或伺机作案，给电子银行安全运行造成风险。

（二）防范电子银行安全风险的主要措施

通过分析电子银行面临的各种安全风险，商业银行可以有针对性地采取相应的安全防范措施，提高风险控制能力，尽可能避免电子银行风险的发生。同时，国家也应加快电子银行方面的立法，加大对高科技金融犯罪的打击力度，为电子银行的发展提供有力保障。

1. 加强基础设施建设

首先，商业银行应制定正确的电子银行技术风险管理策略，对建设电子银行的技术方案进行科学论证，确保信息技术安全可靠，电子银行系统设计严密、功能完善、运行稳定。其次，应加大电子银行安全技术投入，提高通信网络带宽，建立灾难备份与恢复系统，增强电子银行抵御灾难和意外事故的能力。第三，应积极引进一些高效的安全产品和安全技术，如将指纹识别技术与银行卡结合起来，以指纹密码代替数字密码，提高客户取款的安全性。目前美国已经开始在ATM机上使用指纹识别系统。第四，应采取有效措施防范病毒和黑客的攻击，及时更新、升级防病毒软件和防火墙，提高计算机系统抵御外部网络攻击和抗病毒侵扰的能力，增强电子银行系统的保密性和完整性。

2. 强化客户安全意识

提高客户安全意识是防范电子银行风险的有效途径。首先，银行要加强对客户的安全教育，在客户办理银行卡时，重点介绍安全使用银行卡的知识，提醒客户及时更改原始密码，并在营业网点和自助服务设备上张贴风险防范告示，提示客户保管好各种相关凭证。其次，要充分利用新闻媒体对电子银行安全风险进行宣传报道，向公众介绍犯罪分子利用电子银行盗取客户资金的各种手段，提高客户识别真伪、防范风险的能力。

3. 加强内部管理

首先，商业银行要制定全面的电子银行业务规程和安全规范，并根据业务和技术发展情况及时修订完善，确保及时发现并处理系统运行中出现的各种问题。其次，要建立完善的内部控制机制，科学分配电子银行业务各环节的权限，构建电子银行业务流程与权限相互制约体系，加强对信息系统人员的监控。第三，要建立健全激励约束机制，加强思想政治工作，及时了解员工的思想动态，深入开展爱岗敬业活动，充分调动广大员工的积极性，降低内部违规事件出现的机率。

4. 加强法制建设，加大对犯罪分子的打击力度

首先，应建立完善的电子银行法律体系。健全的法律体系是防范和化解电子银行风险的重要手段。虽然目前我国已出台了电子签名法，但还远没有形成体系，因此我国应加快立法进程，尽快构筑完善的电子银行法律体系，给电子银行的发展提供充分的法律保护。其次，应加大对金融犯罪的打击力度。我国公安部门要适应形势变化的需要，提高对高科技犯罪的侦破能力，同时电信、金融行业要主动提供相关的信息资料，积极配合公安部门侦破犯罪案件，采取各种有效措施，加大对电子银行盗窃案件的查处力度，从严从重打击犯罪分子。

——电子商务网 www.lusin.cn

本章小结

电子商务发展的核心和关键问题是交易的安全性，这是网上交易的基础，也是电子商务技术的难点。电子商务交易过程中买卖双方都可能面临四种安全威胁：信息泄露、信息篡改、信息破坏和抵赖行为。电子商务中主要的安全问题包括：认证、授权、审查、机密或隐私、完整性、可获取性和防抵赖。基于此提出的电子商务安全体系包括信息加密算法、安全认证技术和安全交易协议等几个技术层次。

加密技术是对传输过程中的数据进行保护的重要方法，也是对存储在媒体上的数据内容加以保护的一种有效手段。如果加密和解密使用相同的密钥，这种加密体制称为单钥或对称密码体制；而如果加密和解密使用不同的密钥，则称为双钥或非对称密码体制。

数字文摘、数字签名、认证中心、数字证书、SSL（安全套接层）、SET 等电子商务安全技术都是数据加密技术的具体应用。

[思考与练习]

1. 简述电子商务安全的基本问题。
2. 电子商务安全体系有哪几个层次？
3. 比较对称加密技术和非对称加密技术的优缺点。
4. 简述身份认证的基本方式。
5. 简述认证中心的概念及基本职能。
6. 简述数字证书的概念、类型及作用。
7. 简述数字文摘的概念及使用过程。
8. 简述数字签名的概念和作用。
9. 简述 SSL 协议提供的基本安全服务功能。
10. 简述 SET 协议的规范、功能及涉及的角色。
11. 利用自己所拥有的网络资源和电子商务模拟系统进行数字证书的申请和 CA 中心的后台业务管理操作实训。
12. 在线申请免费数字证书，熟练掌握数字证书的备份与导入操作。查看数字证书使用的签名算法和密钥长度，验证根证书。
13. 申请免费服务器证书，在服务器端 IIS 5.0 中配置数字证书，进行 SSL 链接测试。

第五章　电子支付

[学习目标]

通过本章的学习，能够掌握电子支付的基本概念，了解电子支付系统的组成，并掌握各种电子支付技术的相关知识；同时要了解网络银行的概念和特点，掌握第三方网上支付的特征和流程。

[导入案例]

淘宝网上卖珍珠

广西北海已有1000多年的产珍珠历史，享有“珍珠故乡”的美称。在那里，以养育珍珠、销售珍珠为生的公司、个体户不计其数。长期以来，这些公司、个体户将珍珠卖给游客或者销往周边城市。小颖就是众多家庭式个体户之一。

以往自产、自销珍珠市场不温不火。非典时期，旅游业一落千丈，珍珠销售受到严重影响。后来，小颖经朋友介绍，在淘宝网开店，开始尝试在网上卖珍珠。

意想不到的是，网上销售与网下店铺竟能各占半边天。更加令人惊喜的是，小颖竟然连续接到来自日本和英国的订单。小颖通过淘宝网与买家交谈，客户了解情况后竟一次性购买了近万元的珍珠，这是她所始料未及的。

对于购买珍珠来说，不能亲眼检验货品毕竟是个问题，同样的珍珠，品质可能相差不多，但价格上却可能“失之千里”。如今，有了支付宝，这个问题迎刃而解，因为使用支付宝的好处之一就是可以检验商品。

只要买家将货款打入小颖的支付宝账户，小颖就发货。买家收到珍珠并检验后，如果对品质和价格完全认可，支付宝则将货款打入小颖的银行账户，并完成交易过程。没有支付宝，小颖做成这笔海外生意还真是个难题。通过支付宝，双方合作愉快，并已经达成了长期合作协议。

在淘宝网上，像小颖这样的卖家并不少见。很多国外买家在淘宝网上搜寻所喜爱的宝贝的同时也愿意在淘宝网上买东西。支付宝的货物品质检验，为海内外买家卖家缩短了交易距离，打破了时间与空间的界限，在某种程度上使不可能变为可能。

可以说，淘宝网为小颖铺就了更为宽广的生财之道，同样坐在家里，产品就可以销往海内外，生活对于她来说与以往大不相同了。

——黄志平《电子商务实用教程》

第一节 电子支付概述

在线电子支付是电子商务的关键环节，也是电子商务得以顺利发展的基础条件。没有符合要求的电子支付手段相配合，电子商务就成了真正意义上的虚拟商务，只能是电子商情、电子合同而无法实现网上成交。因此，电子商务的发展要求金融业同步电子商务化。

一、传统支付方式

网上支付技术是建立在对传统支付方式深入研究应用的基础上的。目前一些非完全的电子商务过程仍离不开传统的支付方式，即客户在网上查询商品信息，进行网上交易洽谈，而货款则采用传统的方式来支付。货款支付的时间根据商家或客户的要求，可以是款到发货或者货到付款。传统支付方式主要包括现金支付、票据支付两种类型。

（一）现金支付方式

传统的现金支付工具具有举足轻重的作用。有的国家70%～95%的交易都是使用现金来支付的，其他支付工具的使用也是建立在能与现金自由兑换的基础上的。

人们对现金的偏好与现金的以下特点有关：

（1）现金（特指某国的法定货币）以国家强制力赋予的信用为后盾，是法律规定的最终支付手段，具有普遍的可接受性。

（2）现金支付具有分散、匿名、使用方便、无交易费和灵活的特点。

（3）现金支付具有技术上的“离线处理”的特性。收付款双方通过亲身参与鉴定现金的真伪，不需任何机构的联网确认和支持。

（4）现金发行上的有限性（稀缺性）维持了人们对现金价值的信任。

现金支付是“一手交钱，一手交货”的典型体现，最大的特点就是简单易用、便携、直观，最适合于低价值的交易，常用于企业（主要是商业零售业）对个人消费者的商品零售过程。

现金支付方式的缺陷在于：

（1）受时间和空间的限制。对于某些不谋面的交易活动，无法采用现金支付。

（2）大额现金携带不便，安全保管费用较高。大宗交易必须携带大量的现金，携带不便以及不安全因素在一定程度上限制了现金作为大宗交易支付手段的采用。在美国，每年搬运有形货币的费用高达60亿美元，英国则需要2亿英镑。世界银行体系之间的货币结算和搬运费用占到其全部管理费的5%。

（二）票据支付方式

目前在商贸实务过程中普遍使用的支付方式还是票据支付方式。这是一种以银行存款作为支付手段的非现金结算方式，也称为转账支付方式，多用于企业之间的商贸过程。

票据是按票面记载的金额在一定期限内完成支付行为的书面约束凭证，是国际通行的结算和信用工具。票据支付实质上就是一种数据的交换。票据不过是信息的具体载体而已，各类单证、票据上的信息反映了商贸实务处理过程中的金融行为，反映了资金在买卖双方账户之间的流动，最后通过买卖双方代理银行之间的资金清算系统来兑现各种金融行为、票据等。使用票据支付，以票据的转移代替实际的资金转移，则可大大减少现金的保管和远程携带输送中的麻烦和风险，而且在支付日到来之前，付款人在这段时间内可充分运用资金。票据支付方式在异地交易中已经成为代替现金支付方式的最佳工具。

票据分为汇票、本票和支票3大类。票据支付过程中有3个当事人，即出票人、收款人和付款人。支票的付款人为银行。

票据的使用过程是：出票人（债务方，在银行须存入足够的资金）签发支票或其他票据交给收款人（债权方）以结清债务；约定的日期到来时，持票人将该票据原件提交给付款人（银行），办理现金支付或转账业务；银行代理承兑票据，在票据审核无误后，按出票人的委托，无条件按提示的金额支付给收款人或持票人。

票据支付方式涉及资金清算系统，如图5-1所示。资金清算系统实质上就是要结算各金融机构之间相互欠下的应兑付的各种票据金额。当票据积累到一定程度时，各金融机构就要进行资金清算。在电子票据数据交换条件下，资金清算的周期一般都是24小时。

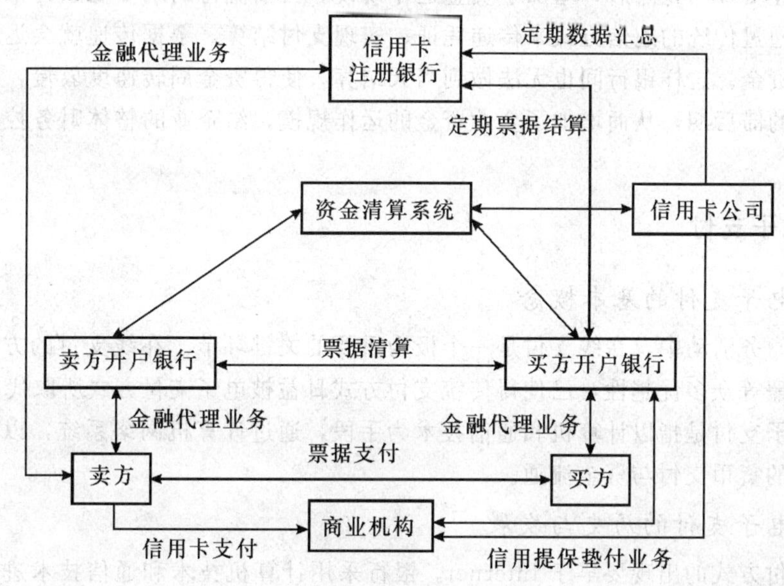

图5-1　银行票据业务示意图

纸质支票一直是传统银行业务中大量采用的支付工具。在支票的支付过程中，付款人和收款人可以是独立的个体、小型商业机构、中介经纪人、企业、政府或其他任何类型的组织。一般来说，支票都比较简单，商业支票也可以要求有多个签名，并包含要支付的发货单的列表；支票也可以填写一个或多个背书的要求。付款人直接签发支票给收款人，支票的收款人可以根据其选择在其账号上存储支票或兑换现金。银行提供多种设施和便利条件来接收支票，并进行内部处理和银行之间的清算。另外，银行业还可以对支票进行缩微处理以进行备份和归档。

（三）传统支付方式的局限性

传统支付方式中的现金、票据等都是有形的，在安全性、认证性、完整性和不可否认性上有较高的保障，已经有一套适合其特点的比较成熟的管理运行模式。但随着人类进入信息化时代，电子商务逐渐成为企业信息化与网络经济的核心，这些在工业化时代形成的传统支付结算方式于是就显现出诸多的局限性。

(1) 运作速度与处理效率比较低。传统支付方式涉及的人员和部门众多，牵涉到许多中间环节，而且以手工处理为主，从而造成支付结算的低效率。

(2) 多数传统支付结算方式在支付安全上问题较多。伪币、空头支票等现象的存在造成了支付结算的不确定性，加大了商业风险；巨额现金有时会给携带者带来人身安全威胁，增加了保管携带成本；纸质现金和支票等工具可能会成为病毒传播的途径等。

(3) 业务流程复杂，运作成本较高。传统支付结算方式涉及较多的业务部门、人员和设备，特别是邮政汇兑、支票支付等方式，需要设置专业柜台和安排专人处理，消耗的资源较多。

(4) 不能提供全天候、跨区域的支付结算服务。随着社会的进步和经济的发展，人们需要随时随地地支付结算以及个性化的信息服务，比如随时查询支付结算的信息、资金余额信息等。

(5) 企业资金回笼滞后，增加了资金运作规模。目前流行的纸质支票并不是一种即时结算工具。通过传统的通信方式来传递凭证、实现支付结算，票据传递就会迟缓，从而造成大量在途资金。这样银行间也无法做到当天结算，使得资金周转速度放慢，企业资金的回笼有一定的滞后期，从而增加了企业资金的运作规模，给企业的整体财务控制造成一定的难度。

二、电子支付

(一) 电子支付的基本概念

在电子商务活动中，在线支付是一个极为重要的关键环节。在线支付的方便性、快捷性、成本低廉等众多优越性，已使得传统支付方式日益被电子支付方式所取代。

所谓电子支付是指以计算机和通信技术为手段，通过计算机网络系统，以电子信息传递形式实现的货币支付与资金流通。

(二) 电子支付的历史与发展

电子支付方式的出现要早于Internet。银行采用计算机技术和通信技术进行电子货币支付的方式经历了五个不同的发展阶段：

第一阶段即银行利用计算机处理银行之间的业务，办理汇划结算。

第二阶段即计算机与其他机构计算机之间资金的结算，如代发工资，代交水电费、煤气费、电话费等业务。

第三阶段即利用网络终端向用户提供各项自助式银行服务，如用户在银行自动柜员机（ATM）上进行存、取款操作等。

第四阶段即利用银行销售终端（POS）向用户提供自动扣款服务。

第五阶段也即最新发展阶段，是随时随地通过公共网络（Internet）进行的转账结算，这一阶段也即电子商务中通常所讲的网上支付。

未来的电子支付必然涉及与金融领域相关的银行、证券、保险、邮电、医疗、文体、娱乐和教育等众多行业，所以市场潜力极其巨大。而随着计算机和通信技术的发展，未来将通过 Internet 构造快捷灵活的电子支付系统。实施电子货币、提供安全中介服务和金融卡加密都是目前的技术热点。

（三）电子支付的特征

与传统的支付方式相比，电子支付只有以下特征：

（1）采用先进的信息技术，通过数字流转来完成信息传输，进行资金结算。

（2）基于一个开放的系统平台（即 Internet）。

（3）使用的是最先进的通信手段，如 Internet，Extranet，并且对软、硬件设施要求很高，一般要求有联网的微机、相关的软件及其他一些配套设施。

（4）具有方便、快捷、高效、经济的优势，用户只要拥有一台联网的计算机，就可以足不出户，在几秒钟内完成网上支付。

在线电子支付是网上交易的关键环节。它既要使消费者感到方便快捷，又要保证交易各方的资金安全，这就需要一个比较完善的交易模型。目前，常见的电子交易模型主要有基于 SSL 协议的电子交易模型、通过第三方经纪人支付的模型、基于 SET 协议的安全电子交易模型等几种。

第二节　电子支付系统

一、电子商务支付系统的概念与基本构成

电子商务支付系统是电子商务系统的重要组成部分，它指的是消费者、商家和金融机构之间使用安全电子手段交换商品或服务，即把新型支付手段（包括电子现金、贷记卡、借记卡、智能卡等）的支付信息通过网络安全传送到银行或相应的处理机构，来实现电子支付。它是融购物流程、支付工具、安全技术、认证体系、信用体系以及金融体系为一体的综合大系统。

电子支付系统的基本构成如图 5-2 所示：

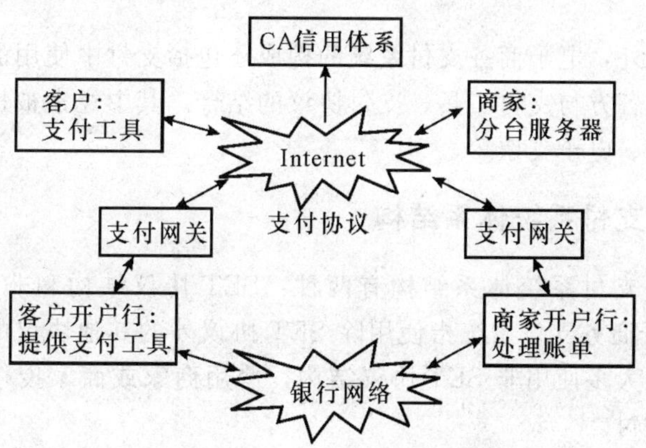

图 5-2　电子商务支付体系的基本构成

其中，客户是指与某商家有交易关系并存在未清偿的债权债务关系（一般是债务）的一方。客户用自己拥有的支付工具（如信用卡、电子钱包等）来发起支付，是支付体系运作的原因和起点。

商家则是拥有债权的商品交易的另一方，他可以根据客户发起的支付指令向金融体系请求获取货币给付。商家一般准备了优良的服务器来处理这一过程，包括认证以及不同支付工具的处理。

客户的开户行是指客户在其中拥有账户的银行，客户所拥有的支付工具就是由开户行提供的。客户开户行在提供支付工具的时候也同时提供了一种银行信用，即保证支付工具的兑付。

商家开户行是商家在其中开设账户的银行，其账户是整个支付过程中资金流向的地方。商家将客户的支付指令提交给其开户行后，就由开户行进行支付授权的请求以及行与行间的清算等工作。商家的开户行是依据商家提供的合法账单（客户的支付指令）来工作的，因此又称为收单行。

支付网关是公用网和金融专用网之间的接口，支付信息必须通过支付网关才能进入银行支付系统，进而完成支付的授权和获取。支付网关的建设关系着支付结算的安全以及银行自身的安全，关系着电子商务支付结算的安全以及金融系统的风险，必须十分谨慎。电子商务交易中同时传输了两种信息：交易信息与支付信息，必须保证这两种信息在传输过程中不能被无关的第三者阅读，包括商家都不能看到其中的支付信息（如信息卡号、授权密码等），银行也不能看到其中的交易信息（如商品种类、商品总价等）。这就要求一方面支付网关必须由商家以外的银行或其委托的信用卡组织来建设；另一方面网点不能分析交易信息，对支付信息也只是起保护与传输的作用，即这些保密数据对网关而言是透明的。

金融专用网则是银行内部及银行间进行通信的网络，具有较高的安全性，包括我国国家现代化支付系统、人民银行电子联行系统、工商银行电子汇兑系统、银行卡授权系统等。我国银行的金融专用网发展很迅速，为逐步开展电子商务提供了必要的条件。

认证机构则负责为参与商务活动的各方（包括客户、商家与支付网关）发放数字证书，以确认各方的身份，保证电子商务支付的安全性。认证机构必须确认参与者的资信状况（如在银行的账户状况、与银行交往的信用历史记录等），因此认证过程也离不开银行的参与。

除以上参与各方外，电子商务支付系统的构成还包括支付中使用的支付工具以及遵循的支付协议，是参与各方与支付工具、支付协议的结合。其中经常被提及的电子支付工具有银行卡、电子现金、电子支票等。

二、电子商务支付系统体系结构

目前，电子商务支付系统体系结构有两种：SET 协议结构和非 SET 协议结构。非 SET 协议结构的电子商务支付系统指使用除 SET 协议外的其他协议的电子支付系统。鉴于中国国情，现阶段大多使用非 SET 协议结构，使用商家或商家授权的银行机构发行的购物卡、银行卡来支付。

（一）银行卡非 SET 协议电子商务支付系统（SSL）

此类型是国内网上支付普遍采用的方法。该系统使用 SSL 协议、RSA 加密算法、数字签名和防火墙等保证交易的安全，支付时使用的是银行发行的储值卡（借记卡）、信用卡。该方式风险较高，只要银行肯参与，该系统是可行的。该系统的主体有持卡人、商家、支付网关和发卡银行。

（二）银行直接参与的非 SET 协议电子商务支付系统

该系统支付信息不经过商家，直接到银行站点支付，即银行直接接收处理用户的支付信息，风险较小。该系统的主体有持卡者、商家和发卡银行。

（三）SET 协议电子商务支付系统

SET 协议主要是为用户、商家和银行通过信用卡交易而设置的，用以保证支付信息的机密、支付过程的完整、商户和持有人的合法身份以及相互可操作性。

目前，中国商业银行推出的网上支付都可归纳为以上三种支付系统。

三、电子支付的实现

（一）电子支付的网络平台

电子支付的常见网络平台有电话交换网 PSTN、公用数据网、专用数据网、EDI 专用网络平台以及目前大规模发展的 Internet 等。

目前，网络支付的支撑网络平台主要有两类平台，一类是传统成熟的 EDI 专用网络支付平台，另一类是大众化网络平台 Internet。在传统通信网和专用网络上开展网络支付结算业务，由于终端和网络本身的技术难以适应电子商务业务量的急剧上涨等，用户面很难扩大，且使用户、商家和银行承受昂贵的通信费用。因此，寻求一种物美价廉、易用的、且对大中小型企业与普通消费者都能适用的大众化平台，成了当务之急。随着 Internet 在全社会各行各业的大规模普及应用，加上其方便快捷、多媒体性、互动性强以及经济的应用特点，大众化网络平台 Internet 已成为网络支付平台的发展趋势。

Internet 网络支付平台主要由 Internet、支付网关和银行内部专用业务网络三个部分组成。

（二）网络支付的基本流程

在处理网络支付时，开发人员借鉴了很多传统支付方式的应用机制与过程，只不过流动的媒介不同，一个是传统纸质货币与票据，大多手工作业；一个是电子货币且网上作业。可以说，基于 Internet 平台的网络支付结算流程与传统的支付结算过程是类似的。例如，用户通过 Internet 进行网络支付的过程与目前商店中的销售点系统（即 POS 信用卡支付结算系统）的处理过程非常相似，其主要不同在于网络支付的客户是通过 PC、Internet、Web 服务器为操作和通信工具，而 POS 信用卡支付结算使用专用刷卡机、专用终端、专线通信等。

网络支付一般流程主要包括以下六个方面：

(1) 客户连接 Internet，用 Web 浏览器进行商品的浏览、选择与订购，并填写网络订单，然后选择应用的网络支付结算工具，并且得到银行的授权使用，如信用卡、电子现金、电子支票或网络银行账号等。

(2) 客户核对相关订单信息，对支付信息进行加密，在网上提交订单。

(3) 商家服务器对客户的订购信息进行检查、确认，并把相关的、经过加密的客户支付信息等转发给支付网关，直至银行专用网络的银行后台业务服务器确认，以期从银行等电子货币发行机构验证得到支付资金的授权。

（4）银行验证确认后，通过建立起来的经由支付网关的加密通信信道，给商家服务器回送确认及支付结算信息，为了进一步保障客户交易的安全，也给客户回送支付授权请求（也可没有）。

（5）银行得到客户传来的进一步授权结算信息后，把资金从客户账号转拨至开展电子商务的商家银行账号上，借助金融专用网进行结算，并分别给商家、客户发送支付结算成功信息。

（6）商家服务器收到银行发来的结算成功信息后，给客户发送网络付款成功信息和发货通知。至此，一次典型的网络支付结算流程结束。商家和客户可以分别借助网络查询自己的资金余额信息，以进一步核对。

基于 Internet 平台的网络支付一般流程如图 5－3 所示：

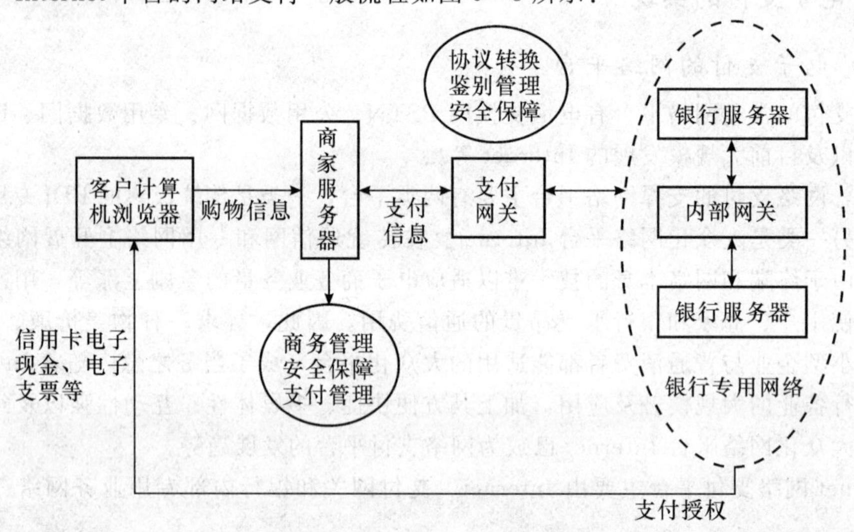

图 5－3　基于 Internet 平台的网络支付一般流程

图 5－3 所示的网络支付一般流程只是对目前各种网络支付结算方式应用流程的普遍归纳，并不表示各种网络支付方式的应用流程与图所示是一模一样的，或不同网络支付结算工具的应用流程是一样的。其实在实际应用中，这些网络支付方式的应用流程由于技术、资金数量、管理机制上的不同还是有所区别的，但大致遵循该图示流程，而像信用卡、电子现金、网络银行账号的网络支付结算流程就有区别。

图 5－3 所示网络支付流程实现的是资金的立即支付，它适用于数目众多的较小额度金额的电子商务业务，对客户与商家来讲都是方便的。对于较大余额的资金支付结算，如大企业与大企业间的电子商务，实现 Internet 上的立即支付并不现实。这时，独立于商务交易环节的金融 EDI 或银行专业 EFT 系统是目前比较普遍采用的支付结算方式。随着网络银行业务，特别是企业网络银行转账业务的开展，也可基于 Internet 平台在电子商务交易与支付环节分离时进行较大额度资金的网络支付结算。

第三节　电子支付技术

随着计算机和通信技术的发展，网上支付工具越来越多。这些支付工具一般可以分为三大类：一是电子货币类，如电子钱包、电子现金等；二是电子信用卡类，如智能卡、借记卡、电话卡等；三是电子支票类，如电子支票、电子转账（EFT）等。这些支付工具各有自己的特点和支付流程，适用于不同的交易场合。

一、电子钱包

（一）电子钱包的概念

电子钱包（E-wallet）是电子商务活动中消费者购物常用的一种电子支付工具。它的功能如同实际钱包一样，可以存放信用卡信息、电子现金、所有者的身份证书、所有者地址以及在电子商务网站的收款台上所需的其他信息。电子钱包大大提高了在线购物的效率。

消费者选好后，只需点击自己的电子钱包，从中选择一张信用卡或其他支付工具就能自动完成付款过程。电子钱包能够帮助消费者将所需信息自动输入到收款表格里，从而大大简化了购物的过程。英国 National Westminister 银行开发的电子钱包 Mondex 是世界上最早的电子钱包系统，于 1995 年 7 月首先在有“英国的硅谷”之称的斯温顿市试用。

电子钱包软件的功能大致包括以下三个方面：

（1）电子证书管理。包括电子证书的申请、储存及删除等。

（2）交易的进行。进行 SET 交易时辨认商家身份并发送交易信息。

（3）交易记录的保存。保存每一笔交易记录，以供日后查询。

电子钱包具有以下特点：

（1）钱包软件充分保障持卡人的个人财务机密资料，即使是商家也看不到卡号及有效期等信息。

（2）利用 SET 协议为持卡者及商家提供身份确认等必要的安全保护。

（3）钱包软件支持多用户、多类型，即多个持卡人可共用同一钱包。只需安装一次钱包软件，各持卡人均可设定自己的密码，保护个人持卡资料及消费记录；也可将钱包安装在多台计算机上，供不同场合使用。

（4）钱包软件为用户提供密码保护功能，因此，钱包的每个用户必须牢记密码，没有密码，用户不可能访问钱包中已有的信息。

（5）钱包软件支持一用户多信用卡/贷记卡功能，即一个钱包可容纳多张不同类型的银行卡。

（6）通知商家接收并认可订单，并可查询历史交易记录。

（二）电子钱包的申请

以中国银行为例，中国银行电子钱包的具体申办手续如下：

(1) 到中国银行申请一张中国银行长城电子借记卡。如果想成为一个网上消费者，首先必须拥有一张可以进行网上支付的信用卡，如中国银行的长城电子借记卡，它是基于中国银行活期存折账户基础的一种银行卡。长城电子借记卡具有存款、取款、转账、消费等多种功能。借记卡采用电脑联网实时扣账的方式，持卡人凭密码进行交易确认，它是中国银行向客户提供的一种安全、方便、快捷的现代化金融支付工具。用户只需带上身份证，到中国银行的营业网点填写一张表格，一般情况下只需要等上一周的时间就能拿到卡。

(2) 获得中国银行电子钱包。拥有了一张长城电子借记卡之后，还必须在你的计算机上安装一个叫做“中银电子钱包”的软件，用于管理卡的账户、进行网上支付等。用户可以通过以下两种途径获得“中银电子钱包”。

① 直接从网站下载。中国银行的网站（www. bank-of-china. com）或中经网、证券之星等知名网站上均提供该软件的下载服务。

② 中国银行制作了一批中银电子钱包光盘在营业网点发放，供用户领取，但目前仅限北京、上海地区。共余各地用户可到当地中银机构咨询具体情况。

（三）安装电子钱包

下载的（或领取的）电子钱包是 ZIP 格式的压缩文件，解压缩后，执行 Setup. exe，以默认值安装即可。安装中会提示用户输入用户名和口令。值得注意的是，这里的用户名和口令是针对电子钱包的，不是你付款时输入的借记卡的密码。当屏幕显示“安装完毕”时，证明你已经成功安装了电子钱包，这时你会看到电子钱包的图标。

（四）申请证书

为保证网上支付的安全，还需要为卡申请证书，并存放在中银电子钱包中。一张证书就对应一张卡。具体步骤如下：

(1) 访问认证中心。点“获取证书”后，你的“电子钱包”会自动打开。输入用户名和口令后，进入“电子钱包”。首先电子钱包会提示你添加卡、账户信息，接下来的操作按提示的默认值进行即可。点“完成”按钮后，你会发现，在你的电子钱包中出现一条卡、账户信息，其中“证书状态”为“没有申请”。

(2) 获取证书。点击“获取证书”按钮，你可以看到电子钱包左下角出现了“等待初始化响应”、“正在处理证书初始化响应”，最后在电脑屏幕出现了“中国银行认证中心电子证书管理规定”。仔细阅读“中国银行认证中心电子证书管理规定”，了解你所拥有的权益和法律责任。

(3) 填写“证书注册表”。全部如实填写完后，按“确定”键，等待计算机响应。如申请成功会出现提示语。

再次运行“电子钱包”后，证书状态由“没有申请”变为“有效”，这时，你就可以用这张卡来进行网上购物了。

（五）电子钱包的使用

使用电子钱包进行网上购物的一般方法：

(1) 如果是第一次使用电子钱包，用户首先要在相关银行开设账户，取得信用卡，并申请开通电子钱包服务功能。

(2) 从网上下载并安装相应的电子钱包软件到用户计算机中，或者直接连到电子商务服务器上并登录到电子钱包服务系统中。

(3) 在电子钱包中注册用户，并将可用于网上支付的各种电子货币或电子金融卡添加到电子钱包中，以便将来支付时使用。

(4) 登录支持电子钱包支付的在线商家网站选购商品并确定订单。

(5) 用电子钱包进行在线结算。将电子钱包装入系统，通过输入用户名和口令打开电子钱包，从中单击一张电子信用卡来付款。

(6) 在线商家收到经过加密的用户订单和信用卡信息（商家无法看到经过加密的信用卡信息），将用户编码加入电子订单后，和加密的信用卡信息一起送到提供电子钱包服务的电子商务服务器上去。电子商务服务器在确认这是一位合法用户后，即将用户信用卡信息同时发送到发卡银行和商家开户银行。发卡银行对用户信用卡的有效性进行验证，验证通过后由银行负责将货款从用户账户转移到商家账户。若验证无效，则说明用户信用卡上的金额不足以支付或信用卡过期，用户可以再从电子钱包中单击另一张信用卡重复上述操作，直至完成支付。

(7) 支付完成后，由商家开户银行向电子商务服务器发出支付确认信息，再由电子商务服务器向商家发出支付确认信息，商家即可向用户发出交易确认信息，并出示一份电子收据发送给用户。

(8) 商家根据用户订单提供的送货地址，利用物流配送系统进行送货。

对于老用户，上述（1）～（3）步可以省略。电子钱包的购物过程虽然经过发卡行、收单行等多次身份确认，经过银行授权和银行之间的数据交换以及用户、商家和电子商务服器之间的身份认证和数据交换，但这些都是利用计算机在极短的时间内完成的。

二、电子现金

电子现金（E-cash）又称为数字现金，是一种以数字形式通过计算机网络流通购物的货币。它把现金数值转换成一系列的加密序列数，通过这些序列数来表示现实中各种金额的币值。

在经常发生的网上交易中，有很多情况都是小额交易，如人们花几角钱来下载一篇新闻报道或浏览一个收费网站或下载一段音乐。相对于传统交易的情况，在这种小额交易中，使用电子现金进行网上支付较为方便。一般用户只需在提供电子现金业务的网上银行开设一个账户并存入一定数量的金额，然后通过 Internet 联入网上银行，利用个人账户和 PIN 码登录到网上银行并从个人账户中下载成包的小额电子“硬币”存放在自己的电脑硬盘中，就可以在接受电子现金的网上商店购物了。

（一）电子现金的属性

(1) 货币价值。电子货币必须有一定的现金、银行认可的信用卡或银行承认的支票作为支撑。

(2) 可交换性。电子现金必须具有可交换性。

(3) 可存储性。指允许用户从银行账户中下载成包的小额电子“硬币”存储到计算机外存、智能卡或者其他易于传输的标准或专用设备中。

(4) 安全性。电子现金必须是安全的，不能被轻易地复制、重复使用或篡改。

(二) 电子现金支付方式的特点

(1) 银行和商家之间应有协议和授权关系，由提供电子现金业务的银行负责顾客和商家之间的资金转移。

(2) 顾客、商家和电子现金银行都必须使用专门的电子现金软件。

(3) 身份验证是由电子现金本身完成的。电子现金银行在发放电子现金时使用了数字签名，商家在每次交易时，将电子现金传送给电子现金银行，由电子现金银行验证顾客使用的电子现金是否有效。

(4) 电子现金具有现金所具备的特点，可以存、取、转让，可以申请到非常小的面额，支付灵活方便，所以电子现金非常适用于小额交易。

(5) 电子现金可以用于匿名消费。从电子现金银行下载的每一笔电子现金都有一个计算机随机建立的序号，这个号码隐藏在一个加密的信封中，这样就没有人可以搞清楚谁提取或使用了这些电子现金。提倡个人隐私权的人对此很满意。匿名性也防止了商家收集个人或组织的购买习惯等信息。

(三) 电子现金的支付流程

电子现金的支付流程如图 5-4 所示，具体支付过程分为下列五个步骤：

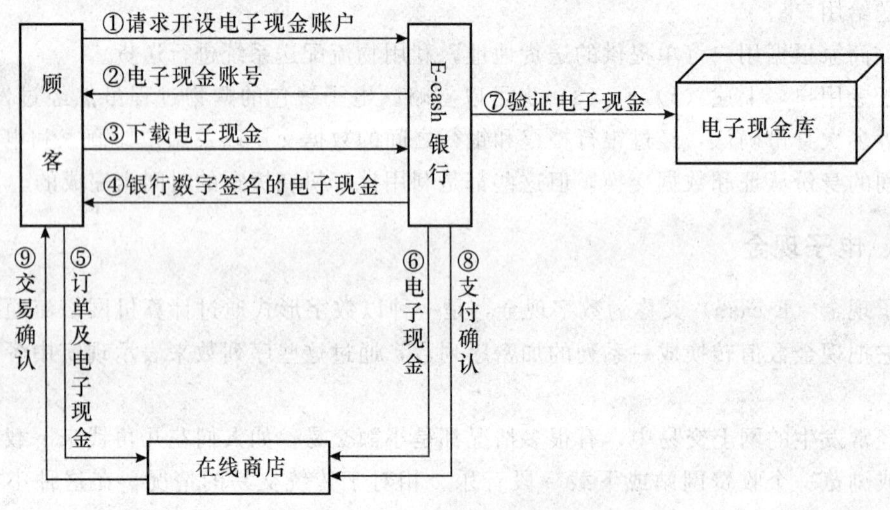

图 5-4 电子现金的支付流程

(1) 顾客在提供电子现金业务的银行开设账户，并存入一定余额的资金以支持今后的支付。

(2) 顾客使用电子现金终端软件从电子现金银行下载一定数量的电子现金存储在硬盘、IC 卡等特定设备上。由于银行已对电子现金使用私钥进行了数字签名，因而保证了电子现金的有效性。

(3) 顾客与同意接受电子现金的网上商店洽谈，签订订货合同，使用电子现金支付所购商品的费用。

(4) 接受电子现金的商家与电子现金发放银行之间进行清算，电子现金银行负责将顾客购买商品的货款支付给商家。

(5) 商家收到货款后，向顾客发送订单确认信息。

（四）电子现金的缺陷

电子现金因其灵活、方便、匿名等诸多优点在小额交易中备受消费者青睐。但电子现金支付方式也存在一些缺陷，这些缺陷制约了电子现金在更广阔的支付领域中的使用。电子现金的缺陷主要表现在以下几个方面：使用量小；成本较高；存在货币兑换问题；存在税收问题；存在洗钱问题；风险较大。

三、电子支票

（一）电子支票

电子支票（Electronic Check）是一种借鉴纸张支票转移支付的优点，利用数字传递将钱从一个账户转移到另一个账户的电子付款形式。比起前面几种电子支付方式，电子支票的出现和开发相对较晚。电子支票以纸质支票为模型，用电子方式生成，使得买方不必使用写在纸上的支票，而是使用显示在屏幕上的支票进行支付活动。电子支票和纸质支票一样，包含支付人姓名、支付人金融机构名称、支付人账户名、被支付人姓名、支票金额等内容。买方填好电子支票后，可以通过计算机网络发到卖方的电子信箱中，同时把电子付款通知单发到买方开户银行，买方开户银行随即把款项转入卖方的银行账户，这一支付过程在几秒钟内即可完成。为了确保支付的安全性，电子支票和纸质支票一样，需要经过数字签名，被支付人数字签名背书，并采用数字证书确认支付者及被支付者身份、支付银行以及账户。电子支票在网络上的传递也采用加密方式，以确保交易的安全。电子支票既适合个人付款，也适合企业之间的大额资金转账，因而可能是最有效率的电子支付手段之一。

（二）电子支票的交易流程

在交易活动中采用电子支票作为支付手段的前提是用户必须首先在提供电子支票服务的银行开设账户，申请电子支票。具体使用中，电子支票的付款过程可以分为以下几个步骤：

（1）买卖双方达成购销协议，选择用电子支票支付货款。

（2）买方在计算机上填写电子支票，一般包含支付人姓名、支付人账户、接收人姓名、支票金额等内容，然后用自己的私钥在电子支票上进行数字签名，用卖方的公钥加密电子支票后形成电子支票文档。

（3）买方通过网络向卖方发出电子支票，同时向买方开户银行发出经过数字签名的付款通知单。

（4）卖方收到电子支票后用私钥解密电子支票，并用买方的公钥确认买方的数字签名，然后用数字签名的方式背书电子支票，填写进账单，并对进账单也进行数字签名。

（5）买方将经过背书的电子支票和签过名的进账单通过网络发给卖方开户银行。

（6）开户银行验证电子支票上买方的签名和卖方的背书，确认无误后进行数字签名并通过金融结算网络将电子支票发给买方开户银行。

（7）买方开户银行验证电子支票上卖方开户银行和买方的数字签名，确认无误后，通过金融结算网络从买方账户划出相应款项到卖方开户银行，卖方开户银行在卖方账户上存入相应款项。

四、银行卡与智能卡

（一）银行卡支付方式

1. 银行卡的概念

SET 协议是由 Visa 和 Master Card 两大国际信用卡机构联合多家科研机构和信息业者专门针对信用卡在线支付而设计的面向全球推行的安全性较高的协议。世界各大信用卡组织机构、银行及其他各种发卡机构也都极力推荐 SET 协议。因而目前在线购物大部分都采用信用卡进行支付。

银行卡是由银行提供电子支付服务的一种支付手段。银行卡包括信用卡和借记卡。它们都是由银行发行的、授权持卡人在指定的商店或场所进行记账消费的凭证，是一种特殊的金融工具。两者的不同之处在于信用卡可以透支，借记卡则要求持卡人必须在卡上存有的金额限度内消费。另外，银行卡按币种的不同可分为人民币卡和外币卡；按发行对象的不同可分为单位卡（商务卡）和个人卡；按信息载体的不同可分为磁条卡和 IC 卡。

2. 银行卡的支付结算流程

利用银行卡进行一般支付的结算流程是：

（1）用户到发卡行申请取得银行卡。

（2）用户在银行卡特约商店选购所需商品。

（3）用户向商店递交银行卡和密码。

（4）商店将银行卡和密码信息交发卡行验证。

（5）发卡行给商户返回一个确认信息，批准交易。

（6）持卡人取得商品。

（7）发卡行将相应货款从持卡人账户转到商家账户，完成交易。

利用银行卡进行在线结算的支付流程与上述一般支付结算流程基本相同，不同之处在于：

（1）用户除了要取得银行卡之外，还必须与发卡行签订网上支付协议。

（2）用户在网上购物时只需要输入银行卡号和密码，发卡银行通过公共网络（如 Internet）即可验证持卡人身份，实时办理转账。明确地讲，商家是先收款，后发货；而在传统的银行卡支付情况下是商家先发货，后收款，其效率远远低于网上在线交易。

（3）在不安全的 Internet 上传输银行卡号和密码等敏感信息，带来了极为严重的安全问题。目前，银行卡在线支付方式一般都是基于 SET 交易模型，也有的是基于第三方经纪人交易模型。

3. 银行卡的使用

以中国工商银行的灵通卡为例，网上使用银行卡的过程如下：

（1）网上支付申请。登录（www.icbc.com.cn），点击“个人网上银行登录”，即可进入如图 5－5 所示的页面。

（2）网上账户登录。网上支付申请成功后，用户即可通过图 5－5 所示的登录界面输入注册卡号和登录密码进入个人网上银行账户，使用账户查询、卡内转账、卡间转账、BtoC 交易等各项服务功能。

（3）选购商品。用户可以在任意一家中国工商银行 BtoC 特约网上在线选购商品和服务。

(4) 网上支付。用户选购完商品和服务并确认后，只需要点击“工商银行网上支付”，就会自动转入工商银行的网站并进入支付程序，然后依次输入支付卡号和支付密码，即可完成网上支付。

(5) 交易确认。为避免出现由于商家库存不足等原因以致无法供货等情况，所有购物交易须经商家确认后方告成立。用户可随时通过中国工商银行个人网上银行提供的 BtoC 交易记录查询历史交易的成交情况。

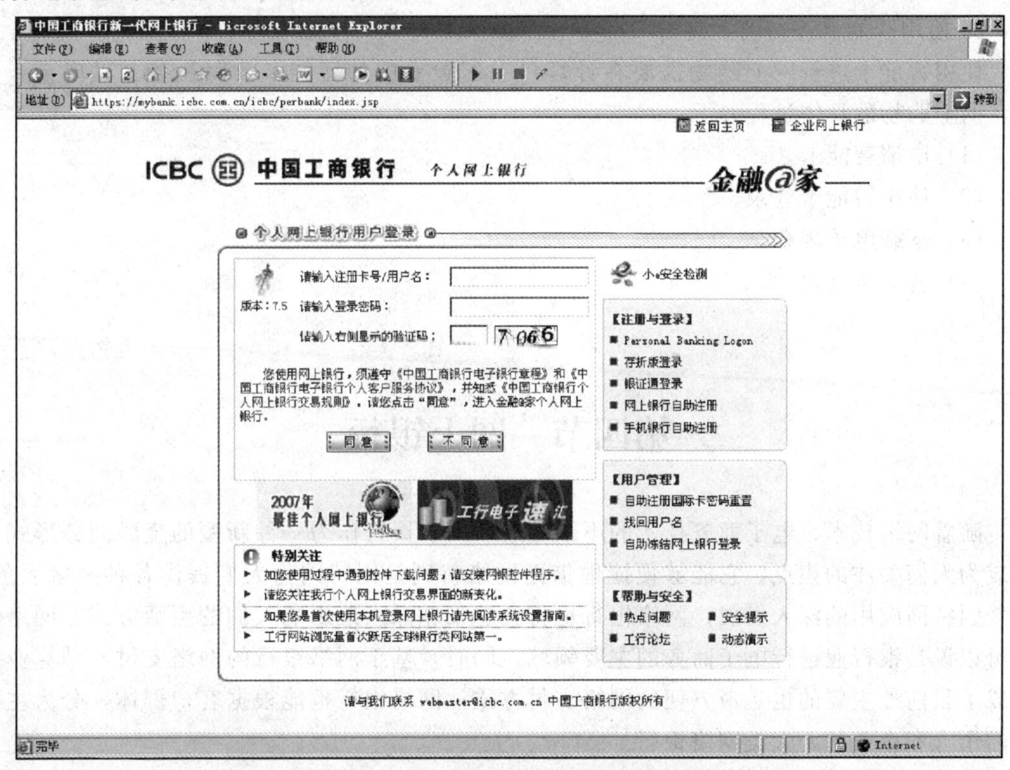

图 5-5　中国工商银行个人网上银行

(二) 智能卡支付方式

1. 智能卡的基本概念

智能卡 (Smart Card) 也称 IC 卡 (Integrated Circuit Card，集成电路卡)，是一种将具有存储、加密及数据处理能力的集成电路芯片嵌装于塑料基片上而制成的卡片。智能卡最早在法国问世。20 世纪 70 年代中期，法国 Moreno 公司采取在一张信用卡大小的塑料卡片上安装嵌入式存储器芯片的方法，率先开发成功 IC 存储卡。经过 20 多年的发展，真正意义上的智能卡，即在塑料上安装嵌入式微型控制器芯片的 IC 卡，已由摩托罗拉和 BULLIHN 公司于 1997 年共同研制成功。

2. 智能卡的分类

智能卡按不同的分类标准可以分为不同的类型。

(1) 按集成电路分类。

智能卡的核心是集成电路芯片。根据集成电路的不同，智能卡可以分为存储器型 IC 卡、逻辑加密型 IC 卡、智能型 IC 卡（也称为 CPU 卡）三类。

（2）按数据传送形式分类。

按卡与外界数据的传送形式划分，智能卡可分为接触型和非接触型两种。

（3）按应用领域分类。

按 IC 卡的应用领域划分，智能卡可分为金融卡和非金融卡两种。金融卡又分为信用卡和现金卡。信用卡主要由银行发行和管理，持卡人用它作为消费时的支付工具；现金卡作为电子钱包使用。

3. 使用智能卡进行网上支付

使用智能卡进行网上购物需要在计算机上配置专门的智能卡读写设备。以现金卡为例，网上购物的具体过程如下：

（1）申请智能卡。

（2）使用智能卡登录。

（3）下载电子现金。

（4）智能卡支付。

第四节　网上银行

随着网络技术、电子商务技术的不断发展，网上银行作为一种新型的金融商务形式迅速成为人们关注的焦点。它能够便捷地借助网络特别是因特网为人们提供各种金融服务。随着因特网应用的深入发展，网络银行也将会越来越深入地影响人们的生活方式。网络银行可以说是银行业进行电子商务的主要领域，同时，基于网络银行的网络支付与结算业务也成了目前最主要的也是最方便的网络支付方式。网络银行也能根据客户群体，分为主要面向个人和企业的两大类网络银行。

一、网络银行的概念

网络银行作为一个新生事物，人们对它的定义、运作方式、运用等还没有一个统一的标准。2000 年，巴塞尔银行监管会发布了《电子银行集团活动白皮书》，其中指出网络银行是利用网络手段为消费者提供金融服务的银行，服务内容包含零售业和大额集团业务。网络银行具有和传统银行对等的职能。同在 2000 年，美国联邦储备委员会也提出网络银行的定义：网络银行是利用因特网作为其产品、服务和信息的业务渠道，向零售和公司客户提供服务的银行。而在国内，对于网络银行的运用和定义，可以概括为：银行利用因特网技术，通过因特网向客户提供开户、销户、查询、对账、行内转账、跨行转账、信贷、网上证券、投资理财等传统服务项目，使客户可以足不出户就能安全、便捷地管理活期和定期存款、支票、信用卡及个人投资等。

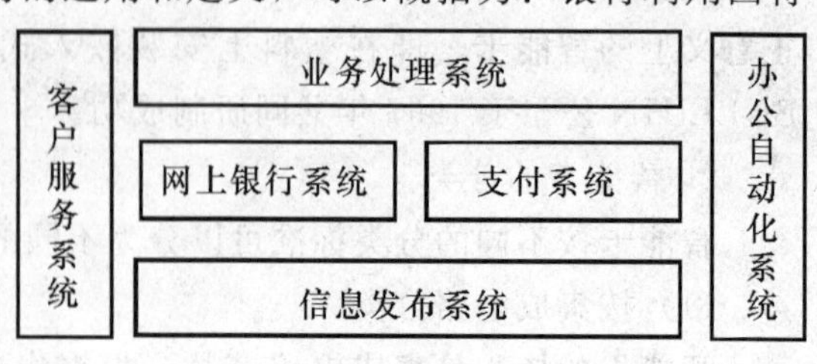

图 5－6　银行电子化系统的划分

银行在其电子化过程中的应用包括六

个方面：办公自动化系统、客户服务支持系统、业务处理系统、信息发布系统、支付系统和网络银行系统，如图 5-6 所示。所以，人们看到的网络银行只是银行电子化的一个方面，网络银行的发展受到银行内部网的制约。网络银行的功能一般包括银行业务项目、信息发布以及商务服务。目前，我国网络银行实现的功能主要是信用卡、个人银行、对公业务等客户与银行间关系较密切的部分。

二、网络银行的特点

网络银行与传统银行体系一样能够面向客户提供各类金融服务，而在金融信息服务、便捷性等方面有很多优势，大致可以归纳为以下六个方面。

（一）实现无纸化、网络化运作

网络银行实现无纸化、网络化运作可提供更高效的、准确的服务。网络银行使所有以前的传统银行的操作和交易全面电子化，并将交易所用的纸币改为电子货币。银行业务的文件和办公文件也全部改为电子文件，签名也可用数字签名来代替。银行与客户间文件的传送也可由计算机和公共网络平台（主要是因特网）来实现。网络银行的无纸化运作大幅度提高了银行业务的操作速度和效率，降低了服务成本。利用网络的实时性，几乎可以实时地实现国内各地甚至国外的各项业务操作。网络银行的出现能使客户以更低廉的付出就享受到更好的服务。

（二）提供内容更加丰富多样的金融服务

计算机网络的最大特点就是资源共享和实时通信。因此，网络银行不但可以提供给客户更快捷、更高效的信息，还能向客户提供更直接、更多样化的各种服务。客户可以通过网络就能了解到该网络银行相关的公共资讯和个人账户信息，例如，银行的业务介绍、实时的汇率等金融理财信息、客户账务的交易明细等。此外，网络银行能进行实际资金交易，通过网络对相关客户账户进行账户处理，例如，进行网上支付结算、网上转账等。网络银行可以充分利用因特网的互动性与多媒体性，以更为丰富和人性化的服务吸引更多的客户，满足客户的多样化与个性化需求，从而提高市场占有率，赢得客户好评。

（三）跨区域 24 小时服务

网络银行跨区域 24 小时服务，有利于优化金融机构的结构和运行模式。网络银行所拥有的信息技术优势，可以使网络银行给客户提供每天 24 小时全年 365 天的全天候服务。除了打破时间限制，网络银行还打破地域限制。传统银行机构的扩展是通过创建实体的分支机构和营业网点来实现的，网络银行只需要通过扩展支行和营业的因特网网站来实现。网络银行的跨时空运作也为客户带来了方便。无论客户多少，无论什么时间，无论什么地点，用户只要能够上网就可以立即通过网络银行享受丰富又快捷的服务。这也是实现个性化服务的重要保障。

（四）降低了金融服务成本，有利于银行系统的维护升级

网络银行服务无需物理的银行分支机构，不仅可以降低运营成本，而且便于维护。同时，网络银行的客户端大多由标准的 PC 与浏览器组成，主要采取 B/S 使用模式，便于维护。另外，通信网络也主要是因特网这样的公共网络平台，这样避免建立金融专用通信网络所带来的额外成本及维护费用。而且网络银行的系统维护升级也很简单，只需简单地更

新服务器应用程序，而无需对客户端做任何变动。

（五）网络银行可以拓宽银行的金融服务领域

网络银行可以整合银行、证券、基金、保险等行业经营的金融市场，让客户以网络银行为平台实现资金在各金融机构间的便捷的流动，例如银证通、银基通等业务。对客户而言，能够便捷地在线操作而不用去营业厅，并能得到更多量体裁衣式的金融个性化服务；对于金融机构而言，拓宽了金融企业的创新空间和客源空间，从而实现了客户和企业的双赢。

（六）网络银行可以辅助企业强化金融管理

银行业务的电子化、网络化运作使客户更容易收集信息，也便于银行与客户间的互动，促进双方相互了解。银行对各种信息进行统计、分析、挖掘的结果，有助于强化银行的金融管理，提高管理的深度、广度和科学化。

三、网络银行的发展过程

网络银行的发展是伴随着计算机与网络信息化的发展而逐步发展起来的，它的雏形早在 20 世纪 50 年代就形成了。最初的阶段是计算机辅助银行进行基本数据处理的阶段。20 世纪 50 年代末，计算机逐渐在西方发达国家的银行业务中得到使用。这个阶段，计算机的应用主要是代替手工记账和基本数据运算处理等这样事务性的工作，从而更好地提高效率和准确率并减轻人力负担。

20 世纪 60 年代开始兴起电子资金转账和电话银行业务，这些都为网络银行的发展提供了早期技术和应用基础。应该说网络银行的发展历程，并不像计算机发展历程一样是一个依次淘汰的过程，而是一个逐步丰富的过程。早期的计算机辅助数据处理、电子资金转账、电话银行等业务，现今依然得到广泛的使用。

接下来的阶段是银行电子化或信息化阶段，这个阶段的产生主要依靠 PC 的普及和网络的出现。PC 的大量使用和基于银行业务的网络被使用，让银行业务以自助方式走入家庭、企事业单位、商家等成为可能。银行提供的金融服务逐步由传统型变为全天候、开放式和全方位的金融服务。同时，电子货币转账也逐渐成为银行服务中的重要组成部分。它以银行和各服务点的终端机（POS、ATM 等）以及 PC、专用网络为主要载体，使货币以数据的形式在银行网络间传递。

随着因特网在 20 世纪 90 年代末开始的高速发展，银行业最后进入网络银行阶段。出于拓展业务、降低运营成本、满足顾客个性化的需求，基于因特网平台的网络银行终于出现了。网络银行的基本功能就是方便实现电子商务交易活动的网上支付和结算，从而实现真正的网上消费，比如网上转账、网上购物、网上代缴费、网上教学、网上订票、网上旅游、网上办公、网上理财等。

网络银行的各种描述，表面上大多类似，但主要的差别在于不同网络银行的管理和发展。目前，网络银行的发展模式大致有两种：

（1）完全依赖于因特网发展起来的网络银行。例如，在 1995 年 10 月，全球第一家网络银行——美国安全第一网络银行（Security First Network Bank，简称 SFNB）成立。它主要的业务在网上经营，通过因特网提供全球范围的金融服务。

(2) 传统银行开展的网上银行。它是在现有银行基础上发展起来，把银行服务业务运用到因特网上，开设新的电子服务窗口，对银行传统业务方式的补充，弥补了传统银行业营业网点少和营业时间短的不足。目前我国开办的网上银行业务都属于这种模式。

网络银行是网络时代的产物，随着网络技术、计算机技术、通信技术的发展，网络银行也在快速发展改变中，今后还可以进入一个新的阶段。

国外许多发达国家的网络银行的发展相当迅猛。1999 年 12 月 5 日，美国共有 512 家提供在线交易服务的网络银行，而 1997 年 5 月 27 日仅为 26 家。在欧洲，包括德意志银行、巴克莱银行、国民威斯敏斯特银行等巨头在内的各知名银行纷纷推出网络银行服务，希望凭此与那些刚刚“破壳而出”的网络银行一争高下。据不完全统计，到 1999 年年底，整个欧洲已有超过 2000 家金融机构开办了网络银行业务，数量比 6 个月前翻了一番还多。此外，在美国及欧洲，还有一些不具任何传统商业银行背景的小型公司，也在因特网上推出了没有银行传统营业柜台的所谓虚拟银行，如 Compu Bank、SFNB、Tele Bank 等，争夺未来的网络金融市场。网络银行作为银行未来的发展方向已经得到几乎所有商业银行的认同，甚至一些非金融业公司如微软、索尼、新力等也计划开设网络银行或以别的形式介入网络银行领域，分享利润。

相对于发达国家的网络银行发展状况，网络银行在中国内地的发展才刚刚起步，有待于银行业提高自身的技术应用与金融服务水平，也有待于整个社会的观念革新。我国网络银行的建设始于 20 世纪 90 年代后期，并迅速成为银行业务发展的一个重要方向。到 2002 年年底，在国内正式建立网站的商业银行达到了 41 家，其中中资银行 31 家；开展交易型网上银行业务的商业银行达 31 家，其中中资商业银行 21 家；网上银行的企业客户已超过 6 万户，个人客户超过 4000 万户。

2003 年，SARS 灾难在对其他行业产生负面影响的同时，却刺激了网上银行业务的发展。国内的网络银行开始进入高速发展期。到 2003 年年底，国内网上银行的总交易额接近 20 万亿元人民币，企业客户总数超过 10 万户，网络银行成为商业银行为高端客户提供服务的主要方式。网络银行提供的业务也从最早的仅为电子商务提供在线网上支付，到现在包括查询、支付、转账、理财等在内的营业厅传统业务，涵盖了个人银行业务和企业银行业务两大领域。不过国内的网络银行还是主要依靠传统银行建设的，属于各传统银行的业务延伸，还没有出现单一的网络银行。据 2005 年的不完全统计，中国内地的网络银行业务量所占全部银行业务量的比例已经接近 20%，100% 的国有和股份制银行、约 50% 的城市商业银行和超过 20% 的信用社都开通了网络银行。可见网络银行正在扮演越来越重要的角色。

中国银行从 1996 年就开始建立了自己的网站 www.boc.cn，在国内金融业率先通过因特网提供银行服务。它在网络支付系统中采用了先进的 SET 标准，其中 B2C 方面的优势在于中国国际支付目前只有通过中国银行才能进行清算。中国银行作为原来的外贸专业银行，具有在国际金融市场中运作的不少经验。中国银行同时也看重面向 B2B 的企业网络金融业务，这部分市场规模和需求很大，更能反映银行的整体实力和更好地开展电子商务业务。

中国银行的主要业务有个人金融业务、个人消费信贷、银行卡业务、外汇理财业务、企业理财业务、国内国际结算业务等。中国银行的网络银行包括企业在线理财、银证快车、外汇清算、国际客户服务等，其网上支付还提供电子钱包服务。

第五节　第三方网上支付服务

传统网上支付模式只具备资金传递功能，不能对交易双方进行约束和管理，整个交易过程中，无论产品质量、诚信交易，还是退、换货等方面都无法得到可靠的保证。随着电子商务网上交易的深入人心，对于市场潜力巨大的C2C市场，网上支付方式的创新已经成为解决C2C发展瓶颈的首要问题。

一、第三方网上支付模式概述

第三方网上支付就是指由已经和国内外各银行签约，并具备一定实力和信誉的第三方独立机构提供的网上支付模式。在第三方网上支付模式中，客户选购商品后使用第三方网上支付系统进行支付，第三方通知商家货款已到，进行发货，买方在验货后，可以通知第三方再将货款付给商家。第三方网上支付的支付网关往往是连接多家银行的内部网关，它形成统一的支付接口向在线商家提供服务，使商家可以同时利用多家银行的支付功能，也为客户带来了便利，方便其选择。第三方网上支付的支付网关除了从技术上完成数据传输外，也承担了一部分资金转账功能和其他增值业务。总体而言，第三方网上支付为用户提供了实施可靠、使用便捷、功能更丰富和更安全可靠的支付模式。

二、第三方网上支付流程

第三方网上支付模式使商家看不到客户的信用卡信息，同时也尽可能避免了网上交易存在的欺诈现象。第三方网上支付的流程大致如图5-7所示。

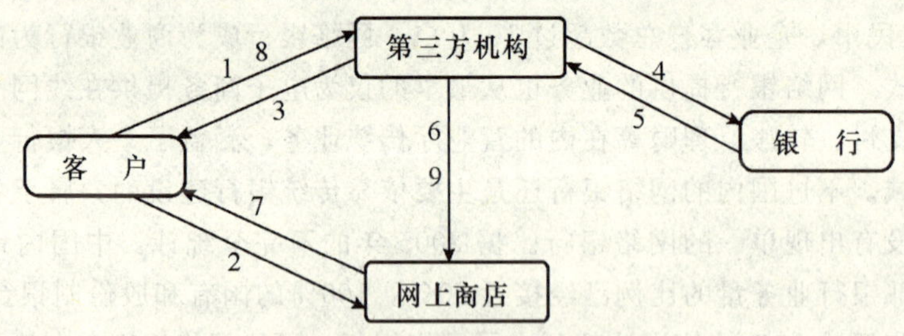

图5-7　第三方网上支付流程图

(1) 客户和商家都在第三方支付平台注册姓名、信用卡号等资料信息。

(2) 客户在商家的网络商店进行购物，提交订单后，商家将客户在第三方支付平台的账号和支付信息传送给第三方支付平台。

(3) 第三方支付平台在收到商家信息后，向客户发出付款请求。

(4) 客户通过第三方支付平台链接到客户的开户银行进行支付。

(5) 通过银行支付确认认证后，资金转入第三方支付平台。

(6) 第三方支付平台将客户已经付款的信息通知给商家。

(7) 商家通过物流向客户发货。

(8) 客户收到货物并验证，同意付款后，通知第三方支付平台。

(9) 第三方支付平台收到客户确认信息后，将货款支付给商家的账号。

三、第三方网上支付的特征

第三方网上支付的流程主要是围绕双方都信任的第三方机构来进行的，客户可以在第三方支付平台开设账号，银行卡信息不用在公用网络上多次传送，在网络传输的只是第三方网上支付账号，除了第三方代理机构外，其他人无法看见客户的银行卡信息。从总的流程来看，采用第三方网上支付具有以下特点：

(1) 可以消除人们对网络购物和网上交易划账的顾虑，从而推动电子商务的快速发展。

(2) 可以为商家提供更多的增值服务，帮助商家网上商店进行实时交易查询分析，提供方便、及时的退款和支付业务，起到维护客户和商家双方权益的作用。

(3) 第三方支付平台提供一系列的应用接口程序，可以帮助商家降低运营成本，帮助银行节省网络开发费用。

(4) 第三方网上支付服务有助于打破银行卡壁垒，有助于各银行间的良性竞争，给客户和商家更多选择权。

(5) 第三方网上支付模式交易成本低（国内现有的绝大多数第三方网上交易平台都处于免费状态），这样对推动网上微支付和小额支付更有吸引力。

四、第三方网上支付的问题

在 2005 年，网上支付成了电子商务领域最大的看点。第三方网上支付在一年间内也取得了高速发展。2005 年 2 月，阿里巴巴旗下的淘宝网花费 3000 万美元巨资，联合中国工商银行、建设银行等国内多家金融机构共同打造“支付宝”交易服务工具；4 月 7 日，从事多元化电子支付应用及服务的提供商融通公司推出 Yeepay 电子支付平台，进军国内电子商务支付；5 月 12 日，云网正式推出企业级在线支付系统支付@网；5 月 20 日，网银在线携手 Visa 国际组织共同宣布，在中国电子商务在线支付市场推广 Visa 验证服务信用卡安全支付标准，期望提高在线支付的便捷性和安全性；7 月 11 日，全球最大的在线支付商 Paypal 宣布落地中国，虽然舍弃了 Paypal 赖以成名的信用卡划账和多币种跨国交易，但这个起名“贝宝”的第三方支付平台仍然引起了同行的注视和商家的关注；10 月，腾讯公司推出“财付通”，进军网上支付领域。而据有关人士粗略估计，目前国内提供的网上第三方支付服务的机构已不下 50 家。

然而，随着网上支付特别是第三方网上支付的高速发展，相应的网上支付的法律问题也得到了人们更多的关注，焦点主要集中在支付安全的法律保障、风险责任的承担、网上支付服务的规范、电子货币的合法性、第三方支付平台的合法性等多个方面。第三方网上支付模式不仅提供一个技术平台，实际还提供了类似金融机构的结算业务。这些提供网上支付服务的电子商务交易平台和第三方支付平台在提供支付服务的背后，聚集了大量的用户现金或者发行了大量的电子货币，客观上已经具备了某些银行的特征。我国《商业银行法》规定，这些金融业务必须经过银监会批准的金融机构才能从事。因此，国内的第三方网上支付机构都在用户协议中试图确立自己为用户提供网上代收代付的中介机构，避免和金融机构相关联。

例如，支付宝用户协议中明确规定，它是由浙江支付宝网络科技有限公司向用户提供“支付宝”软件服务系统以及附随为用户提供代收代付货款的中介服务，并在用户协议中多次避免将自己称为银行或者金融机构。而在其获取的商业许可经营范围里表明其从事的是担保（根据公开查询到的相关政府部门的审批文件上看是“由国家政策允许的担保业务，涉及许可证的凭证经营”）和中介业务。但是目前根据我国相关的法律规定，支付中介具体应该属于哪一类业务并不明确，是否需要经过银监会的批准才能从事也存在诸多疑惑。用户资金进入支付宝的账户后其所有权问题、所产生的利息等问题会给支付宝的法律地位以及其业务的合法性带来一些困扰，目前我国相关部门对此的态度也不甚明确。

现在电子商务领域特别是电子支付网上支付方面的立法空白，以及相关机构服务商的定位不明，带来的管理缺失给网上支付特别是第三方网上支付带来了一定的问题和风险。

五、实例：淘宝的“支付宝”

支付宝网站（www. alipay. com）（见图 5－8），由全球最佳 B2B 公司阿里巴巴公司创办。支付宝公司为了满足中国电子商务的发展需要，针对网上交易而特别推出安全付款服务。其运作的实质是以支付宝为信用中介，在买家确认收到商品前，由支付宝替买卖双方暂时保管货款的一种增值服务。

图 5－8　支付宝网站主页

支付宝服务自 2003 年 10 月 18 日在淘宝网推出以来，迅速成为会员网上交易不可缺少的支付方式，深受淘宝会员喜爱。目前，支付宝会员超过 800 万，超过 2000 万种商品支持支付宝支付。支付宝最大限度地给予交易双方安全性保障，降低双方交易风险。买家更加放心、省心，因为货物到达买家手中后，卖家才能拿到货款。相对卖家而言，可以使其获得买家足够的信任。

支付宝提出“你敢付，我敢赔”服务承诺。使用支付宝购物，受到损失将获得全额赔付，让买家购物没有后顾之忧。支付宝主动提出“全额赔付”在国内电子商务网站尚属首次。

支付宝的服务内容主要包括两个方面：一是以提供交易过程中的信用担保服务为主的支付宝交易；二是为实现安全、快速的网络支付而创建的支付宝账户。

“支付宝交易”是指用户享受“支付宝”信用担保服务的特定过程。用户在购物网站（如淘宝网）上选择并发起“支付宝交易”，之后整个支付和货物的交割过程将由“支付宝”负责监控，保证交易双方的资金和货物安全。支付宝安全交易流程如图 5-9 所示。

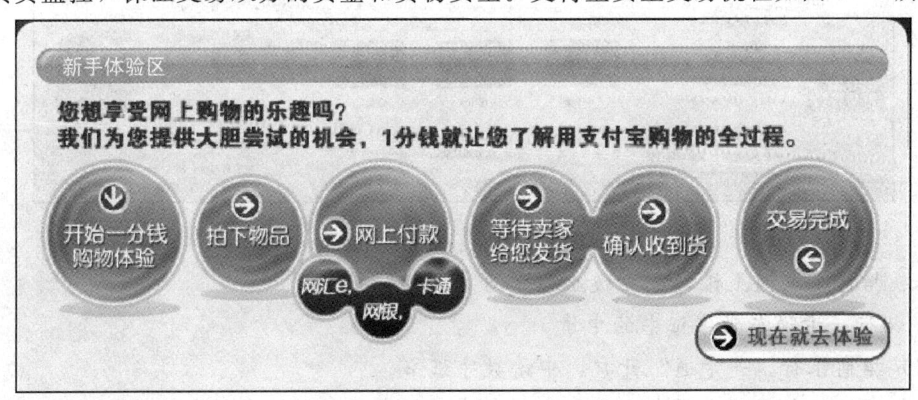

图 5-9　支付宝安全交易流程

“支付宝账户”是为了实现“支付宝”服务而推出的工具，可以促使买卖双方完成安全、快速的网上支付业务，并为买卖双方提供交易资金记录的查询和管理。

“支付宝账户”为用户提供在“银行账户”和“支付宝账户”之间的资金划转业务，并提供相应资金往来记录的查询和管理。

[资料链接]

（一）招商银行个人网上银行专业版业务

一、招商银行网上银行专业版简介

招商银行（以下简称“招行”，网站主页如图 5-10 所示）的个人网上银行设有大众版和专业版。两者的区别在于：

（1）业务内容不同。专业版在大众版账务查询、修改密码、卡内定活互转、同身份证账户互转、专户互转、小额网上支付等功能的基础上，增加了同城转账、异地汇款、大额网上支付等功能，并将随着业务的发展不断丰富。

（2）安全机制不同。大众版充分利用了浏览器本身的安全机制，而专业版采取了 X.509 标准数字证书体系，具有更高的安全性。

（3）使用方法不同。大众版无需下载任何软件，只需一台联网计算机，就可以使用该项功能，在浏览器界面操作。专业版则需要下载客户端软件，操作时自动打开专业版窗口，且只能在安装个人证书的计算机上使用。

图 5-10　招商银行网站主页

二、招行个人网上银行专业版业务介绍

1. 招行一卡通与数字证书的申请

(1) 招商银行“一卡通”开户，申请数字证书。

在招商银行营业网点凭自己的身份证申请开设实名制“一卡通”账户；然后填写《个人数字证书申请表》，申请文件数字证书和在线转账功能；最后进行数字证书与一卡通账号的关联，并获得授权码（30 日内有效）用于证书启用。

(2) 检查计算机系统网络浏览器的版本及密钥长度。

通常网上银行操作要求使用 IE 5.0 以上版本的网络浏览器，密钥长度必须在 128 位以上。用户要在 IE 浏览器工具栏的“帮助→关于 Internet Explorer”下查看密钥长度，如果达不到要求可以通过 IE 浏览器的工具栏的“工具→Windows Update”访问微软网站进行在线升级。

2. 招行个人网上银行专业版客户端软件的安装

(1) 访问招商银行网站（http://www.cmbchina.com）。选择右侧“网上个人银行登录”栏目下面的“个人银行专业版”。

(2) 下载安装专业版客户端软件。进入专业版客户端软件下载页面，将专业版客户端软件下载并安装到本地磁盘上。

3. 数字证书的启用操作

(1) 启动专业版客户端软件，进入用户登录界面；单击“证书管理”按钮，进入专业版使用向导页面；单击“下一步”按钮，进入证书管理的选项页面。如果从招行柜台申请了数字证书并获得了授权码，就可以选择“证书启用”选项。

(2) 设置专业版登录的账号和密码。要求用户名为持卡人的真实姓名，专业版登录用户密码要求为 6～16 位数字或字符。用户密码输入两次后单击“下一步”按钮。

(3) 填写持卡人详细的用户信息。首先要准确无误地填写数字证书申请授权码和持卡人证件号码；然后将用户地址、电话号码、电子邮箱、邮政编码、所在省市、单位名称等信息填写完整清楚；最后单击“完成”按钮将信息提交给银行进行证书信息查询验证。

(4) 验证银行卡取款密码。证书信息验证通过后，系统提示输入银行卡的取款密码。输入取款密码交系统验证成功后，完成证书启用向导。

4. 数字证书的备份操作

(1) 等待系统签发证书。计算机通常会提示持卡人在60分钟后在提交授权码的同一部计算机上登录专业版获得数字证书。自己可以登录专业版客户端软件查看证书签发的情况。如果证书没有完成签发会出现消息框“正在签发申请的证书，请等待”。如果证书已经成功签发，则会提醒用户进行数字证书的备份。用户可以在“重要通知”的提示中单击“备份证书”；也可以先进入专业版主界面后，通过选择“系统管理→证书备份”进入数字证书的备份操作。

(2) 数字证书的备份操作。设置5个证书安全保护的问题及答案。今后在进行证书恢复操作的过程中要求回答出这些问题的答案才能正常操作。

(3) 设置数字证书文件的保存路径和访问密码。建议用户将数字证书备份到移动存储介质上，妥善保管。

5. 数字证书的恢复操作

如果用户已经备份了数字证书，需要在其他计算机上使用（或用户重装系统）招行个人银行专业版，就需要进行数字证书的恢复操作。用户从登录界面开始，选择“证书管理→专业版使用向导→证书恢复（证书输入）”，输入数字证书备份文件名、用户密码和证件号码，输入证书备份时预设的安全保护问题的答案，验证通过后，完成数字证书的恢复操作。

6. 网上转账功能的申请与使用

(1) 网上转账功能申请。

通过欢迎页面的“功能申请”，填写提交申请表，开通一卡通网上支付、网上转账、网上汇款功能。

(2) 同城转账操作。

在专业版界面“转账汇款”菜单下选择“同城转账”，填写转账信息，向其他用户的一卡通账户转入资金。目前，招行同城个人用户（含一卡通、存折、信用卡）之间的转账可以使资金实时到账，不收手续费。向他行或异地用户账号转账或汇款都要收取手续费。转账成功后，通过“转账汇款”菜单下的“查询转账汇款记录”查看转账明细记录。

7. 网上支付卡的使用

在电子商务网上交易过程中，用户可以使用一卡通的子账户——网上支付卡来进行网上支付。用户可以在“电子商务”菜单中选择“一卡通转账网上支付卡”或“网上支付卡转一卡通”在基本账户和子账户之间进行资金调拨，减少基本账户的风险，保证资金的安全。

——招商银行 www.cmbchina.com

（二）快钱网成长秘密：电子商务支付瓶颈助其崛起

关国光把他身处的市场描述为一个几乎不可想象的庞大金矿：中国目前有1.1亿线上支付用户，这仅是这个世界上人口最多的国家的1/13——如果人人都把他建立的快钱网作为网上支付平台呢？“快钱网的目标就是要进入人们的日常生活，我们有一个使命：让任何有 E-mail 和有手机的人，都成为我们的用户。”

比尔·盖茨或许对此深有同感。微软的生意就起源于一个最简单的想法：让 Windows 成为全世界所有电脑的桌面操作系统。中国市场有如此庞大的人口基础，以至于任何商业计划听起来都会像是一个伟大商业帝国的开始。

快钱网已成为互联网界令人眼热的新兴公司。TOM、百度、搜狐和网易等主流商业网站在使用它的服务。2005 年 8 月，它拿到美国 Doll 资本管理公司（Doll Capital Management）和半岛基金（Peninsula Capital）的风险投资。截至 2005 年年底，它的注册用户数已经达到 400 万。

但是，在信用卡的普及程度和配套机制远未成熟的中国，电子商务仍是一个不成熟的新兴产业，特别是网上支付交易手段还未被广泛使用。快钱网还面临其他困难，它的主要竞争对手 eBay 花了 15 亿美元收购的 Paypal 公司和阿里巴巴公司旗下的支付宝交易系统，都早已进入这一市场。此外，大量以“-pay”为后缀名的企业也正以灵活多样的支付手段在这一领域掘金。

（一）鉴别机会

2001 年，关国光辞去网易资深副总裁一职，开始尝试一些“好玩的事情”，和朋友投资了一家做保险业技术解决方案的信息公司。很长时间，关国光都没有自己投资创业的冲动，总觉得“太辛苦”。

真正触发创业冲动的，是在手机网上业务发展起来后出现手机账单的那一刻。关国光是所有受到震动的生意头脑中的一个，其实在网易的时候，关国光就接触到了网易商场和网易拍卖的支付问题。

关国光与朋友原来打算投资无线支付，所遇到的困境是每家银行都是独自的支付系统，支付并不流畅，而且逐省结算带来诸多弊病。于是，关国光选择等待。2002 年 3 月，中国银联诞生，开始建立跨行支付系统。直到两年后，关国光看到银联业务已经成熟，线上支付变得简单，网上收费服务逐渐增多，2004 年 4 月，关国光正式创建上海快钱信息服务有限公司。

但关国光没有去做当时风头正劲的移动支付，他有自己的一套算法：在 4.7 亿手机用户中，80％是预付费性质的低端用户，其余 20％才是要抓住的目标，但却不到 1 亿用户，但这已是许多提供移动支付服务公司的蛋糕。而线上支付的用户有 1.1 亿，不受地域限制，铺点相当快，并且快钱网可以选择做 E-mail 认证和手机认证并举，把两块蛋糕都收入囊中。

“我们的策略是：用户和非用户可以发生交易，基数越大，网络效应就越大。这能够避免单一的线性增长。”关说。快钱网采取的是由一个注册用户在交易中带入未注册用户的方式，三个季度后就已达到 170 万用户。

在位于上海北京西路的国立大厦里的两个极小房间里，快钱网最初创业的员工，加上关国光只有三个。因为人少，事无巨细大家都一起做，甚至招聘的时候“一堆人都一起参加面试，把应聘的人吓坏了，从来没见过那么多考官”。

快钱网在三个月内迅速搭建了技术平台，并完成与各个银行的直联和测试，这样的速度让关国光十分得意：“2003 年，Paypal 已经在中国呆了一年半，他们做市场调研，跟监管部门谈话，了解政府态度和法律程序问题。而我们三个月就把所有的事情都做完了。”

（二）迅速上位

2005年伊始，快钱网正式投入运营，可支持国内7亿多张银行卡和Visa、Master Card等国外银行卡，支付方式涵盖邮政汇款、银行汇款、银行刷卡等多种支付方式，任何人通过电子邮件或手机号码就可以方便快捷地向任何个人或者商户收费。

关国光在网易积下的人脉促成快钱网与几乎所有重要门户网站的合作。2005年，快钱网以一系列的重量级战略合作迅速拉动用户量，直接切入6大重点业务领域：网上拍卖、网络购物、数字内容下载、网络游戏、搜索引擎以及无线增值业务。

2005年7月22日，快钱网与百度达成合作，为百度旗下的“竞价排名”和“影视搜索”两大服务提供在线支付平台。竞价排名是百度首创的一种按效果付费的网络推广方式，影视搜索则是新推出的一种包月制服务，允许网民通过百度影视搜索到上万部影视剧，提供下载或在线观看。8月22日，快钱网成为搜狐在线支付合作伙伴，全面支持搜狐所有产品及服务的在线销售。截至2005年9月，快钱网已经与百度、网易、TOM在线、空中网、九天音乐网和Kuro等达成战略合作。

在这一系列战略合作的背后，是一个具有一定技术优势的费率架构。关国光和技术人员都爱称这是一个搭积木的游戏。它有相当强大的伸展性和拓展性，可以根据每一个合作伙伴的具体需求套用其中已有的支付模式，或者重新定制新的方式，即搭上一块新的“积木”。

以此积木式平台为基础，关国光在和门户网站达成合作关系后，又开始关注其他新兴网站。“我们是定制性最强的支付平台。在新兴互联网的应用服务从不能收钱到收钱的过程中，我就会有意识地尝试去和它们合作。”关说。2005年11月22日，快钱网与中国最大的博客网站之一——博客网达成合作协议，成为后者首选的网上服务购买平台。

然而，在线支付市场群雄逐鹿，快钱网能否按照其设计的路线那样迅速上升，还是一个未知数。2005年7月，PayPal来到中国，线上交易双方可以通过一个与银行账户关联的Paypal用户名（通常为E-mail地址），将资金支付给另一方。这曾是快钱网早期借鉴的对象。Paypal在2004年的交易总额超过180亿美元，全球账户数达7200万个。

Paypal在中国潜伏一年半后，决定在中国继续提供免费服务，以与阿里巴巴的支付宝对峙。关国光并不为此担忧，在他看来，这两者只关注1.1亿用户中的10%，即约1000万使用信用卡和银行卡支付拍卖交易的用户，而这部分人群快钱网同样也能涵盖。

快钱网的独立第三方身份，相比Paypal（背后是eBay）和支付宝（背后是阿里巴巴），更有利于与各大网站战略联合，分享用户量和交易量的增长。Doll资本管理公司驻上海的资深合伙人彼得·哈丁（Peter Harding）表示，淘宝网和eBay正在和中国一些大型门户网站展开竞争，因此，其中的一些门户网站对于把支付宝或PayPal作为它们的主要支付手段感到担心。这是快钱网坚持“不介入应用领域”的原因。关国光戏称，希望两者花更多的Stupid Money——市场教育费为自己开路。

“未来一家独大不太可能。竞争对手越强，越会使我们有压力去拓展新的内容。只是在这个过程中，我们能始终保持市场领先就行。”关国光说。

现在，关国光最担心的事情不是竞争，反倒是提防猎头公司挖人。41岁的关国光喜欢和年轻人在一起，“他们有时蓬头垢面，头发乱竖起来，却总是兴冲冲地跑过来询问昨天自己亲手编写的程序已经有多少人使用”。

关国光调动热情的秘诀是让员工有机会接触新鲜事物。他让员工参与所有开放式例会，让员工和合作伙伴直接面对面接触，参与解决方案的制定。“他们就像男孩子玩玩具一样，喜欢拆了再看。我就让他们参与整个系统的架构。”同时，关国光也利用期权和薪酬相结合的报酬方式凝聚关键员工。

——搜狐 www.sohu.com

本章小结

在线电子支付是电子商务的关键环节，也是电子商务得以顺利发展的基础条件。电子支付是指以计算机和通信技术为手段，通过计算机网络系统，以电子信息传递形式实现的货币支付与资金流通。电子商务支付系统是融购物流程、支付工具、安全技术、认证体系、信用体系以及金融体系为一体的综合大系统。

随着计算机和通信技术的发展，网上支付工具越来越多。这些支付工具一般可以分为三大类：一是电子货币类，如电子钱包、电子现金等；二是电子信用卡类，如智能卡、借记卡、电话卡等；三是电子支票类，如电子支票、电子转账（EFT）等。这些支付工具各有自己的特点和支付流程，适用于不同的交易场合。

网络银行可以说是银行业进行电子商务的主要领域，同时，基于网络银行的网络支付与结算业务也成为目前最主要的也是最方便的网络支付方式。

第三方网上支付就是指由已经和国内外各银行签约，并具备一定实力和信誉的第三方独立机构提供的网上支付模式，为用户提供了实施可靠、使用便捷、功能更丰富和更安全可靠的支付方式。

[思考与练习]

1. 简述现金、票据支付方式的特点。
2. 简述电子支付的概念及发展阶段。
3. 简述电子支付网络平台的构成和网络支付的基本流程。
4. 什么是电子钱包？它有哪些特点？
5. 电子现金有哪些属性？如何使用电子现金进行支付？
6. 简述银行卡的主要种类及特点。
7. 什么是网上银行？网上银行具有哪些特点？
8. 简述第三方网上支付产生的原因和支付流程。
9. 登录中国建设银行的网站，了解建设银行“龙卡系列”电子货币产品有哪些。了解中国建设银行信用卡的数字证书的申请和下载。
10. 登录招商银行的网站，查看招商银行所提供的网上银行的业务有哪些。
11. 登录中国工商银行的网站，了解如何使用工商银行信用卡、借记卡进行网上支付。
12. 登录你喜爱的电子商务网站，选购一本书或一件商品，感受网上购物。

第六章　订单履行和电子商务物流

［学习目标］

通过本章的学习，了解电子商务和物流的相互影响，掌握电子商务物流的定义和特点以及电子商务物流的模式选择，同时了解现代所采用的物流技术和物流信息技术。

［导入案例］

“1 小时”送货的承诺是如何实现的

1999 年 4 月，e 国有限公司正式推出 e 国百姓生活网（www.eguo.com）（见图 6－1）。该网站立足于百姓生活，旨在为百姓提供最大限度的实用与实利。

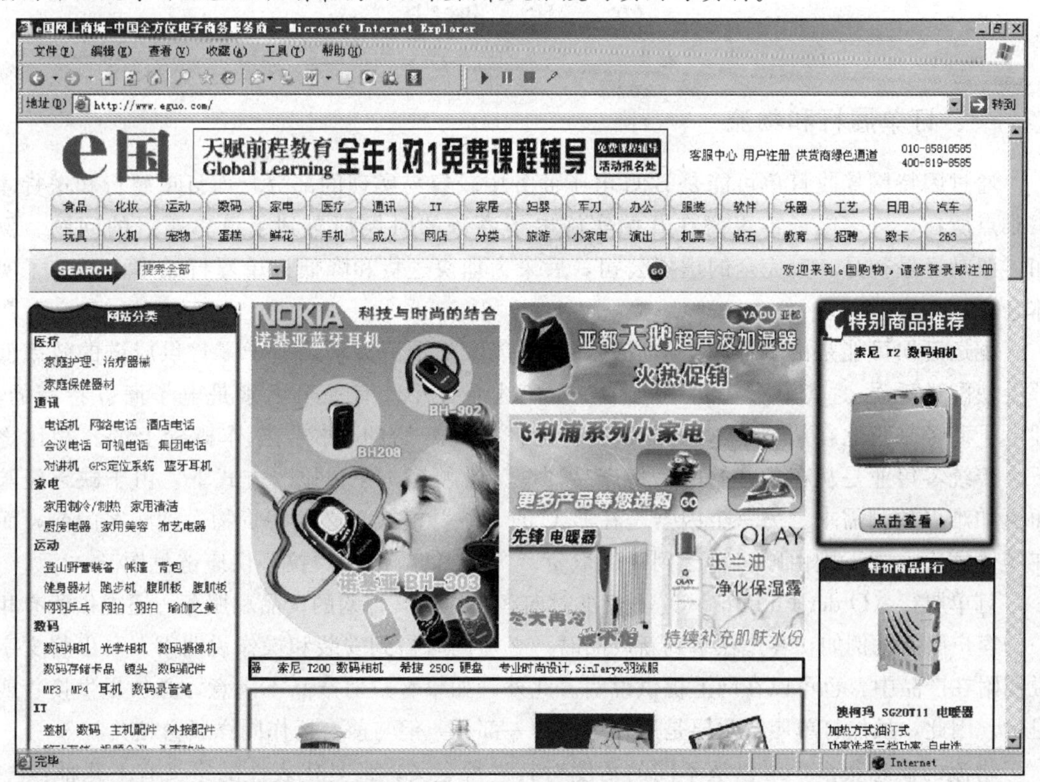

图 6－1　e 国网上商城首页

e 国在业内首先提出“自主物流”的概念，并在此基础上自建配送体系，为消费者送货上门。2000 年 4 月 15 日，e 国网上商城正式推出“e 国 1 小时”限时服务。借助公司自建的物流渠道和配送体系，在消费者从网上下订单或通过电话订货的 1 小时之内，把货物免费送到消费者手中，这就是“e 国 1 小时”的具体含义。

实现 1 小时配送，既是一个技术上的问题，又是一个管理上的问题。没有互联网以及各种必要的通讯设施，要做到 1 小时配送是不可能的。e 国在北京市四环以内设立了几十个密集的配送中心，一个设施先进、管理科学的中心库，以及一个高效的客户服务中心，真正确保所有商品能够在1小时内准时送达消费者手中。为了达到1小时的要求，一个库房所能辐射的都是自行车行驶1小时所能到达的区域，各个仓库全部存有一定数量的备货，有的仓库面积达300平方米。同时e国自己组建了200多人的配送队伍。总部从网上接到订单后5分钟内，分析订单情况和地理位置，然后根据分析结果向调配中心发出指令。调配中心接到指令后，立即向指定的库房配货，此过程规定在5分钟内完成。然后由送货员完成送货，货送到顾客手中时，要让顾客写上收到时间。这个过程按规定在40分钟内完成。这样e国就实现了自己50分钟的要求，也使得1小时的承诺有了伸缩的空间和余地。

推出1小时购物商城后，e国已经逐步变为一个有些特色的网上商城。“e国1小时”的推出，无论对中国的零售业，还是对中国的电子商务来说，都堪称是一场革命。

——黄志平《电子商务实用教程》

第一节 概述

一、订单履行和物流

通过因特网接收订单可能是B2C电子商务中较容易实现的部分，而订单履行和送货才是难点所在。许多电子零售商在开始实施电子商务的时候都遇到了订单履行的问题。例如，亚马逊最初是一家完全的虚拟公司，后来为加快送货和降低订单履行成本而增加了实体仓库。

配送延误可能是由多种因素造成的，从不能准确预测需求到电子零售供应链的效率低都会使配送延误 。其中有些问题也存在于离线企业中。有一个因素是电子商务特有的，即电子商务是建立在从订单（通常是定制化订单）开始的“拉”操作概念上的。相比之下，传统零售业是从存货开始的，将产品“推”给顾客。在“拉”方式下，由于缺乏经验而更加难以预测需求。另一个因素是在B2C的“拉”模式下必须将货物送到顾客门前，而在实体零售方式下则由顾客自己到商店取货。“推”供应链和“拉”供应链见图6-2。

订单履行（Order Fulfillment）不仅准时向客户提供其订购的产品和服务，还提供所有相关的客户服务。例如，客户在拿到新产品时，必须同时得到安装和操作说明书。可以将文字说明附在产品中，也可以在网上提供说明。此外，如果客户对产品不满意，必须提供换货或退货。因此，虽然订单履行主要是后台运作的一部分，但与前台运作同样紧密相关。

物流的概念很多，可以从不同的角度对其进行定义，最具代表性的定义有下几种：

（1）美国物流协会认为：物流是有计划地将原材料、半成品及产成品由生产地送至消费地的所有流通活动，其内容包括为用户服务、需求预测、情报信息联系、物料搬运、订单处理、选址、采购、包装、运输、装卸、废料处理（也称反向物流）及仓库管理等。

（2）7R定义法：即恰当的产品（Right Product）、恰当的数量（Right Quantity）、恰当的条件（Right Condition）、恰当的地点（Right Place）、恰当的时间（Right Time）、恰当的顾客（Right Customer）和恰当的成本（Right Cost）。物流系统的内在特征在目的上表现为实现物流的效率化和效果化、较低成本和较优服务，在原则上表现为实现7R。

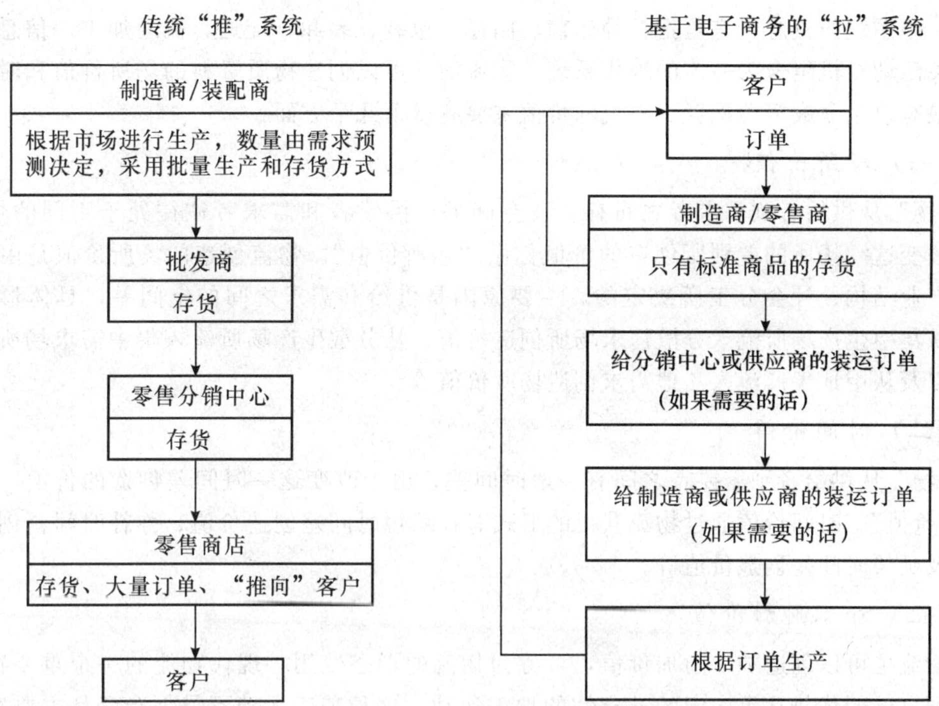

图 6-2　“推”供应链和“拉”供应链

（3）我国在 2001 年颁布的《物流术语》国家标准中，将物流定义为：物品从供应地向接收地的实体流动过程，根据实际需要，将运输、储存、装卸、搬运、包装、流通加工、配送、信息处理等基本功能实施有机结合。

尽管物流的概念多种多样，然而就其内涵而言，大体体现在以下几个方面：

（1）物流是物品物质实体的流动。

（2）物流的主体是供给者和需求者。供给者包括生产者和经营者，需求者包括一般消费者、业务需求者和产业需求者。

（3）物流是物品从供应地向接收地的实体流动，即它是一种满足社会需求的活动，是一种经济活动。

（4）物流包括运输、搬运、储存、保管、包装、装卸、流通加工和物流信息处理等基本功能活动。

（5）物流包括空间位置的移动、时间位置的移动以及形状性质的变动，因而物流活动可以创造物品的空间价值、时间价值和附加加工价值。

由此可以看出，这些定义均包括了向内、向外、内部和外部的原料及货物的流动，以及退货过程，还包括了订单履行过程。然而，物流和订单履行之间的区别并不总是很明确的，有时候这两个词汇可以替代使用。

二、物流的价值

“物流”在我国已经有 20 多年的历史，物流系统中重要的配送方式、流通加工方式、集装方式等在国内已经有一定程度的发展。但是，直到今日还有很多人不大认识“物流”这种经济形态。物流是将物质资料从供给地向需求地转移的经济活动和实物运动过程。物流是一个系统的概念，它是把各种运输、储存、包装、装卸、配送、流通加工、信息处理等相关活动有机组合为一体的现代系统。物流活动可以创造物质资料的场所价值和时间价值，最有效地完成资源配置。物流的价值主要有以下几个方面：

（一）场所价值

“物”从供给者到需求者之间有一段空间差。供给者和需求者往往处于不同的场所，由于改变这一场所的差别所创造的价值称做“场所价值”。物流创造的场所价值是由现代社会产业结构、社会分工所决定的，主要原因是供给和需求之间的空间差，具体形式包括：从集中生产场所流入分散需求场所创造价值、从分散生产场所流入集中需求场所创造价值以及从甲地生产流入乙地需求创造场所价值等。

（二）时间价值

“物”从供给者到需要者之间有一段时间差，由于改变这一时间差创造的价值，称做“时间价值”。时间价值通过物流获得的形式有：缩短时间差创造价值、弥补时间差创造价值以及延长时间差创造价值等。

（三）加工附加价值

物流也可以创造加工附加价值，可称为物流的形态效用。现代物流的一个重要特点，是根据自己的优势从事一定的补充性的加工活动。这种加工活动不是创造商品主要实体，形成商品主要功能和使用价值，而是带有完善、补充、增加性质的加工活动，这种活动必然会形成劳动对象的附加价值。例如在物流中心，改变包装形态与发送批量等，或者把托盘上的米粉分装至每个顾客的容器中，都可以创造价值。

三、物流的分类

社会经济领域中的物流活动无处不在，各个领域的物流，虽然基本要素都存在且相同，但由于物流对象不同，物流目的不同，物流范围、范畴不同，形成了不同的物流类型。物流的分类方法主要有以下几种：

（一）宏观物流和微观物流

宏观物流是指社会再生产总体的物流活动。这种物流活动的参与者是构成社会总体的大产业、大集团。宏观物流研究的是社会再生产的总体物流、产业或集团的物流活动和物流行为。

微观物流是消费者、生产者、企业所从事的实际的、具体的物流活动，如企业物流、生产物流、供应物流、销售物流、回收物流、废弃物物流、生活物流等。

（二）社会物流和企业物流

社会物流是指超越一家一户的以一个社会为范畴、以面向社会为目的的物流。这种社会性很强的物流往往是由专门的物流承担人承担的，社会物流的范畴是社会经济大领域，带有宏观性和广泛性。

企业物流是从企业的角度研究与之有关的物流活动，是具体的、微观的物流。企业物流可细分为企业生产物流、企业供应物流、企业销售物流、企业回收物流和企业废弃物物流。

1. 企业生产物流

企业生产物流是指企业在生产工艺中的物流活动。这种物流活动是与整个生产工艺过程伴生的，实际上已构成了生产工艺过程的一部分。企业生产过程的物流大体分为原料、零部件、燃料等辅助材料，从企业仓库或企业的“门口”开始进入到生产线的开始端，再进一步随生产加工过程环节流动。

2. 企业供应物流

企业为保证本身生产的节奏，不断组织原材料、零部件、燃料、辅助材料供应的物流活动，这种物流活动对企业生产的正常、高效进行起着重大作用。企业供应物流的目标不仅是保证供应，而且还要以最低成本、最少消耗、最大保证来组织供应物流活动。

3. 企业销售物流

企业销售物流是企业为保证本身的经营效益，不断伴随销售活动将产品所有权转给用户的物流活动。销售物流活动带有极强的服务性，以便满足买方的需求，最终实现销售。

4. 企业回收物流

企业在生产、供应、销售的活动中总会产生各种边角余料和废料，这些东西回收是需要伴随物流活动的。企业回收物品处理不当往往会影响整个生产环境，甚至影响产品质量，造成浪费。

5. 企业废弃物物流

企业废弃物物流是指对企业排放的无用物进行运输、装卸、处理等的物流活动。

（三）国际物流和区域物流

国际物流是现代物流系统发展快、规模大的一个物流领域。国际物流是伴随和支撑国际间经济交往、贸易活动和其他国际交流所发生的物流活动。

相对于国际物流而言，一个国家、一个城市或一个经济区域内的物流，就是区域物流。

（四）一般物流和特殊物流

一般物流指物流活动的共同点和一般性，物流活动的一个重要特点是涉及全社会、各企业，因此物流系统的建立及物流活动的开展必须有普遍的适用性。

带有特殊的制约因素、应用领域、管理方式、劳动对象、机械装备等方面特点的物流皆属于特殊物流范围。

四、物流活动的基本要素

物流活动的要素除了实现物质、商品空间移动的输送以及时间移动的保管这两个中心要素外，还包括为使物流顺利进行而开展的流通加工、包装、装卸搬运、信息等要素。这些基本要素有效地组合、联结在一起，相互制约，形成密切相关的一个系统，能合理、有效地实现物流系统的总目标。

（一）输送

输送一般分为运输和配送。一般认为，所有物品的移动都是运输，运输是指用设备和工具将物品从一个地点向另一地点运送的物流活动；而配送是指在经济合理区域范围内，根据用户要求，对物品进行拣选、加工、包装、分割、组配等作业，并按时送达指定地点的物流活动。一般来说，在物流系统中，运输处在配送的前面，先实现物品长距离的位置转移，然后由配送完成短距离的输送。

（二）保管

保管包括堆存、保管、保养、维护等活动。对保管活动的管理，要求正确确定库存数量，明确仓库以流通为主还是以储备为主，合理确定保管制度和流程。对库存物品要采取有区别的管理方式，力求提高保管效率，降低损耗，加速物资和资金的周转。

（三）流通加工

流通加工又称流通过程的辅助加工活动，是指物品在从生产地到使用地的过程中，根据需要进行包装、分割、计量、分拣、刷标志、检标签、组装等简单作业的总称。这种加工活动不仅存在于社会流通过程中，也存在于企业内部的流通过程中。

（四）包装

包装是指为在物流过程中保护产品、方便储运、促进销售，按一定技术方法而采用的容器、材料和辅助物等的总称；也指为了达到上述目的而在采用容器、材料和辅助物的过程中，进行一定的技术、方法等的操作活动。包装一般可分为工业包装和商业包装。包装既是生产的终点，又是企业物流的起点。

（五）装卸搬运

装卸是指物品在指定地点以人力或机械装入或卸下，而搬运是指在同一场所内，对物品进行水平移动为主的物流作业。装卸和搬运既有区别又有联系，装卸主要指货物在空间产生的以垂直方向为主的位移；而搬运则是指货物在小范围内发生的短距离的水平位移。

（六）物流信息

包括与上述各项活动有关的计划、预测、动态的信息及有关的费用信息、生产信息、市场信息等。收集、整理和利用与物流相关的信息，目的在于保障物流活动能有效、顺利地进行。

第二节　电子商务物流与物流管理

近年来，人们十分强调电子商务中信息流和资金流的电子化、网络化，而忽视了物流的电子化过程，认为对于大多数商品和服务来说，物流仍然可以由传统的经销渠道来进行。但随着电子商务的进一步推广与应用，物流的重要性对电子商务活动的影响日益明显。如果在电子商务中，消费者通过在网上浏览后，轻松点击便完成了网上购物，但所购货物迟迟不能送到手中，其结果可想而知，消费者只能放弃电子商务，选择有保障的传统购物方式。

一、电子商务和物流

电子商务和物流相互促进、相互影响，在电子商务改变传统产业的同时，物流也不可避免地受到了影响，而物流体系的完善将会进一步推动电子商务的发展。

（一）物流对电子商务的影响

1. 物流是电子商务的重要组成部分

当电子商务概念产生于美国时，美国的物流管理技术通过利用各种机械化、自动化工具及计算机和网络通信设备，早已日臻完善。作为电子商务前身的EDI技术的产生是为了简化烦琐、耗时的订单等的处理过程，以加快物流的速度，提高物资的利用率。电子商务的提出最终是为了解决信息流、商流和资金流处理上的烦琐对现代化的物流过程的延缓，进一步提高现代化的物流速度。物流电子化应是电子商务概念的组成部分，缺少了现代化的物流过程，电子商务过程就不完整了。

2. 物流是实现电子商务的保证

电子商务的一般流程如图6-3所示，其中“送货，消费者接收送货”，也即物流过程是实现电子商务的重要环节和基本保证。

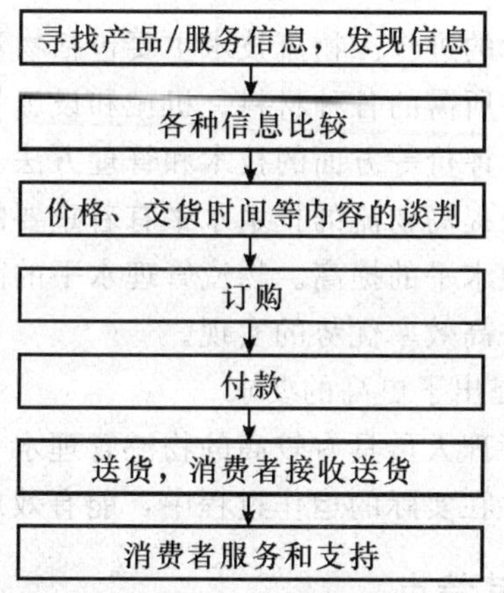

图6-3　电子商务的一般流程

（二）电子商务对物流的影响

1. 电子商务将改变人们传统的物流观念

电子商务为物流创造了一个虚拟性的运动空间。人们将物流的各种功能通过虚拟化的方式表现出来，通过各种组合方式，寻求物流的合理化，使商品实体在运动过程中达到效率最高、费用最省、距离最短、时间最少。

2. 电子商务将改变物流的运作方式

电子商务可使物流实现网络的实时控制。传统物流活动在其运作过程中实质都是以商流为中心的，从属于商流活动。而电子商务物流的运作是以信息为中心的，信息决定了物流的运作方向和运作方式。网络上的信息传递，可以有效地实现对物流的实时控制，实现物流的合理化。

网络对物流的实时控制是以整体物流来进行的。在传统物流活动中，计算机对物流的实时控制都是以单个运作方式来进行的。比如，在实施计算机管理的物流中心或仓储企业中，所实施的计算机管理信息系统，大都是以企业自身为中心来管理物流的。而在电子商务时代，网络全球化的特点可使物流在全球范围内实施整体的实时控制。

3. 电子商务将改变物流企业的经营形态

电子商务将改变物流企业对物流的组织和管理。传统物流往往是从某一企业来进行组织和管理的，而电子商务则要求物流从社会角度来实行系统的组织和管理，以打破传统物流分散的状态。这就要求企业在组织物流的过程中，不仅要考虑本企业的物流组织和管理，而且更重要的是要考虑全社会的整体系统。

电子商务将改变物流企业的竞争状态。传统物流企业之间存在的竞争往往是依靠提供优质服务、降低物流费用等来进行的。电子商务时代需要全球性的物流系统来保证商品实体的合理流动；需要物流企业相互联合起来，在竞争中形成一种协同的状态，以实现物流高效化、合理化、系统化。

4. 电子商务将促进物流技术与物流管理水平的提高

电子商务将促进物流基础设施的改善。电子商务高效率和全球性的特点，要求物流也必须达到这一目标。而物流要达到这一目标，良好的交通运输网络、通信网络等基础设施则是最基本的保证。

电子商务将促进物流技术的进步。物流技术主要包括物流硬技术和物流软技术。物流硬技术是指在组织物流过程中所需的各种材料、机械和设施等；物流软技术是指组织高效率的物流所需的计划、管理、评价等方面的技术和管理方法。建立一个适应电子商务运作的高效率的物流系统，对加快提高物流的技术水平有着重要的作用。

电子商务将促进物流管理水平的提高。物流管理水平的高低直接决定和影响着物流效率的高低，也影响着电子商务高效率优势的实现。

5. 电子商务对物流人才提出了更高的要求

电子商务不仅要求物流管理人员具有较高的物流管理水平，而且也要求物流管理人员具有较高的电子商务知识，并在实际的运作过程中，能有效地将二者有机地结合在一起。

二、电子商务物流及其特点

在电子商务环境下，物流面临许多新问题：如何有效地实现网上交易商品的交割；网上交易的双方如何选择物流的运作模式；在确定了物流运作模式之后如何以较低的成本并在较短的时间内实现物流的运作。

在当今信息化浪潮的时代背景下，如何充分利用现代信息技术，特别是计算机技术、互联网技术等来促进和实现物流的发展，成为物流发展的一个热点问题。在此背景下，电子商务物流这一概念随之产生。

电子商务物流就是在电子商务环境下，依靠信息技术所进行的物流活动。电子商务物流的目标是通过现代科学技术的运用，实现物流的高效化和低成本化，促进物流产业的升级以及电子商务和国民经济的发展。电子商务物流的本质是实现物流的信息化和现代化。

（一）信息化

电子商务时代，物流信息化是电子商务的必然要求。物流信息化表现为物流信息的商品化、物流信息收集的数据库化和代码化、物流信息处理的电子化和计算机化、物流信息传递的标准化和实时化、物流信息存储的数字化等。信息化是一切的基础，没有物流的信息化，任何先进的技术设备都不可能应用于物流领域，信息技术及计算机技术在物流中的应用将会彻底改变世界物流的面貌。

（二）自动化

自动化的基础是信息化，自动化的核心是机电一体化，自动化的外在表现是无人化。自动化还可以扩大物流作业能力，提高劳动生产率，减少物流作业的差错等。物流自动化的设施非常多，如条码/语音/射频自动识别系统、自动分拣系统、自动存取系统、自动导向车、货物自动跟踪系统等。

（三）网络化

物流的网络化是物流信息化的必然，是电子商务物流活动的主要特征之一。当今互联网网络资源的可用性及网络技术的普及为物流的网络化提供了良好的外部环境，物流网络化不可阻挡。

（四）智能化

这是物流自动化、信息化的一种高层次应用，物流作业过程大量的运筹和决策，如库存水平的确定、运输（搬运）路径的选择、自动导向车的运行轨迹和作业控制、自动分拣机的运行、物流配送中心经营管理的决策支持等问题都需要借助于大量的知识才能解决。为了提高物流现代化的水平，物流的智能化已成为电子商务下物流发展的一个新趋势。

（五）柔性化

柔性化是为实现“以顾客为中心”理念而在生产领域提出的，柔性化的物流正是为适应生产、流通与消费的需求而发展起来的一种新型物流模式。这就要求物流配送中心要根据消费需求“多品种、小批量、多批次、短周期”的特色，灵活组织和实施物流作业。

另外，物流设施、商品包装的标准化，物流的社会化、共同化也都是电子商务下物流的新特点。

三、电子商务物流管理

（一）电子商务物流管理的含义

物流管理和传统计划经济时代的物资管理不同，在深度和广度上都有差别。物流管理是对物流活动形成系统的管理，因为物流系统是由物流活动的各个环节组成的统一、有机联系的整体。电子商务物流管理不仅涉及在系统中不断转移的物质实体，也涉及使物质实体发生运动（包括储存）的手段（如包装运输、储存和装卸搬运等）与所使用的资材、设施、设备的规划、设计、选择、使用以及与此有关的经济、技术和劳务等方面的问题，还涉及电子商务与物质实体流动的技术、经济信息和网络关系。物流管理的目的是使总体效益最佳。

所谓电子商务物流管理是指在社会再生产过程中，根据物质资料实体流动的规律，运用管理的基本原理和科学方法，对电子商务物流活动进行计划、组织、指挥、协调、控制和决策，使各项物流活动实现最佳协调与配合，以降低物流成本，提高物流效率和经济效益。简而言之，电子商务物流管理就是研究并应用电子商务物流活动规律对物流全过程、各环节和各方面的管理。

（二）电子商务物流管理的特点

1. 综合性

从其覆盖的领域上看，它涉及商务、物流、信息和技术等领域的管理；从管理的范围看，它不仅涉及电子商务物流企业，而且还涉及物流供应链上的各个环节；从管理的方式、方法看，它兼容传统的管理方法和通过网络进行的过程管理和虚拟管理。

2. 新颖性

电子商务物流管理体现了新颖性的特征，它以物流信息为管理的出发点和立足点。电子商务活动本身就是信息高度发达的产物。对信息活动的管理是一项全新的内容，也是对传统管理的挑战和更新，例如，我国对因特网的相关管理手段、制度和方法均处于探索阶段。另外，如何进行在线管理，也需要物流业的共同努力。

3. 智能性

电子商务物流的实物位移自动化、半自动化程度高，物流供应链过程处于实时监控中，而物流系统中的传统管理内容，例如人事、财务、计划和物流控制等全部都是智能化的，所以电子商务物流管理的重点是这些自动化、智能化的设计创造过程。一个智能化的电子商务物流管理系统可以模拟现实，可以发出指令、实施决策，可以根据物流过程的特点采用对应管理手段，真正实现电子商务物流管理的柔性化和智能化。

（三）电子商务物流管理的内容

电子商务物流管理的主要内容有以下几点：

1. 物流战略管理

物流战略管理是为了达到某个目标，物流企业或职能部门在特定的时期和特定的市场范围内，根据企业的组织结构，利用某种方式，向某个方向发展的全过程管理。它具有全局性、整体性、战略性和系统性的特点。

2. 物流业务管理

主要包括物流的运输、仓储保管、装卸搬运、包装、协同配送、流动加工以及物流信息等基本过程。

3. 物流企业管理

主要有合同管理、设备管理、风险管理、人力资源管理和质量管理等。

4. 物流经济管理

主要涉及物流成本费用管理、物流投资融资管理、物流财务分析以及物流经济活动分析。

5. 物流信息管理

主要有物流 MIS、物流 MIS 与电子商务系统的关系以及物流 MIS 的开发与推广。

6. 物流管理现代化

主要是物流管理思想和管理理论的更新（如物流一体化、供应链管理理论）、先进物流技术的发明和采用（如自动化仓库技术、机器人包装、激光导引搬运、巷道堆垛机装卸、工程技术、价值工程技术、计算机仿真技术）。

（四）电子商务物流管理的原则

物流一体化、供应链管理就是电子商务物流管理的基本指导思想。依据一体化的思想和我国的实际情况，电子商务物流管理应遵循以下原则：

1. 合理化原则

物流合理化主要是指物流组织结构合理化、物流管理合理化和物流技术合理化。它是对物流系统进行调整改进、实现系统优化的过程。物流合理化原则是物流系统分析、设计、控制与管理所应遵循的原则，也是评价一个物流系统方案或物流系统过程优劣的基准。物流合理化的目的是为了尽可能地降低物流系统成本，提高效率。

2. 系统效益原则

也称整体效益原则，这是管理原理的基本思想。物流管理也不例外，它不仅要求物流活动本身效益最大化，而且要求与物流相关的系统整体效益最大化，包括当前与长远效益、财务与经济效益、经济与社会效益以及经济与生态效益等。因此，物流管理人员和部门要确立可持续发展的观念，处理好物流与社会需求、物流耗费与有限资源、当前与长远发展的关系，走集约经营和绿色物流的发展之路。

3. 标准化原则

电子商务物流按其重复性可分为两大类：一类为重复发生的常规性活动，如物料的领用和发出、配送的路线和搬运装卸等；另一类为一次性或非常规性的活动，如用户需求的随时变化以及运输时间的不确定性等。物流管理的标准化要求常规活动按标准化原则实施管理，实现自动化和智能化，以提高效率，降低成本。随着物流技术（如人工智能模拟、MRP）的不断更新，电子商务物流信息技术（如 GIS、GPS、EDI 等）的广泛应用，随机性活动亦可逐步实现标准化。

4. 服务原则

是指在物流管理的全过程中，努力促使各级各类员工牢固树立服务观念，切实恪守职业道德，严格执行服务标准，通过文明、高效、优质的服务，加强分工体系的协同效应，塑造物流企业的整体形象，确保企业经济效益和社会效益的同步提高。

第三节　电子商务物流模式

一、物流模式简介

电子商务的优势之一就是能大大简化业务流程，降低企业运作成本，这需要以可靠和高效的物流运作为保证。目前企业开展的物流活动主要有自营物流、物流联盟和第三方物流三种模式。

（一）自营物流

从历史的角度看，企业对物流服务的需求最初是以自我提供的方式实现的。自营物流是企业早期物流活动的重要特征。企业为了提高物流效率和服务水平，需要对物流进行管理，于是物流管理成为经营管理的一项重要内容。

自营物流有利于企业掌握对顾客的控制权，比较可靠，但成本高。自营物流直接支配物流资产，控制物流职能，保证供货的准确和及时，保证顾客服务的质量，维护了企业和顾客间的长期关系。但这种物流模式需要投入大量的资金购买物流设备，建设仓库和信息网络之类的专业物流设施，这对缺乏资金的中小企业来说是个沉重的负担。

（二）物流联盟

物流联盟指货主企业选择少数稳定且有较多业务往来的物流公司形成长期互利的、全方位的合作关系。货主企业与物流企业优势互补，要素双向或多向流动，相互信任，共担风险，共享收益。物流联盟一方面有助于货主企业的产品迅速进入市场，提高竞争力；另一方面使物流企业有了稳定的资源。当然，物流联盟的长期性、稳定性会使货主企业改变物流服务供应商的行为变得困难，货主企业必须对今后过度依赖于某个供应商的局面作周全考虑。

（三）第三方物流

第三方物流（简称 TPL 或 3PL）又称外协物流或合同物流，它以签订合同的方式，在一定期限内将部分或全部物流活动委托给专业物流企业来完成。社会分工的细化促使这种专业物流企业出现，从而利用专业设施和物流运作的管理经验，为顾客订制物流需求计划。第三方物流是物流专业化的重要形式，是物流社会化、合理化的有效途径。

第三方物流是当今物流业的发展趋势，它发展至今已有很大的变化。传统外协仅将部分物流功能，主要是物流作业活动，如运输、保管交由物流企业去做，而库存管理、物流系统设计等管理活动以及部分内部物流仍然保留在企业内。提供系统服务的物流企业，只是以推销本企业的经营业务，而不是以货主企业的物流合理化为目的设计物流系统。现代第三方物流则是以电子信息技术为基础，站在货主的立场，以货主企业的物流合理化作为设计物流系统运营的目标，来提供全方位的物流服务。

二、电子商务下的第三方物流

（一）第三方物流的概念

第三方物流兴起于 20 世纪 80 年代末，经过十多年的迅速发展，已具有多种多样的形式。合同物流、物流外协、全方位物流服务公司、物流联盟与第三方物流含义基本相同。目前，第三方物流的概念有广义和狭义之分。

中国国家标准《物流术语》对第三方物流的定义为：第三方物流是指由供方与需方以外的物流企业提供物流服务的业务模式。这个定义属于广义的第三方物流，局限性在于将传统的运输、仓储、报关都看做第三方物流，没有将这些传统业务同现代物流服务进行区分，不利于研究和认识现代物流。

狭义的第三方物流是超越第一方物流和第二方物流的一种物流服务模式。第一方物流是指生产企业或流通企业自己运作物流业务；第二方物流是指物流企业提供诸如运输、仓储等单一服务；而第三方物流则是指专业物流企业为客户提供包括设计规划、解决方案以及具体物流业务运作等全部物流服务。因此，狭义的第三方物流主要是指能够提供现代的、系统的物流服务的第三方的物流活动。

（二）第三方物流的基本特征

第三方物流是第三方物流提供者在特定的时间段内按照特定的价格向使用者提供的个性化的系列物流服务。这种物流服务是建立在现代电子信息技术基础上的，企业之间是联盟关系。

1. 第三方物流是合同导向的一系列服务

第三方物流有别于传统的外协，外协只限于一项或一系列分散的物流功能，如运输公司提供运输服务、仓储公司提供仓储服务；第三方物流则根据合同条款规定的要求，而不是临时需求，提供多功能甚至全方位的物流服务。

2. 第三方物流是个性化物流服务

第三方物流服务的对象一般都较少，只有一家或数家，服务时间却较长，往往长达几年，异于公共物流服务——“来往都是客”。这是因为需求方的业务流程各不一样，而物流、信息流是随价值流流动的，所以要求第三方物流服务应按照客户的业务流程来订制。这也表明物流服务理论从“产品推销”发展到了“市场营销”阶段。

3. 第三方物流是建立在现代信息技术基础上的

信息技术的发展是第三方物流出现的必要条件。信息技术实现了数据的快速传递，提高了物流管理的自动化水平，使订货、包装、保管、运输、流通加工实现一体化；使企业间的协作能在短时间内迅速完成。同时，计算机的应用使混杂在其他业务中的物流活动的成本能被精确计算出来，还能有效管理物流渠道中的商流。这就使企业有可能把原来在内部完成的作业交由物流公司运作。

4. 企业之间是联盟关系

依靠现代电子信息技术的支撑，第三方物流的企业之间充分共享信息，这就要求双方能相互信任，才能达到比单独从事物流活动所能取得更好的效果之目的。而且，从物流服务提供者的收费原则来看，它们之间是共担风险、共享收益的，通过契约结成优势相当、风险共担、要素双向或多向流动的中间组织，是物流联盟关系。

（三）第三方物流的作用

1. 集中主业

第三方物流使企业能够实现资源优化配置，将有限的人力、财力集中于核心业务，进行重点研究，发展基本技术，开发出新产品参与世界竞争。

2. 节省费用，减少资本积压

专业的第三方物流提供者利用规模生产的专业优势和成本优势，通过提高各环节能力的利用率实现费用节省，使企业能从分离费用结构中获益。

3. 减少库存

第三方物流提供者借助精心策划的物流计划和适时运送手段，最大限度地减少库存，从而改善企业的现金流量，实现成本优势。

4. 提升企业形象

第三方物流对整个供应链实现完全控制，减少物流的复杂性，而且通过遍布全球的运送网络和服务提供者（分承包方）大大缩短了交货期，帮助顾客改进服务，树立自己的品牌形象。

5. 提高货主企业经营效率

首先，第三方物流可以使企业专心致志地从事自己所熟悉的业务，将资源配置在核心事业上。其次，第三方物流企业作为专门从事物流工作的行家，手里具有丰富的专业知识和经验，有利于提高货主企业的物流水平。

（四）第三方物流企业的分类

（1）按照物流企业完成的物流业务范围的大小和所承担的物流功能，可分为功能性物流企业和综合性物流企业。

功能性物流企业，也叫单一物流企业，仅仅承担和完成某一项或几项物流功能。按照其主要从事的物流功能可进一步划分为运输企业、仓储企业、流通加工企业等。而综合性物流企业能够完成和承担多项甚至所有的物流功能，一般规模较大，资金雄厚，并且有着良好的物流服务信誉。

（2）按照物流企业是自行完成和承担物流业务，还是委托他人进行操作，可分为物流自理企业和物流代理企业。

物流自理企业是自行完成全部或大部分物流业务的企业，它可进一步按照业务范围划分为功能性物流自理企业和综合性物流自理企业。物流代理企业同样可以按照物流业务代理的范围，分成综合性物流代理企业和功能性物流代理企业。功能性物流代理企业，包括运输代理企业（货代公司）、仓储代理企业（仓代公司）和流通加工代理企业等。

（五）电子商务下的第三方物流

第三方物流将是电子商务物流的主导模式，这是因为：

（1）在电子商务环境下，企业的竞争将是物流系统，尤其是第三方物流所依托的知识联盟或信息联盟的竞争。企业成为具有专门功能的单一功能体，如制造功能、营销功能、物流功能等。这样企业容易建立核心能力，容易形成比较优势。因此，企业可以根据自身情况，仅保留优势功能，将辅助功能交给物流企业——第三方物流企业来承担。

（2）企业通过电子商务活动，将逐步建立起“厂家——消费者”的营销模式，使消费者获得个性化的服务。在这种“产销一伙”、“批零一体”营销模式出现的情况下，第三方物流企业由于能够提供优质高效的物流配送服务，因而为厂家提供各种有价值性的增值服务，这将逐步加强其在渠道和地区性市场中的地位。

（3）电子商务的网上交易完成商品所有权的交割过程（商流过程）后，电子商务活动并未结束，物流实际上是以商流的后续者和服务者的姿态出现的。没有现代化的物流，再轻松的商务活动也只是一种幻想。

（4）从供应链管理角度看，企业开展电子商务活动，实际上是商务过程中的信息流和物流在共同发挥作用。供应链管理注重的是企业的核心竞争能力，实行业务外包是企业发展的必然趋势。供应链管理下企业的业务外包，首先应是物流业务的外包，即寻求第三方物流企业代其完成物流配送业务。

在电子商务时代，第三方物流企业必须努力提高物流装备技术及管理水平，如建立自动化高层货架及立体仓库、托盘、集装箱、销售网点扫描仪（POS）、条形码（BARCODE）、EDI系统、地理信息系统（GIS）等物流装备技术；装卸、搬运、拣货等作业过程的机械化、自动化以及精益思想（JP）、准时供应（JIT）、全面质量管理（TQC）、客户关系管理（CRM）、自动连续补货（ACEP）等现代管理技术及方法的应用等。第三方物流企业只有实现物流装备与管理方法的现代化、物流信息与通道的网络化，才能及时快速地对瞬息万变、竞争激烈的市场环境作出反应，保证第三方物流高效运转。

总之，电子商务的发展必须由第三方物流来支撑。第三方物流机构能为企业节约物流成本，提高物流效率，这已被越来越多的企业所认识。据悉，美国波士顿东北大学供应链管理系统调查，《财富 500 强》中的企业有六成半都使用了第三方物流服务。在欧洲，很多仓储和运输业务也都是由第三方物流来完成的。欧洲的大型企业，使用第三方物流的比重高达 76%，而且 70% 的企业不只使用一家。欧洲国家第三方物流所占市场份额分别是：英国 34%，法国 27%，德国 23%。美国、日本等国家使用第三方物流的比例都在 30% 以上。

三、实例：当当网——自行车上的贵族

当当网利用庞大的单车送货军团在劳动力低廉的中国以货到付款的方式运送货物，在这里，科技和两轮运输方式结成了互利的姻缘。

俞渝是北京著名的目前经营超过 30 万种不同中国书籍、CD、DVD 和电脑游戏的在线零售商当当网（Dangdang. com）的创办人之一。38 岁的她是土生土长的四川人，在纽约大学获得了 MBA 学位。俞渝和丈夫李国庆在 2000 年创办了当当网（当当在中国话里意指收银机），当时正是中国的电子商务处于萌芽阶段的时候。俞渝曾以为照搬亚马逊的模式就可以在中国取得成功，所以她对亚马逊和其他美国网站向美国证管会申报之文件进行了研究，了解他们的运作模式。

（一）面对现实

俞渝尝试将中国消费者引导向“点击购买”，但这在信用卡还不普及的中国并不容易，人们还不习惯根据目录来订购商品。尽管如此，俞渝还是决定一试。“我很努力地推动网上支付，”她回忆道，“为使用信用卡的客户提供优惠券和信用点。”可惜，问题并不仅仅在信用卡的数量太少上，即使有信用卡并且打算购买的用户也遇到了别的困难。

譬如说，不同的省市的服务器的运作时间也不同。所以，一家银行在福建的分行可能晚上 12 点就关机了，但在上海的则可能 24 小时运作。“但无论客户还是当当网都不知道这些资料。”俞渝举例说。

此外，中国的邮政服务也不可靠，没有像联邦快递这种信誉良好的全国快递。整件事一下子变得很让人沮丧。“这几乎成了件不可能完成的任务了。”俞渝说。

于是，俞李夫妇决定改变策略，或者如俞所说的，“我们必须面对现实”。当当决定不再依赖使用信用卡的客户，将更多的精力集中在鼓励有购买意欲的客户用现金支付，甚至是更传统的“货到付款”（C. O. D）。

（二）争分夺秒的货物递送

为了保证货物安全送达，当当安排了一大班人在中国的大城市里用单车送货。这些“单车少男”每天完成大约 15～20 份订单，将包裹送至客户的家中或办公室。如果是货到付款的，还要代为收钱，然后由快递公司集中转交回当当网。

在某些方面，这种方式要比信用卡支付方式更好。“首先，当当不用给普通零售商必须支付给银行的财政支出。”俞说。在中国，零售商需为信用卡转账支付大约 3%～4% 的手续费。

当然，他们必须支付给快递公司 5% 的运送费，但这不是问题，因为可以折算入商品定价中。“实际是由客户支付。”俞说，“C. O. D 模式真的可行！它解决了我们提供服务和

取得收益两个问题。”

（三）保证金

那么，她如何保证这些送货人不会携款潜逃呢？原来，快递公司要获得当当的生意，首先必须提供金额大约是三天的收入左右的保证金，数目在6000～12000元之间。“如果他们少收一笔费用，我们就从中扣减。”

但这种情况其实没发生过。因为快递公司和那些从边远地区到沿海大城市打工的“单车少男”也有类似的安全措施。他们必须在公司留下一定押金以保住这份工作。更多的是依赖这些送货男孩的诚实。每天运送的货物价值都超过他们的大约66美元的月薪，如果效率高的，还可能是这个数目的两三倍。

（四）大厦黑点

由于收入与送货量挂钩，所以他们必须行动迅速。故此，一些守卫森严的办公大楼成了他们最怕的黑点，例如北京的摩托罗拉大厦，这些男孩有时候需要等将近50分钟。

不过，俞不认为这种在中国可行的送货模式也适用于美国。“这种方式不可能在劳动力成本昂贵的国家，例如美国等取得成功。”俞说。

这种新策略似乎很奏效。当当是2000年网络泡沫后少数能够幸存的在线零售商之一。2000年时，曾有大约300家网络书商，但现在只剩了寥寥可数的几家。

（五）学步阶段

俞渝不愿就最近的有关有1100万美元的美国风险资金投入到这家私人企业的传闻发表评论，只是强调已经有超过200万的消费者从当当网上购物，平均每宗交易金额在10美元左右。

对于以前的日子，俞说当时只是“电子商务的出生婴儿”，但现在，“我们已经步入了学走路的阶段”。对于这个成绩，俞说应该感谢那些骑着单车满城市地跑的送货男孩。

第四节　电子商务物流配送

物流配送经历了和正在经历三次革命。初期阶段就是送物上门，即为了改善经营效率，国内许多商家较为广泛地采用了把货送到买主手中的方式，这是商务的第一次革命；第二次物流革命是伴随着电子商务的出现而产生的，这是一次脱胎换骨的变革，不仅影响到物流配送本身，也影响到上下游各体系，包括供应商和消费者；第三次物流革命就是物流配送的信息化及网络技术的广泛应用所带来的种种影响，这些影响是有益的，将使物流配送更有效率。以计算机网络技术为基础的电子商务催化了传统物流配送的革命。

一、物流配送的概念

配送是指在经济合理的区域范围内，根据用户要求，对物品进行拣选、加工、包装、分割、组配等作业，并按时送达指定地点的物流活动。配送与运输具有密切的联系，日本在其《物流手册》中指出，与城市之间和物流据点之间的运输相对而言，将面向城市内和区域范围内需要者的运输，称之为配送。同时应该注意到两者之间的差异，一般来说，在物流系统中，运输处在配送的前面，先实现物品长距离的位置转移，然后由配送完成短距离的输送。

从物流来看，配送几乎囊括了所有的物流功能要素，是在某一小范围内物流全部活动的体现。一般的配送集装卸、包装、保管、运输于一体，通过这一系列活动实现将货物送达的目的。特殊的配送还包含加工活动，所以其内涵更广。但是，配送的主体活动与一般物流却有所不同，一般物流是运输及保管，而配送则是运输及分拣配货。分拣配货是配送中特有的活动，以送货为目的的运输则是最后实现配送的主要手段，从这一主要手段出发，常常将配送简化地看成运输中的一种。

一般认为，多品种、少批量、多批次、多用户地配送物品，能够最有效地通过配送实现终端的资源配置。因此，将这种配送对象的配送流程确定为一般的、通用的、标准的配送流程，如图 6-4 所示。但并不是所有的配送者都按下述流程进行。不同产品的配送可能有独特之处，如燃料油配送就不存在配货、分放、配装工序，水泥及木材配送又多出了一些流通加工的过程，而流通加工有可能在不同环节出现。

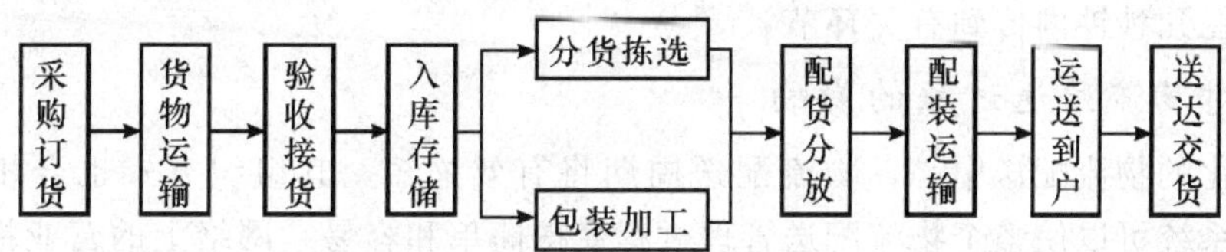

图 6-4　配送的一般流程

二、电子商务对物流配送的影响

（一）对物流配送观念的影响

电子商务系统的网络化虚拟企业，将散置在各地分属不同所有者的仓库通过网络连接起来，使之成为“虚拟仓库”并进行统一管理和调配使用，扩大了服务半径和货物集散空间。这对物流配送观念的影响体现在以下五个方面：

(1) 物流系统中的信息成为整个供应链运营的环境基础。以网络为平台、电子商务为手段的信息环境对供应链的一体化起着控制和主导的作用。

(2) 形成了以外联网为代表的企业联盟竞争。更多的企业将以其商品或服务的专业比较优势，参加到以核心企业为龙头的分工协作物流体系中，在更大的范围内建成一体化的供应链，并作为核心企业组织虚拟化的实体支持系统。

(3) 调动、协调和整合社会资源。物流系统的管理从对有形资产存货的管理转为对无形资产信息或知识的管理。

(4) 可有效分配信息资源。物流系统面临的基本技术问题，是在供应链成员企业间有效分配信息资源，使全系统的客户服务水平最高，即追求物流总成本最低的同时为客户提供个性化的服务。

(5) 物流系统由供给推动变为需求拉动。当物流系统内各方面都得到网络技术支持时，它将极大地提高客户对产品的可得性，并依据客户的需求，拉动物流配送。

（二）对物流配送结构的影响

计算机网络的应用可以实现整个物流过程的实时监控决策，物流配送业务流程通过网络可以在极短的时间内作出反应。这对物流配送结构的影响主要表现在以下两个方面：

(1) 区域销售代理地位得到加强。由于网上客户可以直接面对制造商并获得个性化服务，因此传统物流渠道中的批发商和零售商等中介将逐步淡出，而区域销售代理受制造商委托，作为其产品营销和服务功能的直接延伸，将逐步加强其在渠道和地区性市场中的地位。

(2) 物流设施的布局、结构和任务将面临较大的调整。网上时空的“零距离”特点，使客户对产品的可得性心理预期加大，以致企业交货速度的压力变大。因此，物流系统中的港、站、库、配送中心和运输线路等设施的布局、结构与任务将面临较大的调整。

（三）对物流配送持续时间的影响

在传统的物流配送管理中，由于信息交流的限制，完成配送过程的时间比较长。随着网络系统的介入，物流配送时间会变得越来越短，任何一个有关配送的信息和资源都会通过网络管理在几秒钟内传到有关环节。

（四）对物流配送过程的影响

在网络化的物流配送中心，物流配送周期将有效缩短，其组织方式也会相应发生变化。计算机系统可以使整个物流配送管理过程变得简单和容易。网络上的营业推广可以使用户购物和交易过程变得更有效率，费用更低；可以提高物流配送企业的竞争力。

（五）对物料采购的影响

企业在网上寻找合适的供应商，选择余地增大许多，这将导致市场竞争的加剧，并带来供货价格降低的好处。作为供应商则应积极与制造商建成稳定的渠道关系，并在技术、管理、服务等方面与制造商结成更深度的战略联盟。制造商和供应商之间将在更大的范围内和更深的层次上实现信息资源共享。

（六）对物流存货的影响

借助信息分配对供应链中的存货进行重新安排，使得存货在供应链中总量减少，但结构上将沿供应链向下游企业移动。即经销商的库存向制造商转移，制造商的库存向供应商转移，成品的库存变成零部件的库存，零部件的库存将变成原材料的库存等。这将引发供应链上的部分企业由于减少存货而带来相对较大的经济利益。

三、电子商务配送中心

（一）电子商务物流配送的含义

电子商务物流配送，是指物流配送企业采用网络化的计算机技术和现代化的硬件设备、软件系统及先进的管理手段，针对社会需求，严格地、守信用地按用户的订货要求进行理货工作，定时、定点、定量地交给没有范围限度的各类用户，满足其对商品的需求。它较传统的物流配送方式更容易实现货畅其流、物尽其用，既减少生产企业的库存，加速资金周转，提高物流效率，降低物流成本，又刺激了社会需求，有利于整个社会的宏观调控，也提高了整个社会的经济效益，促进市场经济健康发展。电子商务物流配送除具备传统物流配送的特征外，还具备以下基本特征：

1. 信息化

网络使物流配送由信息武装起来。实行信息化管理是新型物流配送的基本特征，也是实现现代化和社会化的前提保证。

2. 现代化

传统的物流配送虽然也具备相当的现代化程度，但要求并不十分严格，与电子商务新型物流配送相比，在水平、范围、层次等环节上都有很大的不足和欠缺。现代化程度的高低是区别新型物流配送和传统物流配送的一个重要特征。

3. 社会化

很多传统的物流配送中心往往是某一企业为给本企业或本系统提供物流配送服务而建立起来的。有些配送中心虽然也有为社会服务的，但同电子商务物流配送所具备的真正社会性相比，具有很大的局限性。

（二）物流配送中心的运作类型

1. 按运营主体的不同划分

按运营主体的不同划分，物流配送中心大致有四种类型。

(1) 以制造商为主体的配送中心。

这种配送中心里的商品全部是由自己生产制造的，可以降低流通费用，提高售后服务质量，并能及时地将预先配齐的成组元器件运送到规定的加工和装配工位。这种类型的配送中心从商品制造到生产出来后条码和包装的配合等多方面都较易控制，所以按照现代化、自动化的配送中心设计比较容易，但不具备社会化的要求。

(2) 以批发商为主体的配送中心。

这种配送中心的商品来自各个制造商，它所进行的一项重要的活动是对商品进行汇总和再销售，而它的全部进货和出货都是社会配送的，社会化程度高。

(3) 以零售业为主体的配送中心。

零售商发展到一定规模后，就可以考虑建立自己的配送中心，为专业商品零售店、超级市场、百货商店、建材商场、粮油食品商店、宾馆饭店等服务，其社会化程度介于前两者之间。

(4) 以仓储运输业者为主体的配送中心。

这种配送中心最强的是运输配送能力，其地理位置优越，如港口、铁路和公路枢纽，可迅速将到达的货物配送给用户。它提供仓储储位给制造商或供应商，而配送中心的货物仍为制造商或供应商所有，配送中心只是提供仓储管理和运输配送服务。这种配送中心的现代化程度往往较高。

2. 按照采用模式的不同划分

按照采用模式的不同，物流配送可以分为三种主要类型。

(1) 集货型配送模式。

这种模式主要是针对上家的采购物流过程进行创新而形成的。其上家的生产具有相互关联性，下家互相独立，上家对配送中心的储存度明显大于下家，上家相对集中，而下家分散，具有相当的需求。同时，这类配送中心也强调其加工功能。此类配送模式适于成品或半成品物资的推销，如汽车配送中心。

（2）散货型配送模式。

这种模式主要是对下家的供货物流进行优化而形成的。上家对配送中心的依存度小于下家，而且配送中心的下家相对集中或有利益共享，如连锁业。采用此类配送模式的流通企业，其上家竞争激烈，下家需求以多品种、小批量为主要特征。这种配送模式适于原材料或半成品物资配送，如机电产品配送中心。

（3）混合型配送模式。

这种模式综合了上述两种配送模式的优点，并对商品的流通全过程进行有效控制，有效地克服了传统物流的弊端。采用这种配送模式的流通企业规模较大，具有相当的设备投资，如区域性物流配送中心。在实际流通中，这种配送模式多采取多样化经营，降低了经营风险。这种运作模式比较符合新型物流配送的要求。

第五节　物流技术与物流信息技术

一、概述

作为技术既可表现为实物形态的工具、仪器及设备，又可表现为抽象形态的设计图纸、说明，还可以以劳动经验、技巧、作业方式的形式存在于人的智能中。所谓技术是指人类为实现社会生产和满足社会需要，根据生产实践经验和自然科学原理而发展成的种种工艺操作方法与技能。

一般认为，物流技术包括两个方面，即物流硬技术和物流软件技术。物流硬件技术指物流设施、装备和技术手段。传统的物流硬件技术主要指材料（集装、包装材料等）、机械（运输机械、装卸机械、包装机械等）、设施（仓库、车站、码头、机场等）。典型的现代物流技术和装备（或者叫电子商务物流技术）既包括计算机、Internet、信息数据库技术、条形码技术、语音技术，也包括电子订货技术（EOS）、电子数据交换技术（EDI）、全球卫星定位系统（GPS）、地理信息系统（GIS）等。物流软件技术（或者叫物流技术应用方案）是指为组织实现高效率的物流所需要的计划、分析、评价等方面的技术和管理方法等。典型的物流软件技术应用方案包括运输或配送中的路线规划技术、库存控制技术、物流过程中的可视化技术以及供应商管理库存技术、供应链管理、客户关系管理、快速反应、及时制等技术。

二、物流信息技术的作用

（一）提高电子商务物流效率

电子商务物流的优势之一就是能大大简化物流的业务流程，提高物流的作业效率。在电子商务物流情况下，一方面，人们可以通过电子商务方面的有关技术，对电子商务物流活动进行模拟、决策和控制，从而使物流作业活动选择最佳方式、方法和作业程序，降低货物的库存，提高物流的作业效率；另一方面，物流作业技术的应用可以提高物流作业的水平、质量和效率。

（二）降低电子商务物流费用

先进、合理的电子商务物流技术不仅可以有效地提高电子商务物流的效率，而且也可以有效地降低电子商务物流的费用，这主要是由于先进、合理的电子商务物流技术的应用不仅可以有效地使物流资源得到合理的运用，而且也可以有效地减少物流作业过程中的货物损失。

（三）提高电子商务物流的运作质量，提高客户的满意度

电子商务物流技术的应用不仅提高了电子商务物流效率，降低了物流费用，而且也提高了客户的满意度，密切了与客户的关系。电子商务物流技术的应用，可使企业能及时地根据客户的需要，将货物保质保量、迅速准确地送到客户所指定的地点。

此外，先进、合理的电子商务技术的应用，还有利于实现物流的系统化和标准化，有利于企业开拓市场，扩大经营规模，增加收益。

三、条码技术

（一）物流条码技术概述

条码是由一组规则且对应的字符组成的，用以表示一定信息的标记。条码技术是在计算机的应用实践中产生和发展起来的一种自动识别技术。它是为实现自动扫描而设计的。条码是实现 POS 系统、KDI、电子商务、供应链管理的技术基础，是物流管理现代化、提高企业管理水平和竞争能力的重要技术手段。

物流条码是指专门应用于物流领域的条码。

物流条码与通用商品条码有许多不同：在标识目标方面，物流条码是货运单元的唯一标识；在应用领域方面，物流条码则用于物流现代化的管理，贯穿于整个物流过程中。产品生产出来，需经过包装、运输、仓储、分拣、配送等众多环节，才能到达零售商店。物流条码应用于众多的环节之中，实现了对物品的跟踪和数据的共享。从采用码制看，物流条码主要采用 UCC/EAN－128 条码。从标准维护方面看，物流条码为可变性条码。贸易伙伴根据贸易的具体需要而增减信息，物流条码的内容也随着国际贸易的发展不断地补充、丰富。正因具有以上特点，物流条码在物流领域的实施才具有可行性。

（二）物流条码标准体系

物流条码标准体系是物流条码体系的一个极其重要的组成部分。条码技术标准化是指在条码技术社会实践中，对重复性事物和概念，通过制定、发布和实施标准达到统一，以建立最佳秩序，取得最佳效益。它以科学、技术和实践经验的综合成果为基础，经有关方面协商一致，由主管机构批准，以特定形式发布，作为共同遵守的准则和依据。

物流条码的标准体系包括码制标准和应用标准。

1. 码制标准

（1）ITF－14 条码。

ITF（Interleaved Two of Five）条码是一种连续、长度固定、具有自校验功能，并且条、空均表示信息的双向条码。ITF－14 条码的字符集、字符的组成与交叉二五码相同，它由矩形保护框、左侧空白区、条码字符、右侧空白区组成。

（2）EAN/UCC－128 条码。

这是一种连续型、非定长、有含义的高密度条码。它由双字符起始符号、数据符、校验符、终止符及左、右侧空白区组成，如图 6－5 所示。

它能更多地标识贸易单元中需要表示的信息，如产品批号、数量、规格、生产日期、有效期、交货地点等，是物流条码实施的关键，是使信息伴随着货物流动的全面、系统、通用的重要商业手段。1994 年我国制定的《GB/T 15429－1994：贸易单元 128 条码》国家标准与 EAN/UCC－128 码等效。

图 6－5 EAN/UCC－128 条码表示的物流信息

(3) EAN-13 条码。

物流 EAN-13 条码的结构与商品 EAN-13 条码无异，也是一种定长、无含义、无自校验功能的条码。

2. 应用标准

应用标准包括位置码、储运单元条码、条码应用标识。《EAN 位置码》提供了国际共同认可的标识团体和位置的标准，也正在逐渐用于标识交货地点和起运地点，成为 EDI 实施的关键。《储运单元条码》国家标准起到了对货物储运过程中物流条码的规范作用，而且在实际应用中具有标识货运单元的功能，是物流条码标准体系中一个重要的应用标准。《条码应用标识》是商品统一条码有益和必要的补充，填补了其他 EAN/UCC 标准遗留的空白，它将物流和信息流有机地结合起来，成为连接条码与 EDI 的纽带。

（三）物流条码的应用

1. 货物的分拣运输

铁路运输、航空运输、邮政通信等许多行业都存在货物的分拣搬运问题，大批量货物需要在极短时间内准确无误地分装到指定的车厢或航班上。解决这个问题的方法是：预先将物流条码标贴在物品上，利用分拣点的条码扫描器采集信息，使包裹或物品自动分拣到不同的运输机上，从而到达不同的目的地。

2. 货物的仓储保管

通用商品代码有时不能满足仓储的需要。在仓储管理中，除了商品的生产厂家、种类、价格外，还需要产品的数量、保质期、重量、体积等诸多信息。采用物流条码首先可以通过应用标识符分辨不同的信息，然后再经过物流管理信息系统进行后台处理，这样有利于商品的采购、保管和销售，从而促进仓储的现代化。

3. 机场行李管理

在机场自动化系统中，每件行李上都系有包含航班号和目的地等信息的条码标签，当运输系统把行李从登记处运到分拣系统时，一组通道式扫描器（通常由 8 个扫描器组成）包围了运输机的各个侧面进行扫描，当扫描器识读到条码时，其将数据传输到分拣控制器，分拣控制器根据对照表，把行李自动分拣到目的航班的传送带上。对于印刷清晰、装载有序的自动分拣系统，条码首读率大于 90%，这充分体现出物流条码的技术优势。

4. 货物扫描通道

包裹运输公司每天都要处理大量的包裹，借助于物流条码可大大提高分拣速度。为能够准确识读随机摆放在传输带上的高速传送的包裹，需要建立货物扫描通道，该通道由一组扫描器组成，能全方位地扫描包裹，高速采集包裹上的实际尺寸、重量等信息，无需人工干预，保证了物件的及时送达，提高了效率。

5. 运动中称量

运动中称量是自动化物料搬运和数据采集的组成部分，它与物流条码技术相结合，把电子秤放在输送机上即可得到包裹的重量，无需中断运输作业或人工处理。同时，运动中称量能实时提供重量信息，计算净重，检验重量误差，验证重量范围等信息。

四、全球卫星定位系统（GPS）

GPS 是 Global Positioning System 的简称，它是结合了卫星及无线技术的导航系统，具备全天候、全球覆盖、高精度的特征，能够实时、全天候为全球范围内的陆地、海上、空中的各类目标提供持续实时的三维定位、三维速度及精确时间信息。

（一）GPS 概述

全球定位系统是美国从 20 世纪 70 年代开始研制的，历时 20 年，耗资 200 亿美元，于 1994 年全面建成。它是具有在海、陆、空进行全方位实时三维导航与定位能力的新一代卫星导航与定位系统。经过近 10 年我国测绘等部门的使用表明，GPS 以全天候、高精度、自动化、高效益等显著特点，赢得广大测绘工作者的信赖，并成功地应用于大地测量、工程测量、航空摄影测量、运载工具导航和管制、地壳运动监测、工程变形监测、资源勘察、地球动力学等多种学科，从而给测绘领域带来一场深刻的技术革命。

随着全球定位系统的不断改进，硬、软件的不断完善，其应用领域正在不断地开拓，已遍及国民经济各部门，并开始逐步深入人们的日常生活。

（二）GPS 的物流功能

1. 实时监控功能

在任意时刻通过发出指令查询运输工具所在的地理位置（精度、纬度、速度等信息）并在电子地图上直观地显示出来。

2. 双向通讯功能

GPS 的用户可使用 GSM 的话音功能与司机进行通话或使用本系统安装在运输工具上的移动设备的汉字液晶显示终端进行汉字消息收发对话。

驾驶员通过按下相应的服务、动作键，将该信息反馈到网络 GPS，质量监督员可在网络 GPS 工作站的显示屏上确认其工作的正确性，了解并控制整个运输作业的准确性（发车时间、到货时间、卸货时间、返回时间等）。

3. 动态调度功能

调度人员能在任意时刻通过调度中心发出文字调度指令，并得到确认信息。通过GPS，物流公司可进行运输工具待命计划管理，操作人员通过在途信息的反馈，在运输工具未返回车队前即做好待命计划，这样可提前下达运输任务，减少等待时间，加快运输工具周转速度。同时，物流公司还可进行运能管理，将运输工具的运能信息、维修记录信息、车辆运行状况登记处、司机人员信息、运输工具的在途信息等多种信息提供给调度部门决策，以提高重车率量，减少空车时间和空车距离，充分利用运输工具的运能。

4. 数据存储、分析功能

实现路线规划及路线优化。事先规划车辆的运行路线、运输区域以及何时应该到达什么地方等，并将该信息记录在数据库中，以备以后查询、分析使用。

可进行可靠性分析。通过汇报运输工具的运行状态，了解运输工具是否需要较大的修理，预先做好修理计划，计算运输工具平均天差错时间，动态衡量该型号车辆的性能价格比。

可进行服务质量跟踪。在中心设立服务器，并将车辆的有关信息（运行状况、在途信息、运能信息、位置信息等用户关心的信息）汇总，让有该权限的用户能在异地方便地获取自己需要的信息。同时还可将客户索取的信息中的位置信息用相对应的地图传送过去，并将运输工具的历史轨迹印在上面，使该信息更加形象化。

依据资料库储存的信息，可随时调阅每台运输工具以前的工作资料，并可根据各管理部门的不同要求制作各种不同形式的报表，使各管理部门能更快速、更准确地作出判断并提出新的指示。

（三）GPS在物流领域的应用

(1) 用于汽车自定位、跟踪调度。

(2) 用于铁路运输管理。

(3) 用于军事物流。

(4) 用于航运物流。

五、地理信息系统（GIS）

（一）GIS技术概述

地理信息系统（GIS，Geographic Information System）是介于信息科学、空间科学和地球科学之间的交叉学科。它由计算机系统、各种地理数据和用户组成，通过计算机对各种地理数据的统计、分析、合成和管理，生成并输出用户所需要的各种地理信息，从而为土地利用、资源管理、环境监测、交通运输、经济建设、城市规划以及政府各部门行政管理提供新的信息，为工程设计和规划、管理决策服务。

地理信息系统20世纪70年代初萌芽于加拿大。作为一种通用技术，地理信息系统在最近30多年内取得了惊人的发展，并广泛地应用于经济建设的各个领域。我国地理信息系统方面的工作自20世纪80年代初开始，通过多年的努力，已经在地理信息系统技术的应用上开创了新的局面，并在全国性应用、区域规划管理和决策中取得了实际的经济效益。自 20 世纪 90 年代开始，GIS 步入快速发展阶段，我国的地理信息系统的研究和应用正逐步形成行业，具备了走向产业化的条件。

（二）GIS 的组成

GIS 由 5 个主要的元素所构成，即硬件、软件、数据、人员、方法。其中硬件是 GIS 所操作的计算机。GIS 软件提供所需的存储、分析和显示地理信息的功能和工具。而一个 GIS 系统中最重要的部件就是数据。GIS 的用户范围包括从设计和维护系统的技术专家，到那些使用该系统并完成他们每天工作的人员。成功的 GIS 系统，具有良好的设计计划和本身的事物规律，即方法。

（三）GIS 的基本地理模式

地理信息系统工作有两种不同的基本地理模式，即矢量模式和栅格模式。在矢量模式中，关于点、线和多边形的信息被编码并以 x，y 坐标形式储存。矢量模式非常有利于描述一些离散特征，但对连续变化的特征，就不太适用。栅格模式发展为边疆特征的模式。栅格图像包含有网格单元，有点像扫描的地图或照片。

（四）GIS 的基本功能

GIS 的基本功能是将表格型数据转换为地理图形显示，然后对显示结果进行浏览、操作和分析。其显示范围可以从洲际地图到非常详细的街区地图，显示对象包括人口、销售情况、运输线路以及其他内容。

GIS 应用于物流分析，主要是指利用 GIS 强大的地理数据功能来完善物流分析技术。国外公司已经开发出利用 GIS 为物流分析提供专门分析的工具软件。利用它把物流分析软件集成为车辆路线模型、网络物流模型、分配集合模型和设施定位模型等。

1. 车辆路线模型

用于解决在一个起始点、多个终点的货物运输中，如何降低物流作业费用，并保证服务质量的问题。

2. 网络物流模型

用于解决寻求最有效的分配货物路径，也就是物流网点布局问题。

3. 分配集合模型

可以根据各个要素的相似点把同一层上的所有或部分要素分为几个组，用以解决确定服务范围和销售市场范围等问题。

4. 设施定位模型

用于确定一个或多个设施的位置。在物流系统中，仓库和运输线共同组成了物流网络，仓库处于网络的节点上，节点决定着线路。物流企业需要根据供求的实际需要并结合经济效益等原则，决定区域内设立仓库的数目、每个仓库的位置、每个仓库的规模以及仓库之间的物流关系，这些问题运用此模型均能很容易地得到解决。

[资料链接]

沃尔玛（Wal-Mart）的物流信息系统

（一）沃尔玛简介

沃尔玛是全球最大的大型零售连锁企业。2005 年 4 月，世界各地拥有沃尔玛购物广场、山姆会员商店、沃尔玛社区店、沃尔玛商店 4 种业务类型共 5311 家分店，拥有 110

家配送中心，全球员工人数为160万名，分别分布在美国、墨西哥、波多黎各、加拿大、阿根廷、巴西、中国、韩国、德国和英国10个国家。每周光临沃尔玛的顾客近1.4亿人次。沃尔玛是全美投资回报率最高的企业之一，其投资回报率为46%。2004年沃尔玛全球的销售额达到了2852亿美元。沃尔玛连续几年在《财富》杂志公布的世界500强企业排名中位居榜首，在“全美最受尊敬的公司”中排名第一。

沃尔玛1996年进入中国，在深圳开设第一家沃尔玛购物广场和山姆会员商店，到2005年，已经在国内22个城市开设了47家商场，在中国拥有员工超过2.3万人，在华的总投资额达16亿元人民币，累计纳税逾14亿元人民币。沃尔玛在中国的经营始终坚持本地采购，提供更多的就业机会，支持当地制造业，促进当地经济的发展。

（二）沃尔玛的信息化进程

沃尔玛是由美国零售业的传奇人物山姆·沃尔顿于1962年在阿肯色州成立的。20世纪60年代进入折扣百货业，80年代发展山姆仓储俱乐部，90年代发展购物广场。经过40余年的发展，沃尔玛已经成为美国最大的私人雇主和世界上最大的连锁零售商。沃尔玛的成功与其不断的业态创新、准确的市场定位、先进的配送管理、强大的信息技术支持、“天天平价”的营销策略以及和睦的企业文化等几个因素密不可分。

1970年沃尔玛还不是一个很大的公司，跟信息化、自动化这个概念几乎沾不上边，唯一拥有的处理系统就是底账和铅笔，并拥有10个超市和3个大型仓库，营业额仅有2.3亿美元。但正是那时，沃尔玛投资3000万美元建立全国零售体系，愿意拿出营业额15%左右的投资进行信息化建设。从那以后，沃尔玛在每轮零售IT系统的投资中，都比竞争对手下手更早、力度更大。先进的信息系统投资使沃尔玛显著降低成本，大幅提高资本生产率和劳动生产率，使它的信息技术水平往往领先同行5～10年，注定了它未来的成功。尽管信息技术并不是沃尔玛取得成功的充分条件，但它却是沃尔玛成功的必要条件。信息技术的投资强化了企业核心价值，保证了沃尔玛的竞争优势。

沃尔玛早在1969年就开始使用计算机管理跟踪库存，整个公司的计算机网络配置在1977年完成，可处理工资发放、顾客信息和订货——发货——送货，并达成了公司总部与各分店及配送中心之间的快速直接通信。1979年，位于本顿维尔总部的第一个数据处理和通信中心建成，负责处理系统报表。其面积虽然只有1500平方米，但却在全球第一个实现集团内部24小时物流网络化监控和连续通信，使采购库存、订货、配送和销售一体化。

1980年沃尔玛最早开始使用条形码和电子扫描器实现存货自动控制。20年前正是沃尔玛等企业的大力推动，条形码才得以快速普及。早期真正愿意采用技术已经成熟的条形码技术的企业并不多，直到1984年沃尔玛强制要求其供应商采用该技术，情况才有所改观。在商品上印刷条形码的企业，从1984年的不足1.5万家迅速增加到1987年的7.5万家。1983年沃尔玛开始使用POS机，1988年又使用无线激光扫描枪等便携式数据终端设备。条形码的普及代替了大量手工劳动，使商品处置过程节约了60%的人力，缩短了顾客结账时间，便于计算机跟踪商品从进货到库存、配送、送货、上架、售出的全过程，以便及时掌握商品销售和运行信息，极大地提高了货物的处理效率，也为零售企业创造了新的利润增长点。

沃尔玛是第一个使用自有通信卫星的零售公司，拥有美国最大的私有卫星系统。1983

年它与休斯公司合作花费 2400 万美元购买商业卫星，1987 年完成了公司的全球卫星通信网络。截至 20 世纪 90 年代初，沃尔玛在计算机和卫星通信系统上就已经投资了 7 亿美元，而它不过是一家纯利润只有 2%～3% 的折扣百货零售公司。通过卫星通信网络，沃尔玛将各分店 POS 终端、配送中心与公司总部的计算机连接起来。顾客在沃尔玛任何一个分店购物付款的同时，与 POS 机相连的计算机已经通过卫星把顾客的购物信息传到了与分店不远的配送中心和位于美国阿肯色州本顿维尔市的沃尔玛总部，直至 5000 多家供应商。在沃尔玛本顿维尔总部的信息中心卫星通信室看上一两分钟，就可以了解整个公司一天的销售情况，可以查到当天信用卡入账总金额、各个分店任何商品的销售量和每一商品 65 周的库存记录。

沃尔玛在 1985 年最早使用电子数据交换（EDI）与供应商建立自动订货系统，进行更好的供应链协调。通过计算机联网，沃尔玛向供应商提供商业文件，发出采购指令，获取收据和装运清单等，同时也使供应商及时精确地把握其产品销售情况，从而保证了商店的销售与配送中心保持同步，配送中心与供应商保持同步。EDI 技术使得订单处理实现了无纸化，提高了自动补货系统的准确度。商品的信息直接传送到总部，减少了信息扭曲，有助于上层领导作出正确的决策。1990 年沃尔玛已与 5000 余家供应商中的 1800 家实现了电子数据交换，成为当时 EDI 技术在全美国的最大用户。

20 世纪 80 年代末期，沃尔玛配送中心的运行就完全实现了自动化。每种商品都有条码，由十几千米长的传送带传送商品，由激光扫描器和计算机追踪每件商品的储存位置及运送情况。到 20 世纪 90 年代，整个公司销售 8 万种商品，85% 由这些配送中心供应，而竞争对手只有 50%～65% 的商品能够集中配送。

1990 年以后，沃尔玛为车队装备了卫星定位系统（GPS），控制公司的物流，提高配送效率，以速度和质量赢得了用户的满意度和忠诚度。

1998 年，沃尔玛在信息技术上的投入占到了销售额的 0.5%，虽低于业内平均水平，但其规模仍达到 6.5 亿美元。沃尔玛公司的 90% 以上的软件均由自己的 1000 名专职开发人员编制，以使软件更适用于公司业务。

进入 21 世纪，沃尔玛又成了全球推行射频标识技术（RFID）的主要倡导者。RFID 是一种非接触式的自动识别技术，它通过射频信号自动识别目标对象并获取相关数据，识别工作无须人工干预，可在各种恶劣环境中进行；同时克服了条形码使用效率低、容易出差错、信息容量有限等不可克服的缺陷。RFID 有助于解决零售业两个最大的难题：商品断货和盗窃等损耗。沃尔玛一年单是盗窃的损失就差不多有 20 亿美元。RFID 技术使得合理的产品库存控制和智能物流技术成为可能。借助电子标签，可以实现商品的运输、仓储、配送、上架、销售、退货处理等环节的实时监控；可以实时了解到货架情况并迅速补货，减少 10%～30% 的安全库存量，从而大大降低仓储成本。信息化、自动化程度的提高和差错率的降低，使整个供应链的管理显得透明而完美。

现在，沃尔玛的计算机数据通信系统、POS 终端、条形码、无线扫描枪、RFID 系统、电子收款机、EDI 系统等构建了现代化的信息数据交换平台。现代信息技术手段的应用，使沃尔玛如虎添翼，极大地提高了企业运行效率，强化了竞争优势。沃尔玛的管理人员可以通过计算机系统与任何一家分店和配送中心联系，在 1～2 分钟之内就可以准确掌握当天的商品销售、库存、订货、配送、财务和员工等方面的情况，据此确定是否进货，并指挥配送中心向分店配送货物或在分店之间进行调剂；能在1小时之内对全球5000多家分店内每种商品的库存、上架、销售量全部盘点一遍。该系统使沃尔玛能够管理其业务的爆炸性增长，与此同时又能维持很高的服务水平，而存货成本也降低了75%。沃尔玛的店铺可通过POS终端来跟踪每笔销售，既避免了存货短缺，又不会造成存货过剩，同时还降低了商品售价。沃尔玛的信息系统有力地提高了整个企业对市场变化的应变能力，使沃尔玛得以稳居美国乃至世界零售业的龙头之位。正如沃尔玛的创始人沃尔顿先生称："我们从计算机系统获得的力量成为我们竞争的一大优势。"在沃尔玛、凯玛特和西尔斯都已经成功导入了信息系统的情况下，由于沃尔玛比对手更早地导入EDI系统，其每个员工年贡献的18.1万美元生产力始终高于竞争对手。2002年，拥有上百年经营历史的美国第二大零售商凯玛特（Kmart）由于经营状况不佳等原因宣布破产。凯玛特在传统营销的方法和策略上有很多独到的地方，但进入20世纪80年代后该公司没能继续把自身的核心竞争能力与信息时代的发展相结合，因而丧失了竞争优势。凯玛特在所有信息技术的应用上基本都比沃尔玛落后10年，这应该说是凯玛特衰亡的关键因素。

（三）沃尔玛的EDIINT AS2系统

沃尔玛在1985年使用EDI系统后，用信息系统取代人工操作，用计算机取代耗时的低级操作。EDI系统将公司前端的POS系统与后端的仓储资料进行实时联机，将售出的商品数据通过实时联机方式从后端的数据库中扣除。一旦仓库的库存量达到了补充警戒点，数据库会通过EDI专线告知供货商的计算机系统，使供货商知道哪个地区的销售点需要补充货源。这样，供货商便能立刻收单、出货、运货、补货，做到实时的物流管理。盘点和库存管理全部交由EDI系统处理，使得沃尔玛在操作流程中节省了人力，增加了员工与客户接触和服务的机会，提高了客户关系管理的附加效益，这样几千家分店的人工成本并不因为业务量的增长而同比例增加，从而带来了更高的人均贡献值。但是早期EDI数据只能通过速度大受限制的Modem和昂贵的长途电话线或增值网络来传输，从而延缓了这项技术在供应商中的普及推广。从前，沃尔玛的采购员每天两次通过一个EDI系统发送电子文件，告诉供应商所需商品的数量和样式。供应商利用挂着Modem的计算机接收数据，一天要花6小时。如果传输中断，整个传输过程必须重新进行，就需要花更长时间。于是沃尔玛决定废掉这个数据包传输技术。

2002年8月，沃尔玛决定为国内外供应商建立基于Web的更加经济快捷、安全可靠的EDI系统。沃尔玛选定了IBM公司的EDIINT AS2系统。AS2是基于互联网标准的协议，可在HTTP协议上确保安全、可靠地交换海量信息，并运用加密技术确保数字签名的安全，同时又可以充分利用互联网的速度和成本优势。这一协议已广泛应用于零售和消费包装产品行业。沃尔玛之所以选择IBM公司，主要是考虑到IBM在全球范围的服装、消费品和零售行业信息集成及实施服务方面的丰富经验。作为EDIINT系统突发事故时的备份，沃尔玛还将选择IBM为其提供VAN服务。

沃尔玛希望供应商从目前所使用的传统电话网络和增值网络（VAN）转型，并鼓励供应商接受基于互联网的EDI系统（EDIINT），通过互联网发送和接收数据，交换诸如采购订单、发票和预先发货通知等重要数据。通过使用这类软件，沃尔玛的供应商赢得了成本效益优势，并安全地通过UCCNET与沃尔玛及所有其他的业务伙伴合作。新的系统有望成为零售业供应商与分销商之间传递B2B信息的重要手段。目前沃尔玛和供应商之间超过98%的电子数据采用基于互联网通信方式的AS2软件来传送。

（四）沃尔玛的物流管理系统

利用信息技术改善供应链与物流管理体系方面的核心竞争能力，不仅使沃尔玛获得了成本上的优势，而且加深了它对顾客需求信息的了解，提高了市场反应速度，赢得了宝贵的竞争优势。沃尔玛被称为零售配送革命的领袖。其独特的配送体系，大大降低了成本，加速了存货周转，成为“天天低价”的最有力的支持，使沃尔玛折扣店的商品售价比对手低10%～20%，山姆会员店中则要低到30%～40%。

沃尔玛采取过站式物流管理方式，即由公司总部“统一订货，统一分配，统一运送”的物流供应模式。同时沃尔玛也授权给各分店，可直接从供应商甚至是国外供应商处订货，从而使补货时间从行业的平均水平（6周）减少到36小时。沃尔玛完整的物流系统不仅包括配送中心，还包括更为复杂的资料输入采购系统、自动补货系统等。

1. 自动补货系统

沃尔玛的自动补货系统采用条形码技术、射频数据通信技术和计算机系统自动分析并建议采购量，使得自动补货系统更加准确、高效，降低了成本，加速了商品流转以满足顾客需要。

早在1986年，沃尔玛便采用全电子化的快速供应QR这一现代化供应链管理模式。QR模式改变了传统企业的商业信息保密做法，将销售信息、库存信息、生产信息、成本信息等与合作伙伴交流分享。

沃尔玛通过EDI系统把POS终端数据传给供应方，供应方可以及时了解沃尔玛的销售状况，把握商品需求动向，及时调整生产计划和材料采购计划。供应方利用EDI系统在发货前向沃尔玛传送ASN（预先发货清单），这样沃尔玛可以做好进货准备，省去货物数据录入环节，提高了商品检验效率。沃尔玛在接受货物时用扫描仪读取机器的条码信息，与进货清单核对，判断到货和发货清单是否一致；利用电子支付系统向供应方支付货款，把ASN和POS数据比较，就能迅速知道商品库存的信息。

沃尔玛把商品进货和库存管理职能移交给供应方，由供应商对沃尔玛的流通库存进行管理和控制。供应方对POS信息和ASN信息进行分析，把握商品销售和沃尔玛的库存动向。在此基础上，供应方决定送货的时间、品种和方式，发货信息预先以ASN形式传送给沃尔玛，以多频度、小数量进行连续库存补充，减少双方的库存，实现整个供应链的库存水平最小化。在这种情况下，沃尔玛省去了商品进货业务，节约了成本，进而集中精力于销售活动，并且能够事先得知供应方的商品促销计划和商品生产计划，以较低价格进货。

2. 信息化的物流配送中心

沃尔玛在物流方面的投资主要集中在物流配送中心建设方面。运输环节成本和效率是沃尔玛整个物流管理的重点。沃尔玛较早认识到配送中心作为零售店轴心的作用，卖场一般都设在配送中心周围，以缩短送货时间，降低送货成本。沃尔玛通常以320千米为一个商圈建立一个配送中心，以满足周围100多个分店的需求。目前沃尔玛每个配送中心离最远的分店不超过805千米，只有一天的路程。从零售店下订单到货物上架的响应时间只需要48小时，而其大部分竞争对手配送响应时间至少为120小时。

沃尔玛拥有典型的零售型配送中心，第一配送中心于1970年建立，占地6000平方米，负责供货给4个州的32个商场，集中处理公司所销商品的40%。沃尔玛的总部至今仍在阿肯色州本顿维尔市的第一配送中心附近。另外，沃尔玛在美国拥有100%的物流系统，并随着经营规模的发展壮大而不断完善其配送中心的组织结构。2005年沃尔玛在全球已经建立了110个信息化、自动化水平很高的物流配送中心，为3703家分店提供服务。沃尔玛每个配送中心一般有600～800名员工，平均面积有10万平方米，相当于23个足球场那么大，里面的商品种类超过8万种。配送中心的一端是装货平台，另一端是卸货平台。每天有160辆货车开进来卸货，150辆货车装好货物开出。配送中心24小时不停地运转，许多商品在配送中心停留的时间总计不超过48小时。配送中心每年处理数亿次商品，99%的订单正确无误。

在配送中心，计算机信息系统掌管着一切。沃尔玛各分店的订单信息通过公司的高速通信网络传递到配送中心，配送中心整合后正式向供应商订货。供应商可以把商品直接送到订货的商店，也可以送到配送中心。

沃尔玛要求供应商的商品必须都要有条形码。商品送到配送中心后，先经过核对采购计划、商品检验等程序，卡车将停在配送中心收货处的数十个门口，把货箱放在高速运转的激光控制的传送带上，在传送过程中经过一系列的激光扫描，读取货箱上的条形码信息，分别送到货架的不同位置存放，计算机会记录下货物的方位和数量。一旦分店提出需求计划，计算机就会查出这些货物的存放位置，并打印出印有商店代号的标签，以供贴到商品上。整包装的商品将被直接送上传送带，零散的商品由工作人员取出后，也会被送上传送带。商品在长达几千米的传送带上进进出出，通过激光辨别物品上的条形码，把它引向配送中心另一端正待完成某家分店送货任务的卡车。传送带上一天输出的货物可达20万箱。

在推广使用RFID电子标签后，供应商按照沃尔玛配送中心发来的订单分拣好商品，交付运送；在商品通过配送中心的接货口时，RFID阅读器自动完成进货商品盘点并输入数据库。配送中心在按照各个分店的要求进行配货后，商品被直接送上传送带装车；在商品装车发往分店的途中，借助GPS定位系统或者沿途设置的RFID监测点，就可以准确地了解商品的位置与完备性，从而准确预知运抵时间；运抵门店后，卡车直接开过接货口安装的RFID阅读器，商品即清点完毕，直接上架出售或暂时保存在门店仓库中，门店数据库中的库存信息也随之更新。商品一旦进入到RFID阅读器覆盖的场所，RFID系统就自动承担起商品的电子监控功能，有效地防止商品失窃现象。由于顾客改变了购买决策而随意放置的商品，也可以通过覆盖分店的RFID阅读器找到由店员归位。顾客选购商品后，只需将购物车推过安装有RFID阅读器的收银通道，商品的计价即自动完成。随着商品减少，装有RFID阅读器的货架即自动提醒店员进行补货。这样，商品在整个供应链和物流管理过程中就变成了一个完全透明的体系。

为了取得充分的灵活性、为一线商店提供最好的服务和摆脱第三方运输公司的影响，沃尔玛不失时机地扩大了自己的车队规模。为满足美国国内连锁店的配送需要，沃尔玛在国内拥有近3万多辆大型集装箱挂车、6000多辆大型货运卡车，24小时昼夜不停地工作。公司运输卡车全部安装了GPS卫星定位系统，调度中心在任何时候都可以掌握这些车辆及货物的情况。沃尔玛通常为每家分店的送货频率是每天一次，而凯玛特平均5天一次。这使得沃尔玛在其竞争对手不能及时补货时始终保持货架的充盈。一般来说，物流成本占整个销售额的10%左右，有些食品行业甚至达到20%或者30%。但是，沃尔玛的配送成本仅占其销售额的2%，而凯玛特是8.75%，西尔斯则为5%。灵活高效的物流配送使得沃尔玛在激烈的零售业竞争中技高一筹，从而赢得了竞争优势。

——万守付《电子商务基础》(第2版)

本章小结

订单履行和送货才是电子商务特别是B2C电子商务中的难点所在。同时电子商务和物流之间相互促进、相互影响，电子商务在改变传统产业的同时，物流业也不可避免地受到了影响，而物流体系的完善将会进一步推动电子商务的发展。

电子商务物流就是在电子商务环境下，依靠信息技术所进行的物流活动。电子商务物流具有以下特点：信息化、自动化、网络化和智能化。

电子商务物流活动主要有自营物流、物流联盟和第三方物流这三种模式。

电子商务系统的网络化虚拟企业，将散置在各地分属不同所有者的仓库通过网络连接起来，使之成为“虚拟仓库”并进行统一管理和调配使用，扩大了服务半径和货物集散空间。这对物流配送观念产生了影响。

物流技术包括两个方面，即物流硬件技术和物流软件技术。典型的现代物流技术和装备（或者叫电子商务物流技术）既包括条形码技术、语音技术，也包括电子订货技术、电子数据交换技术、全球卫星定位系统、地理信息系统等。典型的物流软件技术应用方案包括运输或配送中的路线规划技术、库存控制技术，物流过程中的可视化技术，以及供应商管理库存技术、供应链管理等。

[思考与练习]

1. 简述物流的概念。
2. 简述电子商务与物流的关系。
3. 简述企业开展物流的模式及优缺点。
4. 简述第三方物流的概念、作业及分类。
5. 简述电子商务物流配送的概念及运作类型。
6. 现代物流技术包括哪些？
7. 上网考察以下物流企业的网站：和黄天百物流、美国联邦快递、联合包裹UPS、东方海外、鲁能帆茂物流。分析各物流公司经营的项目以及他们各自的特色。
8. 比较美国联邦快递和联合包裹UPS这两家美国最大的快递公司网站的服务项目，你认为哪家提供的服务更好？

第七章　电子商务战略与实施

[学习目标]

通过本章的学习，掌握电子商务战略体系的构成，了解电子商务战略的提出过程、形成电子商务战略的过程中应着重解决的问题以及电子商务战略实施过程和评估。

[导入案例]

携程网的商业模型的选择与决策

（一）面对现实

旅游业是近年来经济增长最快的行业之一。旅游业自1998年底被国家正式列入国民经济的新增长点后，以每年20%以上的速度发展，它与住宅消费、家庭高档用品消费、教育消费一起成为中国“十五”时期最热门的消费项目。另外，扩大内需政策也有利于旅游业今后的发展，而一些地区将旅游业列为支柱或重点产业的做法更必将促进旅游业的快速发展。预计到2015年，中国旅游业将会进入其发展的最高阶段——出境旅游阶段，届时，国际旅游创汇将达到500亿～600亿美元/年，国内旅游收入有望达到10000亿元以上，旅游业将真正成为中国一个举足轻重的行业。

面对如此丰厚利益的旅游市场，网络公司自然不会甘于观望，携程网（www.ctrip.com）就是在1999年5月成立的一家从事“旅游电子商务”的旅游服务公司。携程网的创业者经过悉心考察和分析后认为，旅游业是最有前景的行业，有能力旅游的往往是购买能力较强的消费群体，更重要的是，旅游服务绕开了中国相对薄弱的支付与配送环节，因此，“旅游电子商务”是中国最有发展前景的电子商务方向。

携程网选择“旅游电子商务”作为自己的战略经营领域后，接下来，公司创业者又面临究竟是做B2C型还是B2B型的旅游电子商务的决策问题，即决定携程网的目标客户是谁；究竟是服务于以接待旅游散客为主的旅行社，还是面向商旅出行日益频繁的企业提供服务。经过考察，携程网的领导者们注意到，随着商务旅行的逐渐增多，企业越来越需要方便、快捷的员工商旅服务，并且这一块业务的市场空间非常大，1999年仅DELL一家，在中国的差旅费用就超过了1000万美元。所以，携程网选择做B2B型的旅游电子商务，并将公司的业务主要集中于三块：机票预订、酒店预订、旅行线路预订，其中酒店预订占了很大一部分。

鉴于酒店预订是公司的主要业务，而目前我国酒店的数据还没有形成一个完整的实时网络，所以携程网把建设中国酒店数据的实时数据库作为公司的战略重点之一，并正在为创建这一实时数据库而努力。

此外，针对各个企业对商务旅行的内部管理的要求越来越高的发展态势，携程网把这一块业务作为公司今后很重要的一个发展方向。目前，携程网已专门推出了自己开发的TMS系统（企业商务旅行管理系统），为公司客户实现差旅成本控制及管理提供了一套切实可行的解决方案。通过该系统，企业可以迅速完成从出差计划、审批、预订、借款到出差后的审计以及统计分析报告等工作。如今，携程网已经开始为搜狐、诺华制药等一系列大客户提供员工商旅服务。携程网的营业额已经从第一个月的10多万元人民币很快跃升到100万，在2000年达到近1亿元人民币，每月订房量大约有3万间。

现在，携程网在北京、上海、广州、香港和美国硅谷都设有分公司。

为了进一步拓展和深化业务，携程网大胆并购传统旅游服务企业。鉴于“酒店预订”是携程网的主要业务，2000年10月16日，携程旅行网宣布完成对国内最大订房中心——现代运通公司的整体收购，这是首起网站对大型传统企业的并购案。现代运通商务旅游服务有限公司是国内最早的也是最大的电话订房中心，也是首家利用800免费电话为客户提供酒店预订服务的企业。作为中国银行、中国国际航空公司、中国人寿保险公司等国内几大知名机构战略合作伙伴，现代运通同时与全国700余家酒店有着深厚的、密切的合作关系，其会员总量超过40万。

这场并购交易实际上是实现了旅游服务的传统资源和网络资源的一次整合。旅游信息借助互联网能让用户最快捷地产生消费欲望；同时，电子商务为旅游网络的贯通提供了强大的虚拟平台。可见，只有利用网络，才能更好地实现旅游服务的业务重组和整合。携程网的这次并购决策，不仅是正确的，而且是非常有胆识的一次行动，它对增强企业综合竞争力起到至关重要的作用。

——智旅动力 www.uuidea.com

第一节　电子商务战略概述

成功的电子商务企业领导者不仅对公司内部事务进行战略性思考，也对顾客、市场和竞争定位进行战略性思考。要制定合适的电子商务战略，首先应辨明公司的机会和威胁，跟踪环境变化，了解客户群，设计迎合客户群需求的方法。这些任务的完成都需要战略的制定和计划的实施。

电子商务项目对于许多企业的成功乃至生存都是关键性的。然而，如何实施电子商务项目却相当复杂。因此，对一些大规模的或者关键的电子商务项目而言，一个可靠的战略非常重要。

电子商务战略是不是在任何情况下都需要呢？一般而言，正式的电子商务战略并不总是必需的，甚至一些大公司也不需要电子商务战略。对于中小型企业而言，制定正规的电子商务战略可能需要付出更大的成本，而且也限制了它们适应动态变化的环境的能力。然而，并不能据此否认电子商务战略存在的合理性。在电子商务中，正是因为存在巨大的风险，所以才需要电子商务战略。商业环境和技术环境的变化是如此之迅速，以致在任何时候机遇和挑战总是并存的。因此，任何与电子商务相关的公司都在某种程度上需要包含应急计划的电子商务战略。

一、企业战略体系的构成

事实上，建立和管理一个电子商务企业面临的战略管理问题与传统的企业战略管理相似，所以了解传统企业战略管理的内容和工作程序对电子商务企业的成功经营是大有裨益的。

企业战略是企业在分析外部环境和内部条件的现状及其变化趋势的基础上，为求得企业长期生存和不断发展而进行的整体性、全局性、长远性的谋划及其相应的对策。企业战略是企业发展的行动纲领。

（一）企业战略的构成要素

企业总体战略是企业纵览全局的战略，是居于领导地位的战略，它的成功或失败，将直接关系到企业的兴衰。企业总体战略的构成通常包括预测、资源分配、核心竞争力、战略规划、环境分析、公司分析等六个要素。

1. 预测

预测是指对商业、技术、政治、经济和其他相关环境的预测。

2. 资源分配

一个组织的资源是指它所控制的资源，可以是自己所有的资源，也可以是通过其他途径获得的资源。资源可以是人、财，也可以是技术、管理和知识。一个成功的战略需要对这些资源进行合理的分配。

3. 核心竞争力

企业的核心竞争力就是指一个企业的资源和独特经验结合而产生的特殊优势。企业通常需要时间的积累才能获得核心竞争力，很难通过模仿获得核心竞争力。例如，亚马逊网站的核心竞争力就是在线销售。

4. 战略规划

如何把一个企业从当前的位置提升到战略所预定的位置的实施计划就是战略规划。

5. 环境分析

环境分析主要是跟踪环境，收集和整理相关的信息。环境分析通常限制于与公司层面和行业层面相关联的环境的分析上。

6. 公司分析

公司分析主要包括经营战略、公司能力、制约因素、公司优势和公司劣势。

（二）企业战略的层次性

战略存在于一个组织的各个层面上。在本章中，我们主要讨论以下层次的战略。

1. 企业战略

企业战略是针对整个组织而设计的。

2. IT 战略

IT 战略是针对整个组织中的 IT 部分而设计的。

3. 电子商务战略

电子商务战略是针对整个组织中的电子商务部分而设计的。

4. 电子商务职能部门战略

电子商务职能部门战略是针对整个组织的电子商务部分下面的各个职能部门而设计的。例如，关于电子商务的市场营销战略就是电子商务职能部门战略。

这些层次的战略关系如图 7－1 所示。

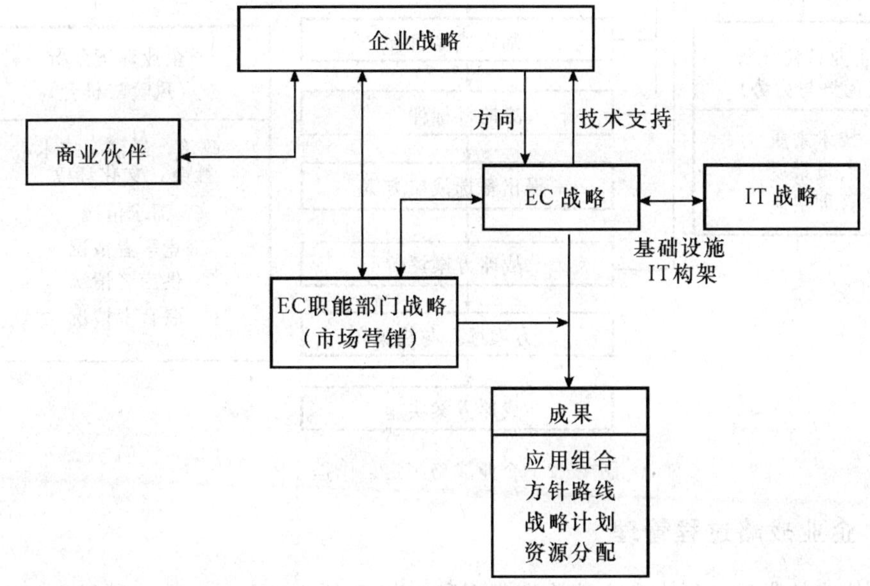

图 7－1　电子商务战略层次

（三）企业战略的类型

根据企业战略侧重点的不同，企业战略可分为下面三种类型。

1. 战略计划

这里讨论的战略计划主要是针对长远的将来，即长期计划。

2. 战略反应

在今天这个瞬息万变的环境里，企业非常有必要作出战略决策以应对变化的环境。这些环境变化可能是竞争者的行动，也可能是技术环境的变化，还可能是政治环境的变化或其他事件。

3. 战略创新

除了等待特定事件发生并采取战略反应之外，一个组织还要具有前瞻性，引入一些创新性的战略，以便在机会成熟的时候来实施这些创新性的战略。

二、企业战略的制定

战略制定是战略管理的起点和首要环节。企业必须制定出一个既符合客观环境变化趋势又有利于企业长远发展的战略指导思想和战略目标，并以此为基础，进一步制定出实现企业战略目标的战略方案。战略方案是战略的展开、分解和具体化。

企业战略制定的工作程序可用图 7－2 清晰地表示出来。

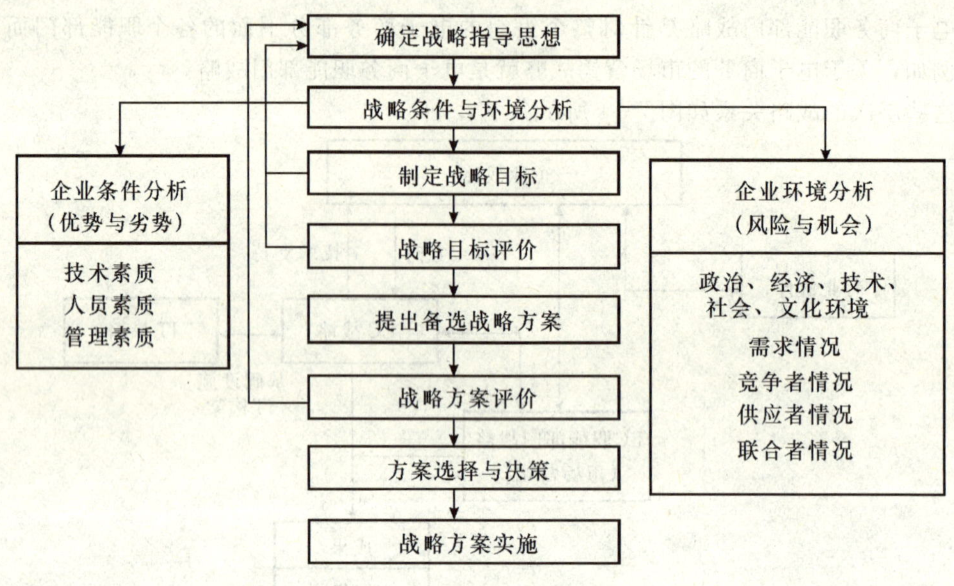

图 7－2　企业战略制定工作程序图

三、企业战略过程管理

因为战略的类型、层次和方法论有很多种，甚至定义也不尽一致，所以很难对企业战略过程管理有一个简单而一致的看法。然而，在许多正式的企业战略过程管理中都可以发现一些重要活动。这些活动被分为四类。

（一）战略的提出

主要是前期相关信息的准备工作，包括公司现状、公司宗旨、公司目标以及电子商务对公司的贡献程度。它也包括环境分析和公司分析，而且还要进一步阐明制定正式战略的必要性。主要目标也在此时决定。

（二）战略的形成

采取各种必要的行动以形成战略，主要有电子商务应用的发现、成本—收益分析、风险分析等。最后要列出一系列候选的电子商务应用。

（三）战略的实施

此时要分析组织的战略资源，开发制订出一个能达到战略目标的计划，权衡取舍，制订分阶段的具体计划。还要做出预算，计划好所需的其他资源。

（四）战略的评估

定期地对战略目标的实现情况进行评估。在此基础上，采取措施纠正偏差，必要时进行战略再评估。这一阶段还涉及电子商务测评指标的开发。

第二节　电子商务战略的提出

不论是企业战略目标的制定、企业战略方案的拟定，还是企业战略的决策，都必须以企业外部环境和内部条件的正确分析为前提。在此基础上，结合企业领导者集体主观意志和经验，才能确定企业的战略行动方案。所以，电子商务企业在开展网络经营过程中，必须扎扎实实做好企业外部环境和内部条件的分析工作。

一、外部环境分析

分析电子商务企业所处的外部环境可从以下三个方面入手。

（一）电子商务行业发展的状况分析

1. 电子商务发展所处的阶段

企业首先必须分析目前电子商务在国内外的发展处于什么样的一个阶段。目前电子商务在国外处于成长阶段，在国内尚处于初级阶段。并且，在电子商务发展的初期，不论是资本市场，还是企业经营者的经营思路，都出现很多急功近利的现象，从而导致大量网络泡沫的产生。目前的电子商务在国内外正进入狂热之后的调整阶段，人们对待电子商务的态度和看法正趋于理智。

2. 电子商务在社会经济中的地位

企业通过对行业的社会经济地位分析，可以确定该行业是否会成为社会经济发展中的主导行业或支柱产业，并且可以预测该行业的发展前景。

分析电子商务的社会经济地位可以测算电子商务的产值、利税额、吸引劳动力的数量及其在国民生产总值、财政收入和就业总量中占的比重；同时还应分析电子商务的发展对国民经济及其他行业的发展的作用和影响程度。

电子商务的发展对社会各行各业都产生了巨大的冲击和影响，而且电子商务正在以人们难以想象的速度快速发展。任何人都不能否认，电子商务将成为未来社会经济发展的方向，在社会经济中将占据主导地位。

3. 电子商务行业的基本特征

电子商务是一个新兴领域，不论是经营规则还是行业管理规范都处于摸索阶段。因此，电子商务企业的经营风险性大，但同时也意味着企业盈利的可能性大。

电子商务行业的进入壁垒和退出壁垒都不高，这使得电子商务行业中的竞争非常激烈。这也就是为什么每天都有数百家新网站开业，又有数百家网站倒闭的原因。

（二）企业在经营领域中的竞争状态分析

对于一个企业来说，首先要明确自己的战略经营领域，然后分析本企业在该经营领域中的地位。

战略经营领域是企业在复杂多变的环境中为求得生存和发展，针对外部环境的变化趋势和所提供的发展机会及需求变化，所确定的企业经营活动的领域。对电子商务企业来说，不论它是打算从事 B2B 电子商务，还是 B2C 电子商务，都要选择特定的战略经营领域，即打算在哪些领域中开展电子商务活动。如当当专注于做出版行业的 B2C，阿里巴巴选择做中小企业外贸电子商务的中介，等等。

企业在经营领域中的竞争状态分析包括以下两部分：

1. 分析在经营领域中现有企业间的竞争

（1）分析现有竞争者的数量及其力量。

如果竞争者的数量多且实力相近，则竞争激烈；如果竞争者的数量少且实力差距大，则竞争相对缓和。在分析过程中，企业应找出该经营领域中的领袖企业，并分析其竞争优势和竞争战略。

（2）分析企业间产品和服务的差异化程度。

如果差异化程度不大，则竞争激烈；如果差异化大，竞争主要是产品和服务质量的竞争，则竞争相对缓和。目前电子商务企业存在产品和服务差异化程度小的问题，所以竞争非常激烈。

2. 分析该经营领域的潜在进入者的威胁

网络服务行业的进入屏障低，竞争者参与广泛，所以竞争非常激烈；同时网络服务行业的退出屏障也低，所以当某经营领域的竞争非常激烈时，有的企业宁愿退出该领域的竞争而转向其他经营领域，甚至彻底退出竞争。这就是为什么电子商务企业能够迅速转变经营领域的原因。所以企业应时刻注意在自己的经营领域中可能出现的潜在竞争者，并且应做好对潜在竞争者实力和可能采取的竞争策略的分析。

（三）企业在经营领域中的地位分析

企业在明确自己的战略经营领域后就必须进一步明确企业在行业中的地位。企业在某个战略经营领域中的竞争地位的分析可用“麦卡锡矩阵”进行，如图 7－3 所示。

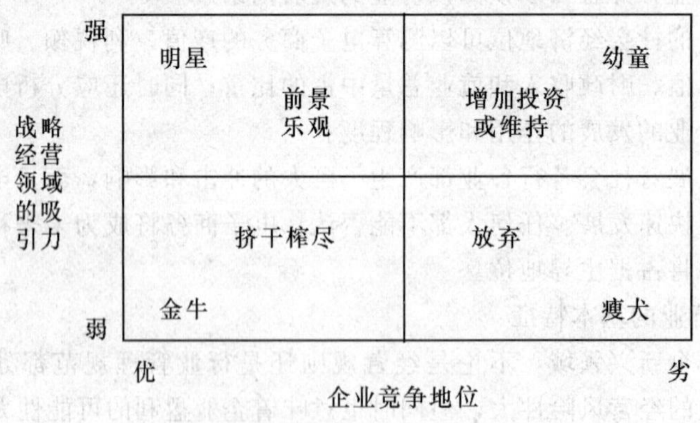

图 7－3　分析企业竞争地位的“麦卡锡矩阵”

其中，企业选择的战略经营领域的吸引力的强弱主要由市场因素（包括市场规模和市场成长速度）、竞争者因素、投资回报率、技术因素（如技术变化的快慢）以及社会政治因素（如是否受到政府支持）等决定。

根据麦卡锡矩阵，战略经营领域的吸引力的强弱以及企业竞争地位的优劣将使得企业在自己的经营领域中可能面临四种情况：需要维持或增加投资的“幼童”类企业、前景乐观的“明星”类企业、采取挤干榨尽策略的“金牛”类企业以及必须放弃的“瘦犬”类企业。

企业只有明确了自己在行业中的地位，才可能制定出相适应的战略对策。

二、内部条件与能力分析

企业所处的宏观环境和微观环境只是从外部来影响企业的经营决策，企业内部条件与能力则是确定企业在行业中的地位和市场竞争中的地位的基础和保证。所以分析企业的内部条件和能力，是为了更好地了解企业自身的实力和优势，以便作出正确的决策。

具体来说，电子商务企业分析自身内部条件和能力可从以下四个方面入手。

（一）企业经营资源分析

企业经营资源是企业进入某个行业的基本条件与能力，因此，企业经营资源分析又叫企业实力分析，其分析的内容主要包括四个方面。

1. 企业经营者的决策能力和组织能力

企业经营者和管理者是一个企业家群体，他们的素质、胆识和能力，直接关系到企业战略的指导思想、目标及整个战略制定和实施的全过程。因此，研究企业战略管理必须对企业家的素质要求进行分析。对于电子商务企业来说，由于其是一个新兴的事物，发展环境还很不成熟，在经营过程中面临的新问题较多，这就要求企业的经营管理者具备较强的决策能力和组织能力。这些能力体现在三个方面。

（1）企业经营者的思想性格（是进取型还是稳健型性格）、专业水平（是否拥有相关专业的知识水平）、价值观与经营经历等个人的素质。

（2）企业经营者对企业内部的管理能力和对外部环境的洞察、判断与应变能力。

（3）企业经营者的决策能力及领导层的协调配合、发挥集体智慧的能力等。

2. 人力资源

企业开展电子商务需要的人员类型包括：

（1）业务管理人员。

他们负责实施业务计划并实现内部团队设定的目标。业务经理应具备电子商务网站业务活动的经验和知识。例如，消费品零售网站的业务经理就应该具备零售运作经历。

（2）应用专家。

他们的任务是安装并维护网站自行开发的或购买的各类电子商务软件包。

（3）客户服务人员。

他们的任务是在电子商务运营中实现电子商务企业的客户关系管理的职能。如收集客户信息，处理客户电子邮件和电话请求，为网站进行电话销售，等等。

（4）系统管理员。

他们负责保障系统的可靠和安全的运转。因此，他们必须了解服务器硬件和操作系统的相关知识。

（5）网络操作人员。

他们的职责是维持电子商务网站 24 小时的运转和网站安全，包括预测和监控网络负荷，解决网络出现的问题，设计和应用容错技术，等等。

（6）数据库管理员。

电子商务网站的交易处理、订单登录、查询管理以及后勤运输等活动都需要相应的数据库来支持，所以电子商务企业必须由数据库管理员来负责数据库建立和维护的职能。

企业要想顺利实施电子商务计划，就必须了解自己是否拥有这些开展电子商务所必需的各类技术人员、管理人员、业务人员，并且要考察他们的数量、水平和来源。

3. 财务资源

一项调查显示，小企业建设电子商务网站的平均费用是7.8万美元，大企业建立和实施一个全面的电子商务网站大约需要花费100万美元。据统计，建立一个一流的电子商务网站需要200万～500万美元，并且一旦建好网站并开始运营后不管其规模大小，年维护成本会达到其建设投资的50%～100%。因此，企业必须评估自己的财力能否负担得起电子商务计划实施所需的全部费用。

如果企业资金不足，还需考察融资能力。企业家必须考虑如何筹集资金，包括筹集的数量和来源，不同筹资渠道的筹资比例，采用何种筹资形式最适宜，以及企业资金与营运资本的长期和短期需要等问题。

4. 物理资源和技术条件

企业还需考察自己是否具备实施电子商务计划所需的硬件和软件及其他相关物理资源，如果尚不具备这些物理资源和技术条件，企业是否能够得到它们，以及如何得到。

（二）企业价值链与供应链分析

企业价值链的效率是企业竞争优势形成的基础，而企业的价值链与其供应商、分销商价值链组成的供应链体系的效率，则是企业竞争取胜的基础。

通常企业的竞争能力的高低，取决于企业的产品设计、生产、营销和交货等价值活动完成的方式和效率。这些价值活动之间的相互联系和相互作用的关系，构成了一个企业特有的价值链。所以，企业价值链分析事实上是考察企业各职能单位是否能够密切合作和步调统一。

在考察一个企业的价值链的同时，还应把它与上下游产业联系起来构成一个供应链价值系统，进行全面考察。也就是说，企业要取得和保持竞争优势，就必须既要认识自己的价值链，又要认识和掌握自己要怎样做才能适应整个供应链的价值系统。

（三）企业竞争优势分析

企业竞争优势分析，能使企业认识如何形成竞争优势，发挥竞争优势，从而在市场竞争中取胜。

1. 地位优势

它指的是企业在市场竞争中拥有的有利地位。一般来说，传统企业在其原有行业中的地位将会影响其在电子商务领域中的地位。例如，福特公司进军B2B电子商务领域后，它就顺理成章地成为汽车电子商务网络的核心之一。另外，率先进入电子商务领域、争做第一的企业将会在电子商务领域中占据优势地位。而且，拥有良好的企业形象和信誉的企业，也会在电子商务领域中占据优势地位。

2. 实力优势

它指的是企业在争夺市场和客户方面具有的高于竞争对手的实力。包括：

(1) 直接竞争力。它是指企业与其竞争对手相比，在市场、产品、服务、企业成长因素等方面显示出的竞争优势。

(2) 基础竞争力。它是指企业的人、财、物、技术、信息等资源的质量、数量及其对电子商务运作的满足程度，以及优越的管理能力等有形和无形资源，这些因素对直接竞争力起着决定作用。

企业必须充分认识并利用自身的优势取向，强化与竞争对手的差异性，形成自己的优势竞争战略。

（四）企业战略因素综合分析

企业战略因素的综合分析，是为了综合评价企业的外部环境和内部条件，并达到最佳配合。

企业通常采用强项、弱项、机会、威胁分析，即 SWOT（Strengths Weaknesses Opportunities Threats）分析，如图 7-4 所示。SWOT 分析通过识别企业的强项和弱项，机会和威胁的相关因素，就可能发挥优势，克服弱点，充分利用有利的机会，避免威胁，找到真正有利于企业发展的机会。

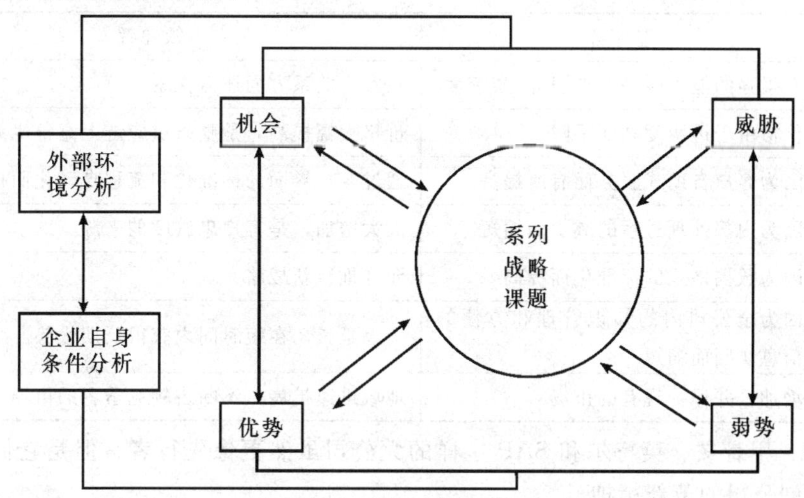

图 7-4　企业 SWOT 分析图

SWOT 方法为企业提供了四种可以选择的战略，即 SO 战略、WO 战略、ST 战略和 WT 战略。

（1）SO 战略。这是利用企业优势去抓住外部环境机会的战略。

（2）WO 战略。这是利用外部的有利机会来扭转企业劣势的战略。

（3）ST 战略。这是利用企业的优势去减轻或避免外界竞争环境的威胁与打击的战略。

（4）WT 战略。这是克服企业内部弱点和避免外部威胁的战略。

三、电子商务战略提出中的问题

计划采用或者已经采用电子商务的公司可能会面临许多战略提出方面的问题，下面是几个有代表性的问题。

（一）做先行者还是跟随者

做先行者是否真的有优势？在电子商务领域，答案只是“有可能”。一些先行者成功了，但也有很多先行者失败了。例如，像 eToy 等先驱者不是破产就是改变了运营方式；而另一方面，像 eBay 等公司却做得非常好。

先行者的主要优势包括：

(1) 获取巨大市场份额的机会。

(2) 建立品牌。

(3) 建立排外的战略联盟。

主要的劣势包括：

(1) 开发电子商务的初始成本非常高。

(2) 失败的可能性比较大。

(3) 当第二波浪潮来的时候，最初的系统很可能就完全过时了。

(4) 最初没有支持服务。

表 7-1 列出了领导者和追随者的战略。

表 7-1　　电子商务中追随者和领导者地位的比较

比较项目	追随者	领导者
客户服务	有很强的能力改进客户服务/亲密度	在客户关系方面还需探索
价格	价格由于透明度高而下降	价格大幅提高，是整条供应链上竞争优势的来源
质量	因为客户自助式服务而有所提高	通过客户界面的标准化和流程自动化而提高
履约时间	因为内部处理过程的减少而缩短	大大增加，是客户忠诚度的来源
灵活性	因为数据格式的标准化而提高	允许推行新战略
上市时间	因为全公司内的知识管理和方便的信息访问而缩短	大大延长，在短时间内获得长期优势
市场范围	增加，并保护现有的市场	地域迅速扩展，不断占领竞争者的市场

像 IBM、甲骨文、英特尔和 SAP 这样的大公司虽然更像先行者，但是它们可能缺乏灵活性和初创公司的革新精神。

(二) 你需要电子商务来做什么

公司战略是建立在公司任务的基础上的，该任务说明了公司为何存在。这个任务可以告诉你，利用电子商务公司可以提供些什么。在电子商务任务基础上，公司每一个电子商务项目都有明确的目标。电子商务目标就是公司期望通过电子商务可以达到的可度量的目的。首先，公司要明确通过建立电子商务它要达到什么目的。确定网站的目的为公司电子商务战略提供了最初的框架。在战略提出的过程中公司必须明确预期是怎样的。电子商务主要的贡献包括以下几方面：

(1) 通过广告和销售拓展营销渠道。

(2) 扩展采购渠道。

(3) 提高售后服务水平。

(4) 促进价值链的整合。

(5) 提供新的产品和服务。

(6) 进入高度专门化的市场。

(7) 实现批量定制。

在早期阶段，明确电子商务的目的是至关重要的。

（三）走向全球化

大规模地走向全球化是一个战略性的问题。例如，丹麦的 Lego 公司采用了选定部分国家部分产品的全球化战略。与全球化有关的战略可以说是战略提出中的一个重要组成部分。

（四）你是否需要一个独立的在线公司

当业务量比较大的时候，建立一个独立的在线公司的吸引力也就大了起来，特别是当你能将它上市的时候。创建独立公司的好处在于：降低或者消除内部冲突；给在线公司在定价、广告和其他决策方面更大的管理自由；迅速建立一个新品牌；将这家电子商务公司上市，如果成功，将带来巨大的财富。

创建独立公司的不利之处在于：可能代价昂贵而且要冒很大的风险；同离线业务的合作可能很困难；除非合作完美，否则会失去一些业务部门（市场、财务、营销）的优势。

（五）是否应该兼并

成立合资公司的一个替代方案是完全兼并。该战略在 2000 年和 2001 年的电子商务整合期被广泛采用。

四、实例：8848 的企业定位

8848 最初主卖软件产品，并且与联邦软件连锁店结成战略联盟。后来 8848 又开始推销图书。在 B2C 电子商务炒作得最热闹的时候，8848 又变成了网上超市。后来 B2B 电子商务被业界看好时，于是 8848 在一个多月时间里又摇身一变开始做渠道总代理并推出商家业务中心，模仿阿里巴巴网站的商业模式，让各行各业的企业在 8848 的网上交易市场中自买自卖。在这期间，8848 还大张旗鼓推广过一阵子网上拍卖。仔细算下来，连同用户社区、免费邮箱在内，8848 已经囊括了至少 5 种表面上差不多但实质上截然不同的商业模式。并且，用户社区是包括一切在内的用户社区；免费邮箱是包括一切在内的免费邮箱；B2C 是包括一切在内的云集数十万种商品的 B2C 超市；B2B 是包括一切在内的各行各业一网打尽的 B2B，而且既有企业与企业之间的 B2B，也有 8848 和企业之间的 B2B。这使得 8848 的网站俨然成了一个电子商务大全。

一个接一个的新概念，把人们弄得头晕目眩。我们不禁要问：8848 难道一开始就没有一个符合实情的成功的企业战略规划吗？更有人将 8848 比喻成“掰包米的熊”。

从表面上看，8848 的电子商务做得越来越多，越来越全，但实际上大而全的电子商务离真正意义上的电子商务越来越远。8848 的电子商务越来越不像是 8848 自己的电子商务，而像是中国的电子商务。用 8848 自己的话讲，8848 要做中国电子商务的开拓者和领袖。因此 8848 的电子商务平台不仅是中国电子商务交易平台，还是中国电子商务应用平台。

事实上，这种企业目标是不现实的，任何一家电子商务企业都只能在最适合自己的战略经营领域中开展电子商务活动。同样，8848 的电子商务只代表 8848 自己，不可能代表中国的电子商务。

在瞬息万变的产业竞争中，8848 没有选择以我为主深入发展，而是极为被动地频繁变化、急于求成，这种多头出击、四处扩张的经营战略，使得 8848 不可能在任何一个领域具备明显的领先优势。实际上，人们不愿意看到一个什么都像又什么都不像的8848，而更愿意看到一个核心竞争力比较清晰的8848。

2000年12月中旬，8848终于拆分成两部分。新成立的时代珠峰科技公司作为8848子公司，以www.my8848.net为新域名，以B2C型电子商务为基础开展业务。而8848公司将专注于B2B业务。显然，8848拆分后，两个公司模式更清晰，彼此业务会有更大的发展空间。

第三节　电子商务战略的形成

一、电子商务战略形成概述

基于对行业和竞争的分析，可以形成公司的电子商务战略。战略的形成是根据公司自身的优劣，为了有效应对环境中的机遇和威胁而开发长期和战略性计划的过程。它包括通过明确可达到的目标、开发战略目标、给电子商务设定操作规范来审视或者重新定义电子商务的任务。应该注意的是，电子商务可以通过多种途径来实现。战略的形成与一般意义上的电子商务及单个电子商务项目都紧密相关。

公司战略是为帮助公司达到目标而设计的计划。例如，某个战略有可能是利用基于Web的呼叫中心来提高客户服务水平。Amazon.com的产品多样化战略就是为了更好地利用IBM的资源。

在战略形成过程中，我们要回答这样的问题：你的产品或者业务流程是否适合电子商务？总的来说，适合电子商务的是一些普通商品，即顾客熟知的商品，如书籍、CD、股票和飞机票等。如果你的某种商品便于运输，或者能以电子方式传送，或者客户很了解该商品，或者价格有一定的下降空间，那么它就适合于电子商务。

然而，很多公司在开展电子商务时并没有想清楚要干什么。他们常常是看到业界先行者取得了成绩，然后就去模仿。这种短视的行为往往造成资源的浪费。他们没有考虑到的是怎样进行后台的公司重构。将电子商务战略的成功归因于高超的营销技术和满腔的热情是毫无根据的。除非公司正确地计划并重新设计其组织，否则电子商务的实施就不会带来销售的大幅增加或者成本的降低。

战略形成涉及许多问题，因此相当繁杂。为了将注意力集中到本质上来，企业可以采用关键成功因素分析法。

关键成功因素（CSF）是企业为达到期望目标所不可或缺的商务、技术和人力因素。公司可以用其来评价电子商务能给客户带来哪些好处。

例如，下面的问题就是用来评价成本的降低和服务水平的提高的：

（1）我怎样才能利用手中个别客户的信息来使他们更方便地与我们开展业务？

（2）通过因特网向客户提供服务的成本是多少？

（3）通过利用别的客户的经验或者雇员的专业知识，我们能给客户提供什么样的帮助？

(4) 如果我们的竞争对手先于我提供了这些服务，我们会在竞争中处于不利的境地吗?

回答这些问题能够帮助我们更好地计划电子商务和识别电子商务机会。

一些关键成功因素可能与电子商务项目有关。例如，除了组织、客户和供应商外，技术、可获得的信息和人力资源都是不应被低估的关键成功因素。

一些关键成功因素适用于特殊的环境。电子商务的一些关键成功因素包括：所交易的特定商品或者服务、高层管理者的支持、来自各个职能部门的项目小组、技术基础设施、客户的认同、友好的 Web 界面、与公司老式系统的集成、安全性和对电子商务系统的控制、竞争和市场情况、导引项目和公司知识、宣传和内部交流、电子商务项目的成本、买卖双方的信任程度。

二、发现电子商务机会并决定采用何种应用组合

发现好的电子商务机会不是一件很容易的事情。通常有数十种可选方案，公司必须决定采用哪一种，以及实施的顺序如何。

(一) 电子商务投资时经常会犯的错误

众所周知，只有少量的商业投资是百分之百安全的，在数字经济时代，不确定性非常高，以至于最强大的传统计划工具也可能不适用。因此，在进行电子商务投资时经常会犯下列错误：

1. 百花齐放

也就是毫无区别地投资众多项目。企业在大量的项目中进行试验，期望其中的大部分能够成功，而这种期望往往落空。

2. 孤注一掷

把所有投资都放在一个风险非常高的项目上。这是非常冒险的，如果孤注一掷，就有可能全部输掉。

3. 随波逐流

跟着别人追逐下一个“热点”，追求最时髦的东西。其结果往往导致大量资本追逐数量有限的机会，或者是过于激烈的竞争。

这样的错误代价高昂。因此，公司要采用系统化的方式发现机会，对其进行评估，然后排出优先顺序。

(二) 发现电子商务项目的方法

一般来说，可以采取下列方法（见图 7-5）之一去发现电子商务项目。

1. 问题驱动

在这种情况下，组织碰到了存货过多或送货延迟的问题，于是人们采用电子商务方案来解决问题。例如，通用汽车在处理旧设备的时候碰到了问题，随后发现正向电子拍卖是解决之道。他们在手工处理招标的时候也碰到了一个问题——速度太慢以至于无法吸引足够多的投标人。这个问题的解决之道是反向拍卖。

2. 技术驱动

在这种情况下，技术是现成的，公司要试着利用这些技术。这样一来，公司有可能发

现原来没有人察觉到的问题。例如，IBM 拥有技术，因此其战略就是发现尽可能多的领域来应用这些技术。这种方法通常被先行者或者行业的领先者所采用。

3. 市场驱动

在这种情况下，公司等着看竞争者如何做。当一家或者多家竞争对手开始采用电子商务而且似乎进展顺利时，它们马上跟进。巴诺书店仿效亚马逊，传统银行仿效虚拟银行，都属于这种情况。

4. 畏惧或者贪婪驱动

在这里，公司或者担心如果不采用电子商务就会成为大输家，或者认为采用电子商务就能够赚大钱。这种情形下，它们生怕“误了车”，所以经常仓促地开始不适当的冒险。

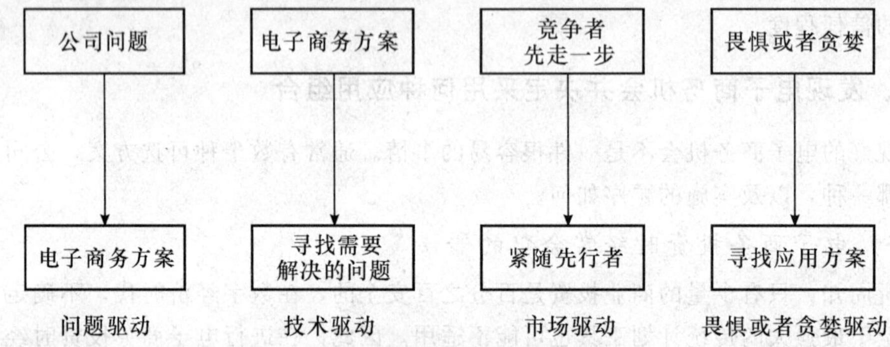

图 7-5 发现电子商务机会的方法

发现正确的电子商务机会是非常关键的。在 1997 年～2000 年间，众多公司将大量的钱投入到前途叵测的电子商务项目中。

这里涉及两个相互关联的战略问题：一是寻找潜在的机会，二是制定适当的组合战略，即采纳哪些项目以及何时实施。

一个公司可以采用上述任何一种方法或者与之类似的方法来发现电子商务机会。要实施电子商务，公司就要组建一个特别小组，利用头脑风暴法或者聘请咨询公司；而且，创造性、市场和技术方面的知识，与供应商的商讨，模仿别的行业——所有这一切都应被充分利用。实际上，这一过程与发现其他商业机会是一样的。

（三）发现特定的电子商务机会和应用

许多公司都迫切地想知道哪些是合适的机会，以及应该开发哪些应用。回答这类问题并不简单，它要求理解数字市场的运作方式、网上客户的行为方式、竞争的产生原因、需要哪些基础设施、电子商务的机制如何等。

（四）决定采用何种适当的电子商务应用组合

多年以来，各公司都在试图寻找最适当的项目组合，使公司能在这些项目上分配有限的资源。经典的组合战略试图平衡不同特点的投资，例如将长期投机性投资与具有成长潜力的新业务、短期投资和赢利性业务组合在一起。

1. 奇安的组合战略

奇安借鉴了波士顿咨询集团的方法，建立了一套因特网组合。然而，在这里战略不是基于行业成长性和市场地位，而是基于项目存续性和公司协调性。

存续性可以通过 4 条标准来衡量：潜在的市场价值、达到正现金流的时间、人员需求和资金需求。B2B 采购网站、B2C 商店、儿童门户网站等电子商务项目，可以针对上述每条标准在 1～100 间给分，然后计算各标准的平均得分（简单平均）。

协调性可以采用下列标准来衡量：与核心能力的协调、与其他公司项目的协调、与组织结构的协调、与公司文化和价值取向的协调以及技术实施的方便程度。同样，每个电子商务项目都可以在 1～100 间给分（或者按高、中、低定量评判），并计算平均分。

最后根据这两个平均分将各项目放到因特网组合矩阵上（如图 7－6 所示）。

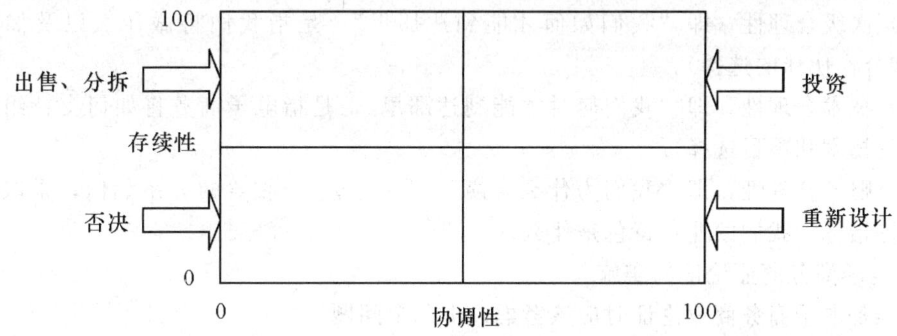

图 7－6　奇安的组合战略图

因特网矩阵被分为 4 格。如果存续性和协调性都很低，那么项目被否决；如果都很高，那么项目被接受；如果协调性高而存续性低，那么项目被重新设计；如果协调性低而存续性高，那么项目被卖给其他人，或者被拆分。

这种方式引入了一种电子商务项目选择的系统化手段。为保证质量，每个标准的评分可以由多个专家进行。同意的人越多，则可信度越高。企业可以添加自己的标准。另外，人们可以给每个标准设定权重，计算加权平均而不是简单平均。

2. 其他方法

麦克法兰提出了另一种判断电子商务应用的方法。根据其模型，应用被分配到 4 个格子中：战略性、潜力巨大、关键操作性和支持。

（五）采用何种商业模式

寻找机会的问题与使用何种电子商务模式的问题相关。需要注意的是，电子商务的实施有多种途径。

通过与行业标准的比较，企业可以更方便地进行电子商务战略、策略和操作决策。公司用以比较其电子商务战略和业务表现的标准称为测评指标。

三、成本—收益和风险分析

公司高层主管需要确信开展电子商务能够真正帮助公司提高效益、降低成本，从而增加公司的竞争力和利润。这一过程被称为电子商务的商业论证。

（一）电子商务的商业论证

经理们通过商业论证来证明投资的合理性，从而获得项目所需资金。商业论证在电子商务的计划（或称蓝图）与执行间搭建了桥梁。一个好的电子商务商业论证能够提供制定战略决策和进行技术风险管理的基础。商业论证可以阐明企业将如何最有效地利用资源来实现电子商务战略。

1. 电子商务商业论证的内容

电子商务商业论证的内容包括对项目可行性、范围以及合理性的评估。它不但要证明电子商务投资与整个电子商务的战略是一致的，而且还要证明项目能被有效管理。一个好的商业论证应该包括以下四个相互关联的方面：

（1）战略合理性，即“我们要到哪里去”，是指能力、竞争情况、市场空间等（指导思想如何，如何选择顾客，价值主张是什么）。

（2）次级合理性，即“我们如何才能到达那里”，是指我们将做什么以及如何改进（渠道和合作伙伴的选择）。

（3）技术合理性，即“我们何时才能到达那里”，是指电子商务将如何支持组织的技术战略（技术和项目选择）。

（4）财务合理性，即“我们为什么会赢”，是指成本与收益的关系如何，采取何种措施和测评指标，我们的业务特色是什么。

2. 电子商务商业论证的实施

在准备电子商务商业论证时应该考虑以下几个问题：

（1）编制目标说明书。

（2）设定可以衡量的目标。

（3）设定具体目标。

（4）制订短期和长期行动计划。

（5）获取批准和支持。

3. 收入模式

成功的关键因素之一是正确的收入模式。2000 年和 2001 年许多电子商务的失败都归因于不正确的收入模式。例如，许多门户网站都希望从广告中获得大量收入，然而却行不通。

（二）成本—效益分析

和其他投资一样，电子商务中的投资，无论是初创电子商务企业，还是一个“鼠标加水泥型”企业开展电子商务，都必须经得起成本—效益分析的检验，证明其可行性。

由于许多不确定因素的存在，要证明一项电子商务投资的合理性也许是很困难的。特伯恩等人提出了以下几种方法：价值分析与主张；投资回报率（ROI）和现金流贴现；实物期权价值评估与分析；最大化管理；信息经济学。

1. 价值分析与主张

价值主张（Value Proposition）是指公司采用电子商务所能够得到的收益，通常表现为提高公司的竞争力以及为顾客提供周到的服务。当顾客通过因特网开展业务时，就会为卖方创造出一种新的价值；而如果顾客离开公司的竞争者，该竞争者就可能遭受损失。评估电子商务带来的好处的方法之一是价值链分析。价值链代表了公司为实现其目标，从原料采购到交货的各环节的一系列活动。这些活动产生的附加值创造了公司的利润，提高了资产的价值和公司在市场上的竞争力。我们可以通过回答有关价值链的问题来考察电子商务项目对公司提供的产品或服务价值链的影响。

（1）阐明价值链的代表性问题。

① 我们通过整合价值链上的不同部分能否实现巨额利润？

② 我们通过减少价值链上的环节能否为顾客创造巨大的价值？

③ 为了取代价值链上其他环节的功能，我们需要掌握何种新的技能？

④ 如果其他人首先整合了价值链，我们是否会在竞争中处于不利地位？

（2）创造新价值的代表性问题。

① 我们能否为现有顾客提供关于交易服务的额外信息？

② 通过对现有信息资源的重新整理或通过使用因特网创造新的商业机会，我们能否唤起新顾客的需求？

③ 我们能否运用自己的能力去吸引顾客以开辟新的收入渠道，如广告收入或互补产品的销售？

④ 公司现有业务是否会受到其他提供类似服务的公司的影响？

另一个需要考虑的因素是公司在行业中的相对竞争地位。电子商务商家通过与客户接触的每一个环节提供出色的服务，从而提高公司的竞争地位。

尽管上述讨论强调价值链中与顾客接触的重要性，但与价值链上游供应商的接触同样能够有效地提高公司的运作效率。而且，此种效率虽然可以通过降低成本和减少时间来达到，但它却经常需要公司组织结构以及业务流程的改变。考察增值活动只能提供电子商务某一方面的合理性。

2. 投资回报率

投资回报率（ROI）是指电子商务项目产生的收益与投入成本之比。收益既包括可量化的收益，也包括不可量化（无形）的收益。尽管电子商务项目的资源成本，如硬件、软件、人力资源，相对来说容易量化，但收益却很难测算，这与其他许多信息技术项目一样。主要的无形收益包括有效的营销渠道、销售的增长和更出色的顾客服务。即使是较容易测算的利润，由于缺乏经验和环境变化迅速，对电子商务来讲也是不容易预测的。

3. 其他方法

为解决信息技术项目的成本—效益分析问题，可以将信息技术的价值和风险分为：

（1）价值，包括财务方面的、战略方面的和利益相关者的。

（2）风险，包括竞争战略风险、组织战略风险和不确定性。

从某种程度上说，绝大部分财务价值是可以衡量的。战略价值包括市场中的竞争优势，以及因优化前台或后台业务流程而带来的收益，它们是很难衡量或量化的。利益相关者价值反映了组织再设计、组织学习、授权和信息技术架构，它对每家公司而言都是特定的。在风险方面，竞争战略风险是外部的，来自竞争者的行为、合资公司联盟或客户的改变。组织战略风险与不确定性是公司内部的因素。这些风险既包含了公司再造的短期风险，又包含了技术不确定性造成的风险以及实施中的风险。在制定电子商务战略时必须考察所有这些价值和风险。

（三）风险分析

电子商务战略中的风险分析是极其重要的。在 SWOT 分析中威胁被发现出来，是对风险的第一次分析。当战略形成和找到特定项目后，就可进行传统的风险分析了。进行风险分析的方法很多。

在风险分析中，需要做到以下几点：识别出所有的潜在风险；评价它们出现时造成的危害；估计采取保护措施的可能性（如购买保险）；比较保护措施的成本与收益。

常见电子商务风险包括：

1. 战略风险

包括竞争环境、错误的战略导向、对供应商和购买方等的依赖、不恰当的公司文化、信息的缺乏、规则的变化以及政府的管制。

2. 财务风险

包括现金的管理与变化、不确定的税收状况、现金流。

3. 运营风险

包括技术变革和落后技术的采用、安全性、较差的项目管理水平、经营流程控制、较差的运作管理、雇员问题和熟练工人的缺乏。

风险分析的一种方法是进行情景规划。情景规划是用来处理不确定情况（如电子商务）的规划方法。使用这种方法时，首先要提出几种不同的情景，接着由专门小组来汇总在每一种情景下影响结果的各种可能的事件。这是一种“假如……该怎么办”的分析方法。

分析可以在由所有主要决策者组成的小组中进行。工作小组对未来的 3～5 年进行分析，最后对采取何种最优决策达成一致。采用这种方法来评估重大的电子商务项目是比较合理的。

四、战略计划框架

电子商务战略的情景有四种：第一种是开放性的全球商务情景，在这里缩减中间环节是实现价值链扁平化的强有力的手段；第二种是会员制网络情景，主要适用于 B2B 电子商务；第三种是电子中介情景，显示了不管是批发还是零售市场，供应商都可通过独立的第三方销售渠道来销售它的产品或服务；第四种是消费者市场导向情景，在消费者市场导向情景里，传统的广告、广播和客户电话都被卷入因特网上以消费者为中心的统一的电子商务媒介里。尽管电子商务的快速发展会导致这四种情景的任意组合和变化，但是每个公司都应该选择最适合自己需要的模式。模式的适当选择有利于电子商务计划者决定最适合其组织的电子商务战略。

在最终形成的电子商务战略中，应包括两个主要的问题：电子商务实施的阶段和电子商务的战略选择。

（一）电子商务实施的阶段

电子商务的实施通常在不同阶段进行。公司从在因特网上展示自己开始，转向更复杂的应用。电子商务的实施可以分为四个阶段。

1. 阶段一——基本展示

公司通过因特网发布公司信息，并提供宣传手册。

2. 阶段二——深入阶段

在电子商务项目中增加许多功能，如搜索引擎、广泛的产品信息、与服务的链接、与公司进行交互的能力。此时公司利用电子商务提供基本的客户服务。

3. 阶段三——业务整合

加入更多的功能，主要包括基本的电子商务交易功能、定制化和个性化服务、建立社区的工具等。

4. 阶段四——业务转型

这一阶段加入了与供应商和客户的整合，还包括多渠道整合、高级的定制和配置，并提供出色的客户服务。

（二）竞争战略与合作战略

总的来说，商业战略可分为竞争型和合作型两种。竞争型战略假设公司为了生存和获胜要与所有竞争者竞争，而合作型战略要求与一些特殊的竞争者合作来获得竞争优势，以此与其他竞争者对抗。

1. 竞争型战略

竞争型战略可分为进攻型和防御型两种。进攻型常用于竞争者的市场，而防御型常用于公司自己的市场，以防止可能的攻击。

进攻型战略又分为正面攻击和侧面攻击两种：

（1）正面攻击。

公司与竞争者面对面交锋，从价格到促销再到分销渠道，都有激烈的鏖战。要获得成功，进攻者不仅要有丰富的资源，还要有坚强的意志。这是一种成本很高的策略。

（2）侧面攻击。

不是正面攻击，而是专门攻击竞争者力量薄弱的市场。要想获得成功，攻击者应该愿意并有耐心开发相对未设防的细分市场，否则就得面对现有竞争者的反击。例如，有一些网上书店专门经营科技书刊、旧书、儿童图书，以此与亚马逊竞争。

另一种竞争策略是防御型的。防御型战略用于降低对手攻击的成功可能性，迫使进攻转变为威胁较小的手段，或降低进攻强度。与直接增加竞争优势不同，这种策略通过使挑战者觉得进攻毫无吸引力来使竞争优势得以延续，通过主动降低短期利润来保证长期利润。以下是两种防御型策略：

① 提高结构壁垒。

进入壁垒用于阻挡挑战者理论上的进攻途径。它们为任何有利润的细分市场都提供一系列产品，以堵塞任何进入的可能性；它们通过提供低成本培训来增加购买者的转换成本；通过将商品价格保持在新顾客最可能买的水平来提高获得试用顾客的成本；或者通过提高规模经济水平来降低单位成本。

思科、联邦快递、戴尔以及 eBay 等公司都是提高结构壁垒的防御战略典型的例子。

② 降低进攻动机。

另一种防御型策略是降低挑战者对行业未来利润的预期，从而降低潜在的进攻者进入的可能性。

2. 合作性战略

合作型战略通过与其他公司共同工作来获得行业中的竞争优势。典型的合作型战略包括通过合资和价值链合作形式建立战略联盟。这可通过建立公司控制的外联网来实现。战略联盟是一些公司为形成互利的竞争优势而结成的合作伙伴关系。公司可能因诸多原因而结成战略联盟：获得先进的技术和生产能力；获得进入特定市场的途径；降低财务风险；降低政治风险；获得或确保竞争优势；充分挖掘潜力；整合优良资产。电子商务中战略联盟的类型主要包括两个方面：

(1) 合资。

合资是一种合作型的商务活动，它是由两个或两个以上的独立组织为某些战略目标而结成的。各组织在保持独立身份的同时组成一个团体，分享股权、利润，共担责任和风险。合资把不同公司的优势加以临时组合，为双方创造价值。合资的缺点是容易失去控制，利润低，与合作者有冲突，技术易外泄，等等。

(2) 价值链合作。

价值链合作指公司为了双方的利益与一家主要供货商或分销商结成的长期、稳固的联盟。随着更多的公司将原先自己做的工作外包，价值链合作正变得越来越流行。

五、战略形成中的问题

战略形成中存在各种各样的问题。

(一) 小企业的电子商务战略

在小企业内制定战略通常要比在大企业内简单得多。高级经理往往了解整个企业，并拥有足够的知识与权威去控制新的电子商务风险。大企业与小企业的战略形成存在不同的一个基本原因在于雇主与经理之间的关系。一家大公司的首席执行官必须考虑、平衡公司众多股东的各种需要，而一家小公司的首席执行官很可能就是股东（或股东之一）。

(二) 如何处理渠道冲突

处理渠道冲突有以下几种可供选择的途径，包括：

(1) 让现有的“旧经济”经销商去处理电子商务的实施问题，汽车行业就是这样做的，甚至用于提供定制汽车。顾客可以在网上下订单，或者向经销商发出指令。

(2) 将某些产品仅在网上出售，其他产品在网上做广告，但在网下出售。

(3) 帮助你的中介建立门户网站，但不在网上销售。

(4) 同时在网上与网下销售（如航空公司的做法）。为中介提供服务，并鼓励他们实现再中介化。

(5) 不在网上销售。

(三) 如何处理离线与在线业务的冲突

在“鼠标加水泥”的情况下，在离线与在线业务之间分配资源是非常困难的。在某些组织内，这两者被视为竞争者（在卖方项目中）。因此，它们可能会像竞争者一样不相互帮助。当离线业务一方需要控制在线业务的物流，以及需要制定价格时，就可能产生问题。公司的文化、高层管理者正确引入变革的能力以及支持合作的创新流程的使用都将决定冲突的程度。高层管理者的明确支持，以及关于“做什么与如何做”的明确战略都是很关键的。有些公司通过建立一个独立的部门或子公司来处理这种情况。

(四) 定价战略

对于任何同时存在在线与离线业务的公司而言，对其在线产品与服务定价是一个很困难的决策。制定比离线业务更低的价格可能会导致内部冲突，而制定相同的价格则会妨碍竞争。另一个战略决策是如何为定制化的产品和服务定价。

(五) 在何处竞争

网络为竞争开辟了几条新的途径。除了在现有的业务内竞争以外，你还可以在供应链内向前或向后移动到新的环节进行竞争，或水平移动到新的业务领域中去。

你也可能扮演不同的角色，如中介、内容提供者、集中者、社区建造者或门户创建者。

（六）是否应从大型风险投资公司那里得到融资

当电子商务刚起步时，很容易从风险投资公司那里得到资金。但现在，由于许多失败的案例，从这一途径融资变得越来越困难。无论在哪种情况下都存在一个战略问题：企业家是应该在得到风险投资的同时，失去对其经营理念与业务的控制权，还是应该从其他途径得到融资？风险融资的一个好处是可以接触各种风险投资专家，这些专家的管理经验可能是非常有用的。

（七）你是否应该加入一个交易所，加入哪一个

一个非常重要的战略决策是：是否要加入一个交易所。如果你决定加入了，那么应该加入哪一个？加入交易所有很多好处，但也有许多代价和限制因素，尽早决策是很重要的。

第四节　电子商务战略的实施

在开始实施战略之前，很有必要先建立一个实施计划，该计划将指明战略实施过程中的各个步骤。然后要将个人组织起来，通常从建立网络小组开始。在这以后，人们才能继续执行计划。

一、建立网络小组和分派子项目

在建立网络小组时，小组领导、用户管理人员、网络管理员和技术人员的角色与责任都应该确定下来。在制定业务与技术目标以及实施合理的电子商务计划的时候，项目领导者必须高瞻远瞩。只有与那些对特定数据与信息很了解的人交谈，并弄清这些数据与信息在网络化、多媒体的环境中应采用何种结构和表现形式，电子商务战略实施计划才能很好地实现。

有关细节需要通过各不同职能部门的共同努力才能得出，这些职能部门包括信息系统、营销、客户关系、采购、会计、财务、人力资源、安全等。通常，公司的信息技术或电子商务指导委员会将提供这方面的指导。

如果企业采用了一种能将所有相关技术人员集中起来的机制，那么有关安全、认证、联络管理、标识语言标准等的规则将能正确制定出来，并定期更新，而且能令人满意地应用于起草、解释公司内的因特网策略。这样一种机制对于决策过程是很有利的，在这一过程中，企业将更有可能制定出符合企业的业务目标与战略的决策。

二、试验性项目

通常，实施电子商务需要在基础设施方面进行大量投资。因此，启动电子商务计划的

一条有效途径是实施一个或几个小型的、试验性的电子商务项目。由于试验性项目能尽早发现问题，因此此类项目可能会被看成计划的一部分。在试验结束以后，往往还要对计划进行修改。

通用汽车公司的试验性项目（GM BuyPower）是运用试验性项目的一个成功的例子。在其网站（www.gmbuypower.com)上买方可以通过电子邮件或电话查询地方交易商的存货，安排试车并得到最优报价。这一试验性项目自 1997 年开始，起初只在美国西部的 4 个州实行，1999 年扩展到了全美各州。

三、为资源制订计划

在制定战略时，已经作出了一个关于特定项目的决策。需要资源的确切数量取决于所需的信息以及每个项目的特点。然而，在此时需要评估那些是被数据库、内联网、外联网等应用所共享的基础设施。还需要评估哪些资源已经有了，而哪些则还没有。显然，对所需资源的分析与外包战略有关。

所有的相关资源都需要经过计划，主要是在人员和资金方面。其他资源可能包括电子商务部门的办公场地、用于存储和包装的实体仓库以及特定的硬件与软件。

四、项目管理

除了建立电子商务小组以外，还要制订评估计划，明确任务，建立项目进度监督体制。一些通用的项目管理软件可以方便地应用于电子商务。

五、战略实施中的问题

由于所处环境的不同，企业在战略实施过程中会有许多问题，常见的有以下一些问题。

（一）对外包进行评估

实施电子商务需要访问 Web，建立网站，并将其连接到现有的公司信息系统中（前台接收订单，后台处理订单）。此时公司面临着外包的战略决策，该决策可能很复杂：你是应该建立自己的电子商务基础设施，还是应该购买商业化电子商务软件包或电子商务套件，亦或是借用网络公司的主机？也可以将这三者相结合。

建立自己的网站、门户或电子市场可能比利用商业化软件产品或产品套件更复杂，更昂贵；后者虽然更快捷，更便宜，但是你的商业秘密有被泄漏的风险。

（二）合伙人战略

与外包相关的是合伙人战略问题。有许多潜在的合伙人，例如，建立 B2B 电子市场的公司可能会将物流、技术和电子支付伙伴看成其合伙人。

（三）如何协调 B2B 和 B2C

许多公司同时开展 B2B 和 B2C 业务。当你开始直销时，你就创建了一项 B2C 业务。B2B 和 B2C 两者间的协调可以通过多种途径进行。这方面的战略决策是很重要的。

第五节　电子商务战略的评估

电子商务战略的最后阶段是评估。在电子商务建设完成和开始运作后，要定期进行评估。

一、评估的目的

像任何其他项目一样，网站项目在实施过程中及完成后也需要进行评估。这种战略再评估有多种目的，其中最重要的如下：

（1）确定该电子商务项目是否提供了预期的东西。

（2）确定该电子商务项目在不断变化的环境中是否可行。

（3）重新评估最初的战略，从中吸取教训并改进以后的计划。

（4）尽快确认已失败的项目并找出失败原因，以免在以后的系统中犯同样的错误。

公司应该监督和评估电子商务项目本身的情况及其执行结果，以便需要时能实施正确的纠正措施、问题解决方案或扩充计划。

评估电子商务并不容易，因为在许多情况下 Web 应用的发展经常超越原先的计划。例如洛克希德·马丁公司，最初只想把公司的电话簿和培训计划信息放在内联网上，结果不久后，许多人力资源文档也被放入其中，而且很快，用 Web 来获取内部信息的目的从原先的管理目的扩展到了外联网的应用上。

二、衡量效果

每家公司都用一套不同的标准来衡量项目的成功或失败。一些公司会发现它们的目标是不切实际的，例如它们的 Web 服务器不足以处理大量的访问，或者所期望的费用节省没有实现。另一方面，一些公司不得不对各职能部门所提出的大量应用请求作出反应。对各种要求及设计文档的整理可以帮助回答评估过程中的许多问题。网站开发组最好能写出详细的检查清单，以评价项目的表现并估计环境的改变。

电子商务项目评价中的常见问题有：

（1）目标是什么？它们是否已实现？

（2）期望达到怎样的目标？这些目标现实吗？

（3）公司希望提供何种产品和服务？现有系统能否支持？

（4）是否出现了不可预测的问题？如果有的话，是怎样处理的？

（5）你希望减少哪些费用？实现了吗？

（6）是否有其他费用意外增加？如果有的话，为什么？

（7）销售目标是什么？它们现实吗？

（8）你曾试图减少分销渠道的费用吗？

（9）你曾试图减少公司员工的差旅费吗？你成功了吗？

（10）Web 和因特网是否减少了长途电话和传真等传统通信方式的开销？

(11) 改善了客户关系吗？如果没有，问题出在哪里？

(12) 以上错误将如何得以改正？

(13) 你的项目是否如期完成并满足了预算？若不是，问题出在哪里？

(14) 预算是否现实？

(15) 预算是否需要重新修订以适应下一阶段或预算周期？

(16) 是否雇用了比预期更多的人？

(17) 有哪些客户需要的服务你没有提供？这种服务的成本是多少？

(18) 满足顾客需求对基础设施（从带宽到软件）有什么样的影响？

(19) 在可能影响你的竞争者中发生了哪些特别变化？

(20) 你的供货商是否提供了足够的服务？

(21) 你对员工的培训是否足够？

(22) 公司内部出现了哪些值得注意的新需求？

(23) 在整个过程中，你是否学习到了有价值的东西？

实际上，对内部管理者及消费者提出上述问题，对于评估一个电子商务项目对公司的发展目标及确定新战略的影响是很有用的。

三、收尾和调整

收集好数据后，就可以计算实际的投资回报率，并和原先的计划进行比较了。如果销售预期的任何一部分没能实现，就必须总结一下你的营销活动。你的目标客户找对了吗？他们可能是因特网用户吗？为了保证潜在客户能找到你，你是否已在合适的搜索引擎或列表中登记？然而，在评价网站的效果时，有时很难区分在线营销和传统离线营销各自的贡献。

在收集到信息的基础上，可能需要一个修正步骤，它涉及从产品供应到定价战略，从公司的 Web 促销到对软件提供商的评价等多个方面。这一步完成后，一个新的战略便制定出来了。

四、电子商务测评指标

（一）概述

衡量一个组织表现的途径之一是利用测评指标，它包括与电子商务的实施与战略相关的各领域内的基准。测评指标能够在各方面激励人的行为，从而对组织产生十分积极的影响。测评指标所起的作用包括：

(1) 通过精确的衡量手段来确定具体目标，从而帮助企业定义和精简业务。例如，戴尔公司的大客户能在“Dell Online Premier”上看到其个性化的网页，在这些网页上他们能够进行购买。同时，测评指标便于企业跟踪交易活动以及查看历史记录。

(2) 利用参与管理来确定业绩的衡量指标，从而帮助企业传达战略决策。

(3) 收集可用性以及其他基于页面浏览的网站数据，以帮助企业跟踪电子商务的表现。

(4) 将测评指标与绩效评估结合起来，帮助企业增加责任感。

(5) 帮助企业调整个人、部门与组织的目标。

常用测评指标包括：

对客户咨询的反馈时间（如最多 24 小时）；反馈的效果（如 95% 的客户感到满意）；安全/信任程度（客户的信心如何）；网站导航功能；下载时间，特别是重要资料的下载时间；准时性与履约质量；关于产品、价格、服务等的最新信息；可获得性，顾客必须能随时随地得到他们想要的东西；网站的有效性、满意度、使用方便程度、灵活性与有用性；测评标准能够作为一种战略（“我们将在 12 小时内给予答复，而业界标准是 24 小时”）。

（二）平衡记分卡

利用测评指标来衡量一个组织的健康程度，可以采用平衡记分卡（Balanced Scorecard）的方法。其中不仅应关注短期的财务业绩，还应关注其他四个可用测评指标衡量的领域。这些领域是：财务，包括短期与长期的测评指标；客户，客户是如何看待公司的；内部业务流程，寻找可以有所突破的领域；学习与成长，持续的变革与扩张能力。

用于电子商务的记分卡方法包括七套测评指标，它们涵盖了以下领域：财务、市场、服务、品牌、竞争性领导地位、技术和网站。企业可以针对上述每个方面设计一套测评指标，再与实际结果以及业界最佳业绩相比较（如表 7-2 所示）；然后就能用记分表来计算每套标准的总分。这些标准能被随时跟踪，并与战略以及战略的修改相联系。

由于对网站的评估比较容易，因此测评指标在电子营销领域特别流行。

表 7-2　　电子商务测评指标

品牌	标准	预期目标	实际结果	业界最佳业绩	有效性评级
通过在网站上增加产品信息，我们是否有效地增加了品牌战略的价值？					
品牌加强是否是优先于提供在线销售与服务的有效的中间战略？					
在我们无法在线销售时，品牌加强是否是一个有效的战略？					
产品与组织信息的持续、革新的变化在增加品牌价值方面是否有效？					
作为提高网络品牌的一种途径，大规模地为顾客提供个性化服务对组织而言是不是一个有效的战略？					
因特网是否是一个以低成本建立国际品牌的有效机制？					
作为一个尚未在网上建立品牌的企业，是否必须尽快、尽可能有效地建立一套有效的战略？我们达到这一目标了吗？					

[资料链接]

（一）亚马逊书店的商业战略

亚马逊书店（www. Amazon. com）是世界上销售量最大的书店。它可以提供 310 万种图书目录，比全球任何一家书店的存书要多 15 倍以上。而实现这一切既不需要庞大的建筑，又不需要众多的工作人员。亚马逊书店的1600名员工人均销售额37.5万美元，比全球最大的拥有2.7万名员工的Bames&Noble图书公司要高3倍以上。对于这一切的实现，电子商务在其中所起的作用十分关键。

亚马逊书店的商业活动主要表现为营销活动和服务活动。它的工作中心就是要吸引顾客购买它的商品，同时树立企业良好的形象。

（一）经营销售

亚马逊书店的营销活动在其网页中体现得最为充分。亚马逊书店在营销方面的投资也令人注目：现在，亚马逊书店每收入1美元就要拿出24美分搞营销、拉顾客，而传统的零售商店则仅花4美分就够了。

亚马逊书店的营销策略主要有如下三点。

1. 产品策略

亚马逊书店根据所售商品的种类不同，分为三大类：书籍（BOOK）、音乐（MUSIC）和影视产品（VIDEO），每一类都设置了专门的页面，同时，在各个页面中也很容易看到其他几个页面的内容和消息。它将书店中不同的商品进行分类，并对不同的电子商品实行不同的营销对策和促销手段。

2. 定价策略

亚马逊书店采用了折扣价格策略。所谓折扣价格策略是指企业为了刺激消费者增加购买，在商品原价格上给以一定的回扣。它通过扩大销量来弥补折扣费用和增加利润。亚马逊书店对大多数商品都给予了相当数量的回扣。例如，在音乐类商品中，书店承诺："You'll enjoy everyday savings of up to 40% on CDs, including up to 30% off Amazon. com's 100 best-selling CDs（对CD类给40%的折扣，其中包括对畅销CD的30%的折扣）。"

3. 促销策略

常见的促销方式，即企业和顾客以及公众沟通的工具主要有四种，它们分别是广告、人员推销、公共关系和营业推广。在亚马逊书店的网页中，除了人员推销外，其余部分都有体现。

逛书店的享受并不一定在于是否有足够的钱来买想要的书，而在于挑选书的过程。手里捧着书，看着精美的封面，读着简介往往是购书的一大乐趣。在亚马逊书店的主页上，除了不能直接捧到书外，这种乐趣并不会减少。精美的多媒体图片，明了的内容简介和权威人士的书评都可以使人有身临其境的感觉。

主页上广告的位置也很合理，首先是当天的最佳书，而后是最近的畅销书介绍，还有读书俱乐部的推荐书，以及著名作者的近期书籍等。亚马逊书店不仅在自己的网页上有大量的多媒体广告，而且在其他相关网络站点上也经常可以看到它的广告，例如，在Yahoo上搜索书籍网站时就可以看到亚马逊书店的广告。

该书店的广告还有一大特点就在于其动态实时性。每天都更换的广告版面使得顾客能够了解到最新的出版物和最权威的评论。不但广告每天更换，顾客还可从最新的100条热点信息栏目中读到每小时都在更换的消息。

亚马逊书店千方百计地推销自己的网点，不断寻求合作伙伴（Associate）。由于有许多合作伙伴和中间商，因此顾客进入其网点的方便程度和购物机会都大大增加。它甚至慷慨地作出了如下的承诺：

只要你成为亚马逊书店的合作伙伴，那么由贵网点售出的书，不管是否达到一定的配额，亚马逊书店将支付给你15%的介绍费。

这是其他合作型伙伴关系中很少见的。目前，亚马逊书店的合作伙伴已经有很多，从其网页上的这段话："In fact，five of the six most visited Web sites are already Amazon. com associates. Yahoo and Excite are marketing products from their Web sites."我们可以得知：包括Yahoo和Excite在内的五个最经常被访问的站点已经成为亚马逊书店的合作伙伴。

亚马逊书店专门设置了一个gift页面，为大人和小孩都准备了各式各样的礼物，这实际上是促销策略中的营业推广活动。它通过向各个年龄层的顾客提供购物券或者精美小礼品的方法吸引顾客长期购买本商店的商品。另外，亚马逊书店还对长期购买其商品的顾客给予优惠，这也是一种营业推广的措施。

亚马逊书店专门的礼品页面，为网上购物的顾客（包括大人和小孩）提供小礼品，这既属于一种营业推广活动，也属于一种公共关系活动。同时，亚马逊书店努力做好企业和公众之间的信息沟通，它虚心听取、搜集各类公众以及有关中间商对本企业和其商品、服务的反映，并向他们和企业的内部职工提供企业的情况，经常沟通信息。此外，公司还专门为首次上该书店网的顾客提供一个页面，为顾客提供各种网上使用办法的说明，帮助顾客尽快熟悉，这也是一种搞好公共关系的方法。

（二）售前售后服务

1. 搜索引擎

一家书店，如果将其所有书籍和音像产品都一一列出，是没有必要而且对用户来说也是很不方便的。因此，设置搜索引擎和导航器以方便用户的购买就成为书店的一项必不可少的技术措施。在这一点上，亚马逊书店的主页就做得很不错，它提供了各种各样的全方位的搜索方式，有对书名的搜索、对主题的搜索、对关键字的搜索和对作者的搜索，同时还提供了一系列如畅销书目、得奖音乐、最卖座的影片等的导航器，而且在书店的任何一个页面中都提供了这样的搜索装置，方便用户进行搜索，引导用户进行选购。这实际上也是一种技术服务，归结为售前服务的一种。

2. 顾客的技术问题解答

除了搜索服务之外，书店还提供了对顾客的常见技术问题的解答服务。例如，公司专门提供了一个FAQ（Frequently Asked Questions）页面，回答用户经常提出的一些问题。比如，如何进行网上的电子支付，对于运输费用顾客需要支付多少，如何订购脱销书，等等。而且，如果你个人有特殊问题，公司还会专门为你解答。

3. 用户反馈

亚马逊书店的网点提供了电子邮件、调查表等以获取用户对其商务站点的反馈。用户反馈既是售后服务，也是经营销售中的市场分析和预测的依据。电子邮件中往往有顾客对商品的意见和建议。书店一方面解决用户的意见，这实际上是一种售后服务活动；另一方面，也可以从电子邮件中获取大量有用的市场信息，这些信息常常可以作为公司指导今后各项经营策略的基础，这实际上是一种市场分析和预测活动。另外，它也经常邀请用户在网上填写一些调查表，并用一些免费软件、礼品或是某项服务来鼓励用户发来反馈的电子邮件。

4. 读者论坛

亚马逊书店的网点还提供了一个类似于BBS的读者论坛，这个服务项目的作用是很大的。企业商务站点开设读者论坛的主要目的是吸引客户了解市场动态和引导消费市场。同时，它还在读者论坛中开展热门话题讨论，以一些热门话题，甚至是极端话题引起公众兴趣，引导和刺激消费市场。同时，它还开办网上俱乐部，通过俱乐部稳定原有的客户群，吸引新的客户群。书店通过对公众话题和兴趣的分析把握市场需求动向，从而经销用户感兴趣的书籍和音像产品。

——刘彦舫《电子商务概论》

（二）东风汽车实施电子商务案例

东风汽车公司是全国最大的三家汽车制造企业之一。随着互联网在商业上的应用逐渐普及，东风汽车建立了网站。为了吸引网上用户来购买，东风公司花重金将公司网页设计得非常精美。公司产品的图片清晰度高，可以360°旋转浏览。为了给公司的网站赋予创造价值的能力，公司运用了最新的电子商务系统以便顾客直接从网上购买。但是虽然网站吸引了大批参观者，通过网站购买汽车的人却寥寥无几。

由于电子商务实施后的优势无法体现，负责电子商务的副总裁唐池非常苦恼。摆在唐池面前的问题是：网站的定位是不是有问题？进一步扩大电子商务的投入是否有必要？为揭开心中的迷惑，他再一次调查和分析网站的运行情况。他发现，虽然公司的网页里有产品外观和内部设施的详细说明和图片，大多数网上浏览者也有购买汽车的愿望，但他们并不愿意在网上直接购买，而是宁愿亲身体会，直接接触要购买的车。再看看一些同行的网站，他发现几乎所有的汽车销售网站都大同小异，靠精美的图片展示吸引人气，网站外观华丽，而较少顾及可操作性、方便性。就拿自己公司的网站为例，东风公司在各地的代理商资料都不甚详细。有的代理商已经有自己的网页，唐池想，为什么不能建立直接的链接呢？他发现很多浏览者倾向于先在网上查找当地代理商的网页资料，挑选两到三款自己中意的产品，然后去现场试一试车，最后再确定要购买的款式。

最后，唐池发现公司的在线交易方式很简单，没有提供各种车型的比较和财务贷款等内容丰富的辅助服务，因而浏览者无法即时作出决策。当然在传统店面或代理商那里，消费者可以很满意地得到这些服务。经过这些调查，唐池对如何改进网站大体有了一些意见，对网站在整体市场营销战略中的定位仍然有些迷惑。

作为一家传统企业，东风汽车公司的网站应如何重新定位在整体市场营销战略中的地位？东风汽车公司面向消费者的网站所处的环境，既有非常有利的一面，也有很多局限性的因素。好消息是，截至2001年12月31日，中国网民为3370万人，比2000年同期的2250万人增长了49.8%，说明开展电子商务的基本条件在快速好转。对东风汽车公司来说，认清实施电子商务环境的现状非常关键，局限其电子商务发展的因素有很多，比如：

第一，传统的消费习惯的影响。由于社会公众信用体系不健全，长期以来，中国人的传统的消费交易观念特别浓厚，“耳听为虚，眼见为实”、“一手交钱，一手交货”等交易观念已经在广大消费者的意识里根深蒂固。这一点唐池在调查中也已发现。

第二，现阶段网民的平均收入偏低。根据最新的调查显示，我国网民的数量又有增幅，但不可回避的事实是，中国网民的收入目前还偏低，个人月收入集中在2000元左右。

第三，中国金融支撑体系的乏力。社会信用体系的不健全，网络安全和保密性缺乏保障，导致人们对网络营销这种虚拟交易的形式缺乏基本的信任和安全感，网民不愿轻易尝试网络购物。

第四，物流配送。这是电子商务实施的生命线。中国目前物流配送体系不够完善，成本奇高，缺乏实力雄厚的专业的第三方物流服务提供商等。

类似东风汽车这样的传统企业要利用网站创新销售模式提高电子商务的经营效益，重要的是创新整合经营。网络整合经营，简单地说就是绕过中间批发商，运用网络商务并根据顾客需求，突出技术创新和定制产品，并直接向顾客销售。同时，要注重产品供应、技术创新、服务与信誉的整合效率，使消费者群体快速扩大，市场快速裂变与发展。网络整合经营的成功秘诀，关键在于与顾客建立直接关系，在市场与顾客需求、零部件配套厂商等方面整合与创新；同时运用网络快速进行市场开拓与设计、组合，以追求市场效益、合作分工的最佳化。比如美国福特公司在电子商务整合经营中，通过公司电子数据交换系统，直接与汽车制造部件供应商沟通；运用因特网加快与销售商交流，实现了全球商务电子化；运用因特网商务建立拉动销售新模式。

东风汽车公司目前的网站只定位在B2C上，在整体市场营销体系中应像福特公司那样起到创新销售模式的作用。明确了这样的战略地位，还有一个重要问题：在新的方案中，是应该以提高利润为先呢，还是以降低成本为先？然而据Gartner的报告显示，正确的选择是以一个完全不同的重点为中心，那就是创造更大的客户价值。也就是说较为成功的方案解决的应该这样的问题，即“我们怎样才能利用电子商务为客户创造最持久的价值”，这里的客户不单指消费者和用户，还包括所有与企业打交道的供应商、服务商等。了解这一核心问题对明确网站整体市场营销战略中的定位以及实施战略至关重要。比方说，东风汽车公司可以利用网站通过下列一些机会改善客户服务过程。

(1) 利用电子邮件频率及时地向分销商和客户提供关于合同履行状态的最新信息。

(2) 允许分销商和客户在线访问产品的可用性信息、订单输入系统和订单状态，这样他们就能在自己方便时随时开展工作。

(3) 为分销商和客户提供在线产品支持信息，便于他们更快地解决问题。

在线客户访问不仅能提高客户的满意程度，而且还能降低企业内部的客户支持成本。提高东风汽车和分销商的透明度，有助于制造商合理地调配生产，减少断货情况的发生，增加销售额。但是，更重要的在于这些方案不仅基于企业内部的利润或成本重点，而且基于怎样做才能最好地提高客户价值。完善的平台和应用价值开发同样重要，电子商务则是未来重要的贸易形式之一。

东风汽车公司运用了最新的电子商务系统以便顾客直接从网上购买东风汽车。然而虽然网站吸引了大批参观者，但通过网站购买汽车的人却寥寥无几。电子商务实施后的优势无法体现，除了有对实施环境了解不透、定位不清、资源整合力度不够以及未来扩充发展方向迷失等问题外，还有初期过于重技术投资，忽略了电子商务平台的合理搭建和搭建后如何提高该平台的应用价值和可操作性的问题。

——大中华汽车 motor.icxo.com

本章小结

成功的电子商务企业领导者不仅对公司内部事务进行战略性思考，也对顾客、市场和竞争定位进行战略性思考。建立和管理一个电子商务企业面临的战略管理问题与传统的企业战略管理相似。企业战略过程管理中的重要活动包括四类：战略的提出、战略的形成、战略的实施和战略的评估。

电子商务企业在开展网络经营过程中，必须扎扎实实做好企业外部环境和内部条件的分析工作。电子商务企业所处的外部环境分为三个方面：电子商务行业发展的状况、企业在经营领域中的竞争状态、企业在经营领域中的地位。电子商务企业分析自身内部条件和能力可从以下四个方面入手：企业经营资源、企业价值链与供应链分析、企业竞争优势分析、企业战略因素综合分析。

基于对行业和竞争的分析，可以形成公司的电子商务战略。战略的形成是根据公司自身的优劣，为了有效应对环境中的机遇和威胁而开发长期和战略性计划的过程。

在开始实施战略之前，很有必要先建立一个实施计划，该计划将指明战略实施过程中的各个步骤。

电子商务战略的最后阶段是评估。在电子商务应用建设完成和开始运作后，要定期进行评估。

[思考与练习]

1. 简述战略计划的目的。
2. 战略计划包括哪几个阶段？
3. 描述 SWOT 的具体含义。
4. 简述在电子商务中关键成功因素的含义及目的。
5. 什么是投资回报率（ROI）？为什么它对电子商务很重要？
6. 什么是竞争战略？什么是合作战略？
7. 简述电子商务战略实施的过程。
8. 简述电子商务项目评估的本质。
9. 考察一家在线旅行社，分析其对客户的经营战略，尤其要注意它如何与传统的实体旅行社相抗衡。
10. 进入 digitalenterprise.org 网站，寻找 Web 方面的测评指标。阅读关于测评指标以及广告方面测评资料的资料。

第八章　电子商务法律

[学习目标]

通过本章的学习，了解与电子商务相关的法律问题，掌握电子商务参与各方的法律关系，特别是交易中买卖双方当事人的权利和义务；了解与电子商务交易相关的法律规范、电子商务知识产权法律规范以及电子商务安全法律规范和关于网络犯罪的法律规范；同时了解中国电子商务法律环境建设的相关问题。

[导入案例]

"网络域名"纠纷案

日内瓦（路透社）——据联合国商标局报道，好莱坞身价最高的女影星朱丽叶·罗伯茨在一场网络域名纠纷中胜诉。

罗伯茨和世界知识产权组织（简称 WIPO）共同起诉美国新泽西州普林斯顿市的 Russell Boyd 公司注册了一个名为"朱丽叶·罗伯茨.com"的域名，侵犯了罗伯茨的权利。

WIPO 仲裁委员会根据普通法判定，罗伯茨对她的姓名享有商标权，这家名为 Russell Boyd 的企业无权注册"朱丽叶·罗伯茨.com"的域名，并且他们的注册行为是出于恶意的。仲裁委员会裁决 Russell Boyd 公司在 45 天之内取消"朱丽叶·罗伯茨.com"的域名。被告有 10 天的时间对这一仲裁结果提出异议。

WIPO 已经与世界上 52 个国家的 531 个当事人共同提起了有关姓名权的域名诉讼。这些当事人包括著名的 Christian Dior，Nike 公司，德国银行 AG 和微软公司，并且获得胜诉。而 Tina Turner，Jethro Tull 和 Jimi Hendrix 提起的域名诉讼仍在审理中。

WIPO 的首席法律顾问兼总裁助理 Francis Gurry 评价说，WIPO 在处理这类纠纷、保护颇有价值的姓名权和商标权中发挥了越来越大的作用。

英国作家 Jeanette Winterson 也赢得了一场同样性质的诉讼。这场官司的被告是剑桥大学的一位名叫 Mark Hogarth 的哲学研究员，他以著名作家的名字为名，一共注册了 130 多个域名。WIPO 首席法律顾问兼总裁助理 Francis Gurry 对此案的评论是，商标权不一定必须经过注册才能得到保护。

——刘彦舫《电子商务概论》

第一节　与电子商务有关的法律问题

在发展电子商务方面，我们不仅要重视私营、工商部门的推动作用，同时也应加强政府部门对发展电子商务的宏观规划和指导，并为电子商务的发展提供良好的法律法规环境。

电子商务通常是买卖双方在虚拟市场上通过订立电子合同来达成的。在电子商务的具体交易中，完成交易的各方都是通过无纸化的电子票据来进行支付和结算的，而信息是通过网络进行传输的。在这样的开放环境里，如不及时制定有关的法律法规，电子商务的交易安全就无法得到保障。

联合国国际贸易法委员会1996年6月提出了“电子商务示范法”蓝本，为各国电子商务立法提供了一个范本。1997年4月15日，欧盟提出了“欧盟电子商务行动方案”，对信息基础设施、管理框架和商务环境等方面的行动原则进行了规定。欧盟与美国于1997年12月5日，发表了有关电子商务的联合宣言，就跨国电子商务的有关原则达成了一致意见。1998年9月17日，12家IT领域商业组织的代表在德国柏林召开的国际信息工业大会上起草并公布了一份全球性电子商务框架提议书。所有这些都说明，主要工业化国家已经把电子商务的发展列入政府的计划，并采取各种不同的方式促进电子商务的发展。

电子商务将成为21世纪的主流贸易形式，当我们在参与电子商务时，除了冷静地思考电子商务的保密性、安全性外，还应考虑制定哪些法律和国际条约来确定电子商务的有效性、合法性，以及发生争端后公平解决的方式及所依据的法律。电子商务作为一种全新的业务和服务方式，正在为全球客户提供更丰富的商务信息、更简捷的交易程序和更低廉的交易成本。电子商务代表着未来贸易方式的发展方向，其应用推广将给每个参与者带来更多的贸易机会。

电子商务的突出特征是通过互联网使重要的商业活动通过电脑及信道构成的网络世界完成。这种网络世界构成了一个区别于传统商业环境的新环境，被称为“虚拟”世界。在这个世界里，来自于全世界各个角落的人和企业均可以缔结交易，当事人只要打开一个网站进行搜索和点击，无须谋面和使用笔墨，瞬间即可完成寻找交易对象、缔结合同、支付等交易行为。这种环境和手段的改变，使得在传统交易方式下形成的规则难以完全适用于新环境下的交易，因此，需要有新的法律规范，创造适应电子商务运作的法制环境。这些新问题大致有以下几个方面。

一、电子商务交易中的相关法律问题

(1) 电子商务交易中的一些基本环节在法律上的确认问题。如电子签名的效力、电子合同的效力、电子文件在书面文件中的地位等。如果没有对这些环节的法律确认，电子商务的基本环节就无法得到法律的认可，双方的权利、义务也就无从谈起。联合国的《电子商务示范法》及美国犹太州、德国、意大利、新加坡、马来西亚的《电子交易法》等主要就是用来解决这一问题的。

(2) 与CA认证机构相关的一些法律问题。包括CA认证机构的建立、职责、地位、权限、标准以及如何实现认证的通用性及权威性等问题。

(3) 与电子商务支付过程相关的一些法律问题。如网上支付、电子资金划拨中的法律问题。

(4) 国际贸易电子商务中的相关法律问题。如电子提单的法律地位及能否作为物权凭证等问题。

(5) 电子商务物流的相关法律问题。如配送企业与电子商务企业及消费者之间的权利、义务关系、相应责任等问题。

(6) 网上证券、期货交易的法律问题。如在网上传递内幕消息在法律上应如何认定等问题。

(7) 网上拍卖的相关法律问题。

二、电子商务监管中的相关政策法律问题

(1) 电子商务经营的工商管理问题。包括如何对电子商务企业的名称、设立及经营范围、经营活动进行必要的规范。我国目前普遍存在电子商务企业的实际经营范围与其营业执照中的经营范围不符的状况，这种状况给电子商务企业的发展带来许多不稳定的因素，不利于电子商务的发展。

(2) 电子商务的税收问题。具体包括是否对电子商务征税；在关税、营业税、增值税等方面如何处理；如何避免双重征税；数字商品的税收如何有效实现；如何从物流监控的角度保证纳税的准确性等。

(3) 电子商务的相关政策问题。如电子商务企业海外上市的政策、电子商务的市场准入政策、电信服务与资费管理政策。

(4) 网上广告的相关法律问题。包括网上应如何适用广告法；插入式广告、可控或非可控广告如何规范；未经许可的电子邮件广告是否合法等。

三、电子商务中的法律救济与法律保护问题

(1) 网上安全及计算机犯罪的法律制裁问题。包括以计算机信息系统为客体的犯罪和以计算机信息系统为工具的犯罪。在以计算机信息系统为客体的犯罪中，有以计算机信息系统硬件设施为客体的犯罪，有以计算机信息系统软件或数据资料为客体的犯罪；在以计算机信息系统为工具的犯罪中，有利用软件编制传播计算机病毒或破坏计算机程序的犯罪，有利用计算机从事金融诈骗、电子诈骗的犯罪等。

(2) 电子商务中的消费者保护问题。包括电子商务中的商业信用问题及资格证明问题、退换货问题、售后服务问题、安全保障问题等。

(3) 电子商务中的隐私权保护问题。电子商务中的一些个人资料被以不正当的方式获取及利用的问题。

(4) 电子商务经营者及 ISP 等的法律责任问题。包括电子商务经营者及 ISP 应当承担过错责任还是无过错责任；在何种情况下承担过错责任；对“过错”应如何认定等。

(5) 电子商务中损失责任的承担问题。这一问题在电子商务的发展初期，网络安全还无法有效保障的情况下尤显突出。比如，在电子商务交易过程中，如发生交易错误、交易数据丢失，其损失是由网络经营者承担还是由 ISP、ASP 或软件提供者承担，或是由用户自己承担。

(6) 电子商务的反不正当竞争问题。包括如何限制电子商务中的非法促销问题及侵犯商业秘密、损毁信誉问题等。

四、与电子商务中有关信息的法律问题

(1) 有关网上信息的审查的法律问题。对于这一问题的处理应确保既不致使网上传播反动、暴力、色情、不良文化等有害信息，又不会因严格的审查与管理手段妨碍人们对网

络的正常使用与交流。

(2) 网上新闻发布的管理问题。包括新闻法如何适用于网络，网上发布新闻的资格应如何审定等问题。

(3) 政府信息公开相关的法律问题。

(4) 电子商务中的版权、商标权及域名问题。包括未经许可擅自将作品上网是侵犯了著作权中的发行权还是复制权；商标及企业名称权所有者是否自然拥有其在网络领域对其相应标识的所有权；将驰名商标作为域名注册能否作为商标淡化处理；未经允许擅自与他人网站或网络中的内容链接是否违法等。

第二节　电子商务参与各方的法律关系

电子商务是在一个虚拟空间上进行交易的。在电子商务的交易过程中，买卖双方之间，买卖双方与银行之间，买卖双方、银行与认证机构之间都将彼此发生业务联系，从而产生相应的法律关系。

一、交易中买卖双方当事人的权利和义务

买卖双方之间的法律关系实质上表现为双方当事人的权利和义务。买卖双方的权利和义务是对等的。卖方的义务就是买方的权力，反之亦然。

(一) 卖方的义务

在电子商务条件下，卖方应当承担三项义务。

1. 按照合同的规定提交标的物及单据

提交标的物和单据是电子商务中卖方的一项主要义务。为划清双方的责任，标的物交付的时间、地点和方法应当明确规定。如果合同中对标的物的交付时间、地点和方法未作明确规定，应按照有关合同法或国际公约的规定办理。

2. 对标的物的权利承担担保义务

与传统的买卖交易相同，卖方仍然应当是标的物的所有人或经营管理人，以保证将标的物的所有权或经营管理权转移给买方。卖方应保障对其所出售的标的物享有合法的权利，承担保障标的物的权利不被第三人追索的义务，以保护买方的权益。如果第三人提出对标的物的权利，并向买方提出收回该物时，卖方有义务证明第三人无权追索，必要时应当参加诉讼，出庭作证。

3. 对标的物的质量承担担保义务

卖方应保证标的物质量符合规定。卖方交付的标的物的质量应符合国家规定的质量标准或双方约定的质量标准，不应存在不符合质量标准的瑕疵，也不应出现与网络广告相悖的情况。卖方在网络上出售有瑕疵的物品，应当向买方说明。卖方隐瞒标的物的瑕疵，应承担责任。买方明知标的物有瑕疵而购买的，卖方对瑕疵不负责任。

(二) 买方的义务

在电子商务条件下，买方同样应当承担三项义务。

1. 买方应承担按照网络交易规定方式支付货款的义务

由于电子商务的特殊性，网络购买一般没有时间、地点的限制，支付货款通常采用信用卡、智能卡、电子钱包或电子支付等方式，这与传统的支付方式也是有区别的。但在电子交易合同中，采用哪种支付方式应明确规定。

2. 买方应承担按照合同规定的时间、地点和方式接受标的物的义务

由买方自提标的物的，买方应在卖方通知的时间内到预定的地点提取。由卖方代为托运的，买方应按照承运人通知的期限提取。由卖方运送的，买方应做好接收标的物的准备，及时接收标的物。买方迟延接收时，应负迟延责任。

3. 买方应当承担对标的物验收的义务

买方接受标的物后，应及时进行验收。规定有验收期限的，对表面瑕疵应在规定的期限内提出。发现标的物的表面瑕疵时，应立即通知卖方，瑕疵由卖方负责。买方不及时进行验收，事后又提出表面瑕疵，卖方不负责任。对隐蔽瑕疵和卖方故意隐瞒的瑕疵，买方发现后，应立即通知卖方，追究卖方的责任。

（三）对买卖双方不履行合同义务的救济

1. 卖方不履行合同义务的救济

卖方不履行合同义务主要指卖方不交付标的物、单据或交付迟延；交付的标的物不符合合同规定以及第三人对交付的标的物存在权利或权利主张等。当发生上述违约行为时，买方可以选择以下救济方法：

（1）要求卖方实际履行合同义务，交付替代物或对标的物进行修理、补救。

（2）减少支付货款。

（3）对迟延或不履行合同要求损失赔偿。

（4）解除合同，并要求损害赔偿。

2. 买方不履行合同义务的救济

买方不履行合同义务，包括买方不按合同规定支付货款和不按规定收取货物。在这种情况下，卖方可选择以下救济方法：

（1）要求买方支付货款、收取货物或履行其他义务，并可以为此规定一段合理额外的延长期限，以便买方履行义务。

（2）损害赔偿，要求买方支付合同价与转售价之间的差额。

（3）解除合同。

二、网络交易中心的法律地位

网络交易中心在电子商务中介交易中扮演着介绍、促成和组织者的角色。这一角色决定了交易中心既不是买方的卖方，也不是卖方的买方，而是交易的中间人。它是按照法律的规定、买卖双方委托业务的范围和具体要求进行业务活动的。

网络交易中心的设立，根据《中华人民共和国计算机信息网络国际联网管理暂行规定》第 8 条，必须具备以下 4 个条件：

（1）是依法设立的企业法人或者事业法人。

（2）具有相应的计算机信息网络、装备以及相应的技术人员和管理人员。

（3）具有健全的安全保密管理制度和技术保护措施。

(4) 符合法律和国务院规定的其他条件。

网络交易中心应当认真负责地执行买卖双方委托的任务，并积极协助双方当事人成交。网络中心在进行介绍、联系活动时要诚实、公正、守信用，不得弄虚作假，招摇撞骗，否则须承担赔偿损失等法律责任。

网络交易中心必须在法律许可的范围内进行活动。网络交易中心经营的业务范围、物品的价格、收费标准等都应严格遵守国家的规定。法律规定禁止流通物不得作为合同标的物。对显然无支付能力的当事人或尚不确知具有合法地位的法人，不得为其进行中间活动。

在 Internet 上从事中间活动的网络交易中心还有一个对口管理的问题。按照《中华人民共和国计算机信息系统安全保护条例》规定，进行国际联网的计算机信息系统，由计算机信息系统的使用单位报省级以上的人民政府公安机关备案。拟建立接入网络的单位，应当报经互联单位的主管单位或者主管单位审批；办理审批手续时，应当提供其计算机信息网络的性质、应用范围和所需主机地址等资料。联网机构必须申请到经过国务院批准的互联网络的接入许可证，并且持有相关部门核发的放开电信许可证，才可以面向社会提供网络连入服务。由于网络交易中心提供的服务性质属于电信增值网络业务，其所提供的服务不是单纯的交易撮合，而是同时提供许多经过特殊处理的信息于网络之上，因而增加了单纯网络传输的价值。所以，在业务上，网络交易中心还应接受各级网络管理中心的归口管理。

买卖双方之间各自因违约而产生的违约责任风险应由违约方承担，而不应由网络交易中心承担。因买卖双方的责任而产生的对社会第三人（包括广大消费者）的产品质量责任和其他经济（民事）、行政、刑事责任也不应由网络交易中心承担。

三、网络交易客户与虚拟银行间的法律关系

大多数交易是通过虚拟银行的电子资金划拨来完成的。电子资金的划拨依据的是虚拟银行与网络交易客户所订立的协议。这种协议属于标准合同，通常是由虚拟银行起草并作为开立账户的条件递交给网络交易客户的。所以，网络交易客户与虚拟银行之间的关系仍然是以合同为基础的。

在电子商务中，虚拟银行同时扮演发送银行和接收银行的角色。其基本义务是依照客户的指示，准确、及时地完成电子资金划拨。作为发送银行，它在整个资金划拨的传送链中，承担着如约执行资金划拨指示的责任。一旦资金划拨失误或失败，除非在免责范围内，发送银行应向客户进行赔付。如果能够查出是哪个环节的过失，则由过失单位向发送银行进行赔付；如不能查出差错的来源，则整个划拨系统分担损失。作为接收银行，其法律地位似乎较为模糊。一方面，接收银行与其客户的合同要求它妥当地接收所划拨来的资金，也就是说，它一接到发送银行传送来的资金划拨指示便应立即履行其义务，如有延误或失误，则应依接收银行自身与客户的合同处理。另一方面，资金划拨中发送银行与接收银行一般都是某一电子资金划拨系统的成员，相互负有合同义务，如果接收银行未能妥当执行资金划拨指示，则应同时对发送银行和受让人负责。

在实践中，电子资金划拨中常常出现因过失或欺诈而致使资金划拨失误或迟延的现象。如系过失，自然适用于过错归责原则；如系欺诈所致，且虚拟银行安全程序在电子商

务上是合理可靠的，则名义发送人需对支付命令承担责任。

银行承担责任的形式通常有三种：

（1）返回资金，支付利息。

如果资金划拨未能及时完成，或者到位资金未能及时通知网络交易客户，虚拟银行有义务返还客户资金，并支付从原定支付日到返还当日的利息。

（2）补足差额，偿还余额。

如果接收银行到位的资金金额小于支付指示所载数量，则接收银行有义务补足差额；如果接收银行到位的资金金额大于支付指示所载数量，则接收银行有权依照法律提供的其他方式从收益人处得到偿还。

（3）偿还汇率波动导致的损失。

在国际贸易中，由于虚拟银行的失误造成的汇率损失，网络交易客户有权就此向虚拟银行提出索赔，而且可以在本应进行汇兑之日和实际汇兑之日之间选择对自己有利的汇率。

四、认证机构在电子商务中的法律地位

认证中心扮演着一个买卖双方签约、履约的监督管理的角色，买卖双方有义务接受认证中心的监督管理。在整个电子商务交易过程，包括电子支付过程中，认证机构都有着不可替代的地位和作用。

在网络交易的撮合过程中，认证机构（CA，Certificate Authority）是提供身份验证的第三方机构，由一个或多个用户信任的、具有权威性质的组织实体组成。它不仅要对进行网络交易的买卖双方负责，还要对整个电子商务的交易秩序负责。因此，这是一个十分重要的机构，往往带有半官方的性质。

在采用公开密钥的电子商务系统中，对文件进行加密传输的过程包括六个步骤。

（1）买方从虚拟市场上寻找到欲购的商品，确定需要联系的卖方，并从认证机构获得卖方的公开密钥。

（2）买方生成一个自己的私有密钥并用从认证机构得到的卖方的公开密钥对自己的私有密钥进行加密，然后通过网络传输给卖方。

（3）卖方用自己的公开密钥进行解密后得到买方的私有密钥。

（4）买方对需要传输的文件用自己的私有密钥进行加密，然后通过网络把加密后的文件传输给卖方。

（5）卖方用买方的私有密钥对文件进行解密得到文件的明文形式。

（6）卖方重复上述步骤向买方传输文件，实现相互沟通。

在上述过程中，只有卖方和认证中心才拥有卖方的公开密钥，或者说，只有买方和认证中心才拥有买方的公开密钥，所以，即使其他人得到了经过加密的买卖双方的私有密钥，也因为无法进行解密而保证了私有密钥的安全性，从而也保证了传输文件的安全性。

公开密钥系统在电子商务文件的传输中实现了两次加密解密过程：私有密钥的加密和解密与文件本身的加密和解密。买卖双方的相互认证是通过认证中心提供的公开密钥来实现的。在实际交易时，认证中心需要向咨询方提交一个由CA签发的包括个人身份的证书、持卡人证书、商家证书、账户认证、支付网关证书、发卡机构证书等多项内容的电子

证书，使交易双方彼此相信对方的身份。顾客向 CA 申请证书时，可提交自己的驾驶执照、身份证或护照，经验证后，颁发证书，证书包含了顾客的名字和他的公钥，以此作为网上证明自己身份的依据。

这种认证过程同样可以运用在电子支付过程中。持卡人要付款给商家，但持卡人无法确定商家是有信誉的还是冒充的，于是持卡人请求 CA 对商家认证。CA 对商家进行调查、验证和鉴别后，将包含商家公钥的证书传给持卡人。同样，商家也可对持卡人进行验证。证书一般包含拥有者的标识名称和公钥，并且由 CA 进行过数字签名。

现行的法律中尚无涉及电子商务认证机构的法律地位，许多部门都想设立这样一个机构，毕竟，这样一个机构对于买卖双方来说都是非常重要的。

工商行政管理部门是一个综合性的经济管理部门，在日常管理工作中所直接掌握的各类企业和个体工商户的登记档案及商标注册信息、交易行为信息、合同仲裁、动产抵押、案件查处、广告经营、消费者权益保护等信息，可以从多个方面反映电子商务参与者的信用情况。工商行政管理部门拥有全国最权威的经济主体数据库、覆盖面最广的市场信息数据库、最准确的商标数据库、最广泛的消费者保护网络。依靠这些数据库，它可以很好地完成电子商务认证机构的各项任务。

隶属于国家工商局的电子商务认证机构的功能主要有：接收个人或法人的登记请求，审查、批准或拒绝请求，保存登记者登记档案信息和公开密钥，颁发电子证书等。

电子商务认证机构对登记者履行下列监督管理职责。

（1）监督登记者按照规定办理登记、变更、注销手续。

（2）监督登记者按照电子商务的有关法律法规合法从事经营活动。

（3）制止和查处登记人的违法交易活动，保护交易人的合法权益。

登记者有下列情况之一的，认证机构可以根据情况分别给予警告、报告国家工商管理局、撤销登记的处罚。

（1）登记中隐瞒真实情况，弄虚作假的。

（2）登记后非法侵入机构的计算机系统，擅自改变主要登记事项的。

（3）不按照规定办理注销登记或不按照规定报送年检报告书，办理年检的。

（4）利用认证机构提供的电子证书从事非法经营活动的。

五、电子商务中的消费者权益保护

电子商务的兴起拓宽了消费市场，增大了消费信息量并增加了市场透明度，给消费者带来了福音，但是，又不可避免地使消费关系复杂化并增加了消费者遭受损害的机会。因此，电子商务给消费者权益保护带来了新的挑战。

从国内外的实践来看，电子商务对消费者的威胁或者潜在威胁主要有四方面。

一是 Internet 存在欺诈的沃土。它可以使欺诈行为人将其欺诈行为掩盖得不露蛛丝马迹，使其快速准确地到达受害者，通过匿名的方式躲避调查，并通过寻找没有法律调整或者执法不严的地区使执法者束手无策。Internet 上的欺诈行为有两个显著特征。首先，与其他传统的方式相比，欺诈行为人在 Internet 上更容易利用易受损害的消费者。例如，利用保健商品和器材、就业机会、金字塔式的销售等骗钱，往往在 Internet 上更容易大行其道。其次，富有创造性的人更容易利用新技术创造高技术媒体独有的欺骗性方式。

二是Internet具有惊人的整理信息并进行分类的能力。在线消费者的信息随时都有被收集和扩散的危险，从而对传统的隐私价值产生了新的潜在的威胁。Internet技术使得对个人信息的收集、存储、处理和销售有着前所未有的能力和规模，而一般消费者对此可能不太清楚。引诱儿童提供个人信息就是一个比较突出的问题。在没有Internet的时代，经营者在未经家长同意的情况下是很难从儿童那里获得儿童及其家长的个人信息的，但利用Internet就可以很便利地从口无遮拦的儿童那里获取信息，从而极易侵犯他人隐私权。在中国，一些用户在网站注册时都会得到信誓旦旦的保证：确保个人隐私，数据不会被泄露。但事实上有的网站甚至把用户的个人资料（如通信地址、家庭地址、E-mail地址、联系电话、所购物品等详细内容）公开展览，使得用户资料就像放在没有锁的抽屉中，从而引发隐私权保护问题。

三是由于电子商务无国界，一些在常规的市场交易中不太常见的问题，在消费者保护国际执法的合作和协调中越来越必不可少。人们提出了两个疑问：

（1）经营者在线经营时，就可能受到全世界各国法律的管辖，这是否公平？经营者一旦在线经营，对于谁能够获知其广告和销售信息就无从控制。

（2）消费者在线消费时，可能丧失本国消费者保护法的保护，这是否公平？消费者熟悉保护其权益的国内法及其适用情况，不熟悉其他国家的法律，如果进行网上跨国消费，从遥远的他国购买商品，往往对销售方所在国的法律一无所知。由于旅途费用、时间跨度、不熟悉当地法律及其救济方式，消费就很可能得不到任何救济。这种网上跨国消费的法律救济需要通过双边协议、多边协议甚至国际公约等国际合作方式来解决，但绝不是一蹴而就的。

四是电子商务革命加大了穷人与富人、发达国家与发展中国家甚至一国之内发达地区与不发达地区之间的贫富差距。因此，电子商务在促进经济迅速发展的同时，也对消费者福利和国际秩序的稳定带来了威胁。

电子商务提出的上述问题在中国已经发生或者必然会发生，从而对消费者权益保护提出了新的要求，需要尽快寻求对策。

一要完善网上反欺诈法律。特别是要针对网上的虚假广告、不正当引诱方式等欺诈行为，制定特殊的规则，并及时纳入规范之列。

二要加强消费者隐私权的保护。在传统的消费市场中，隐私保护一般不属于消费者保护的突出问题，现行消费者权益保护法也未作特别的规定。但在网上交易中，消费者隐私保护变得非常突出，需要有针对性地制定特别的规则，加强对消费者隐私权的保护。更何况，中国民事基本法迄今对隐私权的保护尚无基本规定。

三要加强对网上侵犯消费者权益的监管。网上侵犯消费者权益行为类型复杂，隐蔽性强，技术手段先进，对其进行监管的难度很大。因此，对网上侵犯消费者权益的监管，捕捉和识别网上违法行为，需要较高的科技手段，并设置相应的监测体系，如网上投诉网络。

四要密切注意消费者保护国际合作的动态。在中国，目前消费者权益的国际保护问题还不太突出，但迟早也会成为突出的问题。我们要未雨绸缪，及时跟踪相应的国际动态，积极研究对策，在条件成熟时开展相关的国际合作。

六、电子商务税收

（一）网上税收难点产生的原因

(1) 在虚拟的市场中进行交易，无纸化操作的快捷性、交易参与者的流动性，使得对纳税主体、客体、纳税环节、纳税地址等基本环节的界定陷入困境。

(2) 无纸化的操作导致的凭证不复存在，在一定程度上失去了审计的基础。

(3) 交易主体是无形的，交易与匿名支付结合在一起，没有有形的合同。同时，保密技术的发展使得我们很难确定纳税人的身份及交易的细节。

（二）电子商务中相关税收问题的几个主要方面

电子商务课税的最基本问题是如何将现存的国际税收原则恰当地适用于电子商务，且保证能同时得到不同利益征税主体的一致赞同，这将是十分困难的。随着电子商务的不断发展与深化，电子商务中的相关税收问题越来越复杂，不同利益主体间的争议也变得更加尖锐。从目前电子商务的发展现状以及发生的相关问题来看，电子商务引发的相关税收问题主要包括以下几个方面。

1. 是否对电子商务征收新税的问题

从企业到企业的电子商务（B2B）、企业到消费者的电子商务（B2C）、消费者到消费者的电子商务（C2C），从电子商务中的电子商店、电子贸易、电子金融、电子营销到电子化的服务、电子广告，从网上直销、集团竞价、网上拍卖到网上服务，从汽车、计算机到软件、CD，电子商务涵盖了许多交易方式、交易范围与交易产品，并且其中的一些交易方式是以往传统交易方式中所没有的，如网上的集团竞价等。对于这些特定的交易范围、交易方式与交易产品，尤其是其中一些新的交易方式，是否有必要征收新的税种，自然成为摆在人们面前的一个问题。美国在其《互联网免税法案》及相关的国际协议中，一直在倡导不对互联网或电子商务征收新的税种，当然会有其作为电子商务的推动者及最大受益者的特殊考虑。但是如果对电子商务中的某些交易行为征收新的税种，因有时很难明确地将电子形式的交易与实体的交易截然分开，就很可能会产生双重征税或发生对电子商务的歧视性待遇问题。而不对电子商务双重征税及不对电子商务征收歧视性的税种，已是国际社会及各国普遍接受的原则之一。

2. 是否对电子商务免征关税的问题

WTO 1998 年的部长会议及 OECD 1998 年的部长会议，都曾倡导不对电子商务征收关税。当然，这里的电子商务，还只是真正意义上的电子商务，即数字化产品的电子商务，而不包含实物的转移。所以，这种不对电子商务征收关税的倡导显然有三个基础：其一，旨在通过这一优惠措施极力推进电子商务这种新兴商业模式的推广与应用；其二，从实际操作的情况来看，其实即便是不这样做，我们也很难从税收的角度对数字产品的电子商务实行有力的控制；其三，我们所说的数字产品，其中计算机软件及信息服务占很大一部分，而对于这一部分产品，根据 WTO 组织协议中的 ITAA 协议，许多发达国家已经实现了对其的零关税。而在中国，是否对电子商务征收关税及如何征收，还需要通过许多理论及实践的探讨。

3. 国际电子商务中税收管辖权确定的问题

税收管辖权确定的困难已在国际电子商务中显现出来，这主要是由世界各国所采取的确定税收管辖权的标准不同引起的。

4. 税收电子申报中的相关问题

税收电子申报包括电子申报与电子缴税。电子申报是指纳税人利用各自的报税工具（如电话机、计算机等），通过电话网、分组交换网、DDN 网等通信网络系统，直接将申报资料发送给税务局，完成纳税申报。电子缴税是指税务局、银行、国库之间通过计算机网络进行税款结算、划拨的过程。该环节完成了纳税人、税务局、银行和国库之间电子信息及资金的交换，实现了税款收付的无纸化。

同传统缴税方式相比，电子报税提高了申报的效率和质量，降低了税收成本。对纳税人来说，申报不受时间与空间的限制，方便、省时、省钱；对税务机关来说，不仅减少了数据录入所需的庞大的人力、物力，还大幅度提高了数据的正确率。此外，采用现代化计算机网络技术，实现了申报、税票、税款结算等电子纳税人、银行和国库间的传递，加快了票据的传递速度，缩短了税款在途滞留的环节和时间，确保了国家税收及时入库。

不过，中国电子报税目前还处于探索与尝试的阶段，电子报税不仅涉及税务系统与其他部门间的信息共享，纳税人、税务局、国库、银行等部门在数据格式、传输频率、数据传输控制、安全机制等方面的协调，建立部门间的数据交换机制等，还会涉及税收电子申报数据的法律效力等问题。

第三节　电子商务交易的法律规范

一、数据电信制度

联合国国际贸易法委员会制定的《电子商务示范法》实际上就是一部关于数据电信效力的法律制度。数据电信是指以电子手段、光学手段或类似手段生成、发送、接收或储存的信息，这些手段包括但不限于电子数据交换（EDI）、电子邮件、电报、电传或传真。

数据电信制度主要包括以下三个方面。

（一）确立了数据电信的法律效力

《电子商务示范法》规定：不得仅仅以某项信息采取数据电信形式为理由，而否定其法律效力、有效性或可执行性。

（二）提出了数据电信的功能等同标准

《电子商务示范法》规定：如果法律要求信息必须以原始形式展现或保存，倘若同时符合以下两种情况，则该数据电信满足了功能等同标准的要求。

（1）有办法可靠地保证自信息初次以其完整形式生成，作为一项数据电信或充当其他用途之时起，该信息保持了完整性。

（2）如果要求将信息展现，可将该信息展示给查看信息的人。

（三）数据电信的归属

《电子商务示范法》规定：凡某一项数据电信确属发端人的数据电信或视为发端人的数据电信，或收件人有权按此推断行事，则就发端人与收件人之间而言，收件人有权将所收到的数据电信视为发端人所要发送的电信，并据此推断行事。当收件人只要适当注意或使用任何商定程序便知道所收到的数据电信在传输中出现错误，即无此种权利。该条款可以防止发送人否认其曾发送的电信数据，同时调整了数据电信的错误复制问题。

二、电子合同

合同，亦称契约。根据中国新《合同法》第2条规定："合同是平等主体的公民、法人、其他组织之间设立、变更、终止债权债务关系的协议。"合同反映了双方或多方意思表示一致的法律行为。现阶段，合同已经成为保障市场经济正常运行的重要手段。

传统的合同形式主要有两种，口头形式和书面形式。口头形式是指当事人采用口头或电话等直接表达的方式达成的协议。而书面形式是指当事人采用非直接表达方式即文字方式来表达协议的内容。

在电子商务中，合同的意义和作用没有发生改变，但其形式却发生了极大的变化。

(1) 订立合同的双方或多方大多是互不见面的。所有的买方和卖方都是在虚拟市场上运作的，其信用依靠密码的辨认或认证机构的认证。

(2) 传统合同的口头形式在贸易上常常表现为店堂交易，并将商家所开具的发票作为合同的依据。而在电子商务中，标的额较小、关系简单的交易没有具体的合同形式，表现为直接通过网络订购、付款，例如利用网络直接购买软件。但这种形式没有发票，电子发票目前还只是理论上的设想。

(3) 表示合同生效的传统签字盖章方式被数字签名所代替。

(4) 传统合同的生效地点一般为合同成立的地点，而采用数据电文形式订立的合同，收件人的主营业地为合同成立的地点；没有主营业地的，其经常居住地为合同成立的地点。

电子商务合同形式的变化，给世界各国都带来了一系列法律新问题。电子商务作为一种新的贸易形式，与现存的合同法发生矛盾是非常容易理解的事情，但对于法律法规来说，这里就有一个怎样修改并发展现存合同法，以适应新的贸易形式的问题。

在电子技术引进之前，法律很少碰到文本在什么中介载体上呈现的问题。在电报、电传和传真产生之后，也没有出现不可克服的困难，尽管电报、电传和传真都包含电子脉冲的应用，但接收方从接收机中得到的一张通信记录纸，就足以形成书面的证据了。电子商务所利用的电子邮件和电子数据交换与电报、电传、传真非常相似，都是通过一系列电子脉冲来传递信息的，但电子商务通常不是以原始纸张作为记录的凭证，而是将信息或数据记录在计算机中，或记录在磁盘等中介载体中，因此具有以下特点：

(1) 电子数据的易消失性。电子数据以计算机储存为条件，是无形物，一旦操作不当可能抹掉所有数据。

(2) 电子数据作为证据的局限性。传统的书面合同只是受到当事人保护程度和自然侵蚀的限制，而电子数据不仅可能受到物理灾难的威胁，还有可能受到计算机病毒等计算机特有的无形灾难的攻击。

(3) 电子数据的易改动性。传统的书面合同是纸质的，如有改动，容易留下痕迹。而电子数据是以键盘输入的，用磁性介质保存的，改动、伪造后可以不留痕迹。

上述问题的存在，确实阻碍了电子商务合同合法性的进程。发展中的计算机技术正在提出许多解决的办法。例如，防火墙技术、通信记录、数字签名技术等。但从另一方面讲，书面合同也同样存在伪造和涂改的情况，人们并没有因为书面合同的缺陷而放弃使用书面合同。所以，有必要扩大"书面"的概念。

中国新《合同法》已经将传统的书面合同形式扩大到数据电文形式。第 11 条规定："书面形式是指合同书、信件以及数据电文（包括电报、电传、传真、电子数据交换和电子邮件）等可以有形地表现所载内容的形式。"也就是说，不管合同采用什么载体，只要可以有形地表现所载内容，即视为符合法律对"书面"的要求。这些规定，符合国际贸易委员会建议采用的"同等功能法"。

按照新《合同法》的规定，只有"自双方当事人签字或者盖章时合同成立（第 32 条)"。在电子商务中，双方或多方可能远隔万里而互不相识，甚至在整个交易过程中自始至终不见面，传统的签名方式很难应用于这种交易。因此，人们采用一种电子签名的机制来相互证明自己的身份。这种电子签名是由符号及代码组成的，它具备了上述签名的特点和作用。对每一方来讲，具体采取什么符号或代码，将根据现有的技术、相关经验、可应用标准的要求及使用的安全程序来作出决定。任何一方的电子签名可以不时地改变，以保护其机密的特征。

电子签名存在的问题是：由于网络通信可能在中途被他人截获并篡改，接受方可能怀疑收到的附有电子签名的合同文本的真实性；数字形成的签名较之其他形式更容易被模仿或破译；利用所接收到的贸易合同约束对方也是一件十分困难的事。

解决上述问题的技术方案已提出多种。比较可行的是通过电子商务认证中心建立起类似印鉴管理和登记制度以担当对电子文书的真实性证明和鉴定的责任。在法律上，应当承认有相应技术保证的电子签名的合法性，并严厉禁止任何一方泄露他方的签名，以保护电子签名只代表签名者的当前意图。这样，电子商务中的签名就与传统签名的意义和作用相一致了。

中国新《合同法》在这个问题上采取了较为保留的态度。其第 33 条规定，"当事人采用信件、数据电文等形式订立合同的，可以在合同成立之前要求签订确认书。签订确认书时合同成立。"这就是说，在实行合同签署时运用电子签名，应首先签订使用这种方法的确认书。这样规定可能是害怕电子签名的伪造。实际上，中国新《刑法》第 280 条已经规定了有关伪造、编造、毁灭国家机关的公文、印章以及公司、企业、事业单位、人民团体的印章的犯罪。如果在司法解释中将公文和印章的概念加以扩大，扩展到电子签名，利用电子合同开展贸易就可以真正进入实施阶段了。

"收到"这一概念，在电子商务贸易过程中，具有相当重要的法律意义。国际货物销售公约和大陆法规定，不论是发盘还是接收，均以抵达接收人或发盘人作为生效的条件之一。而英美法则规定，信件或电报一经发出，立即生效，生效的时间以投递邮件收据上邮局所盖邮戳为准，而不管对方是否收到。

在电子商务环境中，为避免贸易纠纷，确定了"收到生效"的原则，也就是说，不论什么传递，只有在被对方适当地收到之后，才具有法律意义。这就要求传递的单据必须能够进入对方在合同中指定的接收电脑。同时，在电子商务环境中，对“收到”的定义也作了严格的规定，即当传递进入到接收方的接收电脑时，即为收到，不管接收方有没有检查传递的内容。反之，在进入指定的接收方的接收电脑之前，没有一份单据被认为是适当地接收，也没有一份单据会产生法律上的义务。这与以纸张为基础的贸易环境中的情况是相一致的。

中国新《合同法》第 16 条规定：“采用数据电文形式订立合同，收件人指定特定系统接收数据电文的，该数据电文进入该特定系统的时间，视为到达时间；未指定特定系统的，该数据电文进入收件人的任何系统的首次时间，视为到达时间。”该法第 34 条同时规定：“采用数据电文形式订立合同的，收件人的主营业地为合同成立的地点；没有主营业地的，其经常居住地为合同成立的地点。”

三、电子签名

电子签名系指在数据电文中，以电子形式所含、所附或在逻辑上与数据电文有联系的数据和与数据电文有关的任何方法。它可用于数据电文有关的签名持有人和表明此人认可数据电文所含信息。

电子签名的目的是利用技术手段对签署文件的发件人身份作出确认并有效保障传送文件内容不被当事人篡改。电子签名可以避免冒名顶替传送虚假资料，以及事后否认已发送或已收到资料等网上交易的安全性问题。

世界上一些国家在电子签名方法中对数字签名技术选择方案都采用“非对称性密钥加密”为法定的安全技术方案。

（一）电子签名的特点

(1) 确认主体身份。私人密钥只能为发文者独家所拥有。

(2) 确认内容的完整性和准确性，签名的文件不会轻易被篡改。

(3) 收付方验收证件过程是公开的。

(4) 验证方在验证文件时使用发件方提供的公共密钥。

（二）电子签名的法律规定

联合国国际贸易法委员会《统一电子签名规则（草案）》在第 1 条中规定：

强化电子签名，是指可以通过应用安全程序，或各种安全程序的结合对其生成之时的状况进行验证的电子签名，以保证该电子签名：

(1) 对于签署者所使用的目的是独特的；

(2) 可以客观地证明数据电信签署者的身份；

(3) 由签署者或以签署者独占控制的方式生成并附加于数据电信；

(4) 是与数据电信紧密联系的，即一旦数据电信有任何变化，就会被反映出来。

《合同法》规定：“当事人采用信件、数据电文等形式订立合同的，可以在合同成立之前要求签订确认书。签订确认书时合同成立。”也就是说，在实行合同签署时，可以不签订确认书，直接使用数字签名；也可以根据实际情况，先签订使用这种方法的确认书，以提高合同的可靠性。

四、电子支付

电子支付中的信息安全与一般情况下所说的信息安全有一定的区别。它除了具有一般信息的含义外，还具有金融业和商业信息的特征。更多的、更重要的方面还在于它的进一步发展，必然涉及国民经济建设中资金的调拨，涉及国家经济命脉的重要内容。所以，必须高度重视电子支付中的信息安全问题。

在电子支付中存在着若干种支付方式，每一种方式都有其自身的特点，且有时两种支付方式之间不能做到互相兼容。这样，当电子交易中的当事人采用不同的支付方式且这些支付方式又互不兼容时，双方就不可能通过电子支付的手段来完成款项支付，从而也就不能实现 Internet 上的交易。因此，从推动电子商务的角度出发，有必要努力将各种不同的支付方式统一起来，将各种不同的支付方式融会贯通、取长补短，从而融合为一种较为完美的支付方式。

中国目前在有关电子支付的法律的制定方面刚刚起步，大量的法律新问题需要研究：

(1) 电子支付的定义和特征。电子支付是通过网络而实施的一种支付行为，与传统的支付方式类似，它也要引起涉及资金转移方面的法律关系的发生、变更和消灭。

(2) 电子支付权利。电子支付的当事人包括付款人、收款人和银行，有时还存在中介机构。各当事人在支付活动中的地位必须明确，进而确定各当事人权利的拥有和失去。涉及这方面的问题相当复杂。

(3) 涉及电子支付的伪造、变造、更改与涂销问题。在电子支付活动中，由于网络黑客的猖獗破坏，支付数据的伪造、变造、更改与涂销问题越来越突出，对社会的影响越来越大。中国 1997 年 10 月 1 日实施了新的《中华人民共和国刑法》，其中第 196 条是专门针对信用卡犯罪的，包括使用伪造的信用卡、使用作废的信用卡、冒用他人的信用卡、恶意透支等。智能卡与信用卡类似，犯罪的界定尚可参照信用卡的有关条款，但电子现金、电子钱包、电子支票的问题却完全是一类新问题，法律责任的认定和追究需要全新的法律条文。

(4) 刑事侦察技术的发展问题。由于计算机技术的飞速发展，新的电子支付方式层出不穷。每一种方式都有自己的技术特点，都会产生新的法律纠纷，这些纠纷出现以后，调查、认定是一个非常复杂的刑事侦察技术问题。在信息化时代，传统的实物证据逐渐被虚拟证据所代替，目前法学教育中的物证技术课程仍然停留在刑事照相、文书检验、痕迹取证等传统的侦察技术上，已经远远不能适应新的技术发展的要求。

第四节　电子商务知识产权法律规范

一、网络著作权的法律保护

(一) 网络著作权概述

《中华人民共和国著作权法》(以下简称《著作权法》) 称作品是指“文学、艺术和科学领域内，具有独创性并能以某种有形形式复制的智力创作成果”，其实质要素是“独创性”和“可复制性”。我国现行的著作权法没有明确地将保护范围扩展到数字作品以及因特网领域，但事实上，数字化作品、网络作品与传统作品的区别仅在于作品存在的形式和载体，并且著作权法对于作品的存在形式及载体并无任何具体要求。因此，作品本身并不会因被数字化或者在因特网上传播而丧失“独创性”和“可复制性”，并不能因为其形式和载体的不同而被排除在著作权法的保护范围之外。

（二）网络著作权人的权利

网络著作权人的权利包括作品的复制权、发行权、传播权及精神权。复制权指在网络上以特有的方式（如被网上用户访问或下载）将作品制作一份或多份的权利。发行权指在因特网上通过出售、出租等方式向公众提供一定数量的作品复制件的权利。传播权即著作权人控制其作品在因特网上传输的一种权利，包括《著作权法》中规定的著作权人的表演权，播放权，展览权，摄制电影、电视、录像权等。

网络著作权中的精神权利指《著作权法》中所称的发表权、署名权、修改权和保护作品完整的权利。

（三）网络上的著作权侵权

未经作者或者其他权利人许可而以任何方式复制、出版、发行、改编、翻译、广播、表演、展览、摄制影片等，均构成对版权的直接侵犯。常见的网络侵犯著作权行为有以下几类：

（1）将网络上他人作品下载，复制到光盘上并用于商业目的。

（2）图文框链接。此种行为使他人的网页出现时无法呈现原貌，使作品的完整性受到破坏，侵害了著作权。

（3）通过因特网的复制与传输，行为人将他人享有著作权的文件上传或下载非法使用。

（4）在图像链接中侵害图像著作权人复制权。

（5）未经许可将作品原件或复制品提供给公众交易或传播，或者明知为侵害权利人著作权的复制品仍然在网上散布。

（6）侵害网络作品著作人身权的行为。包括侵害作者的发表权、著名权和保护作品完整权等。

（7）网络服务商的侵犯著作权行为。如经著作权人告知侵权事实后，服务商仍拒绝删除或采取其他合法措施、其他共同故意的共同侵权行为。

（8）违法破译著作权人利用有效技术手段防止侵权的行为。

（9）故意删除、篡改网络作品著作权管理信息，从而使网络作品面临侵权危险的行为。

（四）网络著作权纠纷的法律适用

《著作权法》规定，认定向公众传播作品侵害使用权的，可以适用著作权法第 45 条第 5 项的规定：民事责任承担的形式为停止侵害、消除影响、公开赔礼道歉、赔偿损失等，不适用行政处罚和民事制裁。对于已刊登的作品，除著作权人声明不得转载、摘编的以外，网络可以传输（转载）或者作为文摘、资料刊登，但应当注明出处，并按照规定向著作权人支付报酬。认定侵害获得报酬权的，可以用著作权法第 45 条第 6 项的规定；认定故意去除或改变著作权管理信息而导致侵权后果的行为构成侵权的，可以适用著作权法第45条第8项的规定；认定剽窃、抄袭他人作品的，可以适用著作权法第46条第1项的规定。对网络服务商涉及著作权侵权，有时不能从著作权法中找到所适用法律的条款，而应当并只能适用我国民法通则的有关法律规定。

二、域名的法律保护

（一）域名的法律特征

从本质上看，域名也是一种资源。域名作为一种在因特网上的地址名称，在区分不同的站点用户上起着非常重要的作用；同时域名的存在和登记规则也带来了一些问题，需要法律作出现定并进行解决。域名的法律特征在很大程度上取决于它的技术特征，其主要内容包括：

1. 标识性

因特网上的不同用户是通过各自的域名来标识自身从而相互区别的。

2. 唯一性

域名必须在全球范围内具有唯一性，即每个域名在全球范围都必须是独一无二的。

3. 排他性

域名在全球范围内是排他的，即一个域名的出现就意味着其他域名不能使用与之相同的名称，这主要体现在域名的注册问题上。在因特网上申请域名注册要遵循“先申请先注册”的原则，即只有欲申请注册的域名不与已注册的所有域名相同，才能获得有效的注册，而域名一旦获得注册，它就必然排斥此后欲申请注册的与此相同的域名。

（二）域名的商业价值

域名虽然与公司、商标、产品名称并无直接关系，但由于域名在因特网上是唯一的，有人把域名地址又称为“网络商标”，认为域名是传统意义上的知识产权，如商标或商号等在网络空间的延伸，所以域名使用人总希望选择登记的域名与自己的商标接近，因为这样的域名有让其转变为潜在商标的功能。如果域名能够使访问的用户联想到一两家名称或者某一商品，这无异于在给商家或商品做广告。若所使用的域名与所使用的商标一致，该权利人就比竞争对手处于有利地位。因此，因特网域名就像网络空间的商标，潜藏着巨大的商业价值和广告效应。

（三）域名与商标冲突及域名抢注纠纷

常见的纠纷是由于因特网用户使用的域名恰好是另一公司的注册商标，更难处理的纠纷是同一商标的两个合法拥有者都在以他们的商标做域名。更能刺激商家战略神经的是从资源的角度来看，好听、简明易记的域名是有限的。网络用户与日俱增，每个域名不能重复，域名的需求也就与日俱增。当有限的供给与无限的需求发生矛盾时，一些投机者就以抢注来强占那些热门域名资源。

域名恶意抢注而引起的纠纷是指有些动机不纯的人专营抢注域名然后出卖给商标权人。行为人明知属于他人享有权利的知名商标、商号或其他标识，却故意将他人的知名商标、商号涵盖的文字注册为自己的域名，再以高价将这些域名卖给该知识产权所有人。有人称此种行为是域名的“劫持”或“囤积”。一段时间此种抢注风盛行，引起了国际社会的关注和不安。

（四）域名纠纷的法律适用

目前，我国调整网络域名纠纷的法律法规主要有《中华人民共和国因特网络域名管理办法》和《中华人民共和国因特网信息中心域名争议解决办法》。

最高人民法院《关于审理涉及计算机网络域名民事纠纷案件适用法律若干问题的解释》第5条规定：

被告的行为被证明具有下列情形之一的，人民法院应当认定其具有恶意：

(1) 为商业目的将他人驰名商标注册为域名的；

(2) 为商业目的的注册、使用与原告的注册商标、域名等相同或近似的域名，故意造成与原告提供的产品、服务或者原告网站的混淆，误导网络用户访问其网站或其他在线站点的；

(3) 曾要以高价出售、出租或者以其他方式转让该域名以获取不正当利益的；

(4) 注册域名后，自己并不使用也未准备使用，而有意阻止权利人注册该域名的；

(5) 具有其他恶意情形的。

第五节　电子商务安全的法律规范

一、中国涉及交易安全的法律法规

在现代社会的各种环节中，商品的交换扮演了非常重要的角色。相对于生产、分配及消费而言，交换体现了动态的效益价值。

中国现行的涉及交易安全的法律法规主要有四类。

(1) 综合性法律。主要是民法通则和刑法中有关保护交易安全的条文。

(2) 规范交易主体的有关法律。如公司法、国有企业法、集体企业法、合伙企业法、私营企业法、外资企业法等。

(3) 规范交易行为的有关法律。包括经济合同法、产品质量法、财产保险法、价格法、消费者权益保护法、广告法、反不正当竞争法等。

(4) 监督交易行为的有关法律。如会计法、审计法、票据法、银行法等。

中国法律对交易安全的研究起步较晚，且长期以来注重对财产静态权属关系的确认和静态的安全保护，未能反映现代市场经济交易频繁、活泼、迅速的特点。虽然上述法律制度体现了部分交易安全的思想，但大都没有明确的交易安全的规定，在司法实践中也没有按照这些制度执行。

二、中国涉及计算机安全的法律法规

中国的计算机安全立法工作开始于20世纪80年代。1981年，公安部开始成立计算机安全监察机构，并着手制定有关计算机安全方面的法律法规和规章制度。1986年4月开始草拟《中华人民共和国计算机信息系统安全保护条例》（征求意见稿）。1989年，中国首

次在重庆西南铝厂发现计算机病毒，立即引起有关部门的重视，公安部发布了《计算机病毒控制规定（草案）》，开始推行“计算机病毒研究和销售许可证”制度。

1991 年 5 月 24 日，国务院第八十三次常委会议通过了《计算机软件保护条例》，这一条例是为了保护计算机软件设计人的权益，调整计算机软件在开发、传播和使用中发生的利益关系，鼓励计算机软件的开发与流通，促进计算机应用事业的发展，依照《中华人民共和国著作权法》的规定而制定的。这是中国颁布的第一部有关计算机的法律。

1994 年 2 月 18 日，国务院令第 147 号发布了《中华人民共和国计算机信息系统安全保护条例》，为保护计算机信息系统的安全，促进计算机的应用和发展，保障经济建设的顺利进行提供了法律保障。这个条例的最大特点是既有安全管理，又有安全监察，以管理与监察相结合的办法保护计算机资产。

针对 Internet 的迅速普及，为保障国际计算机信息交流的健康发展，1996 年 2 月 1 日国务院令第 195 号发布了《中华人民共和国计算机信息网络国际联网管理暂行规定》，提出了对国际联网实行统筹规划、统一标准、分级管理、促进发展的基本原则。1997 年 5 月 20 日，国务院对这一规定进行了修改，设立了国际联网的主管部门，增加了经营许可证制度，并重新发布。

1997 年 6 月 3 日，国务院信息化工作领导小组在北京主持召开了“中国互联网络信息中心成立暨《中国互联网络域名注册暂行管理办法》发布大会”，宣布中国互联网络信息中心（CNNIC）成立，并发布了《中国互联网络域名注册暂行管理办法》和《中国互联网络域名注册实施细则》。中国互联网络信息中心将负责中国境内的互联网络域名注册、IP 地址分配、自治系统号分配、反向域名登记等注册服务，协助国务院信息化工作领导小组制定中国互联网络的发展、方针、政策，实施对中国互联网络的管理。1997 年 12 月 8 日，国务院信息化工作领导小组根据《中华人民共和国计算机信息网络国际联网管理暂行规定》，制定了《中华人民共和国计算机信息网络国际联网管理暂行规定实施办法》，详细规定国际互联网管理的具体办法。与此同时，公安部颁布了《计算机信息网络国际联网安全保护管理办法》，原邮电部也出台了《国际互联网出入信道管理办法》，旨在通过明确安全责任、严把信息出入关口、设立监测点等方式，加强对国际互联网络使用的监督和管理。

1997 年 10 月 1 日起中国实行的新刑法，第一次增加了计算机犯罪的罪名，包括非法侵入计算机系统罪，破坏计算机系统功能罪，破坏计算机系统数据程序罪，制作、传播计算机破坏程序罪，等等。这表明中国计算机法制管理正在步入一个新阶段并开始和世界接轨，计算机法制时代已经到来。

三、中国保护计算机网络安全的法律法规

（一）加强国际互联网出入信道的管理

《中华人民共和国计算机网络国际联网管理暂行规定》规定，中国境内的计算机互联网必须使用国家公用电信网提供的国际出入信道进行国际联网，任何单位和个人不得自行建立或者使用其他信道进行国际联网。除国际出入口局作为国家总关口外，邮电部还将中国公用计算机互联网划分为全国骨干网和各省、市、自治区接入网进行分层管理，以便对入网信息进行有效的过滤、隔离和监测。

（二）市场准入制度

《中华人民共和国计算机信息网络国际联网管理暂行规定》对信道、互联单位、接入网络及国际联网经营者的管理等问题均作了明确的规定。如任何单位和个人不得自行建立或者使用其他信道进行国际联网；新建的因特网络必须报国务院批准；接入单位拟从事国际联网经营活动的，应当向主管部门申请领取国际联网经营许可证；未取得国际联网经营许可证的，不得从事国际联网经营业务；接入单位拟从事非经营活动的，应当报经主管部门审批，未经批用，不得接入因特网络进行国际联网等。

该规定还建立了登记备案制度。该规定要求互联单位、接入单位、使用计算机信息网络国际联网的法人和其他组织，应当自网络正式联通之日起 30 日内，到所在地的省、自治区、直辖市人民政府公安机关指定的受理机关办理备案手续。

（三）安全责任

从事国际互联网业务的单位和个人，应当遵守国家有关法律、行政法规，严格执行安全保密制度，不得利用国际互联网从事危害国家安全、泄露国家秘密等违法犯罪活动，不得制作、查阅、复制和传播妨碍社会治安的信息和淫秽色情等信息。

计算机网络系统运行管理部门必须设有安全组织或安全负责人，其基本职责包括：保障本部门计算机网络的安全运行；制定安全管理的方案和规章制度；定期检查安全规章制度的执行情况，负责系统工作人员的安全教育和管理；收集安全记录，及时发现薄弱环节并提出改进措施；向安全监督机关和上一级主管部门报告本系统的安全情况。

每个工作站和每个终端都要建立健全网络操作的各项制度，加强对内部操作人员的安全教育和监督，明确网络工作人员的操作职责，加强密码、口令和授权的管理，及时更换有关密码、口令；重视软件和数据库的管理和维护工作，加强对磁盘文件和软盘的发放和保管，禁止在网上使用非法软件、软盘。

网络用户也应提高安全意识，注意保守秘密，并应对自己的资金、文件、情报等机要事宜经常检查，杜绝漏洞。

网络系统安全保障是一个复杂的系统工程，它涉及诸多方面，包括技术、设备、各类人员、管理制度、法律调整等，需要在网络硬件及环境、软件和数据、网际通信等不同层次上实施一系列不尽相同的保护措施。只有将技术保障措施和法律保障措施密切结合起来，才能实现安全性，保证中国计算机网络的健康发展。

第六节　关于网络犯罪的法律规范

一、网络犯罪的类型

《关于维护互联网安全的决定》以网络犯罪侵害客体的不同为标准，将网络犯罪分为五大类。

（一）妨碍因特网运行安全的网络犯罪

包括侵入国家事务、国防建设、尖端科技领域的计算机信息系统，即通常所说的黑客行为；故意制作、传播计算机病毒等破坏性程序，攻击计算机系统及通信网络，致使计算机系统及通信网络遭受损害；违反国家规定，擅自中断计算机网络或使通信系统不能正常进行。

（二）妨碍国家安全和社会稳定的网络犯罪

包括利用因特网造谣、诽谤或发表、传播其他有害信息；窃取、泄露国家秘密、情报；煽动民族仇恨，破坏民族团结；组织邪教组织，破坏国家法律、行政法规实施等。

（三）妨碍市场经济秩序和社会管理秩序的网络犯罪

包括利用网络销售伪劣产品或对产品、服务做虚假广告；损害他人商业信誉和商品信誉；侵犯知识产权；编造并传播影响证券、期货交易或其他扰乱金融秩序的虚假信息；建立淫秽网站、网页，提供淫秽站点链接服务，或者传播淫秽书利、影片、音像、图片等。

（四）妨碍人身权利、财产权利的网络犯罪

包括利用因特网侮辱他人并捏造事实诽谤他人；非法截取、篡改、删除他人电子邮件或数据资料，侵犯公民通信自由和通信秘密；利用网络进行盗窃、诈骗或敲诈勒索。

（五）其他网络犯罪

主要是指以上四类网络犯罪行为之中没有包括进去的稀有犯罪行为。随着网络经济和网络技术的发展；网络犯罪也将会出现新的形式和趋势。

二、对网络犯罪的量刑

《中华人民共和国刑事诉讼法》（以下简称《刑法》）第 285 条规定：“违反国家规定，侵入国家事务、国防建设、尖端科学技术领域的计算机信息系统的，构成非法侵入计算机信息系统罪，处以 3 年以下有期徒刑或者拘役。”该规定对国家重要计算机信息系统安全实行了严格的保护，行为人只要在未有授权的情况下，侵入国家重要计算机信息系统，即使并未实施任何删除、修改信息的行为，也构成该罪。

《刑法》第 286 条第 1 款规定：“凡违反国家规定，对计算机信息系统功能进行删除、修改、增加、干扰，造成计算机信息系统不能正常运行，情节严重的行为，构成破坏计算机信息系统功能罪。违反该规定，将被处以 5 年以下有期徒刑或拘役；后果特别严重的，将被处以 5 年以上有期徒刑。”

《刑法》第 286 条第 2 款规定：“违反国家法律规定，故意对计算机信息系统中存储、处理或传输的数据和应用程序进行删除、修改、增加的操作，造成严重后果的行为，构成破坏计算机信息系统数据、应用程序罪。犯该罪后果严重的，将被处以 5 年以下有期徒刑或者拘役；后果特别严重的，将被处以 5 年以上有期徒刑。”

《刑法》第 286 条第 3 款规定：“故意制作、传播计算机病毒等破坏性程序，影响计算机系统正常运行，后果严重的行为，构成制作、传播计算机破坏性程序罪。该犯罪后果严重的，将被处以 5 年以下有期徒刑或者拘役；后果特别严重的，将被处以 5 年以上有期徒刑。”

第七节 中国电子商务法律环境

一、我国电子商务法律环境建设的意义

近几年来，随着计算机与互联网的发展，电子商务无论是作为一种交易方式、传播媒介还是企业组织的进化，都在广度与深度等各方面取得了前所未有的进展。在这方面，我国也毫不例外，2000年前后围绕我国电子商务发展的一系列起伏变幻足以充分说明这一切。与此同时，电子商务发展的基础环境问题，尤其是电子商务的法律环境，也越来越引起了人们的关注，一方面，电子商务的各个环节与问题都直接影响着相关法律法规的制定；另一方面，法律环境的每一个细节与措施也都左右着电子商务的进程。所以，我国要及时制定一系列与电子商务相关的法律法规，完善我国的电子商务政策法律环境，从而改善我国的电子商务基础环境，从根本上促进我国电子商务与网络经济的发展。

二、中国电子商务法律环境发展趋势

（一）加入WTO对我国电子商务法律环境的影响

由于电子商务是一种新型的贸易形式，使低成本跨国贸易成为可能，正在改变着人们传统的购物方式和贸易模式，因此WTO对其十分关注。与电子商务相关的WTO协议主要包括《服务贸易总协定》、《ITA协议》、《基础电信协议》与TRIPS协议等。

在WTO对我国电子商务的影响中，最受人们关注的显然仍是开放电信业的问题。从1998年到目前，我国电信业经历了一系列的改革，取得了显著的成绩。但随着我国加入WTO后电信服务市场的全面开放，在与实力强大且已建立国际战略联盟的大型电信公司的竞争中，我国电信服务业确实有相当的一段路要走。还有，WTO要求其成员必须在市场经济的共同基础上，实现全球范围的贸易自由化，而我国电信体制在这一方面却相距甚远，目前尚无完整成文的《电信法》。所以，可以预见，加入WTO，我国的电信服务业面临一场严峻的挑战。当然，我国加入WTO后，按《服务贸易总协定》的电信服务协议，作为发展中国家，我国在开放过程中可逐步参与，并可以要求有关的电信组织和一些发达国家提供先进的通信技术设备及相应的服务技术帮助我国发展电信业。我国还可以利用保护幼稚产业、安全例外等条款，保证民族产业的发展。

此外，加入WTO后，我国的电信业逐步开放，允许国外有技术和经济实力的电信公司、网络运营公司来华投资建设，经营基础电信网络和电信增值服务业，有效地加速中国骨干网、接入网的建设，增加中国Internet国际端口数量和带宽，从而提高网络运营的服务能力和水平，降低收费标准，这样就会吸引更多的用户上网，从根本上改变中国电子商务的基础环境。一些国际知名的ISP、ICP登陆我国，众多ISP、ICP等通过兼并、联合、合作等方式重新定位。

还有，加入WTO也对我国的电子商务税收环境、安全保障、法制环境等提出更高的要求。在法律环境上，我们建立了完善的贸易自由化下对国内产业的保障机制，制定了完善的反倾销与反补贴法并建立了货物贸易与服务贸易市场的进口保障机制，增强了贸易政

策的透明度。同时，我们还完善技术法规、标准和评定程序，修改知识产权法律法规，加强知识产权执法力度，放宽对外商投资的限制，和与贸易有关的投资措施协议并轨，建立有效的利益争端解决机制等。

（二）我国电子商务法律环境的逐步完善

这一过程中的主要工作包括：充实与完善即将出台的电信管理条例，实现电信立法；从电信业务的市场管理、电信网间互联、电信资源管理、电信资费管理、电信设备进网管理、电信服务与监督、电信建设与保护等多个角度建立公平、有序的电信市场秩序，维护电信用户及电信企业的权益，促进电信事业的发展。

此外，我国逐步出台电子签名等法律法规；修订《著作权法》、《商标法》、《公司法》、《民事诉讼法》等程序法；颁布CA认证机构管理办法及实施细则，电子支付、网上银行、电子资金划拨的具体管理办法等法规及规章。

三、构建电子商务法律体系的立法原则

为促进电子商务的发展，法律应该通过确定性的安排弥补技术和信用的缺陷，同时也要面对技术进步和商务形式的发展以其稳定性克服电子商务发展的法律障碍。在构建电子商务法律体系的过程中应当把握一些立法原则，即制定法律的基本出发点和在制定过程中应当遵循的方向和准则。

（一）法律介入电子商务领域的深度

这个问题要解决的是：对于电子商务的某一具体领域或关系，是用法律的强制性手段加以规范，还是应当留待企业和市场通过竞争、自律规范和习惯解决。这不是指电子商务整体是否需要法律规范的问题（任何一种生产方式总需要与之适应的法律制度），而是指法律是否应当以强制规范的形式具体规定电子商务活动的细节或每一个环节，如收集顾客信息所应遵循的标准、数据传输的安全要求等，即法律在什么程度上介入电子商务领域的问题。

虽然立法者无法准确预测电子商务发展的具体细节，但至少应该就其行为规定最低标准或有效性的基本条件。这是因为：

(1) 企业的竞争和行业标准往往难以保证电子商务行为的安全，相反，这种标准可能由于部分商家或其联盟的经济强势或技术垄断演变成对消费者或弱势团体的不公正手段。在Internet隐私权政策的问题上，美国起初相信通过市场竞争，企业会自发形成对保护消费者隐私权的自律规范，但事实证明没有法律的约束，自律规范往往成了企业推卸责任的工具。法律对电子商务具体环节的规定并不意味着对它进行全面的描述，而是凭借国内外已有的实践和现有理论的理性分析，合理判断这些电子商务行为所应遵循的最低要求，以此保证交易安全，同时又不阻碍技术和商业行为的进步。

(2) 过于宽泛和肤浅的法律规定在遇到具体案件时往往无所适从，无法准确断定具体行为的效力，这样的法律不仅给执法与守法带来不便，而且由于其无法应用还损害了法律的尊严。像中国《合同法》承认了数据电文的效力，但没有规定数字化签名的具体条件，结果就很难在实践中运用。

（二）法律与技术结合的程度

这里要解决的是对于电子商务行为应当如何立法的问题，即立法在多大程度上反映技

术的发展，在多大的范围内为技术发展留下空间。这里所指的技术主要是指那些与电子商务行为有效性息息相关的技术，如数字签名技术、资金划拨的技术平台等。电子商务交易形式的发展性给电子商务法律体系的构建提出了现实的问题。

对于中国这样市场经济尚不完善、行政力量干预市场的现象时有发生的国家而言，用法律指定某一技术作为电子商务行为有效性依据的做法显然是不可取的。但是，电子商务发展必须有安全性保障，包括技术上的稳定和准确、对交易对方信用不足的弥补以及保证行为合法性的法律安全方面。这就要求法律对电子商务行为所采用的技术至少应达到的功能和最低效果作出详尽的规定，即规定只有使用具有若干技术性能、能够达到一定效果的技术的行为才是有效的。这样一方面避免了对特定技术的指定带来的弊害，同时又维护了电子商务行为较高程度的确定性和安全性。

四、构建电子商务法律体系的途径

为促进电子商务的发展，构建电子商务的法律体系并不是脱离传统的法律思想另起炉灶，而是应当继承传统法律的合理内核，尤其是基础价值判断，并与传统法律保持密切关系。这是因为：电子商务虽然在今后的经济生活中占很大的份额，但是传统的商务形式仍将与电子商务协同发展，并且相互发生密切联系，对电子商务和传统法律适用两套完全不同的法律规范不利于两种经济形式的交流；何况，电子商务首先是一种商务形式，它的发展就带有传统商务的烙印，在发展的理念和法律需求上也与传统商务有共通的一面。

基于以上考虑，在对电子商务的法律体系的构建中，首先应当考虑原有法律对电子商务行为的适用，对于原有法律不能适用于电子商务发展的，应从以下途径着手改造。

（一）制定新的法律规范

对于传统法律没有规定的，即由电子商务行为带来的新的人际关系，要尽快制定法律规范。电子商务一方面减少了交易环节，另一方面也在商务活动中出现了一系列新的当事人，比如，认证中心（CA）、技术平台提供者（ITP）、接入服务商（ISP）等，它们在一定程度上介入了电子商务活动，但它们在电子商务中的法律地位在传统法律中是找不到的。在制定这种新的法律规范时，一方面要借鉴发达国家的立法经验；另一方面要从我国电子商务发展的独特性出发，切实反映电子商务的发展规律，使得这样的法律能保障我国经济利益，并努力把它推广为世界各国能够接受的法律准则。

（二）修改或解释既定的法律规范

我国大陆法传统立法固有的宽泛性，使得我们对于许多新兴的电子商务行为主要应通过修改或解释既定法律的方式加以规范。这样做的好处是：在法律反映电子商务特殊性的同时，保持法律的稳定性，不至于过大地影响商家的交易习惯和经济安排，这也就降低了电子商务的法律风险。具体有以下两个方向：

1. 扩张性的修改或解释

通过修改原有法律的管辖范围、对词义作扩大解释或减少法律适用的条件，使得原本运用于传统交易的法律可以适用于电子商务领域。比如，将传统的签章涵盖“数字化签名”，在企业登记中降低“固定营业地点”的要求等。

2. 收缩性的修改或解释

一些电子商务的行为在表面上属于传统的法律的规范范围，但由于电子商务独特的性质，用传统法律规范是不合适的，这就需要通过修改或解释的方法将这些行为排除于传统法律规范之外。一个明显的例子就是：浏览万维网时，计算机终端自动将文件复制到硬盘的临时复制行为应该排除在著作权法意义上的复制之外。

（三）创造有利于电子商务发展的配套法律体系

这个配套体系必须有针对性地帮助克服电子商务发展的障碍。例如，针对技术障碍：电子商务的基础建设，包括基础设施建设、技术平台的建立与配套技术的开发和改进都需要大量的资金，而且风险大、回报慢，这就需要充分利用外资。但是，中国电信行业尚未开放，许多外资通过规避法律的办法进入中国，一方面损害了法律的尊严，另一方面也增加了利用外资的成本。所以，应当考虑在增值业务中允许外商全面进入；在基础业务中加以控制，但也不应排除 BOT 等的合作方式。此外，中国的外资立法还不很科学，《中外合资企业法》、《中外合作企业法》和《外商独资企业法》中重复的有三分之二之多，不同待遇的规定又缺少法理的依据，徒增法律的烦琐和外资进入的困难。又如，针对信用障碍；中国市场经济尚不发达，企业普遍缺乏信用，这就需要法律从外在方面弥补这一缺陷。一方面要增加国家信用，即在电子商务活动中由国家授权的非营利性机构提供信用保证和进行监督，使从事电子商务的交易当事人放心；另一方面，要建立和完善信用评级制度，促使企业重视自身的信用和形象，这是发展电子商务的长远之计。

[资料链接]

（一）中国首例“信息侵权案”

新华网北京 2003 年 6 月 16 日电（记者张彬）　中国经济信息社诉中国科学技术信息研究所侵犯信息著作权案，今天由北京市海淀区人民法院在被告缺席的情况下，作出一审判决，被告中国科学技术信息研究所对中国经济信息社发布的新华社信息构成著作权侵犯。

法院判决的主要内容是：被告中国科学技术信息研究所在《中国法制报》上公开向中国经济信息社赔礼道歉；被告赔偿原告经济损失计人民币 16 万元；本案诉讼费由被告负担。

据介绍，原告中国经济信息社为新华社所属的经济信息事业经营单位，被新华社授权经营其国内外记者采编的经济信息。去年初原告在作市场研究期间，发现万方数据（集团）公司、万方数据长信公司和科技成果推广中心三个主体的信息服务网站页面上提供的部分经贸信息（数据）为新华社版权所有的信息，而万方数据公司等不是新华社信息的授权合法用户，无权发布新华社信息。于是，中国经济信息社以侵犯著作权为由将万方数据公司等告上法庭。

经海淀法院调查认为，被告万方数据（集团）公司和万方数据长信公司并未进行工商注册登记，而科技成果推广中心系中国科学技术信息研究所内部职能部门，不具有独立法人资格。经查，万方数据公司等的法人应是中国科学技术信息研究所，原告进而将中国科学技术信息研究所推上被告席。

法院认定，新华社国内外记者所采写、编辑和分析加工整理的信息属于著作权保护的范围，中国科学技术信息研究所与原告所诉侵犯信息著作权事实有关，被告对原告所诉的事实也供认不讳。法院一审判决中国经济信息社胜诉。

据中国科学技术信息研究所有关人士称，该所在其所属信息服务网站上提供的新华社信息是从北京鸿迅信息咨询公司购得的，在其采购协议书中，鸿迅公司称拥有所提供的信息的版权，鸿迅转卖新华社信息与其无关。他们表示，中国经济信息社应该状告鸿迅，而不是中国科学技术信息研究所，他们对今天法院判决不服，随后将向上一级法院提起上诉。

由于涉及知识产权保护等敏感问题，此案在国内引起了广泛关注，参加庭审旁听的有中外数百名听众，一些新闻单位也派记者到庭采访。

——天极网 www.yesky.com

（二）MP3 案及其分析

（一）MP3 技术背景

所谓 MP3，是与互联网技术同时兴起的一项新型数字音乐处理技术，就是利用了 MPEG Audio Layer3 技术，将数十支 CD 歌曲压缩成比一般光盘文件小 12 倍的数字录音文件，存放于硬盘物理空间轨道上却不失音质的一种新的音乐格式。人们一般可以通过从网上下载免费的 MP3 播放程序或购买 MP3“随身听”两种方法欣赏 MP3 音乐，还可以根据需要自己动手编辑 MP3 歌曲。这种新技术的发明与普及运用极大地推进了 MP3 的商业化与产业化进程。随着 MP3 播放机、播放程序的问世以及 MP3.com 等网站的纷纷亮相，上演了 MP3 业欲与以盒带、LD、CD 为介质的传统音像业瓜分天下的新龙虎大战。

就其性质而言，MP3 是一种创新的数字压缩技术，正像传统的录音技术及现代的 CD、LD 技术一样，它将带来信息科技时代的一场数字音乐革命。与传统音乐不同的是，MP3 音乐无论从载体到存储介质，还是在生产与传播方式上都可以通过数字化或数字式的渠道进行。这场革命的直接结果，不仅催生了如 MP3.com（音乐网站）、Napster（开发、设计出用以下载 MP3 软件的企业）、Diamond（专门生产 Rio 品牌的 MP3 播放器的公司）等一大批专门从事 MP3 商业化活动的新型互联网企业，使广大音乐消费者得以欣赏到免费或低廉的高品质数字音乐，而且飞速发展的 MP3 业已经将传统的音像制造服务业逼到了绝路的边缘。因为数以百万计的青少年不再花钱购买激光唱片，致使去年美国唱片业损失高达 100 亿美元。这场革命的又一结果，就是 MP3 技术的广泛应用损害了音乐著作权人的合法权益，使网络音乐著作权的法律保护陷入了无可名状的困境。所以，围绕 MP3 自身的合法性及相关侵权行销等问题，引发出一场新千年热闹非凡的 MP3 争讼大战。

（二）有关 MP3 的案例

在美国评出的 1999 年最著名的十大热门网站中，MP3.com 赫然在位。有人说，MP3.com 的最大成功就在于它的存在已使 MP3 合法化。由于这一免费使用数字音乐作品的形式受到了社会的极大欢迎，各大网站也纷纷效仿，一时间，MP3 就成了风行世界的网络新宠。MP3.com 也已成为美国纳斯达克市场的新宠。1998 年 10 月以来的一连串法律诉讼官司提出 MP3 是否合法、是否侵权等问题，使得创新科技与音乐作品的著作权保护之间的冲突正式走到了前台。

1. RIAA 诉 Diamond 公司案

其实，自 1998 年 3 月 MP3. com 网站成立以来，美国的唱片业者就对这种所谓“免费的”、“资源共享”性质的商业活动表示了极大的不满，因为存储在该网站上的数十万首歌曲分属于美国唱片工业协会（简称“RIAA”）下属的各大唱片公司，如百代（EMI）、索尼（Sony）、宝丽金（Polygram）等。MP3. com 火暴异常的访问量无疑造成了传统唱片消费群体的大量流失，而且使唱片公司每年损失近 50 亿美元的收入。因此，当生产音效卡起家的 Diamond 公司开始销售播放 MP3 随声听时，1998 年 10 月愤怒的 RIAA 一举将 Diamond 公司告上了加州法庭，由此拉开了美国唱片工业协会与 MP3 生产、经营与播放者之间生死抗争的大幕。美国唱片工业协会诉 Diamond 公司 MP3 随声听违反著作权法。RIAA 的诉请理由是：Diamond 的行为违反了美国现行著作权法第 10 章第 17 条，其生产之 Rio 属于 1992 年美国家用录音法（Audio Home Recording Act of 1992），即美国现行著作权法第 10 章所定义的数字录音设备（Digital Audio Recording Device）之一种，因而要求法院暂时禁止 Diamond 销售该随声听的行为。

而被告 Diamond 对此提出反驳，认为 Rio 的功能只是单纯地将已经压缩的音乐文件重新播放（Playback），与美国家用录音法中的“独立的录音功能”（Independently Capable of Making Recordings）的规定并不相同，因此，Rio 不算是一种录音设备。加州法院对此作出否定回答。因为，一则从法条文字上看，并不要求数字录音设备的录音功能必须独立运作；二则，采用被告的辩解说法，将会违反家用录音法保护著作权人的立法目的。

法院最后的审理结果是：Diamond 销售 Rio 的行为确有可能造成对音乐著作权人的损害，因为，根据家用录音法的规定，任何生产数字录音设备的厂商都必须在其生产的设备中装置复制管理系统（Serial Copy Manegement System）或其他具有相同功能的系统，以避免数字录音文件遭不法盗录。故裁定被告应向美国著作权局提供一定的权利（Royalty），以便将其分配给相关著作权人，用以弥补权利人因消费者自行使用数字录音设备后可能带来的音乐作品销售减少的损失。但是，对于原告来说，其将受到的伤害并不是“不可恢复的损害”（Irreparable Injure），故驳回了 RIAA 要求法官对被告核发暂时禁止令的请求。虽然，这一回合以 MP3 阵营中的帝盟公司胜诉而暂告一段落。但紧接着，为抵制网络音乐著作权遭受不法盗录的侵害，RIAA 于 1998 年 12 月 15 日宣布与五大唱片公司及 IBM 公司合作，计划推出一套从网络下载音乐的标准格式 EMMS3 以对抗 MP3。倘若其他厂商仿效帝盟的做法，RIAA 将继续诉诸法律以解决问题，除非该厂商保证其播放的 MP3 格式文件都经过著作权人的事前同意。与此同时，五家应用 MP3 技术的生产厂商（Diamond，Good Noise，MP3. com，Music Match，Xing Technology），也在积极筹划成立 MP3 协会，以游说国会同意 MP3 的合法化。值得注意的是，全美最大的唱片公司 Platinum Entertainment 却未加入 RIAA 联盟，倒是将 MP3 技术的应用当做一种非常好的行销手段，通过 MP3. com 这个每天提供歌曲下载多达 75000 次的网站，免费播放其旗下歌手的歌曲。

2. RIAA 诉 MP3. com 案

2000 年 1 月，美国唱片业协会（RIAA）与所属会员，包括华纳、索尼、环球等五大唱片公司向纽约州南区联邦地方法院联名递交诉状，起诉 MP3. com 公司，指控该公司制造了多达 4.5 万张 CD 的未经授权的数字音乐目录，并声明其中一部分的拷贝权属于自己的会员，MP3 提供的新服务 Instant Listening（即时收听）与 Beam-it（播送）使顾客可以获得该协会CD的拷贝，侵犯了版权。原告主张被告应向原告按每张CD 750～15000美元赔偿，因此此案的赔偿额可能高达60亿美元，一时间颇引人注目。

就在MP3.com专门成立了一个小组对国会议员展开游说，准备全力应战欲在法庭上奉陪到底时，另一起音乐版权官司又放到了MP3.com的案头上。音乐出版商Harry Fox Agency在纽约地方法庭提出上诉，称MP3.com公司的My.MP3.com网站未经其允许，将音乐非法复制到服务器上，并请求法院向MP3公司索赔15万美元的损失。这次诉讼与1月份的美国唱片业协会（RIAA）对它的起诉极为相似。MP3公司的CEO说："我们只允许那些买了CD的人才享受我们的服务，我们的技术也是用来在保护音乐艺术家的合法利益的。"并称，如该诉讼被法庭立案，则将尽全力维护自身的利益。

拉可夫法官于2000年4月28日裁决MP3.com网站上的8万首曲目违反版权法。MP3公司接着与唱片业大多数巨头如华纳兄弟公司、索尼音乐公司、贝特尔斯曼音乐公司及百代音乐公司在庭外取得和解。环球音乐集团不肯和解，法庭于2000年9月6日判决环球每张CD可获得2.5万美元的赔偿，MP3.com需支付的罚金可能因此达到2.5亿美元。但到了2000年11月14日，MP3.com与环球公司又达成了和解协议，MP3.com将支付环球公司5340万美元的赔偿金。

（三）MP3案件的法律问题及其分析

1. 关于MP3音乐著作权的法律关系

通常，我们可将MP3音乐著作权的法律关系理解为，享有MP3音乐著作权的权利人与MP3音乐的传播、制造人及MP3的使用人之间就MP3在下载、传输、收听及使用过程中各自享有的权利和应承担的相应义务之间的关系。对由MP3引发的各类法律矛盾纠纷，如从法理上进行客观界定的话，可以从梳理MP3音乐著作权法律关系入手，此即：

主体：权利主体系MP3音乐著作权的权利人，其中包括MP3音乐或歌曲的原创作者，经授权获许制作、发行音乐制品的唱片公司，以及行使音乐著作权集体管理权限的机构或民间行业团体；义务主体系提供MP3下载、搜索或点播服务及相关配套服务（如生产、销售MP3随身听）的工商企业，其中包括在线服务商、软件服务商、外围设备提供商等，收听或以其他方法使用MP3的消费者也属于义务主体的范畴。

客体：对于可经MP3格式转换的CD等音乐歌曲的著作权人与邻接权人所享有的音乐著作权，其中包括著作人身权与著作财产权。

内容：权利人对义务人有权依法主张因传播或使用自己享有版权的数字音乐作品时可能产生的各项权益，并要求义务人承担应尽的某些义务，如合法有偿使用等；同时对侵害自身合法权益的不法行为享有诉诸法律解决的诉讼权利。

引起MP3音乐著作权法律关系发生、变更或消灭的法律事实，如果援引法理中常用的事件或行为加以解释的话，能否将与MP3有关的技术创新事项，如MP3数字音乐格式下载搜索软件，MP3随身听等新技术的发明、运用，视为不以人的意志为转移的"事件"，而将提供MP3下载服务等商业活动视为具有法律意义的"行为"？

按照以上分析，涉及MP3音乐著作权的法律关系，从理论上说，是可以加以明晰梳理的。但是，我们面对的法律纠纷很大程度上是发生在数字化的网络空间中的，或者说是在网络数字新技术的应用过程中产生的。即使在拥有较完备的因特网法律规则的美国，MP3的法律纷争也无法依现有的法律制度给出一个公正而合理的评判。所以，对MP3的是非评析，还得还原到数字空间的因特网世界来作一立体解析。

2. 关于MP3音乐著作权的法律问题难点分析

究其根本，在美国本土爆发的这次美国唱片工业协会（RIAA）对抗帝盟公司（Diamond）和MP3. com公司的两大“法律战役”中，双方对峙的矛盾焦点就在于：像MP3这样的新技术、新产品其本身是否具有合法性，互联网上盛行的“资源共享”的理念与游戏规则是否应向现行的法律制度低头让步，因为他们的存在和大行其是已经损害了广大音乐著作权人的诸多合法权益。对于MP3下载等服务，其侵权性质的界定、侵权事实的判明、侵权责任的承担及赔偿等一连串问题，将经由法律渠道得到最终验明。但无论最终结果如何，MP3音乐著作权之纷争中出现的法律难点问题值得我们认真推敲研究。

MP3案的焦点就在于是不是版权法上的合理使用问题。按原告RIAA的观点，MP3. com未经音乐出版社业者的同意，建立此音乐作品资料库，侵害了其录音制作权。但MP3. com主张，消费者以个人使用为目的，将自己所拥有的原版CD或其他音乐出版品复制供自己在任何时间欣赏，虽然是一种复制行为，但这是法律上所允许的合理使用。而MP3. com所提供的“Instant Listening”与“Beam-it”两项功能，是提供给消费者作为私人储存音乐资料库的手段，也应该属于合理使用的范畴，只是MP3. com代行了收藏者的合理使用权利。

另外MP3. com还有一个观点就是援引Sony Corporation of America VS Universal City Studios Inc判例的“时间转换（Time Shift）”观点。主张自己的服务可以让已经购买正版CD的使用者“不需要携带CD光碟，就能欣赏他们所拥有的CD音乐”。也就是说，MP3. com提供的是虚拟存储柜服务，具有“空间转换”（Space Shift）的功能，完全类似于时间转换，故也应当算合理使用。

但MP3. com案的法官认为，关于合理使用的权利是否可以由其他赢利机构代行，美国法院已经有否定意见的判例。在Princeton University Press VS Michigan Document一案中，法院认为：“非赢利的教育事业或其教学人员的在版权法上的合理使用的权利，不得由赢利性的经营复印的机构代为行之。”因此，具有赢利性的MP3. com不得代替消费者行使合理使用的权利，因此而否定被告MP3. com的意见。

法官还认为，MP3. com在事实上所提供的并不是使用者将其正版CD存在该网站的“虚拟存储柜”之中，而是未经著作权人的同意擅自复制的行为，更不支持MP3. com的“空间转移”的观点，因此法官认定以上行为不是合理使用，而是侵权。

3. MP3案的启示

这一带有世界性的问题将为今后各国著作权的修法提供极有价值的借鉴与启示。

(1) 新技术本身是否构成侵权。

盗版与侵权始终是困扰音乐著作权保护的两大拦路虎。科技进步这把双刃剑在推动音乐产业蓬勃发展的同时，也为盗版、侵权开拓了“大有作为”的活动空间。从盒带、CD的灌录技术到现在的MP3下载技术，可以说，技术进步本身应是无罪的。如果一味以盗版侵权猖獗为由而封杀技术的创新与进步，这应是人类的一大悲哀。

对于数字音乐技术的发明应用，以案说法，可以作这样的具体分析：

MP3是一种数字音乐压缩存储格式，在法律上它只代表着一种能引起音乐著作权法律关系发生、变更或消灭的事实依据，即中性化的事件。其本身不具有是否侵权的意思导向，只有在行为人的目的意思表示下，才可能发生合法或非法的行为模式选择。至于MP3.com希望通过网站的设立促使MP3合法化，其含义已超出了对MP3这项新技术的性质判定，因为这牵涉到在线服务商的法律地位以及对可能出现的问题应承担的相关法律责任问题。

(2) MP3及相关技术的应用是否构成对音乐著作权的侵权。

MP3的最终用途在于通过搜寻、下载MP3音乐来实现在线或离线的音乐收听使用。现在，几乎所有的商业网站都开通了MP3下载服务。但问题的关键在于，从严格的法律意义上说，“未经授权”的此类服务理应构成对音乐著作权人合法权益的侵权。在“明知”的前提下，商业性的互联网站点为其用户提供这种下载服务构成了著作权法规定的侵权情形。同样，消费者的此种下载行为也构成了对享有音乐著作权的作品的非法使用。

(四) 如何看待MP3法律争讼对我国音乐著作权法律保护制度的影响

作为与新兴的互联网相伴生的MP3音乐著作权法律纠纷，不仅在美国掀起了轩然大波，而且战火也已燃及包括我国在内的其他国家和地区。这类问题已引起了产业界和法律学者的一致关注。

中国首例MP3侵权案2001年12月已经在北京市第一中级人民法院开庭。原告中国音乐著作权协会诉北京腾图电子出版社有限公司侵权使用原告会员作品出版MP3。据北京青年报报道，2001年5月份，原告在搜狐商城和其他一些音像店发现：由北京腾图电子出版社有限公司出版的MP3在未经授权的情况下，使用了乔羽、雷蕾、谷建芬、赵季平、徐沛东等中国音乐著作权协会会员的39首作品，为此，原告遂于2001年10月份递交诉状，要求被告支付著作权使用费及赔偿10.8万元。在第一次庭审中，被告承认侵权事实，只是对赔偿金额提出异议。

技术的前进与法律保护的调整是一个永恒的话题，新技术的保护与法律调整的一个关键问题就是如何平衡公众利益和已有私权利的问题，这既是一个复杂的问题，又将是一个不得不面对的问题。

——新浪 www.sina.com

本章小结

电子商务是通过网络在一种虚拟、开放的环境中进行的。如不及时制定有关的法律法规，电子商务的交易安全就无法得到保障。电子商务交易中的相关法律问题包括电子商务交易中的一些基本环节在法律上的确认问题等七个方面。

在电子商务的交易过程中，买卖双方之间，买卖双方与银行之间，买卖双方、银行与认证机构之间都将彼此发生业务联系，从而产生相应的法律关系。

电子商务交易的法律规范包括数据电信制度、电子合同、电子签名和电子支付的法律效应等方面的内容。

电子商务知识产权法律规范主要包括网络著作权的法律保护和域名的法律保护两方面。

中国保护计算机网络安全的法律法规主要包括加强国际互联网出入信道的管理、市场准入制度和安全责任。

《关于维护因特网安全的决定》根据网络犯罪侵害客体的不同为标准，将网络犯罪分为五大类。

及时制定一系列与电子商务相关的法律法规、完善我国的电子商务政策法律环境，会改善我国的电子商务基础环境，从根本上促进我国电子商务与网络经济的发展。

[思考与练习]

1. 在电子商务条件下，买卖双方各应承担哪些义务?
2. 网络交易中心的设立应具备哪些条件?
3. 什么是认证机构? 认证机构具有什么管理职责?
4. 什么是电子数据? 电子数据具有什么特点?
5. 上网查阅《中华人民共和国计算机信息系统安全保护条例》。
6. 上网查阅《中国互联网络域名注册暂行管理办法》和《中国互联网络域名注册实施细则》。

参 考 文 献

1. 万守付．电子商务基础．第 2 版．北京：人民邮电出版社，2006
2. 章剑林．电子商务概论．杭州：浙江大学出版社，2003
3. 刘彦舫．电子商务概论．北京：电子工业出版社，2004
4. 宋文官．电子商务实用教程．第 2 版．北京：高等教育出版社，2002
5. 祁明．电子商务实用教程．北京：高等教育出版社，2000
6. 陈月波．电子商务概论．北京：清华大学出版社，2004
7. 陈月波．网络信息安全．武汉：武汉理工大学出版社，2005
8. 周化详．网络及电子商务安全．北京：中国电力出版社，2004
9. 吕廷杰．电子商务教程．北京：电子工业出版社，2000
10. 赵立平．电子商务概论．上海：复旦大学出版社，2000
11. 曾强．电子商务的理论和实践．北京：中国经济出版社，2002
12. 谭浩强．电子商务应用．北京：华夏出版社，2005
13. 李健．电子商务基础与实验．北京：中国水利水电出版社，2005
14. 卢国志．新编电子商务概论．北京：北京大学出版社，2005
15. 沈凤池．电子商务概论．北京：中国电力出版社，2005
16. 田景熙．电子商务案例分析．南京：东南大学出版社，2005
17. 石道源．电子商务概论．北京：北京大学出版社，2005
18. 钟强．电子商务概论．北京：清华大学出版社，2003
19. 闵敏．电子商务实用基础．北京：清华大学出版社，2005
20. 李跃贞．电子商务概论．业京：机械工业出版社，2005
21. 于绍军．电子商务概论．长沙：湖南大学出版社，2005
22. 肖剑成．电子商务下的物流配送运作．铁路运输与经济，2005 (2)
23. 刘云，张子刚．电子商务下企业第三方物流探讨．生产力研究，2003 (2)